DIREITO DESPORTIVO

ASPECTOS PENAIS E TRABALHISTAS ATUAIS

Francisco Alberto da Motta Peixoto Giordani
Manoel Francisco de Barros da Motta Peixoto Giordani
Coordenadores

DIREITO DESPORTIVO

ASPECTOS PENAIS E TRABALHISTAS ATUAIS

LTr®

EDITORA LTDA.

Rua Jaguaribe, 571
CEP 01224-003
São Paulo, SP – Brasil
Fone (11) 2167-1101
www.ltr.com.br
Outubro, 2017

Produção Gráfica e Editoração Eletrônica: LINOTEC
Projeto de Capa: FABIO GIGLIO
Impressão: BOK2

Versão impressa: LTr 5889.1 — ISBN: 978-85-361-9420-2
Versão digital: LTr 9246.3 — ISBN: 978-85-361-9437-0

Dados Internacionais de Catalogação na Publicação (CIP)
(Câmara Brasileira do Livro, SP, Brasil)

Giordani, Francisco Alberto da Motta Peixoto
Direito desportivo : aspectos penais e trabalhistas atuais / Francisco Alberto da Motta Peixoto Giordani, Manoel Francisco de Barros da Motta Peixoto Giordani. – São Paulo : LTr, 2017.

Bibliografia.

1. Esportes – Leis e legislação 2. Esportes – Leis e legislação – Brasil 3. Jogadores de futebol 4. Justiça desportiva – Brasil I. Francisco Alberto da Motta Peixoto Giordani, Manoel Francisco de Barros da Motta Peixoto Giordani. II. Título.

17-08762 CDU-34:796(81)

Índice para catálogo sistemático:
1. Brasil : Direito desportivo 34:796(81)

SUMÁRIO

APRESENTAÇÃO

Convidada pelos coordenadores desta obra, Francisco Alberto da Motta Peixoto Giordani e Manoel Francisco de Barros da Motta Peixoto Giordani, com muita honra apresento o livro *Direito Desportivo: Aspectos Penais e Trabalhistas Atuais*, no qual os leitores terão acesso aos artigos mais importantes e atuais sobre o tema.

Os chamados novos direitos, que surgiram das grandes transformações e globalização do mundo nestes últimos anos, bem como os ramos vanguardistas de estudo, almejam assegurar à sociedade garantias antes não reconhecidas, que são necessárias para atenderem às novas demandas que reclamam a hodierna convivência em sociedade.

Esses novos direitos, ainda em formação, pretendem estabelecer seus princípios próprios de estudo. Eles englobam novos ramos do estudo jurídico, dentre eles, o Direito Desportivo.

Hoje, velhos conceitos jurídicos não mais solucionam problemas atuais. Devido a seu caráter incipiente, os novos direitos demandam uma teoria geral, capaz de delinear seu significado. O campo de atuação do Direito Desportivo está em crescimento, notadamente com a realização das Olimpíadas e da Copa do Mundo no Brasil. Sob esse enfoque, o vezo dessa obra é apresentar um novo ramo do conhecimento jurídico, destacando os principais aspectos da legislação nacional vigente, como também o desporto como Direito Fundamental.

É inegável que o Direito Desportivo ocupa cada vez mais destaque, dado o interesse da sociedade nas atividades desportivas. O assunto destaca-se em especial pela carência de artigos e obras específicas.

Como se colige nos artigos desta obra, não se trata apenas de uma construção teórica sobre o tema, mas de realidades vivenciadas em situações concretas e textos elaborados ao longo da experiência desportiva dos autores. Neste prisma, e com o objetivo de apreciar a forma pela qual o modelo pode se ajustar à realidade jurídica e social brasileira, nasce uma importante obra.

A presente iniciativa circunda uma dimensão teórica e uma dimensão prática, sólidas no estudo do modelo de Direito Desportivo. Com renomados juristas, contribuirá para a obtenção de objetivos que o norteiam e a construção de um sistema de Justiça Desportiva mais acessível, que assegure tais direitos.

O interesse em discutir Direito Desportivo demonstra a significativa importância desta obra.

Desejo a todos uma excelente leitura.

São Paulo, agosto de 2017.

Raquel Kobashi Gallinati
Delegada de Polícia
Presidente do Sindicato dos Delegados de Polícia do Estado de São Paulo.

PREFÁCIO

O livro que você vai começar a desfrutar agora vai muito além de questões jurídicas, burocráticas, leis e regras. Tudo isso é fundamental! Mas é também um livro sobre atualidades. Temas que fazem parte da nossa vida e da nossa paixão maior: o futebol.

Para mim, apresentar um livro sobre direito esportivo e dar minha opinião sobre o conteúdo dele, seria uma imprecisão.

Sou um administrador por natureza, mas além de gestão, entendo de amor: Amor pelo futebol!

E é dessa emoção que quero falar.

As pessoas que escreveram os artigos que você, caro leitor, vai apreciar, são de altíssima competência, tanto no campo jurídico quanto na experiência de trabalhar com o futebol. E, por isso, se dedicam a ele com uma paixão maior do que qualquer outra área.

Hoje, como presidente da Federação Paulista de Futebol, uma das principais missões que tenho é ser um guardião da paixão. E é exatamente por isso que considero esse livro indispensável a quem, assim como eu, vive, respira, gere e trabalha com futebol.

A paixão é fundamental para mantermos o nosso futebol o melhor do mundo. Mas só ela não é capaz de manter essa estrutura toda. Além do amor pelo clube, pela história, é preciso muito profissionalismo.

Nessa obra, os autores tratam de temas que estão presentes no futebol e na sociedade e que precisam ser discutidos. Eles foram corajosos! Não são temas fáceis! Afinal, é preciso audácia e conhecimento para falar de doping, racismo, homofobia, torcidas e o combate à violência.

Temas difíceis, mas que precisam ser debatidos e aprofundados.

Aproveite a oportunidade de se aprofundar em assuntos que envolvem a nossa paixão e que nos ajudarão a aumentar nosso nível de gestão com excelência.

Desejo à você uma boa leitura.

Reinaldo Carneiro Bastos
Presidente FPF

ATO DAS EXECUÇÕES CONCENTRADAS – BOM PARA O ATLETA, BOM PARA O CLUBE E BOM PARA A JUSTIÇA

Ana Paula Pellegrina Lockmann
Mestre em Direito do Trabalho pela USP
Desembargadora do TRT da 15ª Região
Membro da Academia Nacional de Direito Desportivo

O tema acerca das execuções concentradas propostas e normatizadas por vários Tribunais do país, em especial no que concerne aos clubes de futebol tem gerado acalorados debates e, ao ser honrosamente convidada para me proferir palestra no 1º Congresso Internacional da Academia Nacional de Direito Desportivo do Trabalho, realizado em maio de 2016, no Tribunal Superior do Trabalho – Brasília, passei a me questionar mais sobre o assunto, o *modus operandi* e as suas implicações. E mais, se realmente as regulamentações concernentes às execuções concentradas são eficazes aos envolvidos: atleta, clube e à própria Justiça.

Será?

Após muito refletir sobre a temática e entender os vários mecanismos utilizados para dar seguimento às ações executórias de reclamantes contra inúmeros clubes de futebol, não tenho que a resposta seja afirmativa. Porém creio, igualmente, que alguns parâmetros devem ser balizados, sob pena de se tornar inviáveis procedimentos ou mesmo se perder a credibilidade da ideia maior que se lastreia a todo o projeto, que é dar efetividade às demandas trabalhistas existentes!

Inicialmente, precisamos e o farei rapidamente, lembrar acerca da própria execução e alguns de seus princípios.

1. A EXECUÇÃO E SEUS PRINCÍPIOS

A execução é, sem dúvida, a fase processual que apresenta maiores dificuldades no processamento, pois é neste momento em que se dá a constrição do patrimônio do devedor. Razão por que se verificam, além da utilização de todos os meios e recursos cabíveis nesta fase, a prática de inúmeros outros atos, no mais das vezes protelatórios, a fim de evitar a efetiva satisfação do crédito do exequente. Essa é a realidade!

É a fase que muitos chamam como sendo o "**calcanhar de Aquiles**" da Justiça do Trabalho, e na qual gera, a muitos credores, aquela sensação de "ganhei, mas não levei".

A questão é que não existe completa entrega da prestação jurisdicional sem a efetividade, o que somente ocorre por meio da execução bem-sucedida.

Nesse sentido, o processo deve ser visto como um instrumento de satisfação do direito violado; um processo que imprima celeridade a um menor custo, mas, sobretudo, um meio de justiça.

O ordenamento jurídico tem como tarefa primordial o estabelecimento de uma tutela de direitos satisfatória, ou seja, que eles estejam assegurados. A efetividade ocorrerá quando houver o cumprimento espontâneo ou coercitivo de uma lei ou norma de conduta. E o processo é um dos meios pelos quais se busca a atuação da vontade concreta do ordenamento jurídico material e a pacificação da sociedade. Em função disso, procura-se a todo custo focar a jurisdição para o resultado que se deva produzir, sempre buscando a efetividade do processo.

Dentre os principais princípios e que lastrearam as próprias execuções concentradas, temos os:

1.1. Princípio da razoável duração do processo

A EC n. 45/2004 (conhecida como Reforma do Judiciário) acrescentou o inciso LXXVIII ao art. 5º da Constituição Federal, elevando-o, portanto, à condição de norma fundamental, a fim de assegurar a todos, no âmbito judicial e administrativo, a razoável duração do processo e os meios que garantam a celeridade de sua tramitação.

Igualmente, o novel Código de Processo Civil/2015 estabeleceu em seu art. 4º que "*as partes têm o direito de obter em prazo razoável a solução integral do mérito, incluída a atividade satisfativa*".

1.2. Princípio da não prejudicialidade do devedor

A execução deverá ser econômica, ou seja, deverá ocorrer de forma menos gravosa ao devedor, a fim de evitar maiores sacrifícios de quem já foi condenado ao pagamento do *quantum* devido.

Assim dispõe o art. 805, *caput*, do NCPC (correspondente ao art. 620 do CPC/73):

> *Art. 805. Quando por vários meios o exequente puder promover a execução, o juiz mandará que se faça pelo modo menos gravoso para o executado.*

1.3. Princípio da utilidade para o credor

A execução deve ser útil para o credor, sendo inadmissível o uso do processo para, tão somente, causar prejuízo ao devedor, sem que o patrimônio deste tenha como responder pela dívida.

Nesse sentido, o art. 836, *caput*, do NCPC (correspondente ao art. 659, § 2º, do CPC/73):

> *Art. 836. Não se levará a efeito a penhora quando ficar evidente que o produto da execução dos bens encontrados será totalmente absorvido pelo pagamento das custas da execução.*

A conjugação do princípio de que a execução far-se-á do modo menos gravoso para o devedor e do princípio de que a execução é promovida no interesse do credor é a regra impeditiva da penhora, se for evidente que o valor dos bens encontrados será absorvido totalmente pelo pagamento das custas processuais.

1.4. Princípio do respeito à dignidade humana

É pela dignidade da pessoa humana do trabalhador que prevalecem os direitos conquistados. No tocante à execução, esta não deve ser entendida, tampouco levada a efeito, quando atingir a dignidade da pessoa do executado.

Por tal razão, o legislador entendeu por ser coerente afastar alguns bens de serem passíveis de penhora. O art. 833, do NCPC (correspondente ao art. 649, do CPC/73) elenca as várias hipóteses de bens impenhoráveis.

2. OS CLUBES DE FUTEBOL – ADMINISTRAÇÃO E O ENDIVIDAMENTO

O endividamento dos clubes é um problema de longa data.

Para melhor compreender este quadro, importante tecer um breve relato quanto à evolução histórica do desporto.

No passado, o desporto encontrava-se muito imbricado com questões ligadas a lazer, descontração, "tempo livre" ou ócio, de modo que não poderia ser considerado trabalho. "Hora de trabalhar era hora de trabalhar", de sorte que o desporto encontrava seu espaço apenas nos momentos de "horas livres" do operário. Podemos chamar esta fase de desporto-recreativo.

Prosseguindo nessa trilha evolutiva, começou-se a multiplicar a prática do desporto, especialmente aquela de alto rendimento, realizada de forma organizada, em competições com regras específicas e definidas. Assim, o desporto deixa de ser apenas uma recreação, e passa a ser um espetáculo, sendo a diversão não só para aqueles que praticam, mas também para aqueles que assistem o evento na condição de público de um espetáculo desportivo.

Ao mesmo tempo, o desporto passa a ganhar contornos de profissionalismo, tornando-se o trabalho do atleta, o seu meio de subsistência, assemelhando-se cada vez mais com o tradicional operário de fábrica. Cruzam-se, então, os caminhos do desporto e do trabalho.

Após, verifica-se um processo de afirmação e democratização do desporto. A Constituição Brasileira de 1988 eleva o desporto como um direito social fundamental, estabelecendo que "é dever do Estado fomentar práticas desportivas formais e não formais, como direito de cada um" (art. 217 da CF/88).

Como é sabido, o fenômeno do esporte movimenta a paixão de multidões, une os povos, está presente na vida cotidiana, jornais, revistas, televisão, *internet*, nas conversas entre amigos etc. É um cenário atrativo à ação da lógica capitalista no mundo do esporte.

Por isso, à medida em que o desporto foi se desenvolvendo, ao mesmo tempo foi se mercantilizando, exsurgindo a indústria capitalista do desporto, tornando-se uma atividade econômica de grande relevo.

Ocorre que a gestão dos clubes não acompanhou esta evolução. Ainda permanece uma forte presença do amadorismo nas administrações de inúmeras agremiações.

E em função dessa desorganização administrativa, inicia-se um processo de grave alteração financeira de difícil solução. Inclusive, e de forma recorrente, não são observados os direitos trabalhistas dos trabalhadores dos clubes, daqueles profissionais mais humildes aos grandes atletas.

Resultado de tudo isso: dívidas estratosféricas!

3. A EXECUÇÃO CONCENTRADA – FUNDAMENTOS FÁTICOS PARA A SUA CRIAÇÃO

A consequência de uma administração desastrosa é que, muitas vezes, a dívida chega a superar o patrimônio do clube.

Em quadro de tal gravidade, a constrição judicial das receitas mensais acaba por comprometer a continuidade da atividade esportiva.

De outro giro, não podemos olvidar que as consequências da crise financeira de um clube transcendem a esfera individual da agremiação, afetando diretamente as outras entidades desportivas.

Isto porque o espetáculo desportivo é uma produção conjunta, cuja valorização econômica (com patrocínio, publicidade, venda de ingressos e demais artigos esportivos, etc.) está ligada ao equilíbrio da disputa e à incerteza do resultado, fatores estes que geram o interesse e a emoção do público.

Essa circunstância faz com que os clubes, embora acirradamente concorrentes do ponto de vista esportivo, sejam, de certa forma, parceiros na conjuntura econômica.

Havendo clubes fortes financeiramente, o negócio prosperará para todos, inclusive para os atletas.

Além disso, a crise dos clubes também afeta toda a questão sóciocultural ligada à paixão do torcedor, havendo, portanto, um interesse social na solução do problema.

Por outro lado, não poderíamos deixar de registrar, a toda evidência, que as dívidas trabalhistas precisam ser satisfeitas, sobretudo porque possuem natureza alimentar.

Ocorre que, por tramitar inúmeros processos em fase de execução contra os clubes endividados, com penhoras determinadas por diversos Juízos, muitas vezes o cumprimento de um mandado acarreta a frustração dos outros credores, diante da insuficiência de recursos financeiros a atender o total das dívidas.

Inclusive, a execução desordenada de vários processos contra o mesmo devedor acaba implicando em injustiças, por quebra da ordem de preferência e cronológica da dívida.

Nesse diapasão, temos, portanto, um panorama que necessita de uma adequada solução jurídica, a fim de buscar a restauração da saúde financeira dos clubes, a preservação da competitividade esportiva, o melhor equacionamento do passivo trabalhista e a garantia da satisfação das dívidas.

4. A EXECUÇÃO CONCENTRADA E OS CLUBES DE FUTEBOL – FUNDAMENTOS LEGAIS

Nesse sentido, temos o exemplo das execuções concentradas utilizadas por alguns Tribunais Regionais do Trabalho.

A execução concentrada tem como fundamentos legais os seguintes dispositivos:

Art. 5º, inciso LXXVIII, da CF (princípio da duração razoável do processo):

> *"A todos, no âmbito judicial e administrativo, são assegurados a razoável duração do processo e os meios que garantam a celeridade de sua tramitação. (Incluído pela Emenda Constitucional n. 45, de 2004)"*

Art. 4º do NCPC (princípio da duração razoável do processo):

> *"As partes têm o direito de obter em prazo razoável a solução integral do mérito, incluída a atividade satisfativa."*

Art. 805, *caput*, do NCPC – correspondente ao art. 620 do CPC/73 (princípio da execução menos gravosa):

> *"Quando por vários meios o exequente puder promover a execução, o juiz mandará que se faça pelo modo menos gravoso para o executado."*

Art. 889 da CLT:

> *"Aos trâmites e incidentes do processo da execução são aplicáveis, naquilo em que não contravierem ao presente Título, os preceitos que regem o processo dos executivos fiscais para a cobrança judicial da dívida ativa da Fazenda Pública Federal."*

Art. 28 da Lei n. 6.830/1980 (Lei de Execução Fiscal):

> *"O Juiz, a requerimento das partes, poderá, por conveniência da unidade da garantia da execução, ordenar a reunião de processos contra o mesmo devedor."*

E também tem a clara inspiração na Lei n. 11.101/2005 (Lei de Recuperação Judicial e Falências), principalmente no disposto no art. 47:

> *"A recuperação judicial tem por objetivo viabilizar a superação da situação de crise econômico-financeira do devedor, a fim de permitir a manutenção da fonte produtora, do emprego dos trabalhadores e dos interesses dos credores, promovendo, assim, a preservação da empresa, sua função social e o estímulo à atividade econômica."*

5. A EXECUÇÃO CONCENTRADA – PANORAMA GERAL

A execução concentrada é um procedimento especial que visa garantir satisfação dos débitos trabalhistas, sem comprometer o desenvolvimento das atividades do devedor.

Alguns Tribunais, como o TRT da 1ª Região, o TRT da 3ª Região, o TRT da 5ª Região, o TRT da 12ª Região, o TRT da 13ª Região, entre outros, editaram atos autorizando a reunião de execuções contra o mesmo devedor, disciplinando o respectivo procedimento.

De maneira geral, aprovado o Plano Especial de Execução, suspendem-se as penhoras e bloqueios de valores do devedor, bem como se determina a centralização da arrecadação e distribuição dos valores no Juízo centralizador, o qual ficará responsável por fiscalizar o fiel cumprimento do plano.

Vale destacar o Provimento n. 1/2007 do TRT da 1ª Região – Rio de Janeiro (com as alterações dadas pelo Provimento n. 2/2008), que disciplinou, em seu âmbito, a concessão do Plano Especial de Execução.

O mencionado Ato estabeleceu os requisitos para o deferimento do benefício e fixou as condições objetivas para sua implementação, dentre as quais destacam-se, garantia de pagamento dos salários, FGTS e rescisórias (art. 3º); percentual de constrição judicial, garantidos valores mínimo mensal e anual (art. 1º); o prazo máximo de duração do Plano Especial de Execução, de dez anos (art. 1º, § 5º) e a exclusão do plano as execuções com valor igual ou inferior ao depósito para interposição do Recurso de Revista (art. 2º, inciso I); alteração da ordem cronológica de pagamento das execuções previamente estabelecida, na hipótese de verificação de crédito preferencial, conforme convencionado.

6. OS CLUBES DE FUTEBOL

a. Rio de Janeiro

Os principais clubes de futebol do Rio de Janeiro (Flamengo, Fluminense, Vasco e Botafogo) chegaram a se beneficiar (e continuam se beneficiando, ao menos pelo que é do meu conhecimento) do Plano Especial de Execução.

Em relação aos clubes do Rio de Janeiro foram estabelecidas várias formas e critérios de execução concentrada. Por exemplo:

Botafogo Futebol Clube – 20% de constrição judicial sobre as rendas auferidas, garantindo o valor mínimo de R$ 10.000.000,00 por ano e R$ 500.000,00 por mês, a partir de 1º de janeiro de 2008;

Fluminense Football Club – 22% de constrição judicial sobre as rendas auferidas, garantindo o valor mínimo de R$ 10.000.000,00 por ano e R$ 500.000,00 por mês, a partir de 1º de janeiro de 2008;

Clube de Regatas Vasco da Gama – 20% de constrição judicial sobre as rendas auferidas, garantindo o valor mínimo de R$ 3.000.000,00 por ano e R$ 200.000,00 por mês, a partir de 1º de janeiro de 2008; R$ 4.000.000,00 e R$ 250.000,00, a partir de 1º de janeiro de 2009; R$ 5.000.000,00 e R$ 300.000,00, a partir de 1º de janeiro de 2010 e R$ 6.000.000,00 e R$ 300.000,00, a partir de 1º de janeiro de 2011.

Atualmente, quem comanda os pagamentos das execuções concentrada é a CAEP, Coordenadoria de Apoio à Efetividade Processual, conduzida pela Vice-presidente do TRT da 1ª Região.

Quanto ao Botafogo, o plano de centralização de execução foi por duas vezes cancelado, sendo o primeiro como resultado de sua inadimplência quanto aos pagamentos devidos e não efetivados.

Com recursos interpostos pelo Clube, o processo foi encaminhado ao C. TST, que confirmou o ato e determinou o seu restabelecimento, o que ocorreu por meio do Ato n. 66/2010.

Em relação ao Vasco e ao Fluminense, igualmente ambos já foram penalizados por falta de pagamento. Posteriormente foram revigoradas as centralizações.

A seguir os planos ativos dos clubes do Rio de Janeiro que se encontram com Atos disciplinados pelo TRT da 1ª Região de execução concentrada:

Empresa	Processo	Ato Presidencial	Para ações distribuídas até:	Valor mínimo da Execução	Valor da Parcela
FLAMENGO	0125400-60.2009.501.0000	Ato n. 2.772/2003 e Ato n. 17/2009	SEM LIMITAÇÃO	SEM LIMITAÇÃO	15% de todas as rendas do clube
FLUMINENSE	0004363-95.2011.5.01.0000	Ato n. 98/2011	28.11.2011	IGUAL OU ACIMA DE R$ 16.366,10	R$ 1.200.000,00 (até 11/2016)

Empresa	Processo	Ato Presidencial	Para ações distribuídas até:	Valor mínimo da Execução	Valor da Parcela
VASCO DA GAMA	0005043-80.2011.5.01.0000	Ato n. 49/2016	19.04.2016	IGUAL OU ACIMA DE R$ 16.366,10	R$ 1.200.000,00 (até 09/2016)
BOTAFOGO	0116138-13.2014.5.01.0000	Ato n. 156/2014	30.12.2014	IGUAL OU ACIMA DE R$ 16.366,10	R$ 1.250.000,00 (até 12/2016)
VOLTA REDONDA FUTEBOL CLUBE	0116820-65.2014.5.01.0000	Ato n. 26/2016	15.02.2016	IGUAL OU ACIMA DE R$ 16.366,10	R$ 30.000,00 (até 02/2017)

* dados fornecidos pelo TRT da 1ª Região.

b. Interior de São Paulo

De se destacar o caso Guarani Futebol Clube, de Campinas, originário do Tribunal Regional do Trabalho da 15ª Região. Até hoje o único clube campeão brasileiro, que não é de uma capital, que viveu dias de glória, e, hoje, está literalmente afundado em dívidas.

O Guarani encontra-se em situação de endividamento grave e que envolve, inclusive, a venda do seu estádio de futebol, o Brinco de Ouro da Princesa. Nos últimos anos muitas medidas foram adotadas e o estádio foi objeto de arrematação por meio de leilão judicial, que, aliás, a decisão encontra-se *sub judice.*

No entanto, não houve um ato formal e específico do TRT da 15ª Região, nos moldes como se observa em outros Regionais para uma execução concentrada das ações trabalhistas contra o clube.

Há alguns anos, foi criado no âmbito daquele Regional o GAEX – Grupo de Apoio à Execução, que sob a coordenação de Juízes do Trabalho entenderam que as ações contra o Guarani, deveriam ser concentradas em uma Vara piloto. Inicialmente, os processos foram remetidos à 10ª Vara do Trabalho de Campinas e lá, por um razoável período, foram quitados os créditos dos exequentes com os pagamentos mensais que vinham sendo efetuados pelo clube.

Após determinado período de tempo, o clube deixou de efetuar os pagamentos mensais e houve diversas tentativas de se mandar o estádio Brinco de Ouro da Princesa, a leilão.

Em agosto de 2013, foi criado o Núcleo de Gestão de Processos e de Execução, e nessa época, a Juíza que o presidia proferiu uma decisão, determinando efetivamente a reunião dos processos. Muitas discussões se sucederam; o estádio foi para leilão na Justiça Federal, e que posteriormente foi cancelada, por ser considerado preço vil. Atualmente, o estádio foi a leilão, no Justiça do Trabalho, arrematado e cancelado igualmente por preço vil. Nova proposta foi formulada, aceita e o valor foi depositado. Embora o processo esteja *sub judice*, discutindo-se a validade da primeira arrematação na Justiça do Trabalho, no interregno, foram pagos muitos credores, mediante conciliação e, dependendo do valor, muitos com um deságio maior ou menor.

Vários atletas que jogaram pelo clube firmaram acordos, como os jogadores Viola, Luiz Fernando, Toninho Cerezo e o goleiro Zetti.

Atualmente, e ainda pelo fato do processo encontrar-se *sub judice* no que concerne à validade da arrematação, a empresa que depositou o valor e permitiu, por consequência, o pagamento de quase a totalidade dos credores da época, encontra-se aguardando a decisão do recurso interposto, sendo que propostas para eventuais conciliações não estão mais sendo apresentadas pelo clube.

Importante destacar que o Guarani continuou contraindo inúmeras dívidas e, hoje, o passivo do clube voltou a ser expressivo. Todos lamentam o momento difícil pelo que passa o Guarani, em especial os apaixonados torcedores bugrinos.

No estado de São Paulo não temos apenas o exemplo do Guarani em situação de grande dificuldade financeira. Outros clubes como Inter de Limeira, Oeste Paulista de Jundiaí, Barbarense são exemplos de clube que enfrentam dificuldades, segundo a própria Federação Paulista de Futebol.

No caso do Marília Atlético Clube, a Justiça do Trabalho local procedeu a uma reunião de processos, a fim de que viabilizasse uma única execução, porém igualmente como aconteceu com o clube do Guarani, não houve qualquer regulamentação específica a respeito.

Há anos o XV de Piracicaba igualmente sofreu uma grande intervenção do Justiça do Trabalho local e, na época, além da reunião das execuções trabalhistas, o Juízo chegou a nomear um administrador para o clube.

c. Outros Clubes

Outros clubes tiveram êxito na concentração das execuções como o Atlético Mineiro, realizado pelo TRT da 3ª Região.

No âmbito do TRT da 5ª Região tem-se igualmente casos de sucesso, como o Esporte Clube Vitória que conseguiu quitar a sua dívida e o Esporte Clube Bahia, que recebeu um considerável aporte financeiro de um patrocinador estrangeiro, também tem quitado com percentual destes valores parte de suas dívidas trabalhistas.

7. CONCLUSÃO

A execução concentrada não pode servir de subterfúgio à perpetuação da dívida.

Assim, devem ser estabelecidos e observados rigorosamente os critérios que garantam a satisfação da dívida em tempo razoável. E entendo como muito razoável seja estabelecido também como critérios de pagamento as conciliações judiciais, sempre prestigiadas na seara trabalhista.

Dentre tais critérios talvez mais interessante do que estabelecer um valor fixo mensal de depósitos pelo clube devedor, fosse acordar um percentual sobre a receita mensal do clube. Isto evitaria que eventualmente um *quantum* fixado se tornasse inviável por uma eventual queda da agremiação e consequente baixa da receita ou, ao contrário, um momento de melhor arrecadação não refletisse no acordo de pagamento firmado. Mas esta proposta também não impede que dependendo de cada localidade geográfica, cada normatização seja feita ou proposta de acordo com as especificidades regionais.

Outro aspecto importante seria a observância da ordem cronológica dos valores e ações, mas com flexibilidade para pagamentos de pequenos valores.

E, principalmente, que haja publicidade dos pagamentos que são realizados para que os interessados possam acompanhar a evolução e o momento em que as dívidas vêm sendo quitadas, destacando uma transparência nos recursos empregados e pagos.

Seria importante a participação do conjunto de credores na deliberação a respeito das condições e prazo para cumprimento do plano especial de execução.

Igualmente o C. Tribunal Superior do Trabalho, como órgão de cúpula, poderia vir a estabelecer alguns regramentos mínimos e gerais, a fim de que os Tribunais Regionais do Trabalho, dentro das características locais estabelecessem suas respectivas normatizações, a partir de premissas mínimas garantidoras a todos os envolvidos da eficiência maior das medidas.

Também não se deve descurar de que os clubes devem se pautar na gestão profissional, responsável e economicamente sustentável. E é de fundamental importância que evitem contrair novas dívidas e novos passivos. Os mesmos erros não devem ser cometidos, pois dessa forma nenhuma gestão, por melhor que seja, será eficaz e bem-sucedida!

Deve haver a observância das regras de *fair play* financeiro, geralmente estabelecidas nos campeonatos organizados pelos entes desportivos ligados à Federação Internacional de Futebol, como condição de regularidade econômica para fins de participação dos clubes nas competições.

Um trabalho realizado e focado em atos bem instruídos nas execuções concentradas para os clubes de futebol brasileiros e com todos os partícipes com o mesmo propósito de garantir clubes administrativamente fortes, atletas e empregados satisfeitos e Justiça eficaz, certamente trará a esta grande Nação brasileira do futebol, o que todos hoje buscamos: credibilidade.

8. REFERÊNCIAS BIBLIOGRÁFICAS

AMADO, João Leal. Desporto, Direito e Trabalho: Uma Reflexão sobre a Especificidade do Contrato de Trabalho Desportivo. *In*: BELMONTE, Alexandre Agra; MELLO, Luiz Philippe Vieira de; BASTOS, Guilherme Augusto Caputo (Orgs. e Coords.). *Direito do trabalho desportivo*: os aspectos jurídicos da Lei Pelé frente às alterações da Lei n. 12.395/2011. São Paulo: LTr, 2013.

BRAGA, Nelson Tomaz; PESSOA, Roberto. Endividamento dos Clubes de Futebol e a Execução Concentrada. *In*: BELMONTE, Alexandre Agra; MELLO, Luiz Philippe Vieira de; BASTOS, Guilherme Augusto Caputo (Orgs. e Coords.). *Direito do trabalho desportivo*: os aspectos jurídicos da Lei Pelé frente às alterações da Lei n. 12.395/2011. São Paulo: LTr, 2013.

LOCKMANN, Ana Paula Pellegrina. *A Execução contra a Fazenda Pública*: precatórios trabalhistas. São Paulo: LTr, 2004.

MELO FILHO, Álvaro. *Fair Play* Financeiro e Relações de Trabalho Desportivo. *In*: OLIVEIRA, Leonardo Andreotti Paulo de (Coord.). *Direito do trabalho e desporto*. São Paulo: Quartier Latin, 2014.

MENDES, Danielle Maiolini. A Execução Concentrada Contra os Clubes de Futebol. *In*: OLIVEIRA, Leonardo Andreotti Paulo de (Coord.). *Direito do trabalho e desporto*. São Paulo: Quartier Latin, 2014.

RAMOS, Gabriel de Oliveira. Execução Concentrada de Título Judicial Contra a Entidade Desportiva: Aspectos Críticos e Vantagens. *In*: BELMONTE, Alexandre Agra: MELLO, Luiz Philippe Vieira de; BASTOS, Guilherme Augusto Caputo (Orgs. e Coords.). *Direito do trabalho desportivo*: os aspectos jurídicos da Lei Pelé frente às alterações da Lei n. 12.395/2011. São Paulo: LTr, 2013.

BREVES CONSIDERAÇÕES SOBRE O ACIDENTE DE TRABALHO NO FUTEBOL

Caio Flavio dos Santos
Bacharelando em Direito pela PUC-SP (7º semestre)

Rui Cesar Publio B. Correa
Mestre e Doutor em Direito do Trabalho pela PUC/SP, Pós-Doutor em Direito do Trabalho pela Universidade de Córdoba (Arg), Professor Assistente da Especialização Cogeae/PUC-SP, Professor das Faculdades Rio Branco, Professor Convidado dos Cursos de Pós-Graduação da Universidade Toledo (Presidente Prudente), GV-Direito, ESA São Paulo. Palestrante em diversos cursos e seminários. Jornalista. Juiz Titular de Vara do Trabalho, convocado no Tribunal Regional do Trabalho da 2ª Região, desde 2010

1. INTRODUÇÃO

O esporte profissional brasileiro fomenta uma paixão cultivada em escala nacional e repleta de diversas facetas interessantes. O romantismo aliado a um intenso processo de mercantilização de tudo que está a ele atrelado, provocou uma significativa necessidade de profissionalização da prática desportiva, o que culminou em uma gradativa cobrança pelo alto desempenho dos atletas.

Em virtude desta busca incessante pelo alto rendimento, os atletas, como protagonistas do espetáculo, são diariamente submetidos ao risco de se lesionarem de maneira grave.

Diante disto, muitos atletas se veem afastados de competições importantes, da disputa de campeonatos ou até mesmo de prosseguir com a carreira no esporte, o que levam diretamente a perda de seus salários. Como efeito indireto, não são raros os casos de jogadores de futebol perderem patrocínios ou contratos publicitários que lhe servem para complementar as suas rendas, quando estes não representam sua fonte principal de rendimentos.

Neste quadro, o direito brasileiro apresenta uma lacuna no que tange a responsabilidade civil por acidentes e doenças associados ao esporte, o que leva a uma análise de forma geral sobre o tema – acidente do trabalho – e seus reflexos daí decorrentes.

Neste caso, tratando-se especificamente do jogador de futebol, com vínculo empregatício, dúvidas inexistem quando a sua condição de segurado da Previdência Social, nesta qualidade, fazendo jus, assim, de todas os direitos e garantias daí decorrentes, tal qual um trabalhador comum.

2. DO ACIDENTE DO TRABALHO

Nos termos do art. 19 da Lei n. 8.213/1991 acidente do trabalho *"é o que ocorre pelo exercício do trabalho a serviço da empresa ou de empregador doméstico ou pelo exercício de trabalho, dos segurados especiais, provocando lesão corporal ou perturbação funcional que cause a morte ou a perda ou redução, permanente ou temporária, da capacidade para o trabalho"*.

Acidente do trabalho pode ainda ser definido como um fato ou acontecimento que tem relação com o trabalho do acidentado e que pode determinar a morte, perda ou redução da capacidade para o trabalho exercido naquele momento ou para qualquer outro trabalho.

A partir da relevância do referido assunto surgiram conceitos de responsabilidade civil, a fim de proteger e amparar os trabalhadores acidentados, surgindo teorias como: a) Da responsabilidade contratual; b) Risco profissional, o dever de indenizar decorre da natureza da atividade; c) Teoria do seguro social, responsabilidade do órgão previdenciário.

No Brasil, a primeira proteção ao trabalhador acidentado teve origem no Código Comercial de 1850, o qual determinava que ocorrendo acidentes imprevistos ou inculpados, as empresas deveriam manter o pagamento de salários aos acidentados.

Em 1919 foi editada a Lei n. 3.724, que previa responsabilidade objetiva, seguro de acidentes do trabalho, de natureza privada, e proteção às doenças profissionais.

Foram publicados ainda, o Decreto n. 24.637/1934, que estabelecia benefício por acidente para os trabalhadores da indústria, comércio, agricultura e domésticos, e o Decreto-Lei n. 7.036/1944, que determinava pagamento de indenização em casos de morte ou incapacidade decorrentes do acidente do trabalho.

Atualmente, a proteção acidentária é regida pela Lei n. 8.231/1991, regulamentada pelo Regime Geral de Previdência Social (RGPS) – Decreto Regulamentador n. 3.048/1999, à luz da previsão Constitucional, mais precisamente em seu art. 7º, incisos XXII e XXVIII, o qual preveem que *são direitos dos trabalhadores urbanos e rurais, além de outros que visem à melhoria de sua condição social, a redução dos riscos inerentes ao trabalho, por meio de normas de saúde, higiene e segurança, e seguro contra acidentes de trabalho, a cargo do empregador, sem excluir a indenização a que este está obrigado, quando incorrer em dolo ou culpa.*

Importante destacar entre parênteses, que ao longo da história, considerava-se que acidente do trabalho era um evento imprevisível e decorrente do acaso. Porém, após experiência de décadas chegou-se a conclusão que este decorre de evento previsível, portanto, passível de prevenção ou completa eliminação.

3. TIPOS DE ACIDENTE

Dentre as modalidades de acidente do trabalho, podemos destacar:

3.1. Acidente típico

É aquele previsto no art. 19 da Lei n. 8.213/1991, conforme supra definido.

Nesta situação encontram-se presentes, a espontaneidade e o acidente imediato, tratando-se de um evento único, de consequências, geralmente imediatas, que pode ocorrer sem provocar alarde ou impacto e ainda com ausência de violência, ocasionando danos à saúde do trabalhador, e estando presentes nexo de causalidade com o labor exercido e a lesividade.

3.2. Acidente por equiparação

Os arts. 20 e 21 da Lei de Benefícios da Previdência Social (Lei n. 8.213/1991) ampliam o conceito do trabalho prevendo esta modalidade de acidente, traduzindo nas situações em que o acidente encontra-se indiretamente relacionado ao trabalho executado pela vítima.

Neste caso, o art. 20 estabelece que doenças profissionais e doenças do trabalho se equiparam a acidente do trabalho.

Quanto as doenças profissionais, também conhecidas como ergopatia, tecnopatia, idiopatias, doenças profissionais típicas e doenças profissionais verdadeiras, são aquelas causadas por agentes físicos, químicos e biológicos, agredindo o organismo humano de forma lenta.

A doutrina destaca que para ser caracterizada a doença profissional devem estar presentes os seguintes requisitos:

- Aparecimento dos mesmos sintomas em diversos trabalhadores que se dedicam à mesma profissão, no mesmo estabelecimento ou em estabelecimento distintos;
- Ser evidenciado que a doença foi causada pela atividade desenvolvida pelo trabalhador na empresa, seja pelas condições do serviço, pelos métodos ou pelos materiais utilizados.

Assim, doença profissional é aquela produzida ou desencadeada em decorrência do exercício do labor em determinada atividade ou profissão.

Por sua vez, doenças do trabalho, também chamada de doença de meio, mesopatia, moléstias profissionais atípicas, doenças indiretamente profissionais, doenças das condições de trabalho, enfermidades profissionais indiretas, enfermidades profissionais impropriamente tidas como tais ou doenças do meio.

Doença do trabalho é aquela desencadeada em função das condições especiais em que o labor é exercido e se relaciona com ela diretamente.

Por outro lado, vale destacar que o parágrafo primeiro do art. 20 da Lei de Benefícios o qual prevê que não são consideradas doença do trabalho: as degenerativas, inerentes a grupo etário, a que não produza incapacidade laborativa, endêmica, ou seja, aquela desenvolvida na região em que o segurado vive, exceto se havendo comprovação de que a doença foi contraída em virtude do labor.

E finalmente temos outras espécies de doença do trabalho por equiparação, dentre as quais, o acidente ligado ao trabalho, o sofrido no local e horário de trabalho, a doença proveniente de contaminação acidental no trabalho e o acidente sofrido pelo trabalhador segurado, mesmo fora do horário e local de trabalho, desde que seguindo ordens ou a serviço da empresa, incluindo neste caso, o acidente de percurso, isto é, aquele ocorrido no trajeto casa-trabalho e vice-versa, desde que o trabalhador não desvie voluntariamente o seu caminho.

4. COMUNICAÇÃO DE ACIDENTE DO TRABALHO (CAT)

Nos termos do que disposto no art. 22 da Lei n. 8.213/1991, fica determinado que as empresas devem informar a ocorrência de acidente do trabalho à Previdência Social, até o primeiro dia útil subsequente ao da ocorrência, ou de imediato, em caso de morte do trabalhador.

No caso de doença profissional ou do trabalho, considera-se como dia do acidente, a data do início da incapacidade laborativa para o exercício da atividade habitual, o dia da segregação compulsória, ou ainda a data em que for realizado o diagnóstico, valendo para este fim o que ocorrer primeiro.

Se a empresa não cumprir com tal obrigação, poderão fazê-lo, o próprio acidentado, seus dependentes, a entidade sindical competente, o médico que o assistiu, ou qualquer autoridade pública.

Vale ressaltar que diversos empregadores descumprem a determinação legal, e havendo acidente do trabalho, não enviam a CAT à Previdência Social, impossibilitando assim, que o trabalhador perceba auxílio-acidentário, ou o auxílio-doença acidentário.

Neste contexto, o legislador criou o Nexo Técnico Epidemiológico (NTEP), que é uma metodologia que fixa o nexo de causalidade entre a doença sofrida pelo trabalhador e a atividade desenvolvida pelo empregador.

Desta forma, e de acordo com o art. 21-A da Lei de Benefícios, a natureza acidentária da incapacidade poderá ser caracterizada através do NTEP pela perícia médica do Instituto Nacional do Seguro Social (INSS), quando ocorrer nexo técnico epidemiológico entre o trabalho e o agravo.

5. DA RESPONSABILIDADE CIVIL

O termo responsabilidade deve ser utilizado em qualquer situação em que pessoa, natural ou jurídica, deve arcar com as consequências de um ato, fato ou negócio danoso, surgindo o dever de indenizar.

Por sua vez, o Código Civil Brasileiro, em seus arts. 186, 187 e 927, estabelece que a responsabilidade civil surge com o ato ilícito.

Ato ilícito é a ação ou omissão voluntária, negligência ou imprudência, que viola direito e causa dano a outrem, mesmo que exclusivamente moral.

Em regra, os danos que devem ser reparados são de ordem jurídica, porém, podem ter conteúdo de cunho moral, religioso, social e ético.

Neste sentido, o parágrafo único do art. 927 do Código Civil, prevê a responsabilidade objetiva, segundo a qual *"haverá obrigação de reparar o dano, independentemente de culpa, nos casos especificados em lei, ou quando a atividade normalmente desenvolvida pelo autor do dano implicar, por sua natureza, risco para os direitos de outrem"*.

Em outras palavras, em determinadas situações, o autor do ato ilícito que causou dano a alguém deve repará-la, sem que seja necessário provar a sua culpa.

Além da responsabilidade objetiva, há ainda a responsabilidade subjetiva, em que deve-se comprovar o nexo de causalidade entre a ação do suposto agente e o resultado.

A responsabilidade possui como finalidade a necessidade de recompor o patrimônio jurídico lesado de alguém, visando o restabelecimento ao equilíbrio econômico-jurídico originário.

Enfim, podemos concluir que a responsabilidade pode ser definida como a obrigação de reparar um dano, por parte daquele que o causou, em descumprimento de uma norma legal ou contratual, visando à reparação pecuniária imediata do dano sofrido e o restabelecimento do equilíbrio social.

5.1. Responsabilidade subjetiva

Tratando-se de relações laborais, cuida-se da responsabilidade civil do empregador que decorre do poder hierárquico ou diretivo que tem em relação aos seus empregados, serviçais, comitidos ou prepostos, nos moldes do que preceitua o art. 2º da CLT.

Ao empregador cabe o direito de dar ordens e instruções de como executar o serviço, de fiscalizar e intervir no serviço, o que sujeita os trabalhadores ao seu comando, e os torna elementos ou órgão da própria empresa.

Deve-se verificar, no caso concreto, se o agente praticou a ação no exercício do trabalho ou em virtude dele, o que pode ocorrer mesmo em um trabalho eventual.

Há de ser caracterizado, desta forma, a submissão, subordinação ou o nexo de relação eventual quando do ato culposo.

O fato danoso deve surgir da relação do responsável com o causador do dano ou em virtude dessa relação.

Conforme exposto, o empregador deve responder pelo dano causado por seu preposto, quando do exercício do labor ou em razão dele.

5.2. Responsabilidade objetiva

O principal passo para se atingir a responsabilidade objetiva foi ser acolhida a presunção da culpa, invertendo-se o ônus da prova, o que abriu caminho para a aceitação da doutrina objetiva.

Essa forma de responsabilidade teria origem com base em duas principais razões, a primeira, considerando-se que certas atividades do homem trazem risco para outros, e, a segunda, que parte da premissa que o exercício de determinados direitos deve reparar os danos causados aos demais.

A evolução da responsabilidade civil ocorreu de forma gradativa, os tribunais acolheram formas mais fáceis de provar a culpa, após, isso admitiram a culpa presumida, com a inversão do ônus da prova, e então, ampliaram os casos de responsabilidade contratual para reconhecer-se o dever de reparação, independentemente de se verificar a culpa.

Assim, o prejuízo decorrente de qualquer ação deveria ter sua reparação imposta ao autor da ação, tendo o mesmo agido com culpa ou não. A responsabilidade se fundamentaria no próprio fato ou no risco criado, sendo suficiente a constatação do nexo de causalidade entre fato e dano.

5.3. A responsabilidade pelo risco da atividade

O empregador, que exerce atividade de riscos, pode ser responsabilizado de forma objetiva a reparar os danos sofridos por empregado no exercício da referida atividade.

Na legislação brasileira, atualmente, não é admitido o afastamento da responsabilidade caso o empregador comprove ter tomado todas as providências necessárias para se evitar o prejuízo, sendo admitido o afastamento, se houver, de uma das cláusulas excludentes de responsabilidade.

Assim, em se tratando de atividade de risco, não se investigará, no caso de ato praticado por preposto, a existência de culpa no processo de escolha ou vigilância, se o empregado agiu com culpa, nem se o empregador auferiu algum proveito em virtude da atividade. Será analisada apenas a atividade.

Neste caso, atividade de risco pode ser considerada todo e qualquer trabalho que envolva risco em maior, ou em menor grau, havendo possibilidade de um dano à saúde do trabalhador.

Para tanto tem-se que risco é a probabilidade do dano, no caso do contrato de trabalho, dano à saúde do trabalhador, e sob os seguintes enfoques:

a) atividade econômica do empregador em que há a presença de agentes causadores de risco, o que excluiria atividades que não possuem tal característica, mas que propiciam larga incidência de acidente do trabalho ou doenças ocupacionais, como a digitação no setor bancário;

b) subordinação do empregador ao poder diretivo do empregador, tendo este a prerrogativa de definir as condições em que o trabalho será executado, o próprio labor desempenhado. Neste caso, o risco seria medido com atenção ao tipo de serviço executado, não em função da atividade empresarial.

c) enunciado n. 38, emitido na Jornada de Direito Civil realizada pelo Centro de Estudos do Conselho da Justiça Federal, que fundamenta a responsabilidade objetiva quando "a atividade normalmente desenvolvida pelo autor do dano causar a pessoa determinada ônus maior do que aos demais membros da coletividade". Neste contexto, o termo "coletividade" corresponde ao grupo de trabalhadores, diante dos limites vinculados ao contrato de trabalho.

6. EXCLUDENTES DE RESPONSABILIDADE

Determinados fatos podem romper o nexo de causalidade entre o fato gerador e o dano, tais situações excluem a responsabilidade civil do empregador, são elas, a culpa exclusiva da vítima, o fato de terceiro, o caso fortuito e a força maior, cabendo ainda, tecer comentários sobre a "cláusula de não indenizar".

6.1. Culpa exclusiva da vítima

A culpa exclusiva da vítima rompe o nexo causal e elide a responsabilidade civil, pois, desaparece a relação de causa e efeito entre o dano e seu causador.

No contrato de trabalho, o empregador não se torna responsável quando a atitude do empregado faz desaparecer o liame entre o dano sentido pelo próprio e o seu fato gerador, supostamente atribuído ao empregador.

No entanto, havendo culpa concorrente, ou seja, se a vítima e o ofensor causarem culposa e conjuntamente o mesmo dano, haverá a compensação de reparações.

6.2. Força maior e caso fortuito

Força maior e caso fortuito excluem a responsabilidade do empregador pela indenização dos danos.

Legalmente, através da leitura do art. 393 do Código Civil, percebe-se que o legislador colocou fato fortuito e força maior lado a lado como se sinônimos fossem, estabelecendo que ambos ocorrem em acontecimentos que escapam a toda diligência, não sendo possíveis de evitar ou impedir.

6.3. Fato de terceiro

Nesta hipótese, a ação de terceiro estranho a relação trabalhador-empregador, causa danos, mas o empregador tem sua responsabilidade excluída.

Assim, terceiro é alguém que causa o dano, isentando ou inculpando a responsabilidade do empregador.

6.4. Cláusula de não indenizar

Trata-se de cláusula pela qual as partes excluem o dever de indenizar em caso de inadimplemento da obrigação.

No campo do direito do trabalho, essa cláusula é inaplicável, pois, contraria seus princípios, tais como o da natureza alimentar das verbas trabalhistas e seu caráter protetivo ao trabalhador.

A aplicação dessa cláusula importaria em renúncia por parte dos empregados ao percebimento de seus direitos, ao passo que tal cláusula iria transferir o risco para a vítima, violando assim, o que disposto nos arts. 2º e 9º da CLT, os quais preveem, respectivamente, que o risco do negócio deve ser assumido pela empresa, e que serão nulos de pleno direito os atos praticados com o objetivo de desvirtuar, impedir ou fraudar a aplicação dos preceitos estabelecidos na CLT.

7. DAS PECULIARIDADES DO JOGADOR ACIDENTADO

O senso comum acredita que os atletas profissionais de futebol, por receberem remunerações de valor elevado, não poderiam se socorrer do Poder Judiciário numa situação de dificuldade como uma lesão grave. Contudo, deve ser ressaltado que número de atletas que atingem um patamar alto na carreira esportiva corresponde a um percentual irrisório perto da grande maioria observada no país.

Por encontrar-se na condição de trabalhador, portanto, em situação desprivilegiada em uma relação assimétrica como a de trabalho, é plenamente justificado o amparo legislativo e jurisdicional ao atleta, considerando que continuamente se expõe a situações de risco.

Neste contexto, o questionamento consiste em apontar quem ou quais seriam as pessoas juridicamente responsáveis pela reparação da lesão sofrida por um atleta profissional de alto rendimento, uma vez que tanto as entidades empregadoras quanto as entidades que organizam os eventos tiram proveito econômico do esforço do atleta, o que justifica a responsabilização civil.

Neste sentido a doutrina sugere a aplicação da teoria do risco no sentido de considerar uma responsabilidade civil objetiva do empregador (independente da comprovação de dolo ou culpa) para indenizar o atleta no caso de ocorrer acidente de trabalho, uma vez que os riscos de lesão são inerentes ao ambiente laboral.

Cumpre ressaltar que a indenização paga pela entidade empregadora e a organizadora, ainda que de forma solidária conforme prescreve o *caput* do art. 942 do Código Civil, não se confunde com as prestações previdenciárias do auxílio-doença, auxílio-acidente ou aposentadoria por invalidez, que representam um amparo estatal provido pelo INSS cuja finalidade é de garantir o mínimo de subsistência ao empregado.

Com o intuito de disciplinar de maneira preventiva a atuação das entidades empregadoras e organizadoras, a Lei n. 9.615 (Lei Pelé) prevê no art. 45: "*As entidades de prática desportiva são obrigadas a contratar seguro de vida e de acidentes pessoais, vinculado à atividade desportiva, para os atletas profissionais, com o objetivo de cobrir os riscos a que eles estão sujeitos*".

O primeiro parágrafo do mesmo dispositivo ainda destaca que a importância segurada deve corresponder ao valor anual da remuneração pactuada, e no caso de inadimplência por parte da seguradora, a entidade de prática desportiva é responsável pelas despesas médico-hospitalares e dos medicamentos necessários ao restabelecimento do atleta.

Portanto, é possível concluir que tanto depois de consumada a lesão quanto em relação às formas de prevenir de posterior responsabilização, incumbe à entidade empregadora ou organizadora do evento desportivo a responsabilidade civil objetiva em relação ao pagamento de indenização a fim de reparar dos danos decorrentes do acidente de trabalho no esporte.

8. CONCLUSÃO

A revolução industrial, datada entre os séculos XVIII e XIX, trouxe à luz a necessidade de se proteger os trabalhadores dos infortúnios sobrevindos em virtude dos acidentes do trabalho.

Assim, ao longo da história, a teoria da responsabilização civil do empregador foi tomando forma, espécies, adeptos e previsão legal.

O acidente do trabalho deixou de ser caracterizado como sendo evento imprevisível e impossível de ser combatido, passando ao *status* de fato passível de previsão e precauções para ser evitado. Chegou-se ao entendimento que acidente do trabalho não é só aquele que ocorre durante o labor, mas também em função dele, como o acidente de percurso, ou no caso de acidente com empregado que está fora da jornada e local de trabalho, mas cumprindo ordens do empregador.

Determinou-se ainda que os trabalhadores podem sofrer de doença em relação ao trabalho realizado, sendo neste caso, doença equiparada a acidente do trabalho.

Diante do exposto, conclui-se que, atualmente, o empregador deve ser responsabilizado pelos danos causados aos trabalhadores, de forma subjetiva, quando incorrer em culpa ou dolo, ou de forma objetiva, que dispensa a comprovação de culpa, quando exercer atividade que por sua própria natureza ou pelos meios utilizados implica em risco de danos a outrem, aplicando-se neste último caso a teoria do risco.

Dúvidas inexistem quanto a especificidade do contrato de trabalho do jogador de futebol, o que o distingue dos demais empregados comuns, inclusive no que diz respeito a questões relacionadas à sua saúde, e decorrentes de acidentes do trabalho.

Daí o por que, neste caso, questões relacionadas a responsabilização e até mesmo as consequências do contrato de trabalho, traduzido em sua duração (tendo em vista que a carreira do atleta de futebol é bastante curta), salários, patrocínios, direitos de imagem, arena, acabam ganhando uma dimensão muito grande.

Os riscos de acidente, que sem sombra de dúvida, nesta atividade, se destacam do trabalhador comum, podem ser evitados, mas ao mesmo tempo, podem surgir a qualquer momento, desde um confronto entre clubes, ou durante um treino, ou até mesmo durante um aquecimento preparatório de um certame ou em uma atividade física.

Também acidentes ligados a aspectos emocionais, podem aumentar o risco do acidente, desde a pressão por um bom resultado, assédio de imprensa e torcida.

Diante deste cenário os Tribunais do Trabalho têm garantido indenizações reparadoras de natureza civil, independentemente da culpa do empregador, como uma forma de garantir a esta classe de trabalhadores, a dignidade inerente a sua condição de ser humano, bem como o seu sustento e de sua família.

9. REFERÊNCIAS BIBLIOGRÁFICAS

AZEVEDO, Álvaro Vilaça. *Teoria geral das obrigações*: responsabilidade civil. 10. ed. São Paulo: Atlas, 2004.

BELMONTE, Alexandre Agra. *Danos morais no direito do trabalho*. Rio de Janeiro: Renovar, 2002.

BRANDÃO, Cláudio. *Acidente do trabalho e responsabilidade civil do empregador*. 4. ed. São Paulo: LTr, 2015.

DELGADO, Mauricio Godinho. *Curso de direito do trabalho*. 6. ed. São Paulo: LTr, 2007. p. 285-286.

CORREA, Mauricio de Figueiredo da Veiga. *Responsabilidade civil dos clubes de futebol, em casos de acidente do trabalho*. Disponível em: www.editorajc.com.br/2014/04;responsabilidade--civil-clubes-futebol-emcasosde-acidente. Acesso em: 20 abr. 2016.

PETACCI, Diego. *A responsabilidade civil extracontratual objetiva nos acidentes de trabalho e nas doenças ocupacionais no esporte de alto rendimento. 2013.* 9-215 f. Dissertação (Mestrado em Direito do Trabalho) – Universidade de São Paulo, Faculdade de Direito, São Paulo.

SOUZA, Mauro Cesar Martins de Souza. *Responsabilidade civil decorrente do acidente de trabalho*: Doutrina e Jurisprudência. Campinas: Ága Juris, 2000. p. 174.

VENOZA, Silvio. *Responsabilidade civil*. 15. ed. São Paulo: Atlas, 2015. v. IV.

AS CONSEQUÊNCIAS DA SUSPENSÃO POR *DOPING* NO CONTRATO DE TRABALHO DO ATLETA PROFISSIONAL DE FUTEBOL

EDUARDO BEROL DA COSTA
Advogado, Mestre em direito desportivo pela Universidad de Lleida – Espanha

DESIRÉE EMMANUELLE GOMES DOS SANTOS
Advogada, Especialista de Direito Desportivo e em Direito e Processo do Trabalho

1. DO CONCEITO

Considera-se *doping* a substância, agente ou método que é capaz de alterar o desempenho do atleta antes, durante ou após a competição.

Importante tentarmos distinguir o conceito acima da dopagem, sendo esta a administração ou uso de substâncias fisiológicas em quantidade anormal e por métodos anormais em pessoas sãs, com o propósito de obter um aumento artificial e falso da performance na competição.[1] Sendo este conceito, corroborado no art. 6º do Código Brasileiro Antidopagem, atual legislação aplicável aos casos de *doping* em território nacional.

Uma infração *antidoping* se torna existente a partir da constatação da presença de uma substância proibida, seus metabólitos ou marcadores na urina e/ou sangue de um atleta, ou mesmo o uso de substância ou método proibido ou a tentativa destes; a alteração ou tentativa da mesma com parte do controle, a posse ilegal de qualquer substância ou método ilegal e também o tráfico de substâncias ou métodos proibidos.

Vale distinguir, o fato de que, *doping* é o agente ou substância utilizada e já a dopagem é o uso do agente.

2. DA INTENÇÃO

Importante esclarecer que o atleta é responsável por assegurar que nenhuma substância que compõe a lista proibida entre em seu corpo. Sendo que o torna diretamente responsável por tudo que apresenta em sua amostra. Não será necessário comprovar a culpa, negligência ou uso intencional para estabelecer uma violação da regra.

Ou seja, quanto a presença da substância, a responsabilidade, a grosso modo, é objetiva. Somente serão analisadas as intenções quando da ponderação da pena.

3. DA DOPAGEM POR DOLO

De maneira geral, este ato é caracterizado pela intenção do atleta, ou seja, ele possui interesse em obter vantagens esportivas por meios ilícitos.

Das infrações apresentadas pelo Código pode-se trazer, o ato de ministrar a substância, sendo feito pelo próprio atleta, ou a pedido dele. Ou ainda, a tentativa de uso também pode ser considerada dolosa, de modo que, a efetividade do ato não se deu por completo por motivos alheios a vontade do autor.

Quando da fuga, recusa ou esquiva em se apresentar para realização de coleta com hora marcada, também encontra-se atitudes dolosas, onde aquele decididamente se opõe às regras.

4. DO DOLO COMPARTILHADO

Pode-se dizer que está presente o ato da cumplicidade, de maneira que, há auxílio, incentivo, ajuda mútua.

Sendo assim, quem ministra e quem utiliza está intencionalmente efetuando atos para resultar em vantagens esportivas, obviamente, ilícitas.

---

(1) ROCHA, Luiz Carlos. *Doping na legislação penal e desportiva*. São Paulo: Edipro, 1999. p. 129.

5. DA CULPA EXCLUSIVA

Há duas maneiras de ser aferida a culpa exclusiva do atleta:

Exclusiva do atleta, quando o clube ao qual o atleta pertence não tem conhecimento da utilização de substância pertencente a lista proibida. Sendo que a compra, utilização, ministração é feita por vontade e atos do próprio atleta.

Exclusiva do clube, quando o atleta dentro do estabelecimento do clube, junto à equipe médica vem a ser submetido a procedimentos nos quais lhe são ministradas substâncias proibidas, muitas vezes para o tratamento de lesões, sem que ele – o atleta – saiba o que, de fato, está compondo o medicamento utilizado. É uma relação de confiança entre atleta e médico do clube, onde há a violação desta, resultando em um exame *antidoping* positivo.

6. DO PROCEDIMENTO JURÍDICO DA DOPAGEM

Quando do resultado positivo para a dopagem, é feita a análise da gestão de resultado (esta realizada, atualmente, pela Autoridade Brasileira de Controle de Dopagem – ABCD), ou seja, é realizada uma investigação preliminar pra ver se houve ou não uma violação às regras antidopagem.

Neste momento será averiguado se houve concessão de Autorização para Uso Terapêutico (AUT), bem como se houve algum descumprimento dos Padrões Internacionais para Testes que possam invalidar a coleta realizada. Caso, algum destes sejam confirmados, o teste será considerado como negativo

Se na oportunidade for verificado que o atleta não possui Autorização de Uso Terapêutico e/ou, que as Normas Internacionais para Testes foram devidamente seguidas, haverá a confirmação de um resultado analítico adverso.

Nesta ocasião, a Autoridade irá notificar imediatamente o atleta, lhe informando do resultado apresentado, sendo este positivo; apresentará a regra que teria sido violada; e, ainda, lhe dará a oportunidade de efetuar a abertura da Amostra B, utilizada para contraprova, alertando que caso não a solicite haverá a renúncia ao direito. No caso de optar por efetuar a abertura da contraprova também lhe será oferecido o direito de presenciar ou nomear alguém que o represente na abertura daquela, oportunidade em que lhe será fornecida a data, o horário e o lugar onde ocorrerá o procedimento de abertura. Importante mencionar que a análise da Amostra B será feita pelo mesmo laboratório que realizou a primeira.

Quando o resultado se confirmar positivo, devem ser notificados pela Autoridade o atleta, a sua Federação Internacional, a sua Organização Nacional Antidopagem, bem como sua entidade de administração desportiva nacional, e ainda, a WADA.

Após feita a análise, e testado positivo, o atleta será obrigatoriamente suspenso preventivamente, quando ocorrer um resultado analítico adverso de substância não especificada, ou método proibido; ou ainda quando houver resultado analítico adverso em relação ao passaporte biológico; e mais, quando houver evasão, recusa ou falha de fornecimento de amostra.

A mencionada suspensão poderá ocorrer entre o resultado da amostra A, e a abertura da Amostra B, a critério do Presidente do TJD-AD. Caso, a violação não se mantenha quando da abertura da contraprova, a suspensão deve ser cancelada imediatamente.

Ainda, quando da manifestação do atleta ou outra pessoa que tenha praticado infrações antidopagem, lhe são permitidos a qualquer momento confessar a violação, sendo que renunciam ao direito de ter uma audiência, aceitando, assim, as consequências punitivas, ou as que forem ofertadas pela Autoridade. Caso não haja confissão e, também, não conteste a acusação dentro do prazo da notificação, lhe será conferido advogado dativo, que deverá apresentar defesa e provas no prazo de dois dias, de maneira que lhe é garantido, mesmo que em prazos mínimos, a ampla defesa e o contraditório, princípios constitucionais que embasam o início dos procedimentos jurídicos. Apresentada ou não a defesa, no prazo de 24h00 serão os autos remetidos ao Procurador-Geral para que ofereça denúncia, no prazo de dois dias. Oferecida aquela, também no prazo de 24h00, será sorteado o relator do caso, designando, assim, Audiência de Instrução e Julgamento, que deverá ser feita em até dez dias.

Quando do resultado final, além da suspensão que poderá ser de até quatros anos, o atleta em esporte individual sofrerá a desqualificação automática e imediata dos resultados obtidos na competição, devendo devolver as premiações, caso existam. Em caso de esportes em equipe, poderá perder os prêmios recebidos individualmente, sendo que para a equipe poderão ser aplicadas as regras internacionais, conforme o caso.

Importante dizer, que hoje, em território nacional, as decisões acerca de *doping* são tomadas pelo Tribunal de Justiça Desportiva Antidopagem (TJD-AD), sendo sua competência abrangente a todas as modalidades, competições e ligas desportivas, sendo profissionais ou não.

O Tribunal é composto por Câmaras e Plenário, sendo que este último é composto por nove membros, que, dentre alguns requisitos obrigatórios, devem possuir notório conhecimento antidopagem e jurídico. As Câmaras são compostas por três membros com os mesmos requisitos do Pleno.

Aos acórdãos proferidos pelas Câmaras caberá um único recurso ordinário destinado ao Plenário, das violações envolvendo atletas de nível nacional e internacional. Das decisões do Plenário, caberá recurso à Corte Arbitral do Esporte.

Portanto, de modo sucinto tentamos demonstrar, mesmo que sinteticamente, como ocorre todo o procedimento *antidoping* até que seja proferida decisão que suspenda o esportista, para que possamos, assim, iniciar nosso estudo sobre as consequências desta no contrato de trabalho do atleta profissional de futebol.

7. DOS EFEITOS DA PUNIÇÃO NO CONTRATO DE TRABALHO DO ATLETA PROFISSIONAL DE FUTEBOL

No presente estudo trataremos especificamente dessa modalidade esportiva, primeiramente em razão do interesse que desperta e também por ser o esporte mais praticado no Brasil e com o maior número de atletas devidamente registrados, em razão da peculiaridade da legislação aplicável que obriga a confecção de um contrato e seu registro junto a uma das Federações Regionais.

Importante se ressaltar sempre que por trás das reportagens das mais variadas mídias; da idolatria dos torcedores – infelizmente na grande minoria dos casos – temos sempre um trabalhador, no mais das vezes humilde, submetido a direitos e obrigações derivados de um contrato de trabalho que o une a seu empregador, no caso o clube.

Destacamos sempre que a relação de emprego do atleta profissional de futebol possui uma característica que a destaca dentre as tantas existentes em nosso País. Além das normas trabalhistas vigentes, os eventuais direitos advindos de pactos coletivos, das previsões contidas no próprio contrato, aplica-se ao contrato de trabalho normas internacionais que regulamentam o futebol mundial, advindas da responsável pela administração mundial do Futebol, no caso a responsável por isso, como se sabe, é a FIFA – Federação Internacional de Futebol e também das suas Associações nacionais, no Brasil, a sua representante é a CBF – Confederação Brasileira de Futebol e também – tema principal deste estudo – as relativas ao *Doping*, que geralmente estão previstas nos regulamentos das competições ou então pela própria legislação do País.

O Brasil, desde 18 de novembro de 2009, por meio do Decreto n. 6.653, promulgou, sem ressalvas, a Convenção Internacional contra o *Doping* nos Esportes, adotada pela Conferência Geral da Organização das Nações Unidas para a Educação, Ciência e Cultura – UNESCO, por ela editada em outubro de 2005. Desse modo, as regras da WADA-AMA – Agência Mundial *Antidoping* têm força de lei no Brasil, por isso, compulsoriamente devem ser aplicadas indistintamente em todas as Federações Nacionais, nelas incluída, a CBF – Confederação Brasileira de Futebol.

Portanto, engana-se aquele que imagina ser simples a relação contratual do atleta profissional de futebol com seu clube empregador, diante das tantas normas a ele aplicáveis.

Um exemplo dessa conjunção de normas tem-se quando um atleta que não o goleiro, apenas para melhor ilustrá-lo, põe a mão na bola dentro da pequena área, com o intuito de evitar um gol contra a sua equipe. Tal lance é passível de expulsão, como se depreende das regras da modalidade.

Com o recebimento do cartão vermelho, por conta do regulamento da competição, o atleta em questão estará automaticamente suspenso da próxima partida.

Para rechear ainda mais a imaginação, pensemos também que referida ação evitou o rebaixamento do clube defendido pelo atleta infrator, uma vez que a penalidade marcada contra a sua equipe não foi convertida, o que assegurou à agremiação a conquista do número de pontos necessários para que permanecesse na mesma divisão no campeonato do ano seguinte o que evitou, por si só, uma drástica redução do orçamento do novo ano.

Apesar de ser uma transgressão às regras do jogo, a corajosa atitude do atleta mereceu aplausos dos diretores da equipe, dos seus milhões de torcedores, bem como, dos seus companheiros de time que, com sorriso largo, a aprovaram unanimemente.

O que em uma empresa poderia ser sinônimo de uma quase que imediata promoção, além do recebimento de premiações pelos resultados financeiros assegurados por sua ação, no futebol, mercê da possibilidade de recebimento de premiações, o atleta estará suspenso e não poderá participar da partida em que receberia, certamente, todos os aplausos e agradecimentos dos torcedores presentes no estádio, o que se dá, a grosso modo, pela interferência de um terceiro em seu contrato de trabalho.

O mesmo ocorre quando há punição pelo uso de *doping*.

Enquanto o uso de certas substâncias consideradas dopantes em um contrato de trabalho de um empregado "comum" não lhe acarretaria nenhuma punição – como exemplo o uso de anabolizantes para ganho de massa muscular – tampouco a proibição do exercício de sua profissão, é certo que isso pode gerar consequências devastadoras ao contrato de um atleta profissional de futebol.

Assim, diante de todas as considerações acima, fica claro que a análise dos efeitos gerados pela punição em razão do uso de *doping* no contrato de trabalho do atleta não é tão simples como, a princípio, poderia se imaginar.

A suspensão por uso de *doping* equivale, para um exercício comparativo, a suspensão de um Advogado, em razão de uma falta disciplinar por ele praticada, proferida por seu órgão de Classe, no caso a Ordem dos Advogados do Brasil. Exemplo igual se daria com um médico, um dentista, um engenheiro e suas respectivas associações de classe.

Caso fosse um empregado e a punição a ele aplicada por seu órgão de classe o deixasse impedido de exercer a profissão para a qual foi contratado, evidentemente, por lhe faltar um dos requisitos indispensáveis para o exercício profissional, poderia, indiscutivelmente, ser demitido por justa causa, desde que observados todos os requisitos para esse modo de rescisão.

Isso ocorre também, com o motorista profissional que tem a sua carteira de habilitação cassada. A jurisprudência praticamente é pacífica sobre o tema, como vemos dos julgados abaixo:

> PROCESSO N. TST-AIRR-20400-44.2009.5.15.0077
> Órgão Julgador – 3ª Turma
> Ministro Relator: ALEXANDRE AGRA BELMONTE
>
> AGRAVO DE INSTRUMENTO. RECURSO DE REVISTA. JUSTA CAUSA. FALTA GRAVE. DESÍDIA. MOTORISTA. NEGLIGÊNCIA NA REGULARIZAÇÃO DE SUA CARTEIRA DE HABILITAÇÃO. A tese do empregado é de ilegalidade do depoimento de seu chefe, pois foi este que o demitiu por desídia. O e. Tribunal Regional, com base na prova testemunhal (chefe do empregado), consignou que o empregado foi demitido por justa causa, tendo em vista desídia no exercício de sua função, pois como motorista deixou de agir com a devida diligência ao não regularizar a validade de sua carteira de habilitação. Não há falar em violação dos artigos 818 da CLT e 333, II, do CPC, pois o e. Tribunal Regional valorou o depoimento da testemunha trazida pela empregadora, além de que assentou que o empregado não produziu qualquer contraprova, tendo em vista que a única testemunha trazida pelo autor sequer laborava na empresa por ocasião da demissão deste. Incidência das Súmulas ns. 126 e 296, I, desta Corte. HORAS EXTRAS. MOTORISTA. ATIVIDADE EXTERNA. AUSÊNCIA DE CONTROLE DE JORNADA. A tese do empregado é de que faz jus ao pagamento de horas extraordinárias e reflexos, tendo em vista a existência de controle de jornada e sustenta: como pode ser considerado um trabalhador sem controle de fiscalização se percebia horas extraordinárias. O e. Tribunal Regional, com base no conjunto fático-probatório dos autos, consignou haver norma coletiva prevendo o pagamento de horas extras fixas e que estas foram devidamente pagas pelo empregador, consoante recibos de pagamento juntados aos autos, e, que, no presente caso, o empregado (motorista) exercia trabalho externo, sem controle e fiscalização de jornada de trabalho por parte da empresa agravada. Incidência da Súmula n. 296, I, desta Corte. Agravo de instrumento a que se nega provimento.
>
> Processo N. 00784-2006-103-03-00-0 RO
> Data de Publicação 24.03.2007
> Órgão Julgador – Oitava Turma
> Relator Desembargadora: Denise Alves Horta
> Revisora Convocada: Maria Cecília Alves Pinto
>
> EMENTA: MOTORISTA. CARTEIRA DE HABILITAÇÃO IRREGULAR. JUSTA CAUSA. Trabalhando como motorista, cabe ao reclamante manter a regularidade de sua carteira de habilitação, pressuposto para a sua atuação profissional. Revela desídia no desempenho das funções o fato de o empregado dirigir com CNH vencida há mais de trinta dias, sem conhecimento do empregador, ocasionando multa de trânsito. Em hipóteses tais, justo é o despedimento do obreiro imediatamente ao conhecimento dos fatos pelo patrão, vez que configurada a justa causa descrita no art. 482, alínea "e", da CLT.

Portanto, analogicamente, há situações parecidas como a enfrentada pelo atleta punido pelo uso de substâncias proibidas, mas não iguais.

Ao menos que haja situações específicas, é fato que as punições exemplificadas acima, geralmente advêm de condutas próprias, portanto, presentes o dolo ou a culpa do agente.

Já no caso do atleta, é fato que a punição pode lhe ser imposta em razão de ato de terceiros, sem que o mesmo tenha incorrido em dolo ou mesmo culpa – em que pese a existência de entendimentos em contrário.

Assim, analisemos uma a uma as possibilidades para tentarmos demonstrar as consequências da punição no contrato de trabalho do atleta profissional de futebol.

8. PUNIÇÃO POR *DOPING* – CULPA EXCLUSIVA DO CLUBE

Nesse caso, diante da culpa ser exclusiva do clube, s.m.j., entendemos que nenhuma punição pode ser imposta ao jogador com relação ao seu contrato de trabalho. Nenhuma sanção poderá lhe ser aplicada, o atleta não pode, em razão dessa punição, experimentar nenhum tipo de prejuízo material, devendo ser mantidas intactas todas as condições firmadas quando de sua contratação e vigentes no momento em que foi punido pelo órgão disciplinar desportivo.

O atleta não agiu com culpa ou dolo e veio a ser punido em razão de uma ação ou omissão de seu empregador ou dos prepostos deste, portanto, mesmo impedido de atuar, o clube tem a obrigação de manter vigentes todas as condições do contrato de trabalho experimentadas até o momento da punição. Exemplos dessa conduta ocorrem quando lhe é ministrado algum medicamento composto de substâncias proibidas, ou mesmo quando, ao seu total desconhecimento, lhe são fornecidos suplementos, também compostos de substâncias ilícitas, que lhe garantam um ganho de performance, sem que, contudo, o mesmo tivesse conhecimento do que lhe era dado, pois havia garantias de integridade dos mesmos por parte dos prepostos do clube. Isso apenas ocorre porque o atleta é responsável por todas as substâncias que ingressem em seu organismo, motivo pelo qual, mesmo assim, seria certamente punido.

Em razão desse seu ato, o clube, inclusive, deve prorrogar ou renovar – o que se fizer necessário, tendo em vista o limite máximo de duração de um contrato, conforme previsto na legislação aplicável, notadamente aquelas impostas pela FIFA – o vínculo contratual de seu empregado até, no mínimo, o término da punição que a ele foi imposta, para que não venha o mesmo a sofrer as consequências derivadas do ato falho ou mesmo ilícito, cometido pelo clube.

Independentemente dessas medidas, é fato que o atleta poderá acionar o clube para que lhe sejam indenizados eventuais prejuízos materiais e morais, uma vez que distante dos gramados, dependendo da sua relevância no cenário futebolístico nacional ou mundial, pode vir o mesmo a perder patrocínios pessoais, premiações, bem como, em razão do efetivo prejuízo causado à sua imagem.

Também é certo que, na eventualidade, o clube descumprir alguma das obrigações a ele impostas por conta do contrato que mantinha, o atleta poderá buscar o Judiciário para reclamar todo o prejuízo que lhe foi causado.

Do mesmo modo, o atleta poderia, pela aplicação do art. 483, da CLT, alíneas *c*, e *d*, intentar a rescisão indireta de seu contrato de trabalho, por entender aquele que foi desrespeitado como atleta trabalhador e principalmente como indivíduo.

E se referido atleta tivesse sido contratado por milhões de reais e também se ele, após a obtenção da rescisão indireta de seu contrato de trabalho firmasse com o maior rival de seu ex-empregador um novo contrato de trabalho e viesse a ser o responsável por inúmeras conquistas das quais o seu antigo clube, desidioso com suas obrigações, está alijado há muito tempo. Além do material e financeiro, o maior prejuízo para um clube de futebol é o esportivo e ainda que o maior beneficiário deste seja seu principal oponente.

Tudo isso seria possível, uma vez que com sua atitude, o clube empregador ao ministrar medicamentos ilícitos a seu empregado, o atleta, pode ter posto em risco a sua saúde física, ou então, por não ter sido zeloso com a sua saúde e por demonstrar total desconhecimento das leis do esporte, deixou de cumprir com suas obrigações, que eram exatamente aquelas contrárias a conduta tomada por ele ou seus prepostos.

Isso redundaria, é claro, em mais despesas ao clube, que além de ter ficado sem seu jogador que custou milhões e não permaneceu ao menos pelo tempo para o qual foi contratado, teria ainda de arcar com o custo de todas as verbas de rescisão, eventual indenização por dano moral e ainda, cujo valor pode ser altíssimo, arcar com o pagamento da cláusula compensatória desportiva, ou seja, um prejuízo assombroso e que deveria e poderia, evidentemente, ser evitado.

9. PUNIÇÃO POR *DOPING* – CULPA E DOLO EXCLUSIVOS DO ATLETA

Uma vez configurados, tanto o dolo, quanto a culpa, exclusivos do atleta, ou seja, quando o mesmo teve a intenção do uso de substâncias proibidas ou foi negligente ao não se atentar para as substâncias existentes em algum medicamento ou suplemento que tivesse feito uso, mesmo que sem a intenção efetiva de aumento de seu rendimento esportivo, é fato que foi o exclusivo responsável pelo ingresso dessas substâncias em seu organismo.

Portanto, a responsabilidade pela punição não pode vir a ser compartilhada com ninguém, pois dele partiu a intenção no ganho de performance ou do uso de medicamentos à revelia do corpo médico do clube com o qual mantinha contrato.

Confirmada a ingestão de substâncias proibidas e advindo a punição em razão da confirmação do *doping*, o que isso pode repercutir no contrato de trabalho desse atleta?

Primeiramente, e isso é fato, o clube, apesar da suspensão que foi aplicada pelo órgão da Justiça Desportiva ao seu atleta empregado e tendo esta transitado em julgado, pode manter íntegras as condição contratuais, não tomando nenhuma medida relacionada ao contrato de trabalho, ou seja: aguarda o término da punição para que o mesmo, quando de seu retorno, volte a defender as cores do seu clube empregador, ou então, espere o termo final do contrato, não persistindo assim, nenhuma outra obrigação dele derivada, senão o pagamento das verbas de rescisão.

Outra possibilidade, e em nosso entendimento possível, salvo também entendimentos em sentido contrário que podem existir, diante da interpretação de toda legislação aplicável ao contrato de trabalho, pode o clube rescindir o contrato desse atleta por justa causa, com base no art. 482, da CLT, alíneas *b*, *e* e *h*.

A incursão na alínea *b* é a mais fácil de ser defendida, diante do amplo espectro, aproveitando-nos do tema *doping* e medicamentos, que atinge o denominado mau procedimento. Poderia o mesmo ser utilizado, inclusive, para ser o embasador de quase todas as demissões alegadas por justa causa, mas não é esse o caso em estudo. Efetivamente, incorreu o atleta em mau procedimento quando intentou, burlando toda e qualquer regra do esporte, ter um incremento em seu rendimento utilizando-se, para tanto, de substâncias proibidas, ilícitas. Do mesmo modo o fez quando se automedicou, sem que informasse o corpo médico do seu clube, ou então atestasse que as substâncias que compunham o mesmo não estariam na lista de substâncias proibidas e assim, estivesse liberadas para consumo. Portanto, sua demissão estaria abarcada por esta previsão do art. 482.

Da mesma forma, no caso de comprovação de culpa pelo ingresso de medicamento composto de substâncias proibidas, poderia sua demissão se embasar também na alínea *e* do art. 482, da CLT, uma vez que foi desidioso ao não buscar informações sobre as substâncias componentes do medicamento ou suplemento utilizado, mesmo porque, hoje em dia, se dispõe, com todas as informações e ferramentas que podem ser obtidas com um simples acesso a rede mundial de computadores, de meios que assegurem que a medicação ou suplemento poderiam ou não ser tidos como dopantes. Do mesmo modo, ao se automedicar, sem que tivesse antes disso informado o corpo clínico do clube, pode ter descumprido ordens previstas em regulamentos internos do clube ou mesmo ordens expressas dos médicos daquele, incorrendo assim, por sua conduta, em atos de indisciplina ou insubordinação.

Assim, entendemos que tal possibilidade – a demissão por justa causa – é lícita e perfeitamente aplicável ao contrato de trabalho do atleta profissional de futebol, porém, desde que referida pena seja superior a trinta dias, pois, caso contrário, não seria apta, em nosso entendimento, a gerar a ruptura do contrato de trabalho, pelo entendimento da majoritária jurisprudência em casos de abandono de emprego, que utilizamos como analogia. Isso porque, não há previsão legal que preveja a quantidade de dias que seria apta a rescindir um contrato de trabalho por suposto abandono de emprego.

Assim, já listamos duas possibilidades que o clube pode tomar nesses casos, ou seja, a continuidade integral do contrato de trabalho e a demissão por justa causa.

A terceira seria a suspensão do mesmo, ficando aquele dispensado do pagamento da remuneração nesse período, caso a penalidade imposta ao atleta seja superior a noventa dias, como previsto no art. 28, § 7º, que transcrevemos abaixo.

> Art. 28. A atividade do atleta profissional é caracterizada por remuneração pactuada em contrato especial de trabalho desportivo, firmado com entidade de prática desportiva, no qual deverá constar, obrigatoriamente: (Redação dada pela Lei n. 12.395, de 2011).
>
> ...
>
> **§ 7º A entidade de prática desportiva poderá suspender o contrato especial de trabalho desportivo do atleta profissional, ficando dispensada do pagamento da remuneração nesse período, quando o atleta for impedido de atuar, por prazo ininterrupto superior a 90 (noventa) dias, em decorrência de ato ou evento de sua exclusiva responsabilidade, desvinculado da atividade profissional, conforme previsto no referido contrato. (Redação dada pela Lei n. 12.395, de 2011).**
>
> § 8º O contrato especial de trabalho desportivo deverá conter cláusula expressa reguladora de sua prorrogação automática na ocorrência da hipótese prevista no § 7º deste artigo. (Incluído pela Lei n. 12.395, de 2011).

Também é de extrema importância termos claro se a punição de um atleta pela comprovação de uso ou porte de substâncias ilícitas pode ou não ser entendida como um ato desvinculado de sua atividade profissional. Entendemos que sim, desde que tenha agido com dolo ou culpa, à revelia de seu empregador, mesmo que tenha intentado uma melhora nos resultados esportivos, por ser o *doping* a antítese do esporte, seu lado obscuro e ilegal.

Porém, para que seja válida a suspensão do mesmo, ficando o clube desobrigado do pagamento de sua remuneração, é necessário, pelo texto legal, que respectiva possibilidade esteja prevista em contrato. Isso se deu, segundo nosso entendimento, em razão de que esse impedimento pode comprometer o cumprimento de parte do contrato de trabalho, mas não a sua integralidade. O atleta não cumpre sua obrigação apenas quando entra em campo e participa da partida, mas sim, quando participa dos treinamentos, zela por sua forma física, dentre outras obrigações que são cumpridas no dia a dia do clube, na preparação para as partidas, na participação nos treinamentos, assim, resguarda-se o clube o direito de suspender o contrato de trabalho e não arcar com o pagamento da remuneração do atleta punido, caso esta seja superior a noventa dias. Se a mesma for inferior a esse período, o clube não pode, pelo respeito ao texto legal, suspender o contrato de trabalho de seu atleta, devendo assim, cumprir integralmente com suas obrigações nesse período e no restante do contrato em vigência ou então demitir o atleta por justa causa.

Importante ser ressaltado que essa punição atinge apenas a esfera desportiva e não podemos confundi-la com a suspensão do contrato de trabalho, apesar de nomes idênticos suas consequências são distintas. Podemos dizer que uma suspensão disciplinar advinda de um órgão da Justiça Desportiva, pode acarretar a rescisão do contrato de trabalho, porém, uma suspensão emanada do Poder Disciplinar do empregador não tem o condão de gerar consequências na esfera desportiva. Apesar de apenas um jogo de palavras, importante que sejam ressaltadas as suas consequências e diferenças.

Para que o prejuízo do clube não seja ainda maior, o contrato do atleta punido por *doping* pode ser acrescido do tempo em que este ficou impedido de atuar, tendo sua prorrogação automática, desde que também haja expressa previsão nesse sentido, como previsto no art. 28, § 8º, da Lei n. 9.615/1998 e suas alterações.

Dessa forma importante, para os clubes, que sejam observadas referidas regulamentações no momento da assinatura do contrato, bem como, que os atletas busquem meios de garantir, mesmo que minimamente, uma remuneração quando da suspensão de seus contratos, seja pelo motivo objeto do presente estudo, ou de outras possibilidades, para que se fixe, ao menos, uma remuneração que lhes garanta, ao menos, suas subsistências com um mínimo de dignidade.

Dessa forma demonstramos nosso entendimento, de forma sintética e não objetivando exaurir o assunto – mesmo porque no Direito, como sempre ouvimos desde os bancos das universidades, não existe apenas uma verdade – bem como, quais as providências que devem e podem ser tomadas por clubes e também por atletas, quando enfrentarem referida situação.

Porém, principalmente para os clubes, a decisão a ser tomada não é mesmo tão simples assim. Quando envolvem atletas próximos da aposentadoria e contratados sem qualquer investimento, a não ser o pagamento de seus salários, o que infelizmente deve ocorrer com aproximadamente 98% dos vínculos firmados com jogadores em nosso País, referida decisão tende a ser praticamente automática, com a opção pela demissão por justa causa, ao passo em que, quando há envolvimento de atletas que para serem contratados, fez-se necessário o investimento pelo clube de elevadas quantias, ou quando se trata de uma jovem e promissora revelação, forjada nas suas categorias de base, a decisão tomada, geralmente vem a ser outra e bem diversa daquela, sendo a manutenção do contrato de trabalho uma constante.

Quando a punição então deriva do uso de substâncias ilícitas denominadas de drogas sociais e desvendando-se após o resultado dos testes e um pouco de investigação por parte do clube, tratar-se de um atleta viciado em cocaína, heroína, crack, dentre outras drogas, um novo elemento deve ser sopesado na tomada da decisão: a opinião pública, o que dificulta ainda mais a tomada de uma decisão.

Casos como o de Jobson, ex atleta do tradicional Botafogo Futebol e Regatas, jogador em quem o clube, seus torcedores, a imprensa esportiva e todos aqueles que gostam do esporte depositavam toda a confiança de que seria um grande talento, como assim demonstrou em várias partidas em que foi decisivo para os resultados obtidos pelo seu clube, nos demonstram isso.

O time da estrela solitária fez de tudo para acolhê-lo, tratá-lo, livrá-lo do vício que o consumia e recuperá-lo, para então, quando estivesse apto, voltasse a vestir as cores do clube carioca, porém, todas as tentativas foram em vão, até que, cansados dos desvios comportamentais do seu atleta, rescindiu o contrato de trabalho que com ele mantinha.

Se assim não agisse, certamente o clube e sua direção, seriam julgados e cobrados por terem deixado um atleta com tamanho potencial na rua da amargura, uma presa fácil para que o vício o consumisse.

A decisão a ser tomada, como já salientado, não é simples, uma vez que o esporte envolve, por vezes, a paixão de milhões de aficionados, o desvario de loucura de truculentos torcedores que transformam a alegria de torcer em violência gratuita. As mortes em jogos de grande rivalidade demonstram isso. Basta a decisão ser entendida como discutível para que os diretores sejam ameaçados de morte, o clube seja invadido e suas instalações depredadas. Se o restante da população vigiasse nossos políticos como fazem com seus clubes do coração, certamente estaríamos longe da corrupção que nos corrói há séculos.

A responsabilidade de assiná-la e por ela ter de responder torna-se árdua, pesada e por vezes, para se evitar o julgamento dos próprios torcedores, deixa de ser tomada e isso pode se demonstrar um equívoco irreparável.

Isso porque é importante se destacar que o clube, ao não punir seu atleta, imediatamente após tomar conhecimento dos fatos e da punição que lhe foi imposta pelo órgão da justiça desportiva, mantendo intactas as condições do contrato de trabalho, não poderá fazê-lo mais a frente, uma vez que a justa causa para sua aplicação exige a imediatidade da punição emanada do poder disciplinar do empregador. Não o fazendo em um primeiro momento, não mais poderá aplicá-la, pela ocorrência do perdão tácito a referida conduta. Porém, poderá socorrer-se da suspensão do contrato de trabalho, pelo que prevê o art. 28, § 7º, da Lei n. 9.615/1998 e suas alterações, desde que a mesma seja, como prevê o texto, superior a noventa dias.

Independentemente da decisão, sempre haverá críticas contra qualquer uma delas, porém, é importantíssimo decidir e de forma sábia, qual delas a que, no momento, demonstra-se a mais adequada, mesmo porque, por vezes trata-se de um indivíduo que passa por momentos turbulentos ou então daquele que se encantou com tudo o que o futebol e o dinheiro podem propiciar e que não tinha respaldo familiar, tampouco condições psicológicas para não sucumbir diante dos prazeres da vida. Um erro de um atleta, somado a uma decisão precipitada, podem vir a comprometer uma promissora carreira e criar obstáculos intransponíveis para uma vida toda a alguém que precisava de atenção, de um apoio. O futebol lança a quem nele trabalha toda essa responsabilidade, por vezes o parecer do departamento jurídico é dado no silêncio do escritório entre paredes brancas e silenciosas, sem que possa ser pesado o seu alcance. Por isso, mais uma vez reforçamos que as decisões devem ser estudadas e efetivamente justas para todas as partes envolvidas.

A economia gerada com o advento da demissão motivada ou então aquela obtida com a suspensão integral dos pagamentos poderia compensar eventual arranhão à imagem do clube em situações como esta?

Por isso salientamos mais uma vez que é importante para os dois lados – clube e atleta empregado – no momento da assinatura do contrato, que firmem objetivamente cláusulas válidas, pois as leoninas certamente serão questionadas posteriormente em um momento de necessidade, para que nenhuma delas venha a se sentir prejudicada numa situação como a aqui estudada.

10. CONCLUSÃO

No presente estudo, objetivamos demonstrar nosso entendimento acerca da repercussão da suspensão por uso de *doping*, proferida por um órgão da Justiça Desportiva, no contrato de trabalho do atleta profissional de futebol, quando da ocorrência da culpa ou dolo exclusivos do clube e também do atleta, os direitos e obrigações de cada um, derivadas daquela punição disciplinar.

Em que circunstâncias e quais as decisões mais adequadas podem e devem ser tomadas, bem como, fizemos uma análise sobre o momento da tomada da decisão e sua repercussão social, uma vez que, todos os holofotes, principalmente no caso dos grandes clubes, estarão direcionados àqueles que terão de decidir em seu nome, sendo certo que nenhuma das decisões tomadas terá completa aprovação dos torcedores, da imprensa e até mesmo dos demais diretores e atletas do elenco.

Como o poder disciplinar do clube pode ser ao mesmo tempo herói e vilão, mesmo que legalmente amparada, a decisão pode ser inadequada socialmente, principalmente num momento em que a opinião de um indivíduo replicada várias e várias vezes numa rede social, mesmo que equivocada ou proferida sem qualquer conhecimento dos fatos, tende a se tornar uma verdade inexistente.

O ESPAÇO DA MULHER NO DESPORTO

Fernanda Bazanelli Bini

Advogada, Especialista em Direito Desportivo pelo IBDD, Auditora do Tribunal de Justiça Desportiva Antidopagem (TJD-AD), Secretária Geral do Instituto Brasileiro de Direito Desportivo (2016/2018), Secretária Geral da Comissão de Direito Desportivo da OAB/SP (2013/2015 e 2016/2018), Diretora da Doping *and* Fair Play Consulting, *Ex-integrante de diversos Tribunais Desportivos do País (STJD Futebol, Atletismo, Handebol, Futsal, Badminton, CBDV, Arco e Flecha, TJD Voleibol Paulista e Comissão Disciplinar Permanente do Comitê Paralímpico Brasileiro) e Ex-Presidente da Comissão de Direito Desportivo da OAB Piracicaba*

A relação da mulher com o esporte nunca foi algo simples, sem lutas ou sem a quebra de barreiras ou paradigmas. Aliás, a própria relação da mulher com a sociedade também se deu da mesma forma, motivo pelo qual não se pode falar em uma mulher atleta, treinadora, gestora ou líder, sem que sejam também levadas em conta as lutas das mulheres pelo reconhecimento de seu próprio valor. Daí as coisas acabarem por se misturar.

Houve muita luta, muita ousadia, muita determinação. Desde os Jogos da Antiguidade a mulher, ainda que de forma isolada, manifestava seu desejo interno de igualdade. Conta a história que às mulheres não era dado o direito de acompanhar os Jogos Olímpicos naquela época. As regras eram tão rígidas que o próprio art. 5º do Regulamento dos Jogos previa a pena de morte nos casos em que mulheres casadas ousassem assistir às competições[(1)].

Justificavam-se tais medidas alegando-se que a mulher poderia sofrer danos fisiológicos, devido a sua fragilidade e mesmo ao acesso íngreme dos locais das provas.

No entanto, o que se conclui é que para os gregos a cidadania estava intimamente ligada à função de guerrear, o que era vedado às mulheres, fazendo com que estas fossem apenas vistas como mães, sendo excluídas, portanto, da vida pública da sociedade naquela época.

Mas há sempre quem resista. E é por conta desse ímpeto feminino, dessa ousadia, desse desejo interior pela igualdade e por espaço, que atitudes simples puderam mudar o rumo da história, senão, no mínimo, das regras até então existentes para que, mais a frente, pudessem sofrer novas modificações.

E nos próprios Jogos da Antiguidade isso acabou por acontecer em determinado momento. Caripátida desobedeceu as regras. Disfarçou-se de treinador vestindo uma túnica a fim de ver seu filho Psidoro competir. E ele venceu. E Caripátida invadiu a arena para abraçar seu filho e dali foi descoberta[(2)]. As regras, no entanto, tiveram que mudar. A mesma, que deveria ter uma sentença de morte não foi condenada, especialmente por vir de uma família influente de campeões olímpicos. Dali em diante, no entanto, treinadores não mais foram permitidos utilizar túnicas[(3)].

Ainda que a restrição da mulher não tenha sido superada porquanto a regra mudou, apenas e tão somente, para dificultar eventuais problemas semelhantes, seu recado foi dado. Portanto, é de tempos que a mulher demonstra sua força, e é dessa fonte, dessa ideia, que a sociedade precisa se apropriar.

Na Idade Média a mulher participava das mesmas atividades esportivas que os homens, mas no século XVII a perda de direitos pelas mulheres, sendo subjugadas pelo marido ou pelo ente masculino mais próximo, acabou por afastar as mulheres das atividades desportivas. E isso causou um longo e enorme estrago.

Apenas no século XVIII e início do Século XIX a mulher começa a retomar o acesso aos esportes quando

(1) VALPORTO, Oscar. *Atleta, substantivo feminino*: vinte mulheres brasileiras nos Jogos Olímpicos. Rio de Janeiro: Casa da Palavra, 2006.

(2) CHIÉS, Paula Viviane. *Eis quem surge no estádio*: É Atalante!" A história das mulheres nos jogos gregos. Revista Movimento, 2006; 3: 99-121.

(3) ROMERO, Elaine. Essas mulheres maravilhosas: nadadoras e ginastas. *In*: *Mulher e Esporte* – mitos e verdades. Simões AC (Org.). Barueri: Manole, 2003.

alguns cavalheiros ingleses passaram a levar suas esposas para assistir eventos como o boxe, remo e corridas de cavalos[4].

No entanto, a mentalidade sobre a fragilidade do corpo feminino e sua possibilidade de masculinização por meio do esporte ainda era dominante e as práticas desportivas entre as mulheres nada incentivadas.

Paralelamente a esse cenário, a revolução industrial e a evolução da sociedade fora colocando mais mulheres nas ruas, seja pela necessidade econômica, seja pela própria necessidade de força de trabalho, permitindo que as mesmas, mesmo com direitos menores que os homens, tivessem sua parcela de contribuição para a economia de uma forma mais direta. Os tempos e a própria sociedade foram mudando.

Com o retorno dos Jogos Olímpicos ao final do Século XIX, já na Era Moderna, obviamente as discussões foram se acirrando quanto a uma possível participação das mulheres em tais competições. É que, naquela época, muitas mulheres já trabalhavam, estavam nas ruas e muitos pais, cientes dos benefícios do esporte incentivavam suas filhas à prática dos mesmos, desenvolvendo, naturalmente, o desejo feminino de poder fazer parte também desse universo.

Ocorre que, por força do entendimento do Barão de Coubertin, mulheres não deveriam participar dos Jogos Olímpicos senão apenas e tão somente como espectadoras. Ao que parece – há controvérsias – Coubertin não apenas não concebia a possibilidade das mulheres participarem dos Jogos, como também era fielmente contrário a essa inovação. Para ele as mulheres deveriam restringir-se a cuidar dos filhos, enquanto as competições desportivas seriam um atrativo aos homens. Uma Olimpíada com a presença feminina não seria prática, nem interessante, nem estética e nem correta, essas eram as palavras de Coubertin quando indagado acerca da hipótese de inclusão das mulheres nos Jogos[5].

De toda sorte a não participação das mulheres naquele primeiro ciclo Olímpico foi um fato. Mas, como na história, os casos isolados tem muito a dizer sobre a força feminina, eis que surge Stamati Revithi, mais tarde lembrada como Melpomene que, extraoficialmente percorreu o caminho da maratona feito pelos homens naqueles Jogos, provando que sim, as mulheres teriam resistência o suficiente para encarar tamanhos desafios.

Um dos grandes argumentos para a exclusão das mulheres dos Jogos Olímpicos era, de que estas, especialmente para a prática do atletismo, não teriam a resistência suficiente para aguentar os desafios impostos e inerentes à modalidade, o que restou claramente superado quando Stamati Revithi completou o percurso em quatro horas e meia, mais rápido do que muitos homens naquela competição tornando-se a primeira mulher a enfrentar os obstáculos esportivos da era moderna[6].

Ainda que extraoficialmente, sua força e determinação para concluir todo o percurso, por certo abriram os olhos de todos para uma nova realidade.

Foi então que, já nos segundos Jogos Olímpicos da Era Moderna, em 1900 (Paris), pela primeira vez é dado o direito às mulheres de participar, o que fez com que 22 mulheres pudessem atuar em diferentes modalidades, como o tênis e o golf[7], considerados adequados por não haver contato físico e por serem considerados esteticamente belos. Ainda havia certas restrições, mas as portas se abriam para o futuro que estava por vir.

Os preconceitos, embora existentes, foram caindo e, ano após ano, Jogos após Jogos, mais modalidades e mais mulheres faziam parte do leque de competições disponíveis para o sexo feminino. Patinação no gelo, arco e flecha, vela e barco a motor, ainda que acompanhadas, nestas últimas, por seus maridos. A natação veio logo em seguida, em 1912, Jogos que contaram com a participação de 48 mulheres, naquele ano, em Estocolmo.

Em 1916 não houve Jogos Olímpicos por conta da Primeira Guerra Mundial mas, no ano seguinte, outra mulher de fibra aparece no cenário desportivo, a francesa Alice Melliat. Devido aos obstáculos criados tanto pela Federação Internacional de Atletismo como pelo próprio COI em permitir às atletas mulheres, a prática de atletismo, a atleta de remo fundou a Federação Esportiva Feminina Internacional, com o objetivo de acompanhar os recordes e promover as competições e as práticas de esportes pelas mulheres, realizando com isso os Jogos Mundiais Femininos em 1922 e 1923 e mesmo os Jogos Olímpicos Femininos em Pais, em 1922, o que acabou por pressionar os órgãos internacionais a abrir o devido espaço para as provas femininas.

(4) Tubino MJG. *500 anos de legislação esportiva brasileira*: do Brasil colônia ao início do século XXI. Rio de Janeiro: Shape, 2002.

(5) FAURIA, Juan. *Heroes olimpicos*. Madrid: Instituto Nacional de Educación Física, 1973.

(6) Pfi ster G. As mulheres e os jogos olímpicos: 1900-97. *In*: Drinkwater Bárbara L. *Mulheres no esporte*. Enciclopédia de Medicina do Esporte – Comissão Médica do Comitê Olímpico Internacional em colaboração com a Confederação Internacional de Medicina do Esporte. Rio de Janeiro: Guanabara Koogan, 2004. v. VIII.

(7) A inserção histórica da mulher no esporte. *Revista Brasileira de Ciência e Movimento*. Disponível em: <https://portalrevistas.ucb.br/index.php/RBCM/article/view/1133>. Acesso em: 15 jul. 2017.

Vale ressaltar que Alice Melliat foi a primeira mulher a receber o diploma de remadora de longa distância em 1912 no clube *Parisiense Feminina Sport* e teve seu primeiro cargo administrativo no esporte em 1915, tornando-se depois presidente do clube, numa época em que já se proliferava a prática desportiva e a criação de clubes esportivos na França[(8)]. Tal menção é de suma importância para atestar a qualidade não apenas da mulher como força desportiva, mas também como força estratégica e de gestão em uma época machista e extremamente preconceituosa.

E ai elas não pararam mais. Em Antuérpia, em 1920 foram 65 mulheres competindo, 135 em 1924 em Paris. Em 1928 em Amsterdã foram 277. Com 126 mulheres em Los Angeles em 1932, o número sofreu uma pequena redução por conta da crise econômica mundial mas, em 1936 em Berlim, 331 mulheres se fizeram representar na competição[(9)].

No Brasil as coisas sempre demoravam um pouco mais. Os ventos que sopravam da Europa tinham um leve *delay*, o que custava ao Brasil um pouco mais de tempo no alcance de tamanhas conquistas.

O cenário era de uma sociedade de raciocínio machista e de um ambiente familiar extremamente patriarcal. No regime das Ordenações Filipinas a que o País estava sujeito, não poderia a mulher, praticar quase nenhum ato sem a autorização do marido, que por vezes tinha a liberdade de aplicar castigos corporais à mulher e aos filhos o que veio a ser afastado apenas em 1890 com a implantação do Regime Republicano no Brasil[(10)].

Enquanto as mulheres na Europa desafiavam as novas ordens, o Código Civil de 1916 (Lei n. 3.071 de 1º de janeiro de 1916) no Brasil ainda pregava uma realidade antiquada. Menções específicas feitas nos arts. 6º, 240 e 242 traduzem o entendimento do que representava a mulher, especialmente casada, àquela época, na sociedade brasileira.

> Art. 6º São incapazes, relativamente a certos atos (art. 147, n. 1), ou à maneira de os exercer:
>
> I. Os maiores de dezesseis e menores de vinte e um anos (arts. 154 a 156).
>
> II. As mulheres casadas, enquanto subsistir a sociedade conjugal.
>
> III. Os pródigos.
>
> IV. Os silvícolas.
>
> Parágrafo único. Os silvícolas ficarão sujeitos ao regime tutelar, estabelecido em leis e regulamentos especiais, e que cessará à medida de sua adaptação. (Vide Decreto do Poder Legislativo n. 3.725, de 1919).
>
> Art. 240. A mulher assume, pelo casamento, com os apelidos do marido, a condição de sua companheira, consorte e auxiliar nos encargos da família.
>
> Art. 242. A mulher não pode, sem autorização do marido:
>
> I. Praticar os atos que este não poderia sem o consentimento da mulher.
>
> II. Alienar, ou gravar de ônus real, os imóveis de seu domínio particular, qualquer que seja o regime dos bens.
>
> III. Alienar os seus direitos reais sobre imóveis de outra.
>
> IV. Aceitar ou repudiar herança ou legado.
>
> V. Aceitar tutela, curatela ou outro munus público.
>
> VI. Litigiar em juízo civil ou comercial, a não ser nos casos indicados nos arts. 248 e 251.
>
> VII. Exercer profissão.
>
> VIII. Contrair obrigações, que possam importar em alheação de bens do casal.

A proibição do exercício profissional sem o consentimento do marido e uma existência voltada para auxiliar os encargos da família era a realidade existente (art. 240 e art. 242, VII) além da mesma ser considerada relativamente incapaz (art. 6º).

Vale lembrar que durante muitos anos, nem ao menos era permitido à mulher ter a mesma educação que os homens, motivo pelo qual ao homem era atribuído o papel de decisão e direção, enquanto à mulher fora dado o papel de submissão. Isso interferia nos conhecimentos que eram disponibilizados aos diferentes sexos, sendo que a diferença cultural e intelectual, vale dizer, nunca fora inerente à natureza, seja do homem, seja da mulher, mas foram sim trabalhadas pela sociedade exaustivamente[(11)], durante anos, décadas, senão séculos. Isso obviamente ficava ecoando nas mentes de todos os que recebiam tais informações e direcionamentos, praticamente uma "lavagem cerebral", assim como ocorria com a própria escravidão.

A sorte é que existiam no Brasil os estrangeiros que já pensavam de outra maneira o que por certo influenciou sobremaneira o modo como a sociedade e mesmo

---

(8) *Idem* item 6.

(9) *Idem* item 7.

(10) EVOLUÇAO HISTÓRICA DA MULHER NA LEGISLAÇÃO CIVIL. *Mundo Vestibular*. Disponível em: <http://www.mundovestibular.com.br/articles/2772/1/EVOLUCAO-HISTORICA-DA-MULHER-NA-LEGISLACAO-CIVIL/Paacutegina1.html>. Acesso em: 16 jul. 2017.

(11) *Idem* item 10.

o esporte entre as mulheres deveria ser encarado. E dali chega a década de 1920.

Foi apenas na década de 1920 que foi possível identificar mulheres praticando atividades físicas nos clubes brasileiros. Normalmente, filhas de imigrantes europeus que, àquela altura já entendiam o valor dos exercícios físicos e incentivam suas filhas a tais práticas, o que possibilitou o surgimento de um ícone nacional e sul americano, mudando os rumos do esporte nacional: Maria Lenk.

Maria Lenk, filha de alemães, iniciou na natação ainda jovem e por problemas de saúde. Era treinada pelo pai nas águas ainda límpidas do Rio Tietê na sede do clube Espéria em São Paulo. Sua determinação lhe rendeu um título em 1931 no Rio de Janeiro o que permitiu que a mesma abrisse as portas para as competições de natação feminina no País. Foi então que em 1932 ela se torna a primeira mulher a representar o Brasil e a América do Sul nos Jogos Olímpicos ocorridos em Los Angeles. Sem contar sua maestria, nadando pela primeira vez o estilo borboleta, inovando e aperfeiçoando a técnica do nado de peito[(12)]. Um marco histórico e único, portanto, para o desporto nacional e internacional.

A força feminina, portanto, já não residia apenas em sua resistência e determinação, mas também dando sinais de sua ilimitada criatividade.

A década de 1930 no Brasil marca um pedaço promissor da história para as mulheres sendo criado o então Jogos Femininos do Estado de São Paulo em 1935, o que reforçava a atuação das mulheres não apenas no esporte, mas também em vários seguimentos sociais. Foi também nessa época que o voto foi permitido às mulheres. Tal direito foi conferido às mesmas em 1932 por conta da edição do Código Eleitoral, Decreto n. 21.076, de 24 de fevereiro daquele ano.

No entanto, o pensamento social não evoluía com a mesma rapidez, causando por vezes conflitos que travavam esse fluir da participação da mulher na sociedade e, quiçá, no próprio esporte.

Foi diante desse contexto que surgiu um dos marcos para a legislação desportiva brasileira, o Decreto n. 3.199 de 14 de abril de 1941, o qual, sob o ponto de vista feminino, não era nada evoluído. Dizia seu art. 54:

> Art. 54. Às mulheres não se permitirá a prática de desportos incompatíveis com as condições de sua natureza, devendo, para este efeito, o Conselho Nacional de Desportos baixar as necessárias instruções às entidades desportivas do país.

Tais menções acabaram por limitar o acesso às mulheres a esportes como lutas, futebol de campo, salão e praia, polo, *rugby*, halterofilismo e *baseball*, especialmente por conta da Deliberação n. 7/1965 editada pelo Conselho Nacional de Desportos o que vigorou até 1979.

Nesse meio tempo iniciativas louváveis fizeram parte da história nacional como, por exemplo, a criação dos Jogos da Primavera no Rio de Janeiro, a primeira Olimpíada feminina no Brasil, associando a feminilidade ao esporte, destacando a beleza, a graciosidade e leveza feminina, propiciando grande abertura e empatia das jovens àquela época pela prática desportiva[(13)].

Aproveitando os ventos favoráveis à participação feminina nos esportes, Tulio de Rose, em 1954 criou os Jogos Abertos Femininos em Porto Alegre, o que movimentou sobremaneira a cidade até os idos de 1960[(14)]. Mais ou menos nessa época surge um novo ícone para o esporte nacional: a tenista Maria Esther Bueno.

Maria Esther Bueno conquistou para o esporte nacional títulos inimagináveis e uma visibilidade internacional fora do comum. Atleta nenhuma da modalidade até então conseguiu igualar-se às suas conquistas. A atleta venceu nos anos de 1959, 1960 e 1965 o mais tradicional torneio de tênis do mundo e a menina dos olhos de milhares de tenistas na atualidade: Wimbledon.

Não bastasse o tri campeonato em simples, venceu ainda em cinco diferentes ocasiões o torneio de duplas da referida competição, nos anos de 1958, 1960, 1963, 1965 e 1966. Consolidava-se a capacidade brasileira feminina desportiva não apenas a nível nacional, mas também a nível internacional.

Aida dos Santos, do atletismo, também superou desafios. Lesionada, sem técnico e sem materiais, ousou competir e conquistar em Tóquio em 1964, a melhor colocação brasileira em Olímpiadas: o 4º lugar. Portanto, ressalte-se que a mulher passara a abrir novos espaços, vislumbrar novos horizontes.

Ao que parece, a manifestação da mulher por meio do esporte também ajudou a demonstrar sua força, seu valor e sua independência perante a sociedade. Não se pode ignorar que o esporte possa ter tido papel relevante nessa evolução.

Foi nesse meio tempo, em 1962 que surgiu no Brasil o Estatuto da Mulher Casada, Lei n. 4.121 que alterou o então vigente Código Civil de 1916, fazendo surgir

(12) GOELLNER, Silvana V. *Mulheres e futebol*: entra sombras e visibilidades. Revista Brasileira de Educação Física, 2005; 2. p. 143-51.

(13) MOURÃO, Ludimila; VOTRE, Sebastião. Esporte e inclusão social – mulheres. *In*: Da Costa LP. (Org.). *Atlas do esporte no Brasil*. Atlas do esporte, educação física e atividades físicas e saúde e lazer no Brasil. Rio de Janeiro: Shape, 2005.

(14) *Idem* item 7.

novas colocações sobre a igualdade das mulheres e cujo conteúdo houve por bem afastar a incapacidade relativa da mulher modificando os termos do art. 6º do referido Códex:

> Art. 6º São incapazes relativamente a certos atos (art. 147, n. I), ou à maneira de os exercer:
>
> I – Os maiores de 16 e os menores de 21 anos (arts. 154 e 156).
>
> II – Os pródigos.
>
> III – Os silvícolas.
>
> Parágrafo único. Os silvícolas ficarão sujeitos ao regime tutelar, estabelecido em leis e regulamentos especiais, o qual cessará à medida que se forem adaptando à civilização do País.

Ressalte-se, portanto, que, diante de uma sociedade em que a mulher era tida como relativamente incapaz, mulheres guerreiras, ousadas, determinadas, conquistavam, por meio do esporte, projeção internacional.

E esse encanto com a participação ativa das mulheres no esporte, mobilizou esforços também do sexo oposto. Joaquim Mamede, presidente da Confederação Brasileira de Judô, em 1979 inscreveu atletas mulheres, com seus sobrenomes, em uma competição na Argentina, o que era proibido pela Deliberação n. 7/1965. Sendo descoberto, o mesmo fora chamado para prestar esclarecimentos o que fez levando as atletas com seus quimonos e medalhas no peito, contribuindo, pois, para a queda das restrições anteriormente colocadas, o que fora oficializado por meio da Deliberação n. 10 de 1979.

Muitas ocorrências vieram durante os anos seguintes. Mulheres, exemplos, lutas, novas regras, novas leis, uma mudança cultural sem precedentes. Liberdade, sexualidade, a participação mais ativa das mulheres na economia, em inúmeros setores e também no esporte, cujas modalidades foram sendo, uma a uma, conquistadas.

No entanto, foi apenas com a Constituição Federal de 1988 que se reconheceu formalmente a igualdade de direitos e deveres entre os homens e mulheres.

Constituições anteriores até mencionavam a igualdade entre os sexos, a exemplo da própria Constituição de 1934 que mencionava em seu art. 113 item 1 o quanto segue:

> Art 113. A Constituição assegura a brasileiros e a estrangeiros residentes no País a inviolabilidade dos direitos concernentes à liberdade, à subsistência, à segurança individual e à propriedade, nos termos seguintes:
>
> 1) Todos são iguais perante a lei. Não haverá privilégios, nem distinções, por motivo de nascimento, sexo, raça, profissões próprias ou dos pais, classe social, riqueza, crenças religiosas ou ideias políticas.

No entanto, ao que parece, àquela época, a sociedade sequer fazia ideia do que poderia ser a ausência desse tipo de distinção, o que fazia da igualdade algo meramente formal.

A clareza, no entanto, do texto Constitucional de 1988, aliado ao momento histórico do País, além das inúmeras e já mencionadas lutas, por certo tornaram o ambiente jurídico, social e desportivo, um ambiente mais facilmente transitável pelas mulheres. E dali em diante o crescimento fora exponencial. De 1996 até 2016 mais de 100 atletas mulheres tornaram-se medalhistas olímpicas no País[15].

De toda sorte vale ressaltar que se forem levadas em conta as lutas travadas e uma recente Constituição Federal que teria deixado clara a questão, tal crescimento se torna algo relativamente recente. Isso porque, ainda que se reconheça tal igualdade, os resquícios de uma sociedade patriarcal e preconceituosa ainda ecoam no dia a dia, menos, mas ecoam.

E até faz sentido, especialmente ao se pensar que alguns ensinamentos são passados de geração em geração. A geração Y, por exemplo, cuja fase adulta representa a camada entre 30 e 40 anos da população, teve um contato direto com pais e avós sendo partícipes de uma sociedade em que a mulher ainda era considerada relativamente incapaz. Isso porque, apenas em 1962

(15) Ana Flavia, Ida, Ana Moser, Ana Paula, Filó, Fernanda Venturini, Hilma, Fofão, Leila Barros, Marcia Fu, Sandra, Virna Dias, Alessandra Santos, Adriana Santos, Cinta Santos, Claudia Pastor, Hortência, Janeth, Leila Sobral, Branca, Paula, Marta Sobral, Roseli Gustavo, Silvinha Luz, Adriana Samuel, Monica Rodrigues, Sandra Pires, Jaqueline Silva, Adriana Pinto, Claudinha Neves, Helen Luz, Zaine, Kelly, Lilian, Elisangela, Érika Coimbra, Janina, Karin Rodrigues, Kátia Lopes, Kelly Fraga, Raquel Silva, Ricarda Negrão, Walewska Oliveira, Adriana Behar, Shelda Bede, Andréia Suntaque, Aline Pellegrino, Cristiane Rozeira, Daniela Alves, Elaine Estrela, Formiga, Grazielle, Juliana Cabral, Kelly Cristina, Tania Maranhão, Marlisa Maravilha, Marta, Maycon, Mônica de Paula, Pretinha, Renata Costa, Rosana Santos, Roseli Belo, Rosemar Coelho, Lucimar de Moura, Thaissa Presti, Rosângela Santos, Fernanda Oliveira, Isabel Swan, Natália Falavigna, Ketleyn Quadros, Andéia Rosa, Barbara Barbosa, Daniela Alves, Ester Santos, Fabiana Simões, Francielle Alberto, Marta Viega, Maurine Gonçalves, Simone Jatobá, Carol Albuquerque, Fabi Alvim, Fabiana Claudino, Jaqueline Carvalho, Mari Stein, Paula Pequeno, Sheila Castro, Sassá, Thaisa Menezes, Valeskinha Menezes, Maurren Maggi, Yane Marques, Adriana Araujo, Juliana Silva, Larissa França, Mayra Aguiar, Fabiana Claudino, Dani Lins, Adenizia Silva, Fernandinha Ferreira, Jaqueline Carvalho, Tandara, Natália Pereira, Sheilla Castro, Fabi, Fernanda Garay, Sarah Menezes, Poliana Okimoto, Agatha Bednarczuk, Barbara Seixas, Martine Grael, Kahena Kunze, Rafaela Silva.

com o Estatuto da Mulher Casada, tais menções foram afastadas dos textos legais.

Tal situação ainda reverbera, pois, na mente de muitos que circundam a realidade não apenas da sociedade mas especialmente da realidade desportiva no País. Dai o preconceito que ainda se vislumbra quanto às atletas jogadoras de futebol, por exemplo, ou mesmo de profissionais que possam ter cargos estratégicos, até porque, a capacidade intelectual feminina por vezes era minimizada.

No entanto, não há ventos que derrubem a capacidade e as demonstrações de forças vindas por todos os lados. Mulheres hoje ocupam cargos de gestão, trazem medalhas, batem recordes, são treinadoras e por vezes chegam a presidir um País.

A história da mulher no esporte acompanha em muito a evolução da mulher na própria sociedade. Por vezes o esporte antecipa essa visibilidade e torna ainda mais legítima as lutas fora de campo. A mulher, ao representar o Brasil nos Jogos Olímpicos, não leva apenas o nome do País, leva a representação maior de capacidade da mulher a nível internacional em um País que, a exemplo de outros pelo mundo, ainda insiste em desmerecer a postura feminina diante de seus desejos e diante das demandas da própria sociedade.

Dentro desse contexto, muito se fala da inserção da mulher na sociedade e no esporte tentando, pela via de cotas, compensar as barbáries morais a que foram submetidas as mulheres durante longos anos, e a falta de oportunidades que as mesmas sempre tiveram diante das possibilidades masculinas.

Em interessante artigo publicado pelo site da Revista Exame(16), menciona-se que, segundo estudos apresentados no Fórum Econômico Mundial, mantido o ritmo atual, a equidade de gêneros nas empresas levará 80 anos para ser alcançada em escala global. Em outras palavras, uma menina que tenha hoje 10 anos estará em desvantagem na corrida pelo topo do mundo corporativo, assim como uma filha que ela venha a ter no futuro. Somente a sua eventual neta terá as mesmas oportunidades que os homens.

Ocorre que, embora as lutas travadas, a mudança cultural leva um certo tempo. Sem desmerecer ou minimizar a importância e o papel da abertura de espaço por meio de cotas, seja em empresas, clubes, seja em meio a própria política, é certo que há outros fatores também a serem considerados.

Não teria, pois, a mulher capacidade para conquistar seu espaço sozinha?

Talvez, mais do que a via das cotas para a concretização de tais objetivos, a via da conscientização possa surtir efeitos mais legítimos e duradouros. E a conscientização passa não apenas pela educação do homem mas também pela reeducação da própria mulher.

Antes de qualquer cota, a mulher tem que querer estar lá! Essa é a questão.

No mesmo artigo anteriormente mencionado(17) sobre a participação da mulher em altos cargos de gerência em empresas, uma reflexão se faz de suma importância.

> Nos últimos anos, as pesquisas têm tentado entender melhor a desigualdade entre gêneros. Os estudantes que fizeram o MBA da escola de negócios da Universidade de Chicago de 1990 a 2006 dão uma boa ideia do que acontece no mundo dos negócios. Logo depois de terminar o MBA e voltar para o mercado de trabalho, homens e mulheres ganham a mesma coisa. Mas entre o 10º e 16º ano de carreira, os homens já estão ganhando quase o dobro.
>
> O fator mais importante para explicar a diferença salarial não é o preconceito nem a experiência dos profissionais antes de entrar na escola de negócios – embora os dois fatores tenham tido um peso. O que mais contou para desvalorizar as mulheres foram as interrupções ao longo da carreira e a quantidade de horas trabalhadas inferior à dos homens.
>
> Em várias partes do mundo, a maternidade é o ponto de inflexão na carreira das executivas. “Muitas mulheres não conseguem conciliar a vida familiar e a carreira”, diz Fernando Mantovani, diretor da consultoria de recrutamento americana Robert Half no mercado brasileiro.
>
> Entre continuar pisando fundo no trabalho e pegar leve para passar mais tempo com os filhos enquanto eles são pequenos, um número grande de mulheres escolhe a segunda opção – e, nesses casos, as apostas de sucesso profissional acabam sendo depositadas no marido.
>
> No Brasil, cerca de 40% das mulheres em cargos de gestão pedem demissão depois que têm filhos. Outras não chegam a abandonar o emprego, mas ficam menos propensas a aceitar cargos que exijam longas jornadas. As que optam por continuar acelerando a carreira e, ao mesmo tempo, criar crianças pequenas partem para a “**terceirização**“ – contratam vários funcionários para dar conta do lar e da logística.

---

(16) Cotas para mulheres?. Exame.com. Disponível em: <http://exame.abril.com.br/revista-exame/cotas-para-mulheres/>. Acesso em: 16 jul. 2017.

(17) *Idem* item 16.

E complementa.

> Inevitavelmente, discussões que envolvem desigualdade de gênero acabam flertando com certa vitimização das mulheres, diante de uma suposta conspiração masculina. Essa ideia tem sido rechaçada por executivas que cobram das próprias mulheres uma postura mais agressiva.
>
> Tendo como ideia central encorajar as mulheres a tomar as rédeas de sua carreira, a americana Sheryl Sandberg, vice-presidente global da rede social Facebook, escreveu *Faça Acontecer*, livro lançado em 2013 e que já vendeu 2 milhões de cópias em todo o mundo.
>
> Na obra, Sheryl compara a postura de homens e mulheres na época que trabalhou no Google. "Os homens aproveitavam as oportunidades mais rapidamente. Quando anunciávamos a inauguração de um novo escritório ou o início de um novo projeto, logo eles estavam derrubando a minha porta para explicar por que deviam ser os escolhidos."
>
> (...)
>
> A falta de ambição das mulheres também é uma preocupação para as organizações no Brasil. Uma pesquisa recém-concluída da multinacional de eletrodomésticos *Whirlpool*, dona das marcas Brastemp e Consul, identificou que 32% dos homens almejam alcançar um cargo de diretoria, enquanto somente 19% das mulheres têm esse mesmo desejo.

É importante considerar que, na medida em que a mulher opta por assumir mais responsabilidades profissionais, há que se abrir mãos de outras coisas e mesmo contar com o apoio de seu próprio parceiro para tanto. Afinal de contas, ser mãe é algo que compete hoje apenas e tão somente à natureza feminina, motivo pelo qual, muitas vezes não se trata de uma falta de oportunidades sobre cargos femininos, seja em empresas, política, clubes ou em quaisquer ambientes esportivos, mas especialmente das escolhas feitas pela mulher diante de sua própria natureza. Há dificuldades sim! Especialmente pelos preconceitos e história já colocadas, mas tais dificuldades parecem não ser necessariamente os fatores preponderantes.

Ademais, batalhar pelos direitos das mulheres por meio de ações feministas e radicais, especialmente no Brasil, diante de uma igualdade formal vinda da própria Carta Magna parece ser luta contra os próprios direitos já conquistados.

Ter que lutar por seus direitos remete a um possível entendimento de que os mesmos não existem. Por outro lado, partir de uma ideia diferente no sentido de que a mulher já está inserida e não aceita, de forma alguma, tratamentos diferenciados, parece mudar o modo como as coisas são conduzidas.

Explica-se.

O primeiro ponto a ser considerado é a própria subjetividade feminina. Colocações interessantes sob esse aspecto foram mencionadas por Sheryl Sandberg em seu livro *Faça Acontecer*(18). Suas colocações revelam o quanto de impacto ainda causam o modo como a mulher fora tratada durante tantos anos, o quanto o modo de cada uma se enxergar interfere no modo de agir das mulheres nos dias de hoje. A ver:

> Alguns anos atrás, organizei uma reunião para o secretário do Tesouro Tim Geithner no Facebook. Convidamos quinze executivos de todo o Vale do Silício para um café da manhã e um debate sobre economia. O secretário Geithner chegou com quatro mulheres de sua equipe, duas de escalão mais alto e duas de escalão médio, e todos ficamos em nossa sala de reuniões. Depois das habituais perambulações, convidei os presentes a se servir no bufê e tomar um assento. Nossos convidados, homens na maioria, pegaram os pratos, se serviram de comida e sentaram à ampla mesa de reuniões. A equipe do secretário Geithner, só de mulheres, foi a última a se servir e elas sentaram em cadeiras num dos lados da sala. Pedi que sentassem à mesa, acenando com a mão para mostrar que seriam bem-vindas. Hesitaram um pouco e continuaram no mesmo lugar.
>
> As quatro mulheres tinham todo o direito de estar nessa reunião, mas, pelo lugar que escolheram para sentar, pareciam mais espectadoras do que participantes. Eu sabia que tinha de dizer alguma coisa. Assim, depois da reunião, chamei as quatro para conversar. Comentei que deveriam ter sentado à mesa mesmo sem convite, mas, quando receberam em público minhas boas-vindas, sem dúvida deviam ter se juntado a nós, De inicio ficaram surpresas e depois concordaram.
>
> Para mim aquele momento foi um divisor de águas. Foi o momento em que vi como uma barreira interna pode afetar o comportamento das mulheres. Foi o momento em que percebi que,

---

(18) SANDBERG, Sheryl. *Faça Acontecer* – Mulheres, Trabalho e a vontade de Liderar. Tradução de Denise Bottmann. 1. ed. São Paulo: Companhia das Letras, 2013.

> além de enfrentar obstáculos institucionais, as mulheres travavam uma batalha interior.
>
> Quando dei uma palestra no TED falando como as mulheres podem ter sucesso no mercado de trabalho, contei esse episódio para ilustrar como as próprias mulheres se retraem, escolhendo literalmente assistir às coisas de lado. E que, por mais desapontada que eu ficasse com aquela escolha, também entendia plenamente as inseguranças que as obrigaram a se pôr de lado, grudadas naquelas cadeiras.
>
> Em meu ultimo ano de faculdade, fui introduzida na Sociedade Honorária Phi Beta Kappa. Naquela época, Harvard e Radcliffe tinham sedes separadas e por isso minha cerimônia foi apenas para mulheres. A oradora principal, dra. Peggy McIntosh, dos Centros Femininos Wellesley, deu uma palestra chamada "Sentindo-se uma fraude". Ela explicou que muitas pessoas, mas especialmente as mulheres, se sentem uma fraude quando são elogiadas pelo que fizeram. Em vez de se sentirem merecedoras de reconhecimento, sentem-se indignas e culpadas, como se tivesse ocorrido um engano. Apesar de terem realizado grandes feitos e até serem sumidades em suas áreas, parece que as mulheres não conseguem se libertar da sensação de que é só uma questão de tempo e serão desmascaradas, mostrando o que realmente são – impostoras com capacidades ou qualificações limitadas.
>
> Parecia-me o melhor discurso que tinha ouvido em toda a minha vida. Fiquei inclinada para a frente na cadeira, assentindo vigorosamente com a cabeça, Carrie Weber, minha colega de quarto, brilhante e que nada tinha de fraude, fazia a mesma coisa. Até que enfim alguém dizia exatamente o que eu sentia. Toda vez que fazia uma prova, achava que tinha ido mal. E toda vez que não dava mancada – ou até ia bem – achava que mais uma vez tinha enganado todo mundo. Mas, um dia, eu seria pega no flagra.

Tal colocação é de suma importância para que se possa entender uma parte do universo feminino diante de suas próprias conquistas. Mesmo sendo capaz, mesmo tendo sido comprovada sua força muitas vezes, na mulher ainda ecoa seus medos e a submissão que por vezes lhe era imposta. Como mencionado anteriormente, em apenas 100 anos ainda não eliminamos de nossa convivência todas as gerações com resquícios dessa criação, causando um impacto negativo no desenvolvimento da própria mulher diante da sociedade, o que com certeza deve mudar em breve.

Três manifestações interessantes na mídia fortalecem esse raciocínio de que uma mudança já ocorre.

Uma delas, embora não seja um exemplo vindo do esporte, evidencia claramente que à medida que a postura da mulher muda, muda sua própria forma de se inserir e se enxergar diante da sociedade.

Tal posição veio da apresentadora e atriz de 15 anos Maísa, muito conhecida no Brasil por, desde pequena, trabalhar nos estúdios de uma grande emissora de Televisão Brasileira. Diante de uma cena constrangedora em uma de suas participações na TV, a mesma se posiciona contrária à situação vexatória levada a cabo simplesmente por conta dos resquícios de machismo existentes em muitas mentes.

Diante de inúmeros telespectadores, o responsável pelo programa insinua que ela deveria dançar ou mesmo beijar um rapaz, também apresentador, um pouco mais velho. A mesma, diante da insistência e constrangimento, rebate as colocações de forma incisiva e para muitos, grosseira.

Diante da situação e das críticas recebidas, a mesma complementa seu posicionamento por meio de uma rede social:

> "Tô começando esse texto dizendo que eu não estou fazendo isso pq estou me sentindo pressionada, ou como se eu devesse explicações, e etc. Estou fazendo pelas pessoas que têm carinho comigo e se preocupam com meu bem-estar", começou.
>
> "Minha apresentação no Programa Silvio Santos, do último domingo (18), está sendo motivo de questionamento e ataques nas redes sociais. Isso é comum, pois vivemos em uma sociedade onde a mulher muitas vezes não tem voz e precisa lutar com situações constrangedoras e brincadeirinhas todos os dias. Quando uma menina de 15 anos não aceita qualquer brincadeira ou comentário, e se posiciona, causa espanto. E muita gente se sente no lugar de tentar repreender tal atitude como se me conhecessem, ou se fossem meus pais."
>
> "Infelizmente as pessoas não conhecem os bastidores. Muito menos minha relação com o Silvio, e com outros colegas de trabalho. Com certeza, uma parcela dos telespectadores, gostariam que eu aceitasse tudo o que aconteceu no programa, como dançar com um rapaz mais velho (mesmo eu NÃO querendo), ou beijá-lo. Estou aqui para trazer reflexão: até quando as mulheres vão viver precisando aceitar tudo? Não, é não!",
>
> "Recebi muitas mensagens de apoio, pelo posicionamento e por não aceitar tudo em nome do

> entretenimento. Eu sou uma adolescente de 15 anos como qualquer outra, me posiciono com as causas necessárias, falo o que penso, sempre mantenho minha educação, tenho o direito de liberdade de expressão, de gostar ou não gostar, e nunca precisei ficar criticando as pessoas nas redes sociais para me sentir melhor. Agradeço o apoio e compreensão do nosso público, espero que vcs tenham uma ótima noite, muita paz, respeito e menos ódio, né??? Eu faço o que amo, pras pessoas que eu amo! Não vou mudar o meu jeito para agradar a ninguém... Espero que vocês sempre sejam quem vocês são.[19]"

Veja-se que ao se tratar de uma garota de 15 anos, manifestando-se publicamente da forma como o fez, defendendo uma posição igualitária entre homens e mulheres, e colocando-se numa posição de basta, não aceitando colocações pejorativas ou qualquer forma de ridicularização ou risos fáceis em nome do entretenimento, tem-se um novo conceito, de uma nova geração que já não aceita, de forma alguma, algo como fora imposto antigamente. Uma geração que, como se nota, não aceita ficar calada.

Simone Biles parece comungar dos mesmos anseios femininos. E, em entrevista proferida enquanto participava dos Jogos Rio 2016 disse: "Eu não sou o próximo Usain Bolt ou Michael Phelps. Sou a primeira Simone Biles", deixando claramente o recado de que a mulher não precisa ser apenas e tão somente uma sombra, mas ter sua própria autonomia e sua própria identidade.

O acesso à informação, uma mente crítica e um espírito ousado, tanto quanto eventuais capacidades antes apenas consideradas masculinas, fazem nascer por certo uma história diferente.

Outro caso claro de uma mudança de mentalidade que já se acena nesse sentido, foi a postura do atleta Andy Murray em entrevista coletiva concedida após sua participação em Wimbledon em 12.07.2017. Segundo notícias que constam do site globo.com[20]:

> Andy Murray se despediu do torneio de Wimbledon, mas protagonizou um dos momentos mais marcantes do dia. O número 1 do mundo corrigiu um jornalista novamente e voltou a mostrar por que é um ícone contra o sexismo no esporte.
>
> Durante a coletiva de imprensa nesta quarta-feira, um jornalista disse que seu algoz Sam Querrey era o primeiro americano a atingir a semifinal do torneio desde 2009. O escocês respondeu "jogador masculino" ("male player").
>
> Todos riram no calor do momento, mas o tenista permaneceu sério e repetiu a afirmação quando o jornalista disse que não havia entendido.
>
> Se os americanos não iam longe em Londres há oito anos, as tenistas do país continuaram dominando o torneio. Serena Williams venceu cinco títulos nos últimos dez anos. Um dia antes de Querrey, a irmã Venus havia atingido a semifinal do torneio.

Um exemplo dessa magnitude dentro do esporte vindo de forma tão natural, impressiona pela representatividade e força desse movimento, o que acena para, muito em breve, dias promissores e muito melhores.

A naturalidade com que o atleta trata a questão da igualdade é por certo o objetivo a ser alcançado diante da sociedade em que vivemos. Tal postura, no entanto, não diz respeito apenas a questões como cotas ou quaisquer outros tipos de políticas ativas, mas especialmente à conscientização, à educação.

Sob esse aspecto vale inclusive ressaltar o trabalho feito pelo próprio Comitê Olímpico Internacional cuja promoção da mulher no esporte está estampada em seu site oficial[21]. Tal postura é plenamente apoiada pelo próprio Comitê Olímpico Brasileiro[22].

Aliás, é certo que não foram cotas também que projetaram grandes nomes do Direito Nacional como **Maria Augusta Saraiva, Myrthes Gomes de Campos, Bernadete Neves Pedrosa, Esther de Figueiredo Ferraz, Ivette Senise Ferreira e Ellen Gracie Northfleet**[23]

(19) Maísa rebate críticas após rebater Silvio Santos: "a mulher precisa lutar com situações constrangedoras. Globo.com. Disponível em: <http://revistaquem.globo.com/Popquem/noticia/2017/06/maisa-rebate-criticas-apos-rebater-silvio-santos-mulher-precisa-lutar-com-situacoes-constrangedoras.html>. Acesso em: 16 jul. 2017.

(20) Murray corrige jornalista e protagoniza novo episódio contra sexismo no esporte. Globoesporte.com. Disponível em: <http://globoesporte.globo.com/tenis/noticia/murray-corrige-jornalista-e-protagoniza-novo-episodio-contra-sexismo-no-esporte.ghtml?utm_source=Facebook&utm_medium=Social&utm_content=Esporte&utm_campaign=globoesportecom>. Acesso em: 16 jul. 2017.

(21) Link para acesso ao site: <https://www.olympic.org/women-in-sport>.

(22) A inclusão total da mulher no esporte é uma das prioridades do Comitê Olímpico Internacional (COI) e tem o apoio do COB. Em 1995, a entidade máxima do esporte mundial criou a Comissão da Mulher e o Esporte, que tem como função assessorar o Conselho Executivo do COI sobre a política na área de promoção das mulheres no esporte. Hoje, o COB também possui uma Comissão de Mulheres em sua estrutura. Disponível em: <https://www.cob.org.br/pt/noticia/cob-ressalta-crescimento-feminina-no-esporte-olimpico-nacional>. Acesso em: 16 jul. 2017.

(23) As mulheres e o Direito: histórias de pioneirismo. Migalhas. Disponível em: <http://www.migalhas.com.br/Quentes/17,MI235253,61044-As+mulheres+e+o+Direito+historias+de+pioneirismo>. Acesso em: 16 jul. 2017.

Já dizia Pierre Bourdieu no preâmbulo de seu livro *Da dominação masculina*(24),

> "A dominação masculina está tão arraigada em nosso inconsciente que não a percebemos mais, tão de acordo com nossas expectativas que até nos sentimos mal em questioná-la. Mais do que nunca, é indispensável destruir as evidências e explorar as estruturas simbólicas do inconsciente androcêntrico que sobrevive nos homens e nas mulheres. Quais são os mecanismos e as instituições que realizam o trabalho de reprodução do 'eterno masculino'? É possível neutralizá-los para liberar as forças de transformação que eles conseguem obstruir?"

Ainda que não se tenha um percentual significativo de mulheres em cargos específicos dentro do mundo esportivo é certo que as coisas já mudaram de uns tempos pra cá. Hoje já não existem limites para se pensar a mulher em um ou outro cargo. Existem sim os limites de preconceito, o que com o passar das gerações deverá cair por terra, mas não a ideia de que uma mulher não teria capacidade para tanto.

Treinadoras, médicas, fisioterapeutas, líderes, gestoras, árbitras, advogadas, auditoras, presidentes de clube, consultoras de órgãos públicos, autora de livros, criadoras de novas teses, elas estão aí! E, onde há um espaço deverá a mulher aprender a ocupá-lo. Deve a mulher ousar mais, dar mais a "cara para bater" sem medos, sem restrições, sem interferências psíquicas sobre a sua capacidade, o que por vezes vem de uma educação conservadora e submissa de um século que já não existe mais.

É comum uma postura diferente de um homem e de uma mulher diante de um novo desafio. Uma mulher, assim como mencionado por Sheryl Sandberg em seu livro, muitas vezes sente-se acuada, duvida de si e perde oportunidades que seriam de valor inestimável dentro do ambiente e da época em que se vive hoje.

Onde uma mulher ousa, dezenas de outras se inspiram. Centenas tomam coragem de fazer o mesmo. E não é só. Quando uma mulher se desafia, ela é capaz de provar não apenas para ela quão longe pode ir, mas com graça e leveza, consegue abrir os olhos de todos aqueles que estão a sua volta, sobre seu potencial, sobre sua capacidade, sobre sua visão diferenciada, sobre sua criatividade em resolver problemas, sobre sua flexibilidade e sobretudo, sobre sua própria força, sobre a força feminina. E isso se consolida com o tempo.

Uma postura diferenciada, portanto, por parte das mulheres, mais do que quaisquer privilégios por meio de cotas, por certo deve acelerar o processo de inserção da mulher não apenas na sociedade mas também no esporte, sobretudo no futebol nacional, visto os clubes brasileiros terem sido formados exatamente desse ambiente antiquado, carregando em suas origens tradições extremamente machistas e limitantes ao universo feminino.

Antes de qualquer cota, a mulher tem que querer estar lá! Como já dito, essa é a questão. Mas um querer que vem de dentro. Que não aceite menos do que possa ter. Não que lute contra o que não tem, mas que seja tão natural sua reação com o que lhe é de direito que não há porque temer ou incomodar-se.

Precisa-se, pois, de educação. De conscientização. Até porque, o objetivo não é que a força feminina suplante as belezas e capacidades masculinas. Até porque, a complementação do raciocínio lógico e da razão masculina com a empatia, sensibilidade e intuição feminina por certo tem a capacidade de agregar muito mais valor ao mundo dos esportes.

O grande desafio, portanto, além da ideia de que todos tem o dever de aprender a trabalhar juntos, é a mulher manter-se, de fato, fiel a sua própria natureza. É ocupar um espaço com graça e feminilidade, com força e delicadeza, papel que homem nenhum poderá ocupar por ter sua própria natureza. Ocupar esse espaço sem ter que vestir uma túnica ou disfarçar-se de homem por certo é algo a se comemorar.

O que se busca nesta luta pela igualdade entre homens e mulheres não é a guerra, não é a masculinização da mulher. O que se busca é o respeito mútuo, com a naturalidade demonstrada por Andy Murray, se busca a soma de forças para juntos buscarmos um esporte melhor e uma vida melhor e mais digna para todos.

Sair de uma situação em que uma mulher poderia ser morta por assistir uma competição, para uma situação em que hoje as mulheres brasileiras por vezes obtêm mais títulos do que os próprios homens em muitas competições ou mesmo intelectuais, é sair de um estado arcaico de evolução da humanidade, para um ambiente com mais respeito e menos preconceitos.

Vive-se hoje um tempo em que as mulheres podem vestir saia e comandar um País. Não é preciso usar gravata ou calças para provar sua força. Vive-se hoje um tempo maravilhoso em que, embora ainda haja restrições, a mulher deve seguir naturalmente seu caminho, aprender a ocupar os espaços e oportunidades que lhes são dadas ou lhes seja de direito. Deixar de negar propostas por medos ou por dúvidas, somente assim, de forma pacífica, com beleza e leveza, a mulher, naturalmente, vai ocupar seu espaço, sem aceitar menos do que realmente merece! Porque lugar de mulher é onde ela quiser estar. E pode ter certeza, ali ela estará.

---

(24) BOURDIEU, Pierre. *A Dominação Masculina*. Paris: Seuil, 1998.

FAIR PLAY NA ATUALIDADE, DIFICULDADES PARA OS ATLETAS

Francisco Alberto da Motta Peixoto Giordani

Desembargador Federal do Trabalho do Tribunal Regional do Trabalho da 15ª Região e Membro da Academia Nacional de Direito Desportivo

A questão que se propõe abordar neste singelo artigo, diz com o *Fair Play* na atualidade, para averiguar das condições práticas/reais de sua observância pelos atletas profissionais, particularmente de futebol, saindo do campo da teoria, para o da disputa, do jogo mesmo, o que não significa que não será considerado, em alguma medida, o que, sob aquela ótica, se pretende, no particular.

Estou em que se cuida (*o Fair Play*), no campo do desporto – e mesmo para além dele –, de algo muito relevante, dado o valor que se atribui ao desporto nos dias que correm (*valor, força é convir, a ser entendido em mais de um sentido, abarcando, também, o econômico*), e seus reflexos no comportamento das pessoas, em seu modo de viver e ser, porquanto parece claro que o desporto molda, em boa medida, o viver e o agir das pessoas, nessa quadra em que vivemos.

Aqui, terei em vista primordialmente o futebol, por se cuidar do carro-chefe (*ou quase a frota toda!*) do desporto, não só em nosso País, como em boa/grande parte dos países do planeta Bola, ou melhor, planeta Terra, embora, para tanto, o desporto em geral não deixará de ser considerado, mormente quanto a alguns aspectos de sua evolução, para se chegar ao momento atual.

Creio não ser necessário insistir e/ou procurar fatos que comprovem o quanto o futebol é importante e conta para a vida e a formação de milhões de pessoas no Brasil, máxime para as crianças e os adolescentes, muitos dos quais, não só eles, mas suas famílias inclusive, depositam grande fé num futuro melhor, com a sua prática profissional, embora não deixe de pautar, em larga medida, a vida de um sem-número de adultos também, pois é uma verdade consabida de todos nós: embora existam pessoas que não o apreciem, o esporte, e dentro dele o fenômeno futebol, tem um valor imenso para a esmagadora maioria dos brasileiros (*e não só, insistimos, pois o mesmo se dá/vale para outros povos*).

Considerar se deve, por certo, que os interesses econômicos/financeiros que se agitam/agigantam em torno do futebol, sabem bem contribuir para que essa relevância do futebol nasça e solidamente, diria, praticamente de modo inabalável, permaneça no sentimento das pessoas mas, considerando que "ex nihilo, nihil", cumpre ter consciência de que, do nada, nada surge, nada resulta, nada se pode esperar (*deixando de lado, fique claro, possíveis especulações, digamos, filosóficas, de que, ao reverso, do nada tudo se pode esperar!*), de maneira que deve ser visto como algo natural a existência de um "estímulo" para a prática do esporte em geral, e para a quase (*quase?*) "veneração" pelo futebol, nessa terra que Cabral descobriu (*ao menos, oficialmente, se o tem como tal!*); acredito, mesmo, que isso se deu tanto na Grécia antiga, quando dos jogos olímpicos de então, quanto no surgimento dos jogos olímpicos modernos, como também nos jogos modernos, aqui tendo como referência a Inglaterra.

Quanto aos jogos olímpicos da Grécia Antiga, e com referência também a outras competições que existiam, diz Robert M. Cook[(1)], considerando especialmente os períodos arcaico e clássico, mas lembrando que muito antes já havia competições atléticas, que:

(1) COOK, Robert M. *Os Gregos até Alexandre*. v. 3 da coleção "Historia Mundi". Lisboa: Editorial Verbo, 1966. p. 87-89.

> "*As competições atléticas foram sempre correntes em toda a parte, em festivais locais ou feiras e, provavelmente, já existiam na Grécia muito antes do Período Arcaico, pois Homero faz uma saborosa descrição dos jogos realizados no funeral de Pátroclo. No princípio do século VI, os festivais olímpicos (segundo a tradição, fundados em 776 a.C.) já atraíam concorrentes de distantes lugares gregos e das colónias, e, embora esses festivais mantivessem a primazia, três outros festivais se lhes juntaram: os pítios, que, como os olímpicos, tinham lugar de quatro em quatro anos, e os nemeus e ístmicos, que se faziam de dois em dois anos.*
>
> *(...)*
>
> *Os Jogos Olímpicos podem ser considerados típicos. Os concorrentes tinham de ser cidadãos gregos (...).*
>
> ***A atitude grega para estes jogos não era desinteressada.*** *Se por amador se considera a pessoa que pratica um desporto sem retribuição, mas que é capaz de obtê-la por outras formas, os atletas gregos dos Períodos Arcaico e Clássico seriam puros amadores. O custo dos treinos e o da viagem deviam ser elevados, de forma que o concorrente tinha de ser rico ou de ter amigos ricos que o auxiliassem; mas, se ganhasse a sua prova, ficava a gozar de grande prestígio na sua cidade, e, em Atenas, a partir do começo do século VI – conclui-se de Platão –, podia dispor de refeições grátis por toda a vida (...). No seu conjunto, os jogos constituíam um exclusivo da aristocracia, mas a maior parte dos gregos tinha grande admiração pelos aristocratas.*
>
> *Os grandes jogos arrastavam não só os concorrentes de todas as terras gregas, mas também multidões de espectadores, vendedores ambulantes e, até, no Período Clássico, propagandistas que desejavam fazer publicidade das suas ideias ou de si próprios*" (negrito não se encontra nos originais).

Pelo texto suso reproduzido, pode-se ver que, já na Grécia antiga, havia diversos "interesses" que se uniam em torno dos jogos que lá se realizavam, que diziam com os atletas, expectadores, vendedores (*o mercado, ou parte dele, de então?*), enfim, envolvia o mundo helênico da época.

Olvidar não se deve que, para os helenos de antanho, práticas esportivas tinham um sentido altamente envolvente, visando elevados objetivos, ou como superiormente dito:

> "*Inseridas na paidéia helênica, os desportos constituíam parte integrante e fundamental da políade, contribuindo, inclusive, para a constituição do ideário humano grego. O estudo do esporte nos permite observar todo um conjunto de atitudes que a pólis espera de um cidadão, relacionado aos valores que regiam a sociedade grega desse período, como: a koinonía, o ideal agonístico, a expressão da força, agilidade, coletividade, desnudamento, coragem (andreía), virilidade e honra.*
>
> ***Não devemos, portanto, analisar as atividades atléticas na Grécia antiga apenas como um meio de entretenimento e diversão bastante apreciados. Antes disso, como uma importante etapa do processo educacional, que produzia uma identificação e promoção social, marcando o eu e o outro, implicando prestígio perante seus isói, promovendo a coesão cívica, materializando a identidade sociocultural helênica, e como meio de configuração de uma rede de relações sociais***"[(2)] (negrito acrescentado ao original).

Lamentando que tenham se perdido muitas obras de arte que retratavam a glória dos helênicos do passado e discorrendo sobre o quanto os epinícios de Píndaro contribuem para que se saiba a respeito desses momentos gloriosos, dizem J. Kakridis e M. Andrónikos[(3)] que:

> "*Causa-nos profunda tristeza que tantas obras de arte plástica antiga, frequentemente esculpidas por grandes artistas, tenham se perdido para sempre; por outro lado, é muito gratificante que tantas obras de arte literária tenham escapado à destruição para proclamar a glória dos atletas helênicos através dos séculos. E é a palavra que, por sua natureza, possui maiores possibilidades de expressão para exaltar o talento deles. A palavra tem muito mais mobilidade que a estátua, por mais expressiva que esta possa ser, pois pode avançar em detalhes, fazer comparações, considerações, e assim por diante.* ***E esse é o primeiro e o principal motivo pelo qual o epinício transporta-nos***

(2) SABINO, Carmen Lucia Martins; ROCHA, Fabio Bianchini; CODEÇO, Vanessa Ferreira de Sá. Comparando a construção do ideal de cidadão na Atenas clássica – o que a poesia, o esporte e o teatro têm a nos dizer?. LESSA, Fabio de Souza (Org.). *Poder e Trabalho – Experiências em História Comparada*. Mauad Editora, 2008. p. 130-131.

(3) J. Kakridis e M. Andrónikos. *O Atletismo na Poesia e na Arte*. Supervisão geral Nicolaos Yalouris, consultoria especial Otto Szymiczek, "Os jogos olímpicos nas Grécia antiga". Odysseus Editora, 2004. p. 160-161.

à jubilosa atmosfera da comemoração de uma vitória; ele também nos ajuda a entender como os helenos viam o vencedor das competições pan-helênicas, cuja façanha atlética era considerada uma manifestação de seu caráter moral, o qual granjeava grande honra para sua família e para sua pátria e glorificava os deuses que haviam lhe amparado na conquista da vitória" (negrito não consta do original).

Quanto ao que valia para um competidor vencer os jogos atléticos, esses mesmos autores dilucidam que:

> "*As honras que o vencedor dos jogos atléticos recebia de sua pátria eram numerosas, como vimos anteriormente: recepção oficial em seu retorno ao lar, cargos oficiais elevados, sustento no pritaneu às expensas públicas, etc. Pouco tempo depois, ele também adquiriu o direito de organizar, às suas custas, uma comemoração em algum santuário de sua cidade ou em sua casa, na qual um coro composto por seus amigos e coetâneos, após a realização dos imprescindíveis sacrifícios aos deuses, cantava, acompanhado pelo som da flauta e da lira, o epinício (a canção da vitória), escrito e musicado por um poeta famoso*"(4) (sem negrito no original).

Tanta importância às competições e resultados obtidos, no mundo helênico antigo não poderia existir e/ ou se manter, caso não houvesse uma rígida exigência no que tange à lisura, ao agir correto durante sua realização, estando "*vetadas, portanto, qualquer forma de violência ou trapaça, sob a pena de desclassificação e punições. Como todos os acontecimentos dos festivais eram documentados, e considerando que estamos nos referindo a uma sociedade que gravita na esfera da honra e da vergonha, os competidores se sentiam veementemente desencorajados à prática de qualquer ato antidesportivo*"(5).

E olha que, como deixa claro Françoise Gasser-Coze(6), não se pode pensar que os atletas "tivessem vida fácil", se quisessem competir com ânimo de realmente vencer, é conferir suas palavras:

> "*Mas, por Hércules! Nem todo o mundo pode pretender a coroa de oliveira. É a lei do esforço que seleciona os melhores. O filósofo Epicteto resumiu, para os futuros concorrentes dos ídolos do estádio, as duras exigências do treinamento de um campeão.*
>
> *'Entregar-te ao teu treinador como a um médico'*
>
> *'Deverás", escreve ele, 'submeter-te a uma disciplina intransigente, seguir o regime imposto, renunciar aos doces. Deverás apresentar-te para o treino na hora prescrita, quer faça calor ou frio. Não beberás nem água gelada nem vinho. Em resumo, deverás entregar-te ao teu treinador como a um médico. Depois virá a prova. Poderás deslocar um braço, torcer um pé, engolir poeira, receber golpes e finalmente ser vencido. Pesa bem tudo isso. Se em seguida ainda tiveres vontade, vai em frente*".

Bem é de ver que muitos eram os "atrativos" para que se competisse, seriamente e no limite máximo de suas possibilidades, na Grécia antiga, de acordo com os valores da época, lembrando sua ligação com a religião, a pólis, a família e que trapaça poderia trazer desonra, isso tudo, ao menos em seus tempos áureos, muito embora a corrupção não fosse algo de todo estranho ao ambiente das Olimpíadas antigas(7).

Dando um salto – por que não dizer? – olímpico, no tempo, passo as Olimpíadas dos tempos modernos, desde logo, dando fé dos ensinamentos de Américo R. Netto(8), que, em obra já de décadas, o que traz a vantagem da proximidade com os fatos, no caso específico, chamou superiormente a atenção para as diferenças, tanto entre o homem grego antigo e o contemporâneo, como para os objetivos perseguidos entre as olimpíadas de antanho e as da era moderna, sendo, portanto, suas, as seguintes palavras:

---

(4) J. Kakridis e M. Andrónikos. *O atletismo na poesia e na arte*. Supervisão geral Nicolaos Yalouris, consultoria especial Otto Szymiczek, "Os Jogos Olímpicos nas Grécia Antiga", Odysseus Editora, 2004. p. 159.

(5) SABINO, Carmen Lucia Martins, ROCHA, Fabio Bianchini; CODEÇO, Vanessa Ferreira de Sá. Comparando a construção do ideal de cidadão na Atenas clássica – o que a poesia, o esporte e o teatro têm a nos dizer?. Fabio de Souza Lessa (Org.). *Poder e Trabalho – Experiências em História Comparada*. Mauad Editora, 2008. p. 131.

(6) GASSER-COZE, Françoise. *A Grécia do Partenon*. Rio de Janeiro: Otto Pierre Editores, 1978. p. 117-118.

(7) Em nota de rodapé, observa Américo R. Netto que: "Em toda e qualquer atividade esportiva é sempre preferível adoptar a 'constatação' por meio de um instrumento ou aparelho em vez do 'julgamento' de caracter pessoal, pois este é sempre variável, quando não falível, seja intencionalmente ou não. Na historia das olympiadas antigas encontram-se com triste frequência casos de decisões erradas ou injustas, proferidas pelos 'hellanodices', cujo arbítrio ilimitado por vezes não resistia à corrupção, processo de vencer muito mais comum na Hellade do que geralmente se pensa". NETTO, Americo R. *Jogos Olympicos de Hontem, de Hoje e de Amanhan*. São Paulo: Editora Spes, 1937. p. 49 (respeitada a grafia da época, constante da obra).

(8) NETTO, Americo R. *Jogos Olympicos de hontem, de hoje e de amanhan*. São Paulo: Editora Spes, 1937. p. 05-06.

> *"Entre o homem moderno e o grego antigo existe uma tremenda diferença qualitativa de espirito, quasi um antagonismo, de tanto que o crente fica irremediavelmente apartado do sceptico*
>
> *Não que, em nossos tempos todos seja despidos de enthusiasmo e de fé, que se assim fosse Coubertin e seus companheiros não se teriam animado á ingrata, embora gloriosa jornada que vem sendo sua formidável obra educativa pelo olympismo, mas sim que a quase totalidade das últimas gerações têm perdido ou nunca adquiriu a mystica de um ideal pedagogico de grande projecção, principalmente futura. O imediatismo da nossa éra só procura os resultados rapidos, de merito puramente quantitativo, materialisando-se tal attitude nestas duas indagações que se tornaram normaes para todos os casos: 'Quanto custa?' e 'Quanto rende?'*
>
> *Estamos ficando cada vez mais longe da possibilidade de comprehender uma crença forte e sincera, partilhada toda ella por uma colletividade inteira. Dominado pelos prodígios da technica que o desillude das normas seculares de pensamento e de acção, o homem de hoje não acredita em nada e em ninguém, nem talvez nelle próprio. E por isto valerá apenas como uma tentativa, talvez, vir dizer-lhe que a inspiração dos jogos olympicos clássicos desde o inicio, e mais do que tudo, de caracter intensamente religioso, tornando-os festas em que um povo convencido de sua grandeza, dava a manifestação consciente e voluntaria de acreditar tão realmente na existência dos seus deuses que chegava a querer confundir-se com eles. Exaltada celebração do mais arraigado anthropomorphismo de que tem havido noticia na historia, as olympiadas helênicas tinham por motivo dominante render aos deuses, semi-deuses e heroes lendários o culto de uma civilisação em cujas origens elles teriam vivido, lutado, soffrido e amado como os homens entre os homens. E que na própria actualidade daquella epoca recuada se supunha estivessem presentes, mas invisiveis, para animar os combates esportivos e premiar os que nelles vencessem".*

Que quadro com cores tristes! E já há tanto tempo pintado! Não valeria, isso só, uma profunda e séria reflexão, pelos que possuem responsabilidades públicas para com os jovens? Resta sempre esperar por isso, com robusta fé!

Retomando, de realçar que o autor que vem de ser mencionado, após referir acerca de como se deu o "surgimento/acontecimento" e a evolução dos jogos olímpicos antigos, pontua a diferença e o que assinalou, a razão de ser/motivação, dos jogos olímpicos da era moderna, asseverando então:

> *"Com as olympiadas modernas succedeu exactamente o contrario. Foi um grande historiographo e, ao mesmo tempo, um genial pedagogo, que estudou, ha cerca de meio século, as olympiadas de antanho, das quaes apenas restava a magnifica memoria e reflectiu e resolveu, elle só e mediante um plano que traçou em todos os seus pormenores e no seu esplendido conjuncto, restaural-os na civilisação comtemporanea. Houve, desde as origens do neo-olympismo, um pensamento único e também um só desejo para lhes imprimir as directrizes que tem tomado e ainda hoje, quarenta annos depois de sua primeira victoria materialisada nos campos e pistas e outras instalações esportivas, esta orientação persiste, nitidamente formulada pela palavra escripta, quer em jornaes e revistas, quer em livros. Pierre de Coubertin pensou e escreveu o Evangelho olympico, acessível a qualquer um e ainda hoje é para o Grande mestre que se volvem os que soffrem duvidas e incertezas (...)*
>
> *Não é difficil, pois, compreender globalmente o motivo inspirador dos jogos olympicos de hoje. Com eles quiz Pierre de Coubertin, agora mesmo activo na sua verde velhice de septuagenario, desenvolver no mundo uma obra educativa cosmopolita, que no ambiente esportivo colhesse e guiasse as forças generosas da mocidade (...)*
>
> *Para isto, o grande educador precisou nitidamente afastar-se do antigo conceito olympico dos gregos. Formulando as regras do neo-olympismo, propositadamente abstraiu-se nelas de qualquer finalidade sectária, quer religiosa, quer politica, fosse expressa, fosse tacita, como também se libertou de toda restricção de local, com uma visão cosmopolita que constitúe, sem duvida, um dos mais importantes caracteristicos novos da idéia olympica.*
>
> ***Substituido o culto das divindades gregas pelo da fraternidade humana, criada e robustecida no ambito mundial do esporte pelo que nella há de melhor – a sua juventude, – os jogos olympicos de agora visam um ideal ainda superior ao dos gregos antigos e que assim pode ser summariado: reunir, para altamente educar e indefinidamente estender****"[9] (negrito acrescentado ao original).

(9) NETTO, Americo R. *Jogos olympicos de hontem, de hoje e de amanhan*. São Paulo: Spes, 1937. p. 08.

Antes de prosseguir, roga-se que fique claro que quem assina este trabalho possui plena consciência que estas linhas não são o sítio adequado para longos e detalhados desenvolvimentos históricos, nem seria/é o articulista a pessoa para fazê-lo, de modo que procura apenas registrar algumas "fotos" (*e não um "filme"*) do surgimento e evolução dos jogos olímpicos, que acredita necessária/adequada para realçar o aspecto que tem como relevante, a saber, o de que sempre existiram motivos que levassem a que as competições fossem realizadas com elevados propósitos, o que inclui um comportamento sério e probo, não obstante a ocorrência de desvios, sempre de deplorar, mas também, o que é triste ter que admitir, sempre potencialmente possíveis de ocorrer, desde os tempos mais remotos, até os hodiernos, e enquanto os homens não se libertarem de certos "anseios" que em nada o dignificam, o que, insiste-se, é de se lastimar, aguardando que esse novo homem se forme o quanto antes, para o bem da humanidade! Pelas mesmas razões, não há espaço, aqui, para avaliar o quanto todos os elevados propósitos, tanto dos antigos, como de Pierre de Coubertin, talvez até mais os deste, foram atingidos e mais do que isso, se mantiveram/mantém, atualmente, bastando observar que é sucesso dificilmente negado que várias das circunstâncias/características que se pretendeu não influenciassem os jogos olímpicos, agora tendo mais em mira os da época moderna, em um e/ou outro momento, se fizeram presentes, de modo prejudicial!

Relativamente aos jogos modernos, de maneira geral, é inegável a importância da Inglaterra para a sua fixação, e tenho como interessante, aqui, a transcrição da lição que segue:

> "*O esporte na Inglaterra se constituiu, fundamentalmente, a partir de atividades do âmbito do divertimento das classes dominantes (aristocracia e burguesia emergente) no seu tempo livre e dos jogos populares: desde as apostas em corridas de cavalo e de gente (footmen), até o tênis e a esgrima, que para evitar os desentendimentos e discussões neste campo foram sendo regulamentados de forma cada vez mais precisa e clara.* ***No final do século XVIII muitos gentlemen acabaram incorporando essas atividades (esportes), realizando-as entre seus pares nos seus clubes, sem as apostas e reguladas menos por regras rígidas e mais pelo componente convencional do fair-play. Assim, o sportman tornou-se sinônimo de gentleman***"[(10)] (não consta negrito do original).

Apontando as origens aristocráticas do *fair play*, e que teriam influenciado (efetivamente) Pierre de Coubertin, de mencionar: "*Biliatti (s/d) ressalta que, conectado à sua origem aristocrática inglesa, os valores do* 'fair play', *foram referências para a prática esportiva durante muito tempo mesmo que algumas vezes sendo transgredidas. Dessa forma podemos perceber que o* 'fair play' *tem uma forte raiz aristocrática, caracterizada pela riqueza e pelo poder que os aristocratas detinham na sociedade inglesa da época. Fica evidente que Pierre de Coubertin foi fortemente influenciado pelos princípios da aristocracia inglesa. Logo, o conceito de jogo limpo reflete o sentimento desta em relação ao esporte, estando, portanto, repleto dos ideais e princípios característicos daquela sociedade*"[(11)].

Todos os ensinamentos mencionados/reproduzidos nas linhas transatas levam, creio, a que se conclua que **o esporte sempre foi um meio** de o homem se aproximar e/ou se encontrar com seus deuses e/ou com a sua terra e/ou com a sua sociedade e seus integrantes e/ou com sua família e/ou com ele próprio, ficando por fazer e responder a seguinte indagação: na quadra atual, quanto aos apontados fins/aproximações, algum acréscimo há de ser feito?

Outrossim, parece possível, bem consistente sustentar que **o *Fair Play* é, por assim dizer, uma espécie de depositário/essência/síntese dos valores** que os elevados propósitos perseguidos, desejados, nos jogos olímpicos, de antes e os modernos, quando de sua instituição, e/ou dos jogos modernos da Inglaterra, com as devidas atualizações/adaptações/variações que os ideais de cada época impunham/impõem.

No presente trabalho, em respeito às dimensões que deve observar, não há espaço para que se explore aspectos relevantíssimos do esporte, e que têm muito a dizer quanto a sua influência/desenho no e do processo civilizacional, aliás, importante a tal ponto, que há de ser tido à conta de um fato social total, pelo que permite ver/expor/explicar da sociedade atual, ou de uma específica que se tenha sob as vistas, além de outros aspectos muito valiosos também, como o de ocupar o lugar das grandes representações/concentrações populares de antigamente, e proporcionar – do que a sociedade hodierna está muito necessitada – interação entre as pessoas,

(10) BRACHT, Valter. *Sociologia crítica do esporte – Uma introdução*. 3. ed. Editora Unijuí, 2005. p. 98-99.

(11) RUFINO, João Luiz; BATISTA, Paulo Henrique; GUELER, Roberto; MATURANA, Leonardo. *O fair play na atualidade*. Rio de Janeiro: Arquivos em Movimento, v. 1, n. 2, jul-dez/2005. p. 57.

tudo de modo a impor a conclusão de que deve ser levado muito a sério, até para não ter sua credibilidade ameaçada[12].

Voltando aos valores do desporto, para daí analisar o *fair play* na atualidade, é preciso, à partida, ter consciência de que o mesmo não poder ser visto/tido como algo diferente e/ou distante e/ou diverso da realidade social em que inserido, porquanto, na preciosa lição do eminente Professor Angelo Luiz Vargas[13]:

> "*Assim, existe uma ética desportiva e ela não está separada da ética da sociedade. O que deve ficar claro é que a ética desportiva está intimamente ligada ao que acontece entre os homens e suas instituições sociais. Nesse sentido, o desporto é um palco privilegiado onde pode ser representado o drama ético de uma sociedade*".

Daí, válidos o questionamento e a observação de Carla Marisa Moreira e Gui Duarte Pestana[14], quanto a que:

> "*O desporto faz parte da nossa sociedade, ambos são regidos pelos mesmos sistemas de normas e valores. Deste modo, e analisando a evolução do desporto moderno e dos valores sociais atuais, onde a ambição e os interesses pessoais subjacentes à competitividade dos estilos de vida adoptados se sobrepõem aos interesses sociais, é lícito questionar a aplicação da ética da mesma forma como foi entendida no passado*".

Nessa linha de raciocínio, há aderir ao sentir de Marcelo Martins Barreira[15], com menção específica ao futebol, mas que, entendo, pode ser aplicado ao desporto de uma maneira mais geral, assim expresso: "*De um ponto de vista geral, o futebol espelha a cultura, a moralidade, a religião e a política*", tudo a indicar que a importância do *fair play* não pode ser mensurada isolando o desporto dos valores e o mais que "radiografam" a sociedade respectiva.

E é um dado facilmente observável que a sociedade vem se transformando e cada vez mais velozmente, a ponto de que alguns a têm como a "*sociedade do transitório*" e/ou "*sociedade do efêmero*", além de tentar priorizar ou ao que leva a priorizar o ter sobre o ser, a ponto de se afirmar que a dignidade do ser humano varia de acordo com o que ele tem ou faz[16], visão de mundo essa que atua sobre os valores do esporte, já que, como apontado linhas atrás, este recolhe/sofre/sente o que a sociedade transmite, trilhando, pois, a senda que a mesma percorre.

Especificamente no que tange ao *fair play*, a questão que se coloca e assoma em importância é a relativa a se querer sua observância ou não mais ser possível fazê-lo, ao menos, com a intensidade/desenho que se pretendia, e mais ainda quanto ao desporto profissional, nomeadamente, aqui, o futebol, e os atletas profissionais que praticam-no, não sendo poucas e/ou isoladas as vozes que afirmam que o desporto – mas com as vistas voltadas ao futebol principalmente –, numa desenfreada "carreira" atrás de lucros, e bem polpudos, faz referência ao rendimento e, quando muito, "um breve aceno" ao *fair play*, isso quando não opta por fingir não ser o caso de sua observância, é dizer, o jogo limpo, não precisa ser rigorosamente observado, mas só quando "convém", ou, quem sabe, como muitos outros valores que antes eram de ser rigidamente observados e que agora se flexibilizaram, também o *fair play* se "flexibilizou".

Em decorrência disso, atitudes como a do atleta Rodrigo Caio, do São Paulo Futebol Clube, que comunicou ao árbitro da partida ter sido ele quem atingiu o seu companheiro de time, o goleiro Renan Ribeiro, e não o atacante Jô, do time adversário, o Corinthians, provocam tanto espanto, e reações favoráveis e contrárias, as primeiras, entre outros, do próprio beneficiado com a postura do jogador que defende as cores do tricolor paulista e do técnico do time adversário, que assim se expressaram[17]:

---

(12) Para algum aprofundamento acerca desses pontos, seja permitido remeter a artigo de Francisco Alberto da Motta Peixoto Giordani, *Fair play: Perda de pontos e descenso*, Revista da Academia Nacional de Direito Desportivo, ano 02, n. 03, janeiro-junho/2017.

(13) VARGAS, Angelo Luiz. *Desporto Fenômeno Social*. Rio de Janeiro: Sprint, 1995. p. 80.

(14) MOREIRA, Carla Marisa; PESTANA, Gui Duarte. *Algumas reflexões sobre a ética desportiva*. Revista de Desporto e Saúde de Fundação Técnica e Científica do Desporto. p. 96.

(15) BARREIRA, Marcelo Martins. Futebol (como metáfora) se discute, sim... SILVEIRA, Ronie A. T. (Org.). *O futebol e a filosofia*. Campinas: Editora PHI Ltda., 2014. p. 109.

(16) "A hipótese que se suscita aqui é a de que a concepção de dignidade da maior parte da sociedade brasileira está muito mais vinculada ao que o indivíduo tem ou faz do que à simples circunstância de se tratar de um ser humano", é o que assevera Ana Paula de Barcellos, no artigo *Violência urbana, condições das prisões e dignidade humana*. Revista de Direito Administrativo, 2010. n. 254, p. 52.

(17) Agradeço ao jornalista Henrique Alberto de Barros da Motta Peixoto Giordani pela gentil e utilíssima pesquisa quanto a episódios relacionados ao *fair play* em partidas de futebol.

Atacante Jô: "*Parabéns ao Rodrigo Caio que teve atitude de homem, o futebol precisa disso. É uma amostra de que o futebol está mudando, que dá para ser honesto. Eu fiquei tranquilo porque sabia que não tinha pegado no Renan, mas ainda bem que o Rodrigo teve a honra de admitir*"[(18)].

Técnico Fábio Carille: "*Que legal essa postura do Rodrigo Caio. Com cada um procurando ver o seu lado hoje em dia, é sempre bom ver uma atitude como essa. Pode ter certeza que no domingo vou procura-lo para dar um abraço nele. O futebol precisa disso. Não adianta ser malandro, a malandragem não ajuda*". [(19)]

Quanto aos atletas do São Paulo Futebol Clube, a postura provocou alguma reação contrária; em reportagem da globoesporte.globo.com constou que o técnico "Rogério Ceni não gostou do gesto de *fair play* de Rodrigo Caio no clássico do último domingo contra o Corinthians, pelo jogo de ida da semifinal do Campeonato Paulista. O técnico deixou isso claro durante bronca nos jogadores no intervalo da partida" , e que "Os outros jogadores também não apoiaram Rodrigo Caio. Sem recriminá-lo , deixaram claro que não teriam tomado a mesma atitude. O zagueiro Maicon, inclusive, fez isso em entrevista coletiva na última segunda-feira, no CT da Barra Funda"[(20)]. O referido zagueiro Maicon disse: "*A gente deveria respeitar a atitude do Rodrigo, foi o que ele quis fazer na hora. Se foi certo ou não, é da consciência de cada um. Mas eu prefiro a mãe do meu adversário chorando em casa do que a minha* – afirmou o beque, em entrevista coletiva na tarde desta segunda-feira"[(21)].

Interessante lembrar de outros exemplos de *fair play*, apenas para lembrar que o caso Rodrigo Caio não foi único, embora não frequente.

Assim, num "*jogo entre Ajax e Deen Haag na Holanda, Vertonghen foi devolver a bola ao adversário e acabou acertando um chute no ângulo. Para compensar a confusão, os atletas do Ajax deixaram os rivais marcarem um gol*"; outro: "*Durante jogo do campeonato iraniano, Amin Motavassel Zadeh tinha oportunidade de marcar um gol após o goleiro adversário se chocar com um jogador do seu time, o Moghavemat Sepasi, mas ele preferiu chutar a bola para fora*"; mais um: "*O jogador Costin Lazar, do romeno Rapid Bucarest, se recusou a bater um pênalti depois de se desequilibrar na área adversária e o juiz marcar falta. O jogo foi reiniciado com bola ao chão*"; mais: "*Quando defendia o Cruzeiro, Marcelo Moreno evitou uma confusão do árbitro Elmo Alves Resende Cunha em partida contra o Botafogo. O juiz interpretou que o lateral Júnior César tinha recuado a bola para Jefferson e marcou tiro livre indireto. Mas o atacante do time mineiro avisou que tinha relado na bola e a infração foi cancelada*"; ainda: "*Antes de ser campeão inglês, o Leicester já havia chamado a atenção na Inglaterra. O time perdia por 1 a 0 para o Nottihingam Forest, da Copa da liga Inglesa, quando seu jogador, Clive Clarke, teve um ataque cardíaco e a partida foi cancelada no intervalo. Pelo regulamento, o novo jogo começou com o placar de 0 a 0, mas o Leicester permitiu que o goleiro rival fizesse um gol para o placar voltar ao 1 a 0*"; e mais um: "*Conhecido pelas polêmicas envolvendo fascismo, o italiano Paolo Di Canio mostrou um lado altruísta ao deixar de marcar um gol pelo West Ham por conta da lesão do goleiro do Everton*"[(22)].

Entretanto, o curioso é que, se um atleta procede como o Rodrigo Caio, sendo, então, por alguns criticado e por outros elogiado, em outras situações, como a em que um atleta de um clube, numa partida, se machuca, e se aguarda, se espera, de maneira geral, que o atleta do time contrário, estando de posse da bola, arremesse-a para fora, para o atendimento do atleta contundido, e isso não acontece, muita confusão entre os atletas pode haver, como, à guisa de exemplo, se verificou em partida entre Palmeiras e Flamengo, quando: "*A jogada polêmica aconteceu nos minutos finais da partida, quando Kléber arrancou com a bola em direção ao gol e surpreendeu os rivais. Os jogadores do Flamengo esperavam a devolução da bola porque Junior Cesar havia sofrido falta no lance anterior*"[(23)], sendo que o atleta pivô da confusão, o atacante Kleber, ponderou, a respeito do ocorrido, que:

"*A bola era de quem naquele lance? Do Flamengo, só pelo fato do Junior Cesar ter caído? Eu não precisava ter devolvido, o Flamengo é quem deveria ter feito isso*", disse ainda que: "*Naquela jogada, o árbitro deveria ter tomado uma atitude e falado para qualquer um dos dois clubes de quem seria a bola. Ele não fez isso*"; ainda, interessantes, bem interessantes e oportunas, as seguintes reflexões do experiente e eficiente atacante:

---

(18) Disponível em: Estado de S. Paulo. Acesso em: 17 abr. 2017.

(19) Disponível em: Estado de S. Paulo. Acesso em: 17 abr. 2017.

(20) Disponível em: <globoesporte.globo.com>. Acesso em: 18 abr. 2017.

(21) Disponível em: <globoesporte.globo.com>. Acesso em: 18 abr. 2017.

(22) Exemplos extraídos da mesma Fonte: Estado de S. Paulo. Acesso em: 17 abr. 2017.

(23) Fonte: AE, Agência Estado, 21 de julho 2011.

"*Será que é* 'fair play' *ficar batendo o jogo inteiro? Será que é* 'fair play' *o Ronaldinho querer chutar por cima do Marcos mesmo com o lance já parado? O Felipe já estava tentando atrasar o jogo, tanto é que o árbitro falou diversas vezes com ele. A gente percebeu que o Flamengo não queria saber de jogo e que o empate estava bom para eles*", ainda:

"O atacante reclamou ainda que a postura de '*fair play*' nem sempre é interpretada pelos times da mesma forma. '*Acho que tem muita hipocrisia nessa história de* 'fair play'. *Quando acontece esse tipo de lance com a gente, a gente joga a bola sempre no mesmo lugar onde ela sai. Quando é com os outros, eles jogam lá no nosso gol. Qual é o* 'fair play' *da história? No meu modo de ver, a bola era nossa quando o Vuaden parou o lance, mas o Flamengo queria fazer cera e por isso ficaram lá parados', completou*"[(24)].

De notar que, ao que tudo indica, esse modo de ver não foi o do atacante apenas, pois, como então se noticiou, "A torcida vibrou com a atitude. Em êxtase, os palmeirenses gritavam 'olê, olê, olê, olê, Kleber, Kleber'. O cântico foi entoado durante toda a confusão e cantado após o jogo acabar pelos torcedores que deixavam o estádio. Com um ato, nem seriam necessárias palavras"[(25)].

As indagações formuladas pelo experimentado atacante foram/são de extrema pertinência, para se analisar a questão do *fair play* na atualidade, pois, ao que parece, sua observância é reclamada ao sabor dos interesses de cada equipe e seus atletas no momento em que acontece, é dizer, se o time pode se beneficiar com o *fair play*, deve ser observado, ao reverso, não deve sê-lo!

Ainda quanto as colocações feitas pelo atacante Kleber, bem é de ver o quanto situações como a em que ele se envolveu deixam a descoberto as dificuldades em que podem ficar atletas profissionais, que trabalham jogando, como já se disse, com todo o peso que isso representa, e que, por isso, fica meio (*muito? Muitíssimo?*) complicado deles se exigir um *fair play* em seu conceito mais puro, aqui, de ver o excerto abaixo:

> "*As ações, assim como as bases teóricas em que se apoiam os movimentos que defendem o Fair Play/Espírito Esportivo, têm sido objeto de fortes críticas de estudiosos do fenômeno esportivo contemporâneo por ignorarem que as alterações dos valores morais na sociedade contemporânea se refletem no contexto esportivo, não havendo duas morais, uma da sociedade e outra esportiva, mas sim uma moral única. Bento (1997b) destaca a 'situação paradoxal' do esporte na atualidade, pois com a organização profissional desta atividade o esporte passou a ser gerido por regras relacionadas ao mundo do trabalho, por outro lado, os participantes do esporte são chamados à atenção por se comportarem segundo as regras do trabalho. Assim, os protagonistas do esporte são cobrados por medidas diferentes, o que resulta em orientações conflitantes*"[(26)].

A situação é tão difícil/complicada, que, conquanto tendo em vista as disputas nas olimpíadas, mas cujas conclusões se aplicam aos esportes modernos de maneira geral e ao futebol muito especialmente, asseverou Georges Magnane que[(27)]: "*É quase tão impróprio encorajar os atletas a pensarem que vieram ao estádio para se submeterem às máximas de Coubertin, afixadas por cima da tocha olímpica, perto do placar, como querer persuadir os namorados que o seu ardor tem por origem o 'Crescei e multiplicai' da Bíblia*".

Destarte, embora o *fair play* deva sempre estar presente em qualquer disputa esportiva, em qualquer jogo, há considerar as dificuldades de ordem prática para que isso ocorra e que vão desde o fato de o atleta profissional ser um empregado da entidade de prática desportiva para a qual atua (e juntamente com ela o humano receio de desagradar dirigentes, investidores e patrocinadores e o quanto isso poderia ser prejudicial a sua carreira, ou isso não seria pensado?) sendo ingenuidade imaginar que esse fator não seja poderoso o bastante para conter um atleta, aliás, com força de contenção, em muitos casos, inversamente proporcional ao reconhecimento de que desfrute sua qualidade/habilidade de atleta, é dizer, seu prestígio enquanto tal, passando pelo peso do sentimento da torcida (esmagador?), pelo entendimento mesmo do que deva ser tido, num caso concreto, como observância ao *fair play*, como também pela consideração aos valores que a sociedade em que vivemos possui, além de merecer "menção especial" o quanto o Sr. Mercado tem a dizer a respeito de uma tal conduta (ou não? Sempre atento ao quanto, na quadra atual, cria/dita as necessidades e modos de agir de um número infinito

(24) Disponível em: AE, Agência Estado. Acesso em: 21 jul. 011.

(25) Disponível em: <Veja.abril.com.br>, Da Redação, 21 de julho de 2011.

(26) SANTOS, Antônio Roberto Rocha. *Espírito Esportivo – Fair play e prática de esportes*. Revista Mackenzie de Educação Física e Esporte, 2005, n. 04, p. 23.

(27) MAGNANE, Georges. *Sociologia do esporte*. Perspectiva, 1969. p. 70.

de pessoas, embora não todas – essa uma das suas grandes aspirações), sendo certo que muito do que se pretendia/pretendeu no esporte, em tempos mais recuados da história, como dito nas linhas acima, hoje não conta mais ou pelo menos não conta tanto, perdendo espaço para outros, mais "afinados" e/ou de maior influência no mundo coevo; por tudo isso, posturas como a do Rodrigo Caio devem ser valorizadas, para que outras de igual tom se repitam até que venham, como se espera, a se tornar prática comum, mas até lá, para o que se deve mesmo trabalhar, é para conscientizar todos os envolvidos com um espetáculo esportivo, nomeadamente para o nosso caso, uma partida de futebol, do quanto é importante a observância do *fair play*, para a vida do próprio futebol, e não só por parte dos atletas profissionais, mas também, por parte dos clubes e de todos os demais envolvidos em sua realização, aliás, algo que já se pode ver que já está sendo percebido, por um bom número dos envolvidos, o que é muito alvissareiro! Espero, cada vez mais, uma maior adesão!

O *DOPING* E A NOVA NORMATIVA DO BRASIL

Gustavo Normanton Delbin

Advogado, Mestre em Direito Desportivo pela Universitat de Lleida e INEFC de Barcelona, Auditor do Tribunal de Justiça Desportiva Antidopagem (TJD-Ad), Presidente do Conselho Fiscal do Comitê Paralímpico Brasileiro, Consultor Jurídico da Federação Paulista de Futebol, Professor.

1. INTRODUÇÃO

Neste artigo procurarei de forma sintética definir o *doping* ou dopagem[(1)], com seu conceito legal e características etimológicas e históricas; a estrutura mundial relacionada ao controle de dopagem e a busca pelo esporte limpo; a estrutura brasileira atual, passando neste ponto pela situação legislativa e toda estrutura antidopagem, da ABCD até a Justiça Desportiva Antidopagem recém-estabelecida; e, por fim, as expectativas que vivemos na busca por competições livres de *doping* diante das importantes alterações que vem sendo realizadas em nosso ordenamento.

Convém salientar desde já que não busco encerrar o tema, muito pelo contrário. Minha intenção – talvez, pretensão, aspiração – no presente artigo é incentivar o estudo e fomentar o debate da matéria, que a cada dia ganha contornos mais dinâmicos e importantes, principalmente pelo fato de se ter a sensação que os avanços na ciência e na medicina, primeiro beneficiam – infelizmente – alguns atletas antiéticos e trapaceiros que buscam vantagens sobre outros competidores para, somente depois, conseguir chegar às organizações ocupadas e preocupadas com o controle da dopagem[(2)].

O que se tem visto é uma constante luta das organizações antidopagem, governos e entidades de administração do desporto numa cruzada contra a ganância e a busca da vitória a qualquer custo, com o uso de drogas ou métodos proibidos na prática desportiva[(3)].

Veremos que a briga é acirrada e que não se deve abandonar o difícil combate a favor de competições regulares, livres de trapaças e fraudes, em defesa da igualdade entre competidores e, principalmente, pelo esporte e atletas limpos[(4)].

---

(1) Compartilho do entendimento dos professores Thomaz Souza Lima Mattos de Paiva e Caio Pompeu Medauar de Souza que já escreveram *"os termos* doping *e dopagem são sinônimos, embora conceituados de forma diferente por alguns autores, sendo certo que o uso da palavra* doping *já está há muito arraigada em nosso vocabulário, sendo que estes autores teimam em continuar usando-o"* in Revista Brasileira de Direito Desportivo, Gustavo Normanton Delbin (Coord.). São Paulo: Revista dos Tribunais, 2014. v. 26. p. 251.

(2) Na obra portuguesa *"Doping – A triste vida do super-homem"* de Afonso de Melo e Rogério Azevedo há uma passagem em que os autores se manifestam sobre a luta contra a dopagem e que retratam bem este ponto: *"mas este é, ao mesmo tempo, um jogo de policiais e ladrões, em que os ladrões também andam, geralmente, um pequeno passo a frente dos policiais"* in MELO, Afonso de e AZEVEDO, Rogério. *Doping – A triste vida do super-homem.* Cadernos Dom Quixote. Reportagem; 4. Março, 2004, p. 11.

(3) *"Perguntei como ele conseguira evitar que seus testes apontassem positivo, todos esses anos, e Hamilton deu uma risada ríspida. 'Os testes são fáceis de burlar', disse ele. 'Estamos muito a frente dos testes. Eles têm os médicos deles e nós temos os nossos, e os nossos são melhores. Mais bem pagos, com certeza. Além do mais, a UCI (União Ciclística Internacional, o órgão regulador do esporte) nunca iria querer pegar alguns caras. Por que fariam isso? Iria lhes custar muito dinheiro."* Tyler Hamilton com Daniel Coyle no livro *A Corrida secreta de Lance Armstrong – nos bastidores do Tour de France:* doping, *armações e tudo o que for preciso para vencer.* p. 19.

(4) Para o Dr. Francisco Radler de Aquino Neto, *"a sofisticação da dopagem acompanha a evolução da farmacologia. Novas drogas com finalidade terapêutica explícita cada vez mais passam a ser prontamente usadas pelos seus efeitos terapêuticos e colaterais"* in Revista Brasileira de Medicina do Esporte, v. 7, n. 4 – Jul./Ago. 2001, no artigo *"O papel do atleta na sociedade e o controle de dopagem no esporte"*. p. 138.

2. *DOPING* – ETIMOLOGIA, HISTÓRICO E CONCEITO

A definição de *doping* tem sofrido constantes alterações, tornando-se mais simples, moderna e também abrangente ao longo do tempo.

Buscando em dicionários da língua portuguesa a palavra *doping* pude encontrar definições como *"aplicação ilegal de estimulantes que aumentam a resistência e o desempenho muscular de atletas em competições esportivas"*(5) e *"aplicação ilegal de estimulante em um cavalo para lhe aumentar o rendimento. Emprego irregular de excitantes para melhorar o desempenho de um atleta"*(6).

Diante de tais definições, que diga-se não são técnico-desportivas, os termos 'ilegal', 'competições esportivas' e 'melhorar o desempenho de um atleta' nos indicam que o *doping*, em sua própria natureza, esta ligado intrinsecamente à pratica esportiva regular.

Não se sabe ao certo a etimologia da palavra *doping* e suas derivações, havendo alguns diferentes posicionamentos quanto à sua origem. Passo a citar algumas possibilidades, encontradas em artigos científicos de obras consultadas em pesquisa.

Inicialmente cito os argumentos de Ana Teresa Guazzelli Beltrami:

> *A origem do termo* doping *ainda é duvidosa. Existem relatos de sua utilização primordial na construção dos canais holandeses com a expressão "onder dopen", que significa "submergir"; por outro lado, há quem sustente que sua origem está na expressão inglesa "to dope", com o significado de "lubrificante", utilizado para melhorar o desempenho dos cavalos de corridas. Foi também usada como gíria dos jóqueis franceses, com o significado de "estimulação ilícita dos cavalos", e, por fim, oficialmente reconhecida pela Comissão Médica do Comitê Olímpico Internacional como originária de um dialeto falado no sudoeste africano. Assim, sua origem está na expressão "dop", que significa "água da vida" e é um estimulante utilizado em cerimônias religiosas. A partir de então, o termo começou a ser usado para designar o ato de ministrar ou utilizar estimulantes em qualquer competição desportiva.*(7)

Para Milena Queico Ishibashi Morishin, além dessas alegadas citações, ainda existe uma teoria sobre a origem do termo *doping* como advinda da *"língua francesa, da palavra* duper*, que significava trapaça, pequena fraude e confusão"*.(8)

Da leitura da obra do advogado porto-riquenho Fernando Olivero Barreto(9) tem-se quase todas as possibilidades dadas acima e ainda mais uma: ele acresce que *"la utilización de la substancia dihidrofenilamina (DOPA), precursor de la dopamina, fue uno de los primeiros fármacos usados para mejorar el rendimiento atlético. Para algunos autores, este es precisamente el origen de la palavra Dopaje. (...) Lo que se resulta innegable es que su derivación está vinculada precisamente al uso de substancias dirigidas a lograr esse estado físico o mental que pueda superar las limitaciones naturales del ser humano"*.

Para este ponto, por fim, o português Sérgio Nuno Coimbra Castanheira afirma que *"sem se encontrar ligada directamente ao desporto, a palavra* doping *surge pela primeira vez em 1889 no dicionário Inglês como a prática de dar aos cavalos* ópio *ou outras drogas. É a partir de 1933, no entanto, que a palavra* doping *é aceite a nível internacional, ainda que sempre considerada em termos gerais, extra-desportivos"* (10).

Historicamente, há quem diga que o *doping* começou junto da prática desportiva informal, lúdica, ou ainda antes, nos primórdios da civilização, quando soldados se utilizavam de determinadas drogas que melhorassem sua *performance* em batalhas ou ainda como já citado, pelo uso de substâncias que diminuíam o cansaço de trabalhadores(11). Não compartilho deste pensamento,

---

(5) HOUAISS, Antônio. *Minidicionário Houaiss da língua portuguesa*. 2. ed. Rio de Janeiro: Objetiva, 2004. p. 259.

(6) FERREIRA, Aurélio Buarque de Holanda. *Novo Dicionário da Língua Portuguesa*. 2. ed. Rio de Janeiro: Nova Fronteira, 1993.

(7) BELTRAMI, Ana Teresa Guazzelli. *O doping à luz da legislação internacional e brasileira*. Revista Brasileira de Direito Desportivo. Luiz Roberto Martins Castro (Coord.). São Paulo: Dany Editora, 2004. v. 6, p. 123.

(8) MORISHIN, Milena Queico Ishibashi. *Doping nos âmbitos nacional e internacional*. Revista Brasileira de Direito Desportivo. Luiz Roberto Martins Castro (Coord.). São Paulo: IOB Thomson Editora, 2005. v. 7, p. 37.

(9) BARRETO, Fernando Olivero. *La lucha contra el dopaje en el deporte – Código Mundial Antidopaje y su vigência em Puerto Rico*. Porto Rico: Editorial Deportiva Cain, 2011. p. 8.

(10) CASTANHEIRA, Sérgio Nuno Coimbra. *O Fenómeno do* Doping *no Desporto*. Portugal, Coimbra: Almedina, 2011. p. 17.

(11) *"O* doping *já existia antes mesmo dos jogos olímpicos da antiga Grécia, pois, cerca de 4.000 anos atrás, os chineses já haviam descoberto o chá de uma planta chamada mahuang, que contém os alcaloides da Efedrina (estimulante do Sistema nervosa) e era usada para aumentar o rendimento no trabalho e nas batalhas. O* doping *no esporte, porém, teve início em aproximadamente 800 a.C., quando as atividades esportivas foram incorporadas à vida dos gregos, coincidindo com o início dos Jogos Olímpicos da antiguidade."* PAIVA, Thomaz Souza Lima Mattos de. Regramento jurídico do *Doping*: conceituação, aplicação e penas. *In: Enciclopédia de Gestão, Marketing e Direito Desportivo*. Porto Alegre: Ineje, 2017. v. 1, p. 406.

não entendo que é deste tipo de situação que temos interesse em tratar ao estudar o *doping*.

Considero marco inicial histórico para o *doping* a existência de disputa esportiva com regras, de competição organizada e não a batalha onde guerreiros atuam sob o efeito de estimulantes para matar seus oponentes. Por mais que se possa utilizar tais argumentos como uma referência histórica, o que ocorria em guerras ou lutas, era o uso de drogas excitantes, substâncias estupefacientes, que sequer eram proibidas dentro daquele contexto e para aquele fim.

Deste modo, entendo que o *doping* deve ser estudado a partir da prática esportiva com regras claras, onde se deve verificar a igualdade de condições e a proibição do uso de determinadas substâncias e métodos entre competidores.

Neste contexto histórico desportivo, compartilho das alegações expostas pelo médico Francisco Radler de Aquino Neto, que retrata a história de forma peculiar, muito próxima da minha forma de pensar no assunto:

> *Em 800 a.C. os gregos incorporaram o esporte ao seu modo de vida em igualdade com as atividades culturais e religiosas. Os eventos esportivos envolviam, sob a égide dos deuses, a participação artística dos atletas, além da parte atlética voltada para a preparação de guerreiros. Mas já se delineava o uso dos jogos como forma de estabelecer a importância geográfica, política e econômica das regiões participantes. A "profissionalização" do esporte ocorreu a partir de 400 a.C., com prêmios elevados para os vencedores, resultando numa "casta" de desportistas muito bem pagos e prestigiados. Tomando por base relatos de Platão, pode-se atualizar esses valores para algo em torno de U$500.000,00 (500 mil dólares norte-americanos) para vencedores, além de moradia, alimentação, isenção de impostos e do serviço militar. Valores de tal monta levaram à profissionalização do esporte, resultando em sua comercialização, com a conseqüente corrupção do sistema. Os primeiros casos de dopagem são conhecidos: uso da estricnina (um veneno de triste memória) em doses adequadas (?!) usado como estimulante e cogumelos alucinógenos para reforçar a psique antes dos jogos. O período romano continuou a elevar o prestígio do esporte, mas elevou também sua violência. "Esportes" prediletos passaram a ser lutas de gladiadores e corridas de bigas. Com o conseqüente* doping *de cavalos para correrem mais e de gladiadores para aumentar a violência dos combates.*[12]

Ou seja, a partir do momento que passou a existir competição organizada, no momento em que ocorreu a "profissionalização" do esporte – nos dizeres do professor Radler – alguns competidores passaram a se utilizar de drogas e substâncias para se sobrepor a seus adversários, visando resultados! Competidores passaram a disputar contendas esportivas em condições desiguais. Aí sim para mim, nasce o *doping*.

Entendimento semelhante, sobre a importância do esporte e a busca da vitória e resultados por esportistas e seu *staff*, governantes e *stakeholders* é verificado na doutrina de Carmen Chinchilla Marín, que assim sentencia:

> *La trascendencia política que en hoy en día tienen los Juegos Olímpicos, y que alcanza su máxima expresión cuando el COI, reunido en Asamblea, y ante la presencia de los Jefes de Estado y otras personalidades de los países de las ciudades candidatas, elige, entre todas ellas, a la que será ciudad sede de los Juegos, no resultó ajena a los Juegos Olímpicos de la Antigüedad. Antes al contrario, como de forma concluyente afirma F. García Romero, "el aprovechamiento del deporte con fines políticos, práctica habitual en nuestros tiempos, puede apreciarse ya en la Grecia clásica, continúa y se incrementa en época helenístico-romana y probablemente llegó hasta la misma desaparición oficial del atletismo griego"*[13] .

Sendo assim, embora não trate diretamente de *doping*, trata de esporte e sua importância, com a posição de destaque social, político, comercial aos que alcançam êxito no cenário desportivo, sejam eles países – vale lembrar do escândalo de *doping* recente da Rússia[14] e a punição nos Jogos Olímpicos do Rio de Janeiro – federações, clubes ou atletas, se encaixa perfeitamente no caso da busca de resultados a qualquer custo, sem ética, com trapaça e desvios de conduta, enfim, com *doping*.

(12) AQUINO NETO, Francisco Radler de. *"O papel do atleta na sociedade e o controle de dopagem no esporte"*. Revista Brasileira de Medicina do Esporte, v. 7, n. 4. Rio de Janeiro: 2001. p. 139.

(13) CHINCILLA MARÍN, Carmen. *Los juegos olímpicos*: la elección de la sede y otras questiones jurídicas. Navarra – Espanha: Thomson Reuters, 2009. p. 28.

(14) Ver artigo da Revista Brasileira de Direito Desportivo, v. 28, "*O caso Rússia e as incertezas do esporte na área de dopagem – todos têm uma parcela de responsabilidade*" de Fernanda Bazanelli Bini e Thomaz Souza Lima Mattos de Paiva. p. 41 e ss.

Para encerrar esta parte histórica, transcrevo mais um ponto – com ares poéticos – do livro dos portugueses Afonso de Melo e Rogério Azevedo, daquela que é considerada a primeira fatalidade registrada[(15)] no esporte em decorrência do *doping*, a morte do ciclista inglês Tom Simpson no Tour de France no ano de 1967:

> *"O inglês Tom Simpson queria ganhar o Tour/67. Começou bem a 13ª etapa, a subida do Monte Venoux, mas, ao poucos, começou a perder lugares. A meio da subida desceu da bicicleta e começou a ziguezaguear com ela pela estrada acima. Os ciclistas que passaram por ele falariam, mais tarde, naquilo que mais os impressionou: os olhos. Fixos, sem cor, sem brilho, alheios a tudo. Vazios. De repente, Simpson caiu redondo. 'Ponham-me em cima da bicicleta' terão sido as suas últimas palavras. Recebeu oxigénio, fizeram-lhe respiração boca-a-boca, foi conduzido de helicóptero a um hospital local, mas acabou por morrer. Nos bolsos da camisola, o ciclista guardara três pequenos tubos. Dois estavam vazios, o terceiro continha pedaços de duas substâncias diferentes: stenamina e tonedrin. Mais tarde, buscas nas malas do ciclista revelaram mais drogas proibidas. Simpson tornou-se, reconhecidamente, no Verão de 1967, na primeira vítima mortal de substâncias dopantes e num dos mitos da Volta à França, provando que os super-homens também morrem. Muito antes, às vezes, de ser tornarem super...".*[(16)]

Para concluirmos este início, tratarei das definições de *doping* constantes no nosso ordenamento jurídico desportivo[(17)].

A Portaria n. 531 do Ministério da Educação[(18)], de julho de 1985, foi a primeira norma brasileira a trazer o conceito de *doping*. Dizia seu art. 1º *"conceitua-se como doping a substância, o agente ou meio capaz de alterar o desempenho do atleta por ocasião de competição desportiva"*.

Além disso, havia na mesma Portaria definição distinta para *dopagem*, conforme determinava seu art. 2º: *"por dopagem se entende a ministração ao atleta, ou o uso por parte deste, de substância, agente ou meio capaz de alterar artificialmente o seu desempenho em competição desportiva"*.

Por sua vez, o Código Brasileiro de Justiça Desportiva de 2004, que é uma Resolução do CNE, também trazia conceituação sobre dopagem. Seu art. 101, posteriormente revogado expressamente pela Resolução CNE n. 29 de 2009, definia *"dopagem é a utilização de substância, método ou outro qualquer meio proibido, com o objetivo de obter modificação artificial de rendimento mental ou físico de um atleta, por si ou por intermédio de outra pessoa, devidamente configurado mediante processo regular de análise, observadas as normas nacionais e internacionais"*.

Com relação à revogação do art. 101 do CBJD vale salientar que, com a publicação do Decreto Legislativo n. 306, de 2007 e do Decreto n. 6.653, de 18 de novembro de 2008, o Brasil ratificou a Convenção Internacional contra o *Doping* nos Esportes da UNESCO, celebrada em Paris, em 19 de outubro de 2005. Com isso as infrações por *doping* foram remetidas para a legislação pertinente, não havendo mais necessidade de previsão normativa nacional.

Por fim, a definição de *doping* constante do atual Código Mundial Antidopagem, em seu art. 1º: "doping *é definido como a ocorrência de uma ou mais violações da regra* antidoping *estabelecidas do art. 2.1 ao art. 2.8 do Código"*.[(19)]

(15) Existem autores que indicam que a primeira morte se deu em 1896, entretanto esta informação é controversa: *"O primeiro caso não comprovado data de 1896, com a morte do ciclista inglês Arthur Linton, pois a investigação policial naquela época chegou a um beco sem saída e sem resultados. Linton é considerado o primeiro ciclista acusado de* doping*, que morreu por uma estranha febre. Causa? Talvez o seu corpo sobrecarregado durante anos por ingestão de substâncias dopantes enfraqueceu o seu sistema imunológico. O que se tem são apenas especulações: o mundo do* doping*, já naquela época, manipulava informações."* Fabio Zander, da Revista Bicicleta *in* <http://www.revistabicicleta.com.br/bicicleta.php?a_mafia_do_doping_e_seus_comparsas&id=3691>. Acesso em: 26 jul. 2017.

(16) MELO, Afonso de; AZEVEDO, Rogério. *Doping – A triste vida do super-homem. In:* Cadernos Dom Quixote. Reportagem; 04 mar. 2004. p. 143.

(17) *"A construção de conceito não é tarefa fácil. Já não basta a relação dualista filosofal entre sujeito e objeto. A realidade do desporto nos mostra um cenário plúrimo, especialmente quando se trata de doping/dopagem."Alberto Puga, in* Curso de Direito Desportivo Sistêmico.

(18) Disponível em: <http://cev.org.br/biblioteca/portaria-531-1985/>. Acesso em: 26 jul. 2017.

(19) *ARTIGO 2. VIOLAÇÕES DA REGRA* ANTIDOPING

Os seguintes itens constituem violações da regra antidoping*:*

2.1 A presença de uma Substância Proibida ou de seus Metabolitos ou de Marcadores na Amostra corporal de um Atleta.

2.1.1 É dever pessoal de cada Atleta assegurar que nenhuma Substância Proibida entrará em seu corpo. Os Atletas serão responsáveis por qualquer Substância Proibida ou de seus Metabolitos ou Marcadores encontrados em suas Amostras corporais. Do mesmo modo, não é necessário que a intenção, falha, negligência ou conhecimento do Uso por parte do Atleta sejam demonstrados para que se estabeleça uma violação das regras antidoping *segundo o Artigo 2.1.*

3. ESTRUTURA MUNDIAL NO CONTROLE DE DOPAGEM

A estrutura mundial dos entes esportivos que trabalham internacionalmente na luta contra o *doping* pode ser dada com base no próprio sistema desportivo internacional. Compõe esta estrutura o Comitê Olímpico Internacional, as Federações Esportivas Internacionais, a Agência Mundial Antidopagem WADA (World Anti-Doping Agency) e o TAS-CAS, Tribunal Arbitral do Esporte.

No topo desta estrutura temos o Comitê Olímpico Internacional (COI) que é a organização internacional não governamental, de duração ilimitada, constituída sob a forma de associação sem fins lucrativos, dotada de personalidade jurídica, com sede em Lausanne, na Suíça, reconhecida pelo Conselho Federal Suíço, nos termos do acordo assinado em 1º de novembro de 2000, conforme definido pela própria Carta Olímpica e que foi constituído com a finalidade de reinstituir os Jogos Olímpicos realizados na Grécia antiga, sendo seu dever também organizar e promover sua realização.

Além disso, cabe ao COI coordenar o Movimento Olímpico englobando as organizações, os atletas e outras pessoas que se submetam à Carta Olímpica. Ele é o proprietário dos Jogos Olímpicos, titular de todos os direitos e todos os deveres relacionados com estes.

Como Movimento Olímpico devemos entender algo muito mais abrangente. Seu objetivo maior é a prática esportiva, tendo como princípio fundamental contribuir para a construção de um mundo melhor e mais pacífico, através da educação dos jovens, de acordo com os princípios do Olimpismo e seus valores.

Três partes são consideradas fundamentais para o Movimento Olímpico: o próprio COI, as Federações Esportivas Internacionais e os Comitês Nacionais Olímpicos (CON), abrangendo ainda os Comitês Organizadores dos Jogos Olímpicos (COJO), as associações nacionais, os clubes e as pessoas físicas relacionadas com o esporte, ou seja, os atletas, os árbitros, treinadores, outros oficiais e técnicos do desporto.

Além disso, especificamente para o combate ao *doping* o COI fundou em 10 de novembro de 1999 a WADA, como a agência mundial antidopagem.

A WADA[20] é uma organização independente, criada por iniciativa coletiva, liderada pelo Comitê Olímpico Internacional e que tem por objetivo coordenar a luta contra o *doping*. Em sua fundação a WADA tinha sede em Lausanne, na Suíça, entretanto, em 2001, a organização mudou-se para Montreal no Canadá.

Hoje a WADA é financiada pelo COI e seu Movimento Olímpico e por vários governos do mundo em proporções iguais. A agência trabalha juntamente das

---

2.1.2 Excetuando-se aquelas substâncias para as quais um limiar quantitativo de reporte está especificamente identificado na Lista Proibida, a detecção da presença de qualquer quantidade de uma Substância Proibida ou de seus Metabolitos ou Marcadores na Amostra de um Atleta deverá constituir uma violação da regra antidoping.

2.1.3 Como exceção à regra geral estabelecida no Art. 2.1, a Lista Proibida poderá estabelecer critérios especiais para a avaliação de Substâncias Proibidas que também possam ser produzidas endogenamente.

2.2 Uso ou Tentativa de Uso de uma Substância Proibida ou de um Método Proibido.

2.2.1 O sucesso ou falha no Uso de uma Substância Proibida ou de um Método Proibido não é o fundamental. É suficiente que a Substância Proibida ou o Método Proibido tenha sido Usado ou tenha havido uma Tentativa de Uso para que se cometa uma violação da regra antidoping.

2.3 A recusa ou a incapacidade, sem uma justificativa imperiosa, de se submeter à coleta de Amostras após notificação conforme o autorizado pelas regras antidoping *vigentes ou de todo modo evadir-se da coleta de Amostras.*

2.4 Violações dos requisitos vigentes relativos à disponibilidade do Atleta para Testes Fora de Competição, incluindo a falha em fornecer informações exigidas sobre o paradeiro do Atleta e sobre a evasão de testes que sejam declaradas com base em regras razoáveis.

2.5 Adulteração, ou Tentativa de falsificar, qualquer parte do Controle de Doping.

2.6 Posse de Substâncias e Métodos Proibidos:

2.6.1 A Posse por uma Atleta em qualquer momento ou lugar de uma substância que seja proibida em Testes Fora de Competição ou de um Método Proibido a menos que o Atleta estabeleça que a Posse está em conformidade com uma isenção para uso terapêutico concedida de acordo com o Art. 4.4 (Uso Terapêutico) ou com outra justificativa aceitável.

2.6.2 A Posse de uma substância que seja proibida em Testes Fora de Competição ou de um Método Proibido pelo Pessoal de Apoio ao Atleta em conexão com um Atleta, Competição ou treinamento, a menos que o Pessoal de Apoio ao Atleta estabeleça que a Posse está em conformidade com uma isenção para uso terapêutico concedida a um Atleta de acordo com o Art. 4.4 (Uso Terapêutico) ou com outra justificativa aceitável.

2.7 Tráfico de qualquer Substância Proibida ou Método Proibido.

2.8 Administração ou a Tentativa de administração de uma Substância Proibida ou de um Método Proibido em qualquer Atleta, ou a assistência, encorajamento, auxílio, incitação, acobertamento ou qualquer outro tipo de cumplicidade envolvendo uma violação de regra antidoping *ou qualquer Tentativa de violação da mesma.*

(20) *"A WADA é uma organização internacional, criada pelo Comitê Olímpico Internacional em 1999, em parceria com governos e entidades privadas, para combater a proliferação do uso de drogas ilegais no esporte."* MORISHIN, Milena Queico Ishibashi. *Doping* nos âmbitos nacional e internacional. *In: Revista Brasileira de Direito Desportivo.* Luiz Roberto Martins Castro (Coord.). São Paulo: IOB Thomson Editora, 2005. v. 7, p. 41.

Federações esportivas Internacionais, e auxilia na realização de seus programas antidopagem, na formação, acompanhamento e fiscalização das NADOs (do inglês *National Anti-Doping Organization*), que são as agências nacionais antidopagem, e oferece apoio nas áreas de educação e pesquisa. A missão da Agência consiste em promover e coordenar, a nível internacional, a luta contra a dopagem no desporto, sob todas as suas formas.

A Agência Mundial é a responsável pela divulgação da lista anual de substâncias e métodos de uso proibidos para os esportistas. Esta lista é revista anualmente por um painel de peritos internacionais e a sua versão atualizada entra em vigor todo dia 1° de janeiro de cada ano. É obrigação dos atletas e *staffs* ter conhecimento das informações divulgadas pela WADA pelo site <www.wada-ama.org>, sendo incabível se alegar ignorância em benefício próprio. É a WADA também que edita e publica o Código Mundial Antidopagem(21).

Aliás, vale ressaltar a este ponto que o Código é a principal regra antidopagem existente no mundo, tratando-se do conjunto de normas vivo, em constante evolução e que têm o objetivo de unir e fortalecer as políticas antidopagem adotadas por todos os países que aderiram à Convenção Internacional contra a Dopagem no Esporte(22), realizada em 2005, em Paris, sob coordenação da UNESCO e que reuniu países de todo o mundo no compromisso de prevenir e como *doping* no esporte. A mais recente edição do Código entrou em vigor no dia 1º de janeiro de 2015 e prevalece nele o Princípio da Responsabilidade Objetiva (*Strict Liability Principle*), ou seja, o atleta é sempre responsável por toda e qualquer substância que seja detectada no seu organismo, no seu corpo.

No próprio Código existe uma definição da própria WADA sobre o documento:

> *O Código é o documento essencial e universal que serve de base ao Programa Mundial Antidopagem na área do desporto. O Código tem por finalidade a promoção da luta contra a dopagem através da harmonização universal dos principais elementos relacionados com a luta antidopagem. Visa ser suficientemente específico de forma a permitir uma total harmonização de questões que exigem uniformidade e, ao mesmo tempo, suficientemente geral noutras áreas de forma a permitir flexibilidade na implementação dos princípios antidopagem acordados. O Código foi concebido com observância dos princípios da proporcionalidade e dos direitos humanos*(23).

Com relação à Justiça Desportiva internacional, o órgão constituído em 1983, também pelo Comitê Olímpico Internacional, é a última instância para os casos e processos iniciados nos tribunais brasileiros, tanto da Justiça Desportiva quanto da nova Justiça Antidopagem. Trata-se de tribunal arbitral do esporte sediado na Suíça, na cidade de Lausane, o chamado TAS-CAS: CAS, sigla de *Court of Arbitration for Sports* e TAS, sigla em francês para *Tribunal Arbitral du Sport*(24).

O TAS é um tribunal arbitral especializado em solução de questões desportivas, e que pode atuar como instância recursal dos tribunais desportivos nacionais, bem como pelas federações, pode também funcionar como órgão judicante ordinário e também como órgão consultivo, na medida em que se tenha a opção de sua utilização.

Para nós, dentro do estudo do *doping* interessa a função recursal, uma vez que temos no Brasil uma Justiça Desportiva organizada e que elegeu, via estatuto das Federações internacionais das modalidades e nossas Confederações esportivas, o tribunal como superior e última instância. Neste sentido o TAS é o órgão arbitral que, quando eleito pelas partes, tem a função de conhecer e julgar litígios relacionados com o esporte.

3. ESTRUTURA BRASILEIRA NO CONTROLE ANTIDOPAGEM

Neste capítulo trataremos do funcionamento dos órgãos responsáveis pelo trabalho antidopagem em nosso país, principalmente após as recentes alterações legislativas havidas. São eles, via Ministério do Esporte, a

(21) *"O objetivo principal da Conferência Internacional contra o* Doping, *realizada em novembro de 2013 foi a apreciação, discussão e aprovação do novo Código Mundial Antidopagem a vigorar em 01.01.2015. Com o foco em tornar o Código mais fácil de estudar e entender por parte dos atletas, a conferência apenas consolidou anos de discussão sobre as mudanças, sempre com o foco na luta contra o* doping, *mas ao mesmo tempo na preservação dos direitos humanos daqueles que estariam sujeitos ao controle e à aplicação de penas severas."* PAIVA, Thomaz Souza Lima Mattos de; SOUZA, Caio Pompeu Medauar de. Principais mudanças do Código Mundial *Antidoping* – 2015. *In: Revista Brasileira de Direito Desportivo*. Gustavo Normanton Delbin (Coord.). São Paulo: Revista dos Tribunais, 2014. v. 26, p. 251.

(22) O Brasil participou da Convenção Internacional contra a Dopagem no Esporte em Paris, é signatário do documento e internalizou as regras *antidoping* a partir do Decreto Legislativo n. 306, de 2007 e do Decreto n. 6.653, de 18 de novembro de 2008.

(23) Disponível em: <https://www.wada-ama.org/sites/default/files/resources/files/codigo_mundial_antidopagem_2015.pdf>. Acesso em: 27 jul. 2017.

(24) Disponível em: <www.tas-cas.org/>. Acesso em: 27 jul. 2017.

Autoridade Brasileira de Controle de Dopagem, a evolução da Justiça Desportiva e do Direito Desportivo brasileiro e a Justiça Antidopagem.

Como é de conhecimento público cabe ao Ministério do Esporte desenvolver a política nacional de desenvolvimento da prática dos esportes, fazer intercâmbio com organismos públicos e privados, nacionais e internacionais que promovem o esporte; além de planejar, coordenar, supervisionar e avaliar os planos e programas de incentivo aos esportes e às ações de democratização da prática esportiva e da inclusão social por meio do esporte, dentre outras.

Como parte destas atribuições, por meio do Decreto n. 7.630, de 30 de novembro de 2011 foi criada a ABCD, Autoridade Brasileira de Controle de Dopagem, como sendo o órgão do Ministério do Esporte que tem por finalidade estabelecer a política nacional de prevenção e de combate à dopagem e coordenar nacionalmente o controle antidopagem no esporte. Esse órgão tem *status* de Organização Nacional Antidopagem, ou seja, uma NADO (*National Anti-Doping Organizations*), conforme previsto nas regras internacionais da WADA.

Constam da Lei n. 9.615/1998, em seu Capítulo VI-A[(25)], as normas relativas ao controle de dopagem e à ABCD – Autoridade Brasileira de Combate à Dopagem. A própria lei cuida de determinar o objetivo que se busca controlar a dopagem como sendo de garantir o direito dos atletas e das entidades de participarem de competições sem o *doping*, preservando a justiça e a igualdade entre os competidores, além de promover a conservação da saúde.

4. JUSTIÇA DESPORTIVA

Sempre que escrevo sobre nosso Direito Desportivo e a Justiça Desportiva saliento a importância do art. 217 da Constituição Federal em nosso ordenamento jurídico. Ele traz em sua redação a base e os princípios jurídico-desportivos no Brasil, como podemos reler, *in verbis:*

> *"Art. 217. É dever do Estado fomentar práticas desportivas formais e não-formais, como direito de cada um, observados:*
>
> *I – a autonomia das entidades desportivas dirigentes e associações, quanto a sua organização e funcionamento;*
>
> *II – a destinação de recursos públicos para a promoção prioritária do desporto educacional e, em casos específicos, para a do desporto de alto rendimento;*
>
> *III – o tratamento diferenciado para o desporto profissional e o não-profissional;*
>
> *IV – a proteção e o incentivo às manifestações desportivas de criação nacional.*
>
> *§ 1º – O Poder Judiciário só admitirá ações relativas à disciplina e às competições desportivas após esgotarem-se as instâncias da justiça desportiva, regulada em lei.*
>
> *§ 2º – A justiça desportiva terá o prazo máximo de sessenta dias, contados da instauração do processo, para proferir decisão final.*
>
> *§ 3º – O Poder Público incentivará o lazer, como forma de promoção social."*

Além da vital autonomia para organização e funcionamento outorgada às entidades desportivas, o artigo traz em seus parágrafos primeiro e segundo a institucionalização da Justiça Desportiva, determinando sua competência, tornando-a a instância oficial, dentro do território brasileiro, para o julgamento de questões que envolvem a disciplina e as competições esportivas.

Com a determinação de princípios pela Constituição, a Justiça Desportiva e a Justiça Desportiva Antidopagem possuem, de forma mais ampla e desenvolvida, na Lei Federal n. 9.615/1998 todo o arcabouço para seu regular funcionamento, o direito positivo e os aspectos processuais necessários.

Nesse sentido, antes de discorrer sobre o atual estágio da Justiça Desportiva e da *novel* Justiça Desportiva Antidopagem, passo a expor resumidamente as origens do Direito Desportivo no Brasil e sua evolução ao longo dos anos[(26)].

O primeiro esboço do que seriam as bases para o Direito Desportivo no país surgiu com o Decreto-lei n. 526, de 1º de julho de 1938. Neste Decreto instituiu-se o Conselho Nacional de Cultura, responsável por coordenar as atividades concernentes ao desenvolvimento cultural, dentre elas, as práticas voltadas para a educação física e a recreação individual e coletiva.

Após esta primeira previsão legislativa, no ano de 1941, deu-se o grande marco em matéria desportiva no Brasil, uma vez que, por meio do Decreto-lei n. 3.199 se estabeleceram as bases da organização dos desportos

(25) O Capítulo VI-A foi acrescido inicialmente na Lei Pelé (Lei Federal n. 9.615/1998) por Medida Provisória que posteriormente foi convertida na Lei n. 13.322/2016.

(26) Escrevi sobre a evolução da Justiça Desportiva e da Justiça Antidopagem juntamente com a colega Fernanda Bazanelli Bini no artigo "*Uma normativa para o controle de dopagem – O processamento do* doping *na Justiça Desportiva Brasileira*" para a Revista da Academia Nacional de Direito Desportivo – ANDD. Rio de Janeiro: ANDD, 2017. v. 3.

no país[27]. Em que pese tenha sido extremamente criticado anos mais tarde, por conta da excessiva influência estatal sobre as associações e clubes até então existentes – o que guardadas as proporções, repete-se agora com o Ministério do Esporte, a ABCD e a Justiça Antidopagem – não se pode negar que foi a partir de suas bases que se permitiu uma evolução praticamente exponencial da legislação desportiva brasileira. O Decreto determinou, pela primeira vez na história, que as confederações adotariam as regras desportivas emanadas das federações internacionais, fazendo ainda, com que tais normas fossem observadas por todos os seus filiados. Isso permitiu uma verdadeira evolução, uma globalização desportiva, projetando o Brasil ao cenário desportivo internacional. O esporte ganhou ainda contornos próprios, e deixou de ser parte de um Conselho Nacional de Cultura para despontar num Conselho Nacional do Desporto. Foi também nesse mesmo Decreto que foram previstos os Tribunais de Penas para cada Federação de modalidade, por força da Portaria n. 24/1941 e da Resolução n. 4/1942, nascendo daí portanto o embrião do que conhecemos hoje como a Justiça Desportiva brasileira.

Anos mais tarde, em 1945 foi criado o primeiro Código Desportivo no país, denominado Código Brasileiro de Futebol, que passou a vigorar por conta da Deliberação n. 48/1945, sofrendo alterações pelas Deliberações ns. 52/1945, 55/1946 e 03/1956, respectivamente.

Em 1962, reconheceu-se a importância e as necessidades das demais modalidades esportivas, dando surgimento a um segundo Código, o denominado Código Brasileiro de Justiça e Disciplina Desportiva – CBJDD, separando as demais modalidades esportivas do futebol. Neste mesmo ano foi substituído o antigo Código Brasileiro de Futebol pelo Código Brasileiro Disciplinar do Futebol (CBDF) que vigorou até o ano de 2003. Após isso, com a aprovação da Resolução CNE n. 1 de 24 de dezembro 2003 fora criado o Código Brasileiro de Justiça Desportiva (CBJD), onde houve por bem abranger novamente todas as modalidades desportivas praticadas no país.

E no meio desta importante onda de valorização do esporte no país, como já mencionado, ressaltamos a maior conquista do Direito e do Desporto brasileiro: a inclusão de capítulo especifico para o esporte e para a Justiça Desportiva na Constituição de 1988, ganhando, pela primeira vez na historia, ambos, *status* constitucional. A partir de então a Justiça Desportiva ganhou ainda mais força e prioridade nos julgamentos de questões relativas à disciplina e às competições desportivas restando ao Poder Judiciário a verificação posterior da regularidade e legalidade dos processos como um todo.

Deste modo, com o advento da Constituição de 1988, a Justiça Desportiva fora regulada por Lei própria, especial, e foi se ampliando o ordenamento jurídico nacional, passando-se pela Lei n. 8.672/1993, conhecida popularmente como Lei Zico, até que em 1998, foi sancionada a Lei Geral sobre Desportos, apelidada e conhecida como Lei Pelé. Esta Lei n. 9.615/1998, além de instituir as normas gerais para o desporto no Brasil, determinou as bases para a instituição e funcionamento da nossa Justiça Desportiva, além de determinar as funções do chamado Conselho Nacional do Esporte (CNE) especificamente em seus arts. 11 e seguintes.

Em seu art. 47 determinou a competência para decidir as questões relativas ao cumprimento das normas e regras de prática desportiva era dos Comitês Olímpico e Paralímpico Brasileiros e das entidades nacionais de administração do desporto e, dentro dessa mesma linha, visando a manutenção da ordem desportiva. A Lei determinou as sanções que poderiam ser aplicadas destacando que as penalidades de suspensão, desfiliação ou desvinculação, somente poderiam ser aplicadas após decisão definitiva da Justiça Desportiva.

A mesma norma ainda deixou a cargo do CNE a elaboração de um Código Brasileiro de Justiça Desportiva, que se deu pela Resolução n. 1/2003, publicada em 2003 e entrada em vigor em 2004, substituindo após muitos anos os Códigos até então existentes, como já rapidamente comentado acima. Referido Código trouxe o conceito de que todas as modalidades, inclusive o futebol, deveriam ser tratadas da mesma forma, bem como, instituiu as regras gerais sobre os processos, procedimentos e funcionamento da Justiça Desportiva Brasileira.

A Lei Pelé enfatizou a obrigatoriedade das entidades de administração do Desporto, de tomarem providências no sentido de formarem seus próprios Tribunais e logo após, com a publicação do novo CBJD, tratou-se da obrigatoriedade de adequação por parte de todas as modalidades. Desta feita, as Confederações e Federações de todas as modalidades esportivas do País, tiveram que instituir e instalar seus tribunais, prezando sempre pela autonomia e independência dos mesmos.

Foram criados então, para cada uma das Confederações das modalidades no Brasil, um Superior Tribunal de Justiça Desportiva (STJD) e um Tribunal de Justiça Desportiva (TJD) no âmbito das Federações estaduais, para fazer frente às necessidades do esporte,

(27) DELBIN, Gustavo. *Elementos de Direito Desportivo Sistêmico*. São Paulo: Quartier Latin, 2008. p. 16-17.

especialmente no tocante aos julgamentos disciplinares, incluindo, também até então as questões de dopagem.

O *doping* e seu processamento, àquela altura, estavam regulados pelo art. 244 e seguintes do CBJD, mas, por vezes, tais normativas conflitavam com as normas internacionais, dificultando os julgamentos e soluções das demandas. Sob esse aspecto, uma reforma no CBJD foi feita em 2009 pela Resolução CNE n. 29/2009 e todas as previsões anteriores sobre o *doping* foram revogadas. A partir daqui adota-se pois uma nova postura, destacando que os assuntos que diziam respeito à dopagem deveriam, a partir de então, ser regulados pelas normas internacionais, sendo incluídos alguns poucos artigos específicos quanto a matéria, como o já citado art. 100-A por exemplo, apenas no tocante a pontos específicos e que de fato eram necessários para a viabilidade dos julgamentos que vinham acontecendo.

De se destacar que, a partir de 2011, com a criação da ABCD, mudanças significativas começaram a acontecer no controle de dopagem no país. A agência nacional surgiu com a finalidade de ser uma organização antidopagem nacional, devendo ser responsável, segundo o Código Mundial *Antidoping* e demais normativas internacionais, pelos exames, pela gestão de resultados e pelo acompanhamento da aplicação das penas aos culpados nos Tribunais de Justiça Desportiva.

Mais tarde, com uma nova mudança da Lei n. 9.616/1998(28) determinada pela Lei n. 13.322/2016 cria-se a Justiça Desportiva Antidopagem, com previsão expressa no art. 55-A, como sendo a partir de então, o único tribunal competente para apreciação de casos de dopagem no país.

A Justiça Desportiva Antidopagem é composta por um Tribunal e por uma Procuradoria, dotados de autonomia e independência, com competência para julgar violações a regras antidopagem e homologar decisões proferidas por organismos internacionais relacionadas a violações às regras antidopagem.

A Justiça Antidopagem funciona junto ao CNE e é composta por representantes indicados pelas entidades de administração do desporto, das entidades de representação dos atletas e pelo Poder Executivo, assegurando-se a paridade de gêneros na sua composição e que terão mandatos de três anos, permitida uma recondução por igual período.

Aos membros da Justiça Antidopagem é proibido exercer mandato de auditor em outros órgãos da Justiça Desportiva, bem como, existe previsão de "quarentena" pelo período de um ano após o término do seu mandato para atuar no Tribunal.

A organização, o funcionamento e as atribuições mais específicas da Justiça Desportiva Antidopagem terão previsão, além de todo o exposto nesta Lei e nas normas internacionais, no Código Brasileiro Antidopagem e nos regimentos internos do Tribunal e da Procuradoria, que já foram aprovados e publicados no DO, seguindo anexos ao final deste artigo.

No período de transição, entre a promulgação da Lei e a entrada em funcionamento do Tribunal de Justiça Desportiva Antidopagem, os processos de *doping* permanecem sob a responsabilidade da Justiça Desportiva brasileira, dentro dos tribunais de cada uma das entidades de administração do desporto originais.

Por fim, fugindo um pouco da matéria processual desportiva e das previsões de punibilidade administrativa aos infratores da legislação *antidoping* estudada até aqui, trago uma pena prevista em nosso ordenamento jurídico e que passa despercebida aos estudiosos da legislação brasileira, pela falta de previsão penal(29) não desportiva aos atletas dopados.

No intuito de tentar desestimular ainda mais o uso do *doping* em nosso esporte foi sancionada no dia 8 de dezembro de 2014 a Lei n. 13.051/2014. Em suma, a nova lei veta a candidatura ao programa "Bolsa Atleta" daqueles que estiverem cumprindo suspensão em decisão imposta e transitada em julgado pelos Tribunais de Justiça Desportiva por violação das regras antidopagem, ou, que tenham sido condenados por mais de uma vez por infração às regras *antidoping*.

Neste sentido, atletas condenados por *doping* não poderão pleitear a bolsa e, caso já recebam o benefício, terão os seus pagamentos suspensos. Vale dizer que o programa "Bolsa Atleta" brasileiro é um dos maiores programas de patrocínio individual de atletas no mundo. Os beneficiários são os atletas de alto rendimento, que obtiveram bons resultados nas competições nacionais e internacionais que disputaram em sua modalidade. O "Bolsa Atleta" foi instituído pela Lei n. 10.891/2004, a qual, basicamente, define as categorias de bolsa e determina quais os requisitos necessários para que um atleta pleiteie a concessão do benefício.

---

(28) DELBIN, Gustavo Normanton; BELÃO, Gabriel Delbem. A lei geral sobre o desporto, Lei Pelé, Lei n. 9.615/1998 e suas alterações. *In: Enciclopédia de Gestão, Marketing e Direito Desportivo*. Porto Alegre: INEJE, 2017. v. 2, p. 99.

(29) *"Muito pensei a respeito e concluo que a ação do desportista que utiliza substância proibida é penalmente irrelevante. (...) Daí, pois, numa proteção à funcionalidade do desporto, a possibilidade de punição do atleta apenas pode ocorrer na esfera desportiva (art. 244 do CBJD)"*. BEM, Leonardo Schmitt de. *Direito Penal Desportivo – homicídios e lesões no âmbito da prática Desportiva*. São Paulo: Quartier Latin, 2009. p. 70.

Deste modo, a Lei n. 13.051/2014 é mais uma forma de se buscar assegurar equilíbrio nas competições, possibilitando a disputa honesta e ética entre competidores, que saberão que os resultados virão estritamente por sua dedicação, lisura e esforço, resguardando o espírito competitivo e a meritocracia típicas do esporte e também para a concessão do benefício do Bolsa Atleta.

5. EXPECTATIVAS

5.1 Os desafios e a nova Justiça Desportiva Antidopagem

Os maiores desafios da Justiça Desportiva Antidopagem estarão em torno da aplicação das novas regras criadas para que, sob os ideais de justiça, e os princípios do contraditório e da ampla defesa, esteja assegurado o devido processo legal, com decisões imparciais, rigorosas porém justas, sempre fulcradas em fundamentos técnicos que as tornem satisfatórias para as partes e, principalmente para o esporte.

Vale sempre considerar que as competições esportivas devem ser pautadas pela igualdade de oportunidades, pela disputa ética, onde vence verdadeiramente o melhor. A busca de resultados e da vitória a qualquer custo precisa ser descartada, reforçando-se os princípios primordiais do esporte, da filosofia olímpica que se utiliza do esporte como um importante instrumento para a promoção da paz, da união e do respeito às regras e adversários.

Não estou aqui ignorando a importância da vitória, mas que ela seja resultado da superação, da alegria do esforço real, resguardando-se o valor educativo do bom exemplo, da responsabilidade social e do respeito aos princípios éticos fundamentais universais.

Outro desafio é adequar esses princípios ao movimento internacional que, muitas vezes, questiona até mesmo as bases de sustentação do próprio sistema. Aliás, sob esse mesmo aspecto, cita-se reflexão feita por Fernanda Bazanelli Bini e Thomaz Sousa Lima Mattos de Paiva em artigo[30] citado anteriormente:

> *"Talvez o que seja preciso, seja mudar, de fato, a forma como enxergamos o esporte. Valorizar mais o espirito esportivo, o fair play e difundir mais os valores pessoais do que os valores monetários, diante da grandiosa capacidade do esporte de mudar o mundo e as pessoas. E isso, por certo, também passa pelo modo como as Instituições mostram sua cara no mundo, sua própria credibilidade e também como o próprio torcedor encara com um olhar crítico tudo isso. Atualmente o mundo desportivo vive uma crise de ética e de valores muito grande e, por conta disso, apenas medidas inovadoras e diferenciadas podem criar novas realidades".*

Mais uma vez, vejo-me obrigado a fazer uma 'triste' citação de '*A triste vida do super-homem*'[31]: "*Escrever sobre* doping *é correr o risco de pisar terrenos lamacentos, nos quais os pés se afundam a cada passo. Em termos técnicos, as regras do jogo são claras: há substâncias proibidas e os que as tomam sujeitam-se às consequências da sua batota. Quando são apanhados, claro!*".

Doping não é só falta de ética, é prejudicial à saúde, é prejudicial aos relacionamentos sociais, é prejudicial aos investimentos, é prejudicial principalmente ao esporte e à vida. *Doping* é algo completamente antagônico ao esporte e deve ser combatido incessantemente.

6. REFERÊNCIAS BIBLIOGRÁFICAS

AQUINO NETO, Francisco Radler de. O papel do atleta na sociedade e o controle de dopagem no esporte. *In: Revista Brasileira de Medicina do Esporte*. Rio de Janeiro, 2001. v. 7, n. 4.

BARRETO, Fernando Olivero. *La lucha contra el dopaje en el deporte – Código Mundial Antidopaje y su vigência em Puerto Rico*. Porto Rico: Editorial Deportiva Cain, 2011.

BELTRAMI, Ana Teresa Guazzelli. O *doping* à luz da legislação internacional e brasileira. *In: Revista Brasileira de Direito Desportivo*. Luiz Roberto Martins Castro (Coord.). São Paulo: Dany Editora, 2004. v. 6.

BEM, Leonardo Schmitt de. *Direito Penal Desportivo – homicídios e lesões no âmbito da prática Desportiva*. São Paulo: Quartier Latin, 2009. p. 70.

BINI, Fernanda Bazanelli; PAIVA, Thomaz Sousa Lima Mattos. O caso Rússia e as incertezas do esporte na área de dopagem – todos têm uma parcela de responsabilidade. *In: Revista Brasileira de Direito Desportivo*. Gustavo Normanton Delbin e Leonardo Andreotti Paulo de Oliveira (Coords.). Porto Alegre: Lex Magister, 2016. v. 28.

CASTANHEIRA, Sérgio. Regime jurídico da luta contra a dopagem no desporto. *In: Direito do Desporto Profissional*. João

(30) Revista Brasileira de Direito Desportivo: *O caso Rússia e as incertezas do esporte na área de dopagem – todos têm uma parcela de responsabilidade*. Porto Alegre: Magister, 2016. v. 28. p. 60.

(31) MELO, Afonso de; AZEVEDO, Rogério. *Doping* – A triste vida do super-homem. *In: Cadernos Dom Quixote. Reportagem*; 4. Portugal: Dom Quixote, 2004. p. 11.

Leal Amado e Ricardo Costa (Coords.). Coimbra, Portugal: Almedina, 2011.

CHINCILLA MARÍN, Carmen. *Los juegos olímpicos*: la elección de la sede y otras questiones jurídicas. Navarra – Espanha: Thomson Reuters, 2009.

DELBIN, Gustavo Normanton. Justiça Desportiva, aspectos práticos do processo. *In: Elementos de Direito Desportivo Sistêmico*. São Paulo: Quartier Latin, 2008.

DELBIN, Gustavo Normanton; BELÃO, Gabriel Delbem. A Lei Geral sobre o Desporto, Lei Pelé, Lei n. 9.615/1998 e suas alterações. *In: Enciclopédia de Gestão, Marketing e Direito Desportivo*. Porto Alegre: INEJE, 2017. v. 2.

DELBIN, Gustavo Normanton; BINI, Fernanda Bazanelli. Uma normativa para o controle de dopagem – O processamento do *doping* na Justiça Desportiva Brasileira. *In: Revista da Academia Nacional de Direito Desportivo ANDD*. Rio de Janeiro: ANDD, 2017. v. 3.

FERREIRA, Aurélio Buarque de Holanda. *Novo Dicionário da Língua Portuguesa*. 2. ed. Rio de Janeiro: Nova Fronteira, 1993.

HAMILTON, Tyler; COYLE, Daniel. *A Corrida secreta de Lance Armstrong – nos bastidores do Tour de France: doping*, armações e tudo o que for preciso para vencer. Tradução de Leonardo Castilhone. São Paulo: Seoman, 2013.

HOUAISS, Antônio. *Minidicionário Houaiss da língua portuguesa*. 2. ed. Rio de Janeiro: Objetiva, 2004.

MELO, Afonso de; AZEVEDO, Rogério. *Doping* – A triste vida do super-homem. *In: Cadernos Dom Quixote. Reportagem;* 4. Portugal: Dom Quixote, 2004.

MORISHIN, Milena Queico Ishibashi. *Doping* nos âmbitos nacional e internacional, *Revista Brasileira de Direito Desportivo*. Luiz Roberto Martins Castro (Coord.). São Paulo: IOB Thomson Editora, 2005. v. 7.

PAIVA, Thomaz Souza Lima Mattos de; DORNAS, Maria Beatriz Sousa Lima. *Doping* no desporto e o procedimento arbitral como alternativa viável na Justiça Desportiva Brasileira. *In: Revista Brasileira de Direito Desportivo*. Luiz Roberto Martins Castro (Coord.). São Paulo: Ed. da OAB/SP, 2002. v. 2.

PAIVA, Thomaz Souza Lima Mattos de; SOUZA, Caio Pompeu Medauar de. Principais mudanças do Código Mundial *Antidoping* – 2015. *In: Revista Brasileira de Direito Desportivo*. Gustavo Normanton Delbin (Coord.). São Paulo: Revista dos Tribunais, 2014. v. 26.

PAIVA, Thomaz Souza Lima Mattos de. Regramento jurídico do *Doping*: conceituação, aplicação e penas. *In: Enciclopédia de Gestão, Marketing e Direito Desportivo* Porto Alegre: INEJE, 2017. v. 1.

PUGA, Alberto. *Doping*: Conceito e Legislação Nacional e Internacional. Aspectos Desportivos e Penais. A Agência Mundial *Antidoping* (WADA). *In: Curso de Direito Desportivo Sistêmico*. Rubens Approbato Machado et alii (Coord.). São Paulo: Quartier Latin, 2007.

7. ANEXOS

PORTARIA N. 1, DE 22 DE MARÇO DE 2017

MINISTÉRIO DO ESPORTE
CONSELHO NACIONAL DO ESPORTE
DOU 23.03.2017 (n. 57, Seção 1, p. 76)

Torna pública a Resolução Plenária n. 1/2017, que aprova o Regimento Interno do Tribunal de Justiça Desportiva Antidopagem – TJD-AD.

O PRESIDENTE DO TRIBUNAL DE JUSTIÇA DESPORTIVA ANTIDOPAGEM, no uso da atribuição que lhe conferem o art. 55-A, § 12, da Lei n. 9.615/1998, e o art. 62, § 11, do Código Brasileiro Antidopagem, resolve:

Art. 1º Tornar pública a Resolução Plenária n. 1/2017, que aprova o Regimento Interno do Tribunal de Justiça Desportiva Antidopagem, na forma do anexo desta Portaria.

Art. 2º Esta Portaria entra em vigor na data de sua publicação.

LUCIANO HOSTINS

RESOLUÇÃO PLENÁRIA N. 1/2017

(Resolução do Tribunal Pleno n. 1, de 21 de março de 2017)

O Tribunal de Justiça Desportiva Antidopagem, reunido em sessão plenária, no uso das atribuições conferidas pelo art. 62, § 11 do Código Brasileiro Antidopagem,

considerando o disposto no art. 55-A, § 12, da Lei n. 9.615, de 24 de março de 1998, nos arts. 6º, 7º e 8º do Decreto n. 8.692, de 16 de março de 2016. resolve:

Art. 1º Fica aprovado o Regimento Interno do Tribunal de Justiça Desportiva Antidopagem, parte integrante desta Resolução.

Art. 2º Esta Resolução entra em vigor na data de sua publicação.

PUBLIQUE-SE.

Brasília, 21 de março de 2017.

LUCIANO HOSTINS – Presidente

REGIMENTO INTERNO DO TRIBUNAL DE JUSTIÇA DESPORTIVA ANTIDOPAGEM

CAPÍTULO I
Disposições Gerais

Seção I
Competência

Art. 1º O Tribunal de Justiça Desportiva Antidopagem – TJAD tem competência exclusiva para processar e julgar as violações a regras antidopagem e às infrações a elas conexas, assim como para homologar decisões proferidas por organismos internacionais, decorrentes ou relacionadas a violações às regras antidopagem, conforme o disposto no *caput* do art. 55-A da Lei n. 9.615, de 24 de março de 1998.

Art. 2º A competência do TJAD abrange todos os esportes, competições e ligas esportivas, nos níveis profissionais e não profissionais, na forma do § 4º do art. 55-A da Lei n. 9.615, de 24 de março de 1998.

Seção II
Sede

Art. 3º O TJAD possui sede em Brasília, funcionando junto ao Conselho Nacional do Esporte – CNE, exercendo sua competência em âmbito nacional e tem como idioma oficial a língua portuguesa.

Seção III
Notificações e Comunicações

Art. 4º As notificações e comunicações do TJD-AD às partes ou terceiros devem ser pessoais, podendo ser utilizado meio eletrônico confiável, assim entendido aquele que assegure a prova do seu recebimento, nos termos do art. 26, § 3º, da Lei n. 9.784, de 29 de janeiro de 1999.

CAPÍTULO II
Composição do Tribunal

Seção I
Auditores

Art. 5º Os Auditores serão nomeados para mandato de 3 (três) anos, permitida uma recondução, observado o disposto no § 6º do art. 55-A da Lei n. 9.615, de 24 de março de 1998, e no § 3º do art. 7º do Decreto n. 8.692, de 16 de março de 2016.

Art. 6º O mandato dos Auditores poderá ser interrompido nas seguintes hipóteses:

I – renúncia, apresenta por escrito ao Presidente;

II – morte;

III – incapacidade de exercer suas funções;

IV – perda de independência ou ocorrência de fato que resulte em incompatibilidade com suas funções;

V – qualquer causa que possa impedir o exercício de funções públicas; e

VI – violação das obrigações previstas no art. 8º.

VII – violação material de obrigações;

VIII – violações de quaisquer disposições do Código de Conduta; e

IX – não recondução.

§ 1º Antes de aceitar a renúncia de que trata o inciso I, o Presidente poderá solicitar a oitiva do renunciante.

§ 2º Na hipótese dos incisos I e II, a interrupção do mandato será efetivada por declaração do Presidente, na primeira sessão seguinte à ocorrência do fato, procedendo-se à substituição na forma do art. 7º.

§ 3º Na hipótese dos incisos III a VI, será instaurado procedimento apuratório, a cargo do Vice-Presidente, e submetida ao Plenário a indicação de interrupção do mandato, aprovada por maioria absoluta.

§ 4º Havendo decisão do Plenário pela interrupção do mandato nos termos do § 3º, o Auditor será provisoriamente afastado, devendo-se encaminhar o processo ao Conselho Nacional do Esporte – CNE para deliberação, que poderá decidir pela sua permanência ou substituição.

§ 5º O afastamento de que trata o § 4º perdurará até decisão definitiva do CNE.

Art. 7º Havendo a vacância do mandato, a nomeação do novo Auditor observará o procedimento previsto no § 3º do art. 7º do Decreto n. 8.692, de 2016.

Parágrafo único – Ocorrendo a vacância após o transcurso da primeira metade do período do mandato a substituição não será considerada para fins de recondução.

Art. 8º São deveres do Auditor:

I – comparecer às sessões e audiências pelo menos vinte minutos antes do seu início, quando regularmente convocado, exceto mediante justificativa;

II – manter conduta compatível com a função de Auditor;

III – cumprir a legislação antidopagem;

IV – manifestar-se dentro dos prazos processuais;

V – apreciar a prova dos autos, tendo em vista, sobretudo, o interesse do esporte limpo, indicando claramente os fundamentos de sua decisão;

VI – abster-se de aceitar quaisquer ordens ou instruções que possam interferir na sua liberdade de ação, nas suas funções ou nas suas decisões; e

VII – manter a confidencialidade, não divulgando a terceiros quaisquer fatos ou informações relacionadas a processos em tramitação no TJAD.

Seção II
Presidente

Art. 9º O Presidente do TJAD será eleito pela maioria dos votos dos membros do Tribunal Pleno, em escrutínio secreto.

§ 1º A eleição será realizada em sessão extraordinária convocada exclusivamente para esse fim, observado o quórum de instalação de 7 (sete) Auditores.

§ 2º Não alcançado o quórum de que trata o § 1º, será convocada nova sessão extraordinária, que será instalada com o quórum de que trata o art. 31.

§ 3º O Auditor que obtiver número de votos superior à metade do número de Auditores votantes será considerado eleito.

§ 4º Se nenhum Auditor atingir o número necessário de votos, os Auditores com o maior número de votos competirão entre si em segundo turno de votação durante a mesma sessão.

Art. 10. O Auditor eleito tomará posse durante sessão solene perante o Presidente em exercício ou o Auditor mais antigo, em dia e hora definidos na sessão extraordinária em que a eleição tenha ocorrido.

Art. 11. Em caso de não comparecimento, o Presidente será substituído pelo Vice-Presidente, pelo Auditor mais antigo ou pelo de maior idade, sucessivamente.

Art. 12. Em caso de vacância da Presidência, o Vice-Presidente a assumirá pelo restante do mandato.

Parágrafo único – Em caso de vacância da Vice-Presidência serão realizadas novas eleições, na forma do art. 9º, para o cumprimento do restante do mandato.

Art. 13. O mandato do Presidente será de 3 (três) anos, permitida uma recondução na forma do art. 62, § 5º, do Código Brasileiro Antidopagem.

Art. 14. O Presidente do TJAD terá poderes de direção, com competência para:

I – assegurar o perfeito funcionamento do TJAD;

II – adotar providências com vistas a assegurar que os Auditores cumpram com os deveres de que trata o art. 8º;

III – representar o TJAD em atos e solenidades oficiais, permitida a delegação da função a qualquer Auditor;

IV – designar dia e hora para as sessões ordinárias e extraordinárias do Plenário e dirigir seus trabalhos;

V – presidir as sessões de posse;

VI – informar ao CNE quanto à necessidade de substituição dos Auditores nas hipóteses previstas neste Regimento;

VII – assinar ofícios e demais documentos do TJAD, permitida a delegação à Secretaria;

VIII – despachar o expediente do TJAD, elaborando a sua ordem do dia;

IX – apresentar anualmente relatório das atividades ao CNE;

X – praticar qualquer ato administrativo de interesse do TJAD;

XI – receber, processar e examinar os requisitos de admissibilidade de recursos em face de decisões das Câmaras;

XII – distribuir os processos de competência das Câmaras e do Plenário, observadas as disposições relativas à distribuição;

XIII – proferir voto de qualidade nas decisões do Plenário;

XIV – decidir questões de ordem, *ad referendum* do Plenário ou da respectiva Câmara;

XV – resolver questões processuais, incluindo a adoção, *ad referendum* do Plenário ou da respectiva Câmara, de medidas acautelatórias necessárias à garantia da eficácia do provimento jurisdicional;

XVI – ordenar a restauração de autos ou a recuperação de registros;

XVII – despachar a petição inicial do Mandado de Garantia, nos limites do art. 93 do CBJD, *ad referendum* do Plenário;

XVIII – exercer outras atribuições que lhe forem delegadas pelo TJAD.

Parágrafo único – Nos casos em que o Presidente decidir *ad referendum*, os Auditores do respectivo órgão julgador deverão ser convocados para deliberarem e decidirem no prazo máximo de 15

(dez) dias úteis.

Art. 15. Após sua eleição, o Presidente assinará declaração oficial assumindo o compromisso de exercer suas funções pessoalmente, com total objetividade, independência e imparcialidade, e em conformidade com este Regimento Interno e com o Código de Conduta do TJAD.

Seção III
Vice-Presidente

Art. 16. O Vice-Presidente do TJAD será eleito dentre Auditores oriundos de representações diversas de seu Presidente.

Parágrafo único – A eleição do Vice-Presidente seguirá o procedimento previsto no art. 9º e deverá ocorrer na primeira sessão presidida pelo Presidente eleito para o novo mandato, vedada qualquer deliberação do Plenário antes de sua conclusão.

Art. 17. O mandato do Vice-Presidente será de 3 (três) anos, autorizada uma recondução, na forma do § 5º do art. 62 do Código Brasileiro Antidopagem.

Art. 18. Compete ao Vice-Presidente substituir o Presidente em suas ausências ou impedimentos ocasionais e, definitivamente, em caso de vacância.

§ 1º Compete ao Vice-Presidente decidir sobre pedidos de Mandados de Garantia contra atos praticados pelo Presidente e atuar como Corregedor dos trabalhos do TJAD.

§ 2º No caso de vacância, doença ou ausência do Vice-Presidente, por qualquer motivo, ele será substituído pelo Auditor mais antigo no Tribunal e, em caso de igual antiguidade, pelo mais idoso.

Art. 19. Após eleito, o Vice-Presidente assinará declaração oficial assumindo o compromisso de exercer as suas funções pessoalmente, com total objetividade, independência e imparcialidade, e em conformidade com este Regimento Interno e com o Código de Conduta do TJAD.

Seção IV
Relator

Art. 20. São atribuições do Relator:

I – receber e apreciar as denúncias ou recursos a ele distribuídos pelo Presidente da Câmara ou do TJAD;

II – analisar pedidos liminares e medidas acautelatórias necessárias à garantia da eficácia do provimento jurisdicional; e

III – relatar as denúncias, oferecendo voto para deliberação do pleno do órgão julgador.

Parágrafo único – Não poderá atuar como relator do recurso ao Plenário o Auditor pertencente à Câmara na qual proferida a decisão recorrida.

Seção IV
Secretaria

Art. 21. São atribuições da Secretaria:

I – enviar avisos de sessões ou outras reuniões administrativas;

II – expedir notificações, comunicações e intimações de que tratam os arts. 4º e 5º do presente Regimento Interno.

III – receber, registrar, protocolar e autuar os termos da denúncia, recursos e outros documentos enviados ao TJAD, remetendo-os imediatamente ao Presidente para providências;

IV – responder notificações oriundas da Procuradoria da Justiça Desportiva Antidopagem PROC-JAD, a pedido do Presidente, Vice-Presidente ou do Relator;

V – fornecer informações sobre o andamento de processos para as partes interessadas, observadas as disposições relativas ao sigilo;

VI – manter e conservar os arquivos do TJAD;

VII – emitir certidões sob ordem do Presidente, Vice-Presidente ou Relator;

IX – praticar outros atos administrativos determinados pelo Presidente, Vice-Presidente ou Relator.

Parágrafo único – Os avisos de que trata o inciso I devem ser enviados por correio eletrônico que permita comprovação inequívoca do recebimento ou por carta registrada, com pelo menos 10 (dez) dias úteis de antecedência da respectiva sessão ou reunião.

CAPÍTULO III
Órgãos do TJAD

Seção I
Órgãos do TJAD

Art. 22. O TJAD é composto do Plenário e de três Câmaras.

Art. 23. Compete ao Plenário:

I – o julgamento de casos de sua competência originária e dos recursos em face das decisões das Câmaras;

II – a homologação de decisões proferidas por organismos internacionais, decorrentes ou relacionadas a violações às regras antidopagem; e

III – exercer outras atribuições previstas neste Regimento.

Art. 24. Compete às Câmaras:

I – o julgamento, em primeira instância, dos casos envolvendo violações das regras antidopagem em atividades esportivas e infrações conexas de que trata o art. 1º deste Regimento; e

II – exercer outras atribuições previstas neste Regimento.

Seção II
Plenário

Art. 25. O Plenário é composto pelos nove Auditores do TJAD, conforme o disposto no § 5º do art. 7º do Decreto n. 8.692, de 16 de março de 2016.

Seção III
Câmaras

Art. 26. As Câmaras são compostas de 3 (três) membros, indicados na forma do § 3º do art. 62 do Código Brasileiro Antidopagem.

§ 1º A indicação dos membros que comporão as Câmaras será objeto de deliberação na primeira sessão presidida pelo Presidente eleito na forma do art. 9º, ocorrendo após a eleição do Vice-Presidente.

§ 2º Na medida do possível, na composição das Câmaras será observado o disposto no § 2º do art. 55-A da Lei n. 9.615, de 24 de março de 1998.

Art. 27. Cada Câmara elegerá o seu Presidente, que exercerá, no que couber, as competências previstas no art. 14, com auxílio da Secretaria.

Art. 28. A composição das Câmaras poderá ser alterada a qualquer tempo, mediante proposta de qualquer Auditor, por voto da maioria dos membros do Plenário.

Seção IV
Instrução e Distribuição

Art. 29. No julgamento de primeira instância, o processo será distribuído a um Auditor da respectiva Câmara por meio de sorteio, que atuará como relator do processo.

Parágrafo único – Os processos serão distribuídos igualmente entre as Câmaras e seus respectivos Auditores.

Art. 30. A instrução processual observará, supletiva e subsidiariamente, as disposições do Código Brasileiro de Justiça Desportiva, naquilo que não estiver em conflito com o Código Brasileiro Antidopagem e com este Regimento Interno.

Seção V
Deliberação

Art. 31. O quórum de instalação é de pelo menos dois membros das Câmaras e cinco membros do Plenário.

§ 1º As deliberações dar-se-ão por maioria simples de votos durante as sessões.

§ 2º Os votos devem ser fundamentados, sendo aceita fundamentação sucinta.

§ 3º É vedado o voto por procuração.

§ 4º Em caso de empate no Plenário, o presidente tem direito ao voto de desempate.

§ 5º Em caso de empate nas Câmaras, a decisão será adiada até que a Câmara seja reconstituída à totalidade de seus membros.

CAPÍTULO IV
Independência, Incompatibilidades, Impedimentos, Suspeição e Conflito de Interesses

Seção I
Independência e Incompatibilidades

Art. 32. O Auditor deve manter conduta compatível com os preceitos deste Regimento Interno, norteando-se pela independência, imparcialidade, cortesia, transparência, segredo profissional, prudência, diligência, integridade profissional e pessoal, dignidade, honra e decoro.

Art. 33. Após a nomeação, os Auditores assinarão declaração oficial assumindo o compromisso de exercer suas funções pessoalmente, com total objetividade, independência e imparcialidade, e em conformidade com este Regimento Interno e com o Código de Conduta do TJAD.

Parágrafo único – Os auditores deverão divulgar imediatamente ao Presidente quaisquer circunstâncias que possam afetar sua independência em relação a qualquer das partes.

Art. 34. Não poderão ocupar o cargo de Auditor:

I – pessoas que estejam no exercício de mandato em outros órgãos da Justiça Desportiva de que trata o art. 50 da Lei n. 9.615, de 24 de março de 1998, independentemente da modalidade; e

II – pessoas que ocupem cargos ou funções no âmbito da Autoridade Brasileira de Controle de Dopagem – ABCD ou que para ela prestem serviços de forma exclusiva.

Parágrafo único – Não poderão ocupar cargos simultaneamente no TJAD cônjuges, companheiros, parentes consanguíneos ou por afinidade na linha ascendente, descendente ou colateral até o terceiro grau, inclusive.

Art. 35. As situações de incompatibilidade são resolvidas na seguinte ordem:

I – antes da posse:

a) contra a pessoa mais recentemente nomeada;

b) se as nomeações ocorreram na mesma data, contra o mais jovem.

II – após a posse:

a) contra a pessoa que deu causa à incompatibilidade;

b) se a causa é imputada a ambos, contra o mais moderno ou, em caso de mesma antiguidade, o mais jovem.

Seção II
Impedimento, Suspeição e Conflito de Interesses

Art. 36. Há impedimento do Auditor, sendo-lhe vedado exercer suas funções no processo:

I – em que interveio como mandatário da parte, oficiou como perito, funcionou como procurador ou prestou depoimento como testemunha;

II – quando nele estiver postulando como defensor, advogado ou procurador, seu cônjuge ou companheiro, ou qualquer parente, consanguíneo ou afim, em linha reta ou colateral, até o terceiro grau, inclusive;

III – quando for parte no processo ele próprio, seu cônjuge ou companheiro, ou parente, consanguíneo ou afim, em linha reta ou colateral, até o terceiro grau, inclusive;

IV – quando for sócio ou membro de direção ou de administração de pessoa jurídica parte no processo;

V – quando for herdeiro presuntivo, donatário ou empregador de qualquer das partes;

VI – em que figure como parte instituição de ensino com a qual tenha relação de emprego ou decorrente de contrato de prestação de serviços;

VII – em que figure como parte cliente do escritório de advocacia ou assessoria técnica, inclusive jurídica, com o qual tenha vínculo profissional, ainda que licenciado, ou com escritório de advocacia ou assessoria técnica, inclusive jurídica, de seu cônjuge, companheiro ou parente, consanguíneo ou afim, em linha reta ou colateral, até o terceiro grau, inclusive, mesmo que patrocinado por advogado de outro escritório; ou

VIII – quando tiver relações profissionais de qualquer natureza com a entidade de administração ou de prática desportiva, ou com a entidade associativa ou sindical à qual a parte acusada no processo estiver vinculada.

Art. 37. Há suspeição do auditor:

I – que seja amigo íntimo ou inimigo de qualquer das partes ou de seus advogados;

II – que receber presentes de pessoas que tiverem interesse na causa antes ou depois de iniciado o processo, que aconselhar alguma das partes acerca do objeto da causa ou que subministrar meios para atender às despesas do litígio;

III – quando qualquer das partes for sua credora ou devedora, de seu cônjuge ou companheiro ou de parentes destes, em linha reta até o terceiro grau, inclusive;

IV – interessado no julgamento do processo em favor de qualquer das partes; ou

V – nas hipóteses de conflitos de interesse de que trata a Lei n. 12.813, de 16 de maio de 2013.

Art. 38. O impedimento e a suspeição devem ser declarados pelo próprio Auditor assim que tomar conhecimento do processo.

Art. 39. Caso o Auditor não declare seu próprio impedimento, as partes, a ABCD ou o Procurador poderão argui-lo em qualquer fase do processo.

Parágrafo único – Arguido o impedimento, a questão será submetida ao Plenário, que decidirá por maioria simples.

Art. 40. Em caso de impedimento do Relator, o processo será redistribuído.

Art. 41. Independentemente das hipóteses de impedimento e suspeição, os Auditores divulgarão imediatamente quaisquer conflitos de interesse potenciais ou reais, na forma do disposto na Lei n. 12.813, de 16 de maio de 2013.

Art. 42. Ocorrida qualquer das situações descritas nesta Seção, o Auditor será imediatamente afastado do caso pelo Presidente do órgão julgador, sendo-lhe vedada a prática de qualquer ato no processo que deu causa ao afastamento.

§ 1º Os atos já praticados no processo pelo Auditor afastado poderão ser anulados ou convalidados pelo Auditor que o substituir.

§ 2º Em caso de julgamento de Câmara, o Presidente do TJD-AD sorteará um Auditor de outra Câmara para atuar no processo, respeitada a indicação paritária de que trata o § 3º do art. 62 do Código Brasileiro Antidopagem.

§ 3º Se, no caso da situação descrita no *caput*, o órgão julgador deixar de ter número suficiente de auditores aptos para julgarem o processo, este será adiado para a sessão seguinte.

CAPÍTULO V
Funcionamento e Organização

Art. 43. Os membros do TJAD se reunirão pelo menos duas vezes ao ano e sempre que a atividade do TJAD o exigir.

Art. 44. As audiências das Câmaras e do Plenário do TJAD serão conduzidas às portas fechadas, limitando-se a presença às próprias partes e a seus advogados, ou somente a estes, em observância ao direito à intimidade de que trata o art. 93, inciso IX, da Constituição Federal de 1988.

§ 1º A limitação de que trata o *caput* não se aplica à presença às audiências, na qualidade de observadores, de representantes da Agência Mundial Antidopagem – AMA, da Federação Internacional, dos Comitês Olímpico e Paralímpico e das entidades esportivas de origem da parte, conforme art. 85, VII e art. 133, II, do Código Brasileiro Antidopagem, os quais deverão observar o sigilo previsto no *caput*.

§ 2º A violação do sigilo por representante das entidades previstas no § 1º ensejará a suspensão do direito de presença como observadora da respectiva entidade, conforme período definido pelo Plenário.

§ 3º A audiência poderá ser aberta ao público, a pedido de qualquer interessado, mediante autorização por escrito da parte acusada.

Art. 45. A publicidade das decisões proferidas pelo TJAD deverão observar o disposto no art. 14.3 do Código Mundial Antidopagem

Art. 46. O TJAD poderá determinar que certas partes ou pessoas sejam ouvidas por teleconferência ou videoconferência e poderá decidir consolidar um ou mais processos relacionados.

CAPÍTULO VI

Disposições Finais e Transitórias

Art. 47. No prazo de 120 (cento e vinte) dias contados da aprovação deste Regimento Interno será aprovado o Código de Conduta do TJAD, o qual, a partir de sua publicação, integrará este Regimento Interno.

Parágrafo único – Enquanto não aprovado o Código de Conduta do TJAD aplicam-se aos seus membros, no que couberem, os deveres e proibições de que tratam os arts. 116 e 117 da Lei n. 8.112, de 11 de dezembro de 1990, a Lei n. 12.813, de 16 de maio de 2016, bem como outras normas éticas aplicáveis àqueles que exercem função pública.

Art. 48. Em caso de dúvidas acerca da legalidade ou aplicabilidade de legislação administrativa, o TJAD poderá apresentar consulta à Consultoria Jurídica junto ao Ministério do Esporte.

Parágrafo único – Não poderão ser objeto de consulta questões relativas à atividade jurisdicional do TJAD.

Art. 49. Este Regimento Interno poderá ser alterado mediante proposta de qualquer Auditor, aprovada pela maioria de 2/3 de seus membros.

Art. 50. As situações omissas serão resolvidas por deliberação da maioria absoluta do TJAD.

Art. 51. A versão em língua portuguesa deste Regimento é considerada o texto autêntico, devendo prevalecer em caso de conflitos com quaisquer outras versões.

REGIMENTO INTERNO DA PROCURADORIA-GERAL DA JUSTIÇA DESPORTIVA ANTIDOPAGEM

Art. 1º A Procuradoria-Geral da Justiça Desportiva Antidopagem é órgão permanente, autônomo e independente, essencial à Justiça Desportiva Antidopagem, incumbindo-lhe a defesa da ordem jurídica e da disciplina desportiva antidopagem, e suas atividades serão reguladas por este regimento interno, nos termos do art. 55-A, *caput*, § 12, da Lei nacional n. 9.615/1998.

Art. 2º Incumbe à Procuradoria-Geral da Justiça Desportiva Antidopagem tomar as medidas necessárias para garantir o respeito às leis, às regras, aos regulamentos, ao Código Brasileiro Antidopagem, garantindo-se a vigência do art. 217 da Constituição da República.

Art. 3º São princípios institucionais da Procuradoria de Justiça Desportiva Antidopagem a unidade, a indivisibilidade e a independência.

Art. 4º São funções institucionais da Procuradoria de Justiça Desportiva:

I – promover a responsabilidade desportiva das pessoas naturais ou jurídicas que violarem o Código Brasileiro Antidopagem;

II – a defesa da ordem jurídico-desportiva;

II – a defesa dos princípios constitucionais de direito desportivo;

III – a defesa dos princípios da legalidade, da impessoalidade, da moralidade e da publicidade;

IV – oferecer denúncia, nos casos previstos em lei ou Código;

V – dar parecer conforme atribuição funcional definida neste regimento;

VI – formalizar as providências legais e processuais e acompanha-las em seus trâmites;

VII – requerer acesso aos autos;

VIII – interpor recursos nos casos previstos em lei ou no Código Brasileiro Antidopagem, ou outras leis aplicáveis que visem à preservação dos princípios que regem a Justiça Desportiva Antidopagem;

IX – requerer a instauração de inquérito ou arquivamento;

X – exercer outras funções previstas no Código Brasileiro Antidopagem, na legislação esportiva e nas normas da modalidade.

§ 1º Os órgãos da Procuradoria de Justiça Desportiva Antidopagem devem zelar pela observância dos princípios e competências do Órgão, bem como pelo livre exercício de suas funções.

Art. 5º A Procuradoria de Justiça Desportiva Antidopagem tem a seguinte estrutura administrativa:

I – Procurador-Geral;

II – Subprocurador-Geral;

III – Procuradores da Justiça Desportiva Antidopagem;

IV – Grupos Especiais de Trabalho.

Art. 6º A Procuradoria será dirigida pelo Procurador-Geral, nos termos do Código Brasileiro Antidopagem e deste Regimento Interno;

Art. 7º Ao Procurador-Geral incumbe:

I – Representar a Procuradoria;

II – Participar das sessões do Pleno do Tribunal de Justiça Desportiva Antidopagem;

II – Instituir Grupos Especiais de Trabalho e designar seu coordenador;

III – Distribuir, entre os Procuradores, os processos de violações das regras antidopagem encaminhados pelo Presidente do Tribunal de Justiça Desportiva Antidopagem;

IV – Determinar a sindicância interna conforme o caso, para se apurar infrações disciplinares de seus membros;

V – Determinar a elaboração de relatório das atividades da Procuradoria;

VI – Coordenar as atividades da Procuradoria;

VII – Exercer outras atividades previstas em lei e no Código Brasileiro Antidopagem;

VIII – Designar Procurador para a elaboração de parecer ou manifestação nos processos e recursos de competência do Pleno do Tribunal de Justiça Desportiva Antidopagem;

IX – Instituir normas gerais para a rotina de trabalho dos Procuradores, incluindo prazos internos, requisição de provas, uniformização de denúncias e entendimentos, orientações internas, podendo, para tanto, convocar reuniões com seus membros.

Art. 8º Ao Subprocurador-Geral incumbe:

I – Substituir o Procurador-Geral em seus impedimentos e afastamentos, quando houver delegação expressa;

II – Informar ao Procurador-Geral sobre a necessidade de nomeação de novos Subprocuradores-Gerais;

Parágrafo único. Havendo mais de um Subprocurador-Geral, a ordem de substituição será definida pelo Procurador-Geral, e na falta de ato deste, por critério de antiguidade, sendo esta contada da data da posse do primeiro mandato de Procurador.

Art. 9º O membro da Procuradoria de Justiça Desportiva Antidopagem, em respeito a dignidade de suas funções e a da Justiça, deve observar as normas contidas no Código Brasileiro Antidopagem e especialmente:

I – cumprir seus deveres processuais;

II – guardar segredo sobre assunto de caráter sigiloso que conheça em razão do cargo ou função;

III – velar por suas prerrogativas institucionais e processuais;

IV – prestar informações ao Procurador-Geral, ao Subprocurador-Geral e ao Tribunal de Justiça Desportiva Antidopagem, quando requisitadas;

IV – declarar-se suspeito ou impedido, nos termos da lei;

V – adotar as providências cabíveis em face das irregularidades ou infrações disciplinares de que tiver conhecimento ou que ocorrerem nos serviços a seu cargo;

VI – tratar com urbanidade as pessoas com as quais se relacione em razão da sua função;

VII – desempenhar com zelo e probidade as suas funções;

VIII – guardar decoro pessoal.

Art. 10. Os membros da Procuradoria de Justiça Desportiva Antidopagem, sem prejuízo de sua responsabilidade prevista em lei e no Código Brasileiro Antidopagem, são passíveis das seguintes sanções disciplinares a serem aplicadas pelo CNE:

I – advertência;

II – suspensão;

III – exoneração.

§ 1º Na aplicação das penas disciplinares, considerar-se-ão os antecedentes do infrator, a natureza e a gravidade da infração, as circunstâncias em que foi praticada e os danos que dela resultaram ao serviço ou à dignidade da Instituição ou da Justiça Desportiva Antidopagem.

§ 2º As infrações disciplinares poderão ser suscitadas por quaisquer membros e apuradas pelo Procurador-Geral e pelo Subprocurador-Geral, quando forem relativas a membros da Procuradoria.

Art. 11. A Procuradoria de Justiça Desportiva terá presença e palavra asseguradas em todas as sessões do Pleno e das Câmaras.

Art. 12. As garantias e prerrogativas dos membros da Procuradoria de Justiça Desportiva Antidopagem são inerentes ao exercício de suas funções e irrenunciáveis.

Parágrafo único. Os Procuradores têm os mesmos direitos e garantias do TJD-AD.

Art. 13. Os casos omissos serão resolvidos pelo Procurador-Geral.

Art. 14. Este Regimento Interno entra em vigor na data de sua publicação.

O REGULAMENTO NACIONAL DE INTERMEDIÁRIOS NO BRASIL

Leonardo Andreotti Paulo de Oliveira

Mestre em Direito Desportivo e Especialista em Direito Contratual. Presidente do Instituto Brasileiro de Direito Desportivo. Membro da Academia Nacional de Direito Desportivo e Vice-presidente da Sociedade Brasileira de Direito Desportivo. Coordenador da Revista Brasileira de Direito Desportivo – RBDD e Conselheiro da Rivista di Diritto ed Economia dello Sport – RDES e da Revista de Direito Desportivo da ANDD. Professor do LL.M. in International Sports Law at ISDE/Madrid e do Master in Diritto e Organizzazione Aziendale dello Sport at Sports Law and Policy Centre, Roma. Subprocurador-Geral do STJD da Confederação Brasileira de Futebol; Presidente do STJD da Liga Nacional de Basquete; Vice-Presidente do STJD da Confederação Brasileira de Voleibol; Presidente do STJD da Confederação Brasileira de Badminton; Gerente Jurídico do Comitê Brasileiro de Clubes - CBC e Sócio de Andreotti – Advocacia Desportiva.

1. INTRODUÇÃO

O presente estudo aborda a importante e frequente questão relacionada à representação de jogadores no cenário futebolístico nacional brasileiro, tendo como desafios a jovialidade do tema, considerando a recente decisão[1] do Comitê Executivo da Federação Internacional de Futebol em extinguir a então estrutura tradicional do "Agenciamento", bem como a relevância econômica da atividade no âmbito nacional e internacional, em especial no Futebol, que reclama uma necessária regulação, ainda que no âmbito privado e eminentemente federativo.

Neste particular e tendo como base o Regulamento de Intermediários da FIFA, a Confederação Brasileira de Futebol, entidade de administração da modalidade no Brasil, publicou o Regulamento Nacional de Intermediários, que entrou em vigor no dia 24 de abril de 2015, conforme dispõe seu próprio art. 41.

É imperioso salientar, contudo, que o novo cenário e a nova regulação da atividade dos intermediários certamente serão alvos de muitas críticas e sofrerão ao longo do tempo e de sua experiência significativas e salutares mudanças normativas, razão pela qual entendemos importante, através do presente artigo, tecer os primeiros comentários e expor, ainda que de forma sucinta, o regime nacional da representação de jogadores e clubes de futebol, fomentando o debate, o estudo e o espírito crítico dos partícipes "Jus Desportivos" no Brasil e no exterior.

2. LEGISLAÇÃO BRASILEIRA NO QUE TANGE A ATIVIDADE DOS INTERMEDIÁRIOS

Longe de ser uma atividade compartimentalizada e regulada unicamente no âmbito privado de uma Federação Esportiva, a atividade dos intermediários, assim como diversos aspectos e elementos esportivos, em especial aqueles que contam, em sua própria natureza, com uma vertente minimamente econômica, se encontram reguladas, ainda que de forma geral, por diversas normas públicas constantes do Ordenamento Jurídico Nacional. E neste contexto podemos citar a Lei Geral sobre o Desporto brasileiro, ou Lei n. 9.615/1998, mundialmente conhecida como "Lei Pelé[2]" e recentemente alterada pela Lei n. 12.395/2011, que traz em seu art. 27-C[3] norma diretamente relacionada à

(1) Em março de 2014 o Comitê Executivo da entidade matriz do futebol mundial aprovou o novo Regulamento de Intermediários, em substituição ao até então Regulamento de Agentes credenciados.

(2) A nomenclatura da Lei se deve ao fato de que quando da publicação de referida Lei, o Atleta do Século, o Rei Pelé, ocupava o cargo de Ministro Extraordinário dos Esportes no Brasil, recebendo, assim, justa homenagem legislativa.

(3) Art. 27-C: São nulos de pleno direito os contratos firmados pelo atleta ou por seu representante legal com agente desportivo, pessoa física ou jurídica, bem como as cláusulas contratuais ou de instrumentos procuratórios que:

I – resultem vínculo desportivo;

II – impliquem vinculação ou exigência de receita total ou parcial exclusiva de entidade de prática desportiva, decorrente de transferência nacional ou internacional de atleta, em vista da exclusividade de que trata o inciso I do art. 28;

representação, coibindo o estabelecimento de cláusulas abusivas, privilegiando o respeito a princípios como o da boa-fé objetiva e do fim social dos contratos, bem como, dentre outras questões, supreendentemente proibindo a representação do atleta em formação, menor de 18 anos de idade.

Além da Lei Geral sobre o Desporto, entendemos aplicável, ainda que com as ressalvas de uma desejável especificidade esportiva, o próprio Código Civil Brasileiro, Lei n. 10.406, de 10 de janeiro de 2002, em especial quando trata dos Negócios Jurídicos em geral e, mais concretamente, do próprio "mandato" ou mesmo da "agência".

Mas é no plano interno, administrativo e privado da Entidade Nacional de Administração do Desporto, no caso brasileiro representada pela CBF, que a atividade é pormenorizadamente regulada, através do já citado regulamento nacional de intermediários e que será objeto de estudos nos itens seguintes.

3 REGULAMENTO NACIONAL DE INTERMEDIÁRIOS DA CBF

3.1. Princípios e definições

Em consonância com o Regulamento de Intermediários da FIFA, a Confederação Brasileira de Futebol implementou o regulamento nacional sobre o tema, considerando, para os devidos fins, que o "Intermediário", antigo "Agente FIFA", é "*toda pessoa física ou jurídica que atue como representante de jogadores e/ou de clubes, seja gratuitamente, seja mediante o pagamento de remuneração, com o intuito de negociar ou renegociar a celebração, alteração ou renovação de um contrato especial*[4] *de trabalho desportivo e/ou como representante de clube visando a negociar a transferência, temporária ou definitiva, de jogador entre clubes*". (grifo do autor).

Resta claro da análise do regulamento nacional, que a CBF fundamenta sua norma interna na norma maior, emanada pela Federação Internacional, prevendo, ainda, em seu art. 28, a necessidade de respeito aos princípios da lealdade, da transparência, da honestidade, da probidade, da boa-fé e diligências profissionais, especialmente num momento crítico para o futebol internacional, considerando o clima político e desgastado que enfrentam diversas entidades esportivas, incluindo a matriz do futebol mundial.

De todo modo, a preocupação destas entidades ao aprovarem e publicarem referidos regulamentos, sempre esteve relacionada à proteção de uma "integridade esportiva", fundamento inclusive coincidente nos assuntos relativos à também recente proibição dos Direitos Econômicos, ou do Third Party Ownership – TPO no futebol, encabeçados pela UEFA e abraçados pela Federação Internacional.

No que se refere à atividade dos intermediários, e considerando as preocupações acima mencionadas, é importante destacar que o regulamento nacional, através de seu art. 3º, impõe aos destinatários da norma algumas cláusulas de obrigatória observância, tais como o direito de as partes contarem, efetivamente, com os serviços do Intermediário; a exigência do prévio registro do Intermediário na CBF, sendo vedado, por meio do art. 38 do Regulamento, que clubes e jogadores façam uso dos serviços de Intermediários não registrados na CBF; a necessidade de assinatura por parte do Intermediário, de uma "Declaração", constante dos Anexos 1 ou 2 do Regulamento; a vedação de que jogadores e cubes possam contratar como Intermediário um dirigente ou "Oficial", termo utilizado no estatuto da FIFA; dentre outras, seja no âmbito nacional ou internacional.

3.2. Requisitos e condições

O Regulamento Nacional de Intermediários estabelece em seu art. 5º, parágrafo único que a Confederação Brasileira de Futebol exigirá do Intermediário, quando do pedido de registro ou de renovação de referido registro, que apresente determinados documentos, tais como a cópia da Carteira de Identidade, do CPF e comprovante de residência; a declaração de intermediário devidamente firmada; a declaração de que o Intermediário não possui relações contratuais com Ligas, Federações, Confederações ou com a FIFA, que poderiam, a depender da situação, gerar eventual conflito de interesses; as certidões negativas referentes a distribuições criminais, civis, protesto de títulos, interdições e tutelas, para comprovar sua idoneidade no meio social e no mercado,

---

III – restrinjam a liberdade de trabalho desportivo;

IV – estabeleçam obrigações consideradas abusivas ou desproporcionais;

V – infrinjam os princípios da boa-fé objetiva ou do fim social do contrato; ou

VI – versem sobre o gerenciamento de carreira de atleta em formação com idade inferior a 18 (dezoito) anos. (Incluído pela Lei n. 12.395, de 2011).

(4) O termo "especial" provem do art. 28 da Lei Pelé, que inovou ao nominar o contrato de trabalho como "Contrato Especial de Trabalho Desportivo", talvez reforçando a necessidade de se privilegiar a chamada exceção ou especificidade esportiva.

dentre outros documentos importantes para a efetivação ou manutenção do registro do Intermediário na CBF.

Interessante pontuar que além dos documentos já listados o regulamento exige do Intermediário, obviamente no intuito de proteger seus potenciais e futuros clientes, sejam eles clubes ou jogadores de futebol, a apresentação de cópia da apólice de seguro de responsabilidade civil adequado ao exercício da atividade, cobrindo responsabilidade por danos até o montante de R$ 200.000,00 (duzentos ml reais), o que não foge muito à realidade do Agente FIFA credenciado, que até determinado momento também se obrigava a contratar referido seguro.

Por fim, necessário também o pagamento de uma quantia a ser fixada pela Confederação Brasileira de Futebol, para que se efetive o registro ou sua respectiva renovação.

3.3. Reputação ilibada e outras condições para o registro

No mesmo art. 5º já mencionado é possível verificar que um dos mais importantes requisitos para o registro do Intermediário na CBF é que ele possa comprovar sua idoneidade moral, através da demonstração de sua reputação ilibada, até porque os serviços por ele prestados têm natureza de representação e, consequentemente, requer a presença do fator confiança, intimamente ligado à reputação do sujeito no meio profissional ou social.

Interessante notar que o próprio Intermediário, ao firmar a declaração constante dos anexos 1 ou 2 do Regulamento, declara expressamente "gozar de reputação ilibada", sendo o fato atestado por si próprio, o que parece não ser a forma mais apropriada para tal comprovação. Entendemos, contudo, que em uma análise ou fiscalização levada a cabo pela CBF, referida declaração poderá ser confrontada com informações obtidas sobre sua vida pregressa e condutas anteriormente realizadas, que poderiam, em nossa opinião, obstar o registro ou a renovação do registro na entidade nacional. Admitimos, por outro lado, que o termo parece estar eivado de um subjetivismo capaz de gerar dúvidas quando da análise de um caso em concreto, já que a decisão a ser tomada será levada em consideração desde uma óptica unilateral da própria CBF.

De todo modo, o conteúdo da própria declaração do Intermediário dá conta de que o mesmo deverá se submeter a determinadas exigências normativas e que versam, inclusive, sobre sua conduta profissional no exercício de suas funções. No referido documento o Intermediário declara que:

1. Acatará e cumprirá as disposições imperativas de direito nacional, as leis internacionais e, sobretudo, a normativa privada nacional e internacional, como os Estatutos e Regulamentos da FIFA, da Confederação Sul Americana de Futebol (Conmebol) e da Confederação Brasileira de Futebol (CBF);
2. Que não exerce funções diretivas, ou nos termos do estatuto da FIFA funções de "oficiais", inclusive que não assumirá qualquer função a eles relativos em um "futuro próximo". Neste particular chamamos a atenção para um possível excesso, considerando a duvidosa legalidade de uma norma que impeça ou relativize a liberdade de trabalho, a depender do caso, limitando situações futuras, especialmente se considerarmos o dinamismo do mercado e das oportunidades profissionais, que podem aparecer, obviamente, quando menos se espera, daí a crítica a um dispositivo pouco prático e que poderá, de forma gratuita, gerar situações embaraçosas e que obstaculizem o registro legítimo de um Intermediário.
3. Que não mantém qualquer relação contratual com Ligas, Federações, Associações ou com a FIFA, que possam resultar em um potencial conflito de interesses;
4. Que não aceitará pagamentos de outros clubes em relação a indenização de transferência, indenização de formação ou contribuições de solidariedade;
5. Que não aceitará pagamentos de terceiro, se o jogador não for profissional menor de idade;
6. Que não participará de apostas, loterias ou quaisquer negócios vinculados a jogos de futebol;
7. Que autoriza a CBF a coletar informações de todos os pagamentos de qualquer espécie recebidos pelos serviços prestados como intermediário;
8. Que dá o seu consentimento às Ligas, Associações, Confederações ou FIFA para obter acordos e registros relacionados às atividades de intermediários, consentindo ainda que as entidades obtenham documentação de qualquer outra parte que dê assessoria, assista ou participe das negociações pelas quais o intermediário é o responsável. Aqui também vale uma observação crítica, sobretudo quando da atuação do Advogado nas referidas negociações, porquanto constitui direito do Advogado, garantido em Lei

Federal[5], precisamente na Lei n. 8.906/1994 (Estatuto da Advocacia) a inviolabilidade de seu escritório, de seus instrumentos de trabalho e de tudo aquilo que esteja relacionado ao exercício da Advocacia, de modo que qualquer limitação desse direito poderá ser caracterizada como violação ao sigilo profissional e, consequentemente, de uma garantia legal.

9. Que autoriza a CBF a tornar públicas eventuais sanções disciplinares que lhe forem impostas;

Prestadas as declarações acima, bem como averiguadas pela CBF quaisquer situações que poderiam eventualmente obstar o referido registro, este lhe será concedido ou, em seu caso, devidamente renovado.

3.4. Registro das operações

Conforme estabelecido no art. 6º do regulamento, a CBF manterá um sistema público de registro no qual deverão ser registradas as operações que contém com a participação de Intermediário "previamente" cadastrado.

Ademais, aqueles que eventualmente contratem os serviços de um Intermediário devem exigir que este firme e registre, na Confederação Brasileira de Futebol, a declaração já exaustivamente estudada nos itens acima, devendo, ainda, sempre que concluída uma negociação, apresentarem toda a documentação àquela entidade nacional.

3.5. O contrato de representação

Na esteira da transparência e incansável busca pela segurança jurídica das relações, sobretudo nos moldes atuais, o Regulamento exige a elaboração de um Contrato de Representação, portanto escrito, e que defina de forma clara e objetiva os direitos e deveres das partes envolvidas, especificando-se de forma contundente qual a natureza jurídica dos serviços prestados, bem como estabelecendo, minimamente, os seguintes elementos:

1. Nomes e qualificação das partes, incluindo a data de nascimento do jogador;
2. Duração da relação jurídica, que não poderá ultrapassar os (2) dois anos, e sequer ser renovada automaticamente;
3. O alcance dos serviços, o valor da comissão ajustada e a data da conclusão dos serviços;
4. A remuneração devida ao Intermediário e condições gerais de pagamento;
5. Cláusula de Rescisão do Contrato;
6. Compromisso de reconhecer o Comitê de Resolução de Litígios da CBF como único e exclusivo órgão competente para dirimir eventuais questões ou disputas resultantes do Contrato de Representação; e
7. Registro do Contrato de Representação junto à Confederação Brasileira de Futebol.

3.6. Informação, comunicação e publicação

O art. 13 do regulamento nacional estabelece aos clubes e jogadores de futebol a obrigação de fornecer à Confederação Brasileira de Futebol, a cada operação realizada, todas as informações correspondentes às remunerações ou pagamentos de qualquer natureza que foram feitos ou que eventualmente ainda serão feitos ao Intermediário, especificando minimamente a questão temporal, os valores envolvidos e as condições de pagamento. Ademais, também constitui obrigação das partes o fornecimento, quando solicitado, de todos os contratos, acordos e registros relativos às atividades de representação desenvolvidas pelos Intermediários, ainda que conste dos referidos pactos cláusulas de confidencialidade, que segundo o regulamento, não poderão ser opostas à CBF ou à FIFA, que terão livre acesso aos documentos mencionados para fins de investigação.

E já que a ordem é garantir a transparência e dar publicidade aos negócios realizados no âmbito da representação, é interessante notar que o art. 15 do regulamento autoriza a CBF a publicar, anualmente, os nomes de todos os Intermediários registrados, bem como a quantidade total das remunerações ou pagamentos que os clubes e jogadores tenham efetuado, constando, inclusive, o valor total das cifras consolidadas.

Por fim, a entidade nacional enviará à FIFA todas as informações relativas às transações em que estiveram envolvidos os Intermediários, bem como eventuais sanções que lhes tenham sido impostas.

3.7. Remuneração

No que se refere à remuneração do Intermediário, que poderá em certos casos, exercer a sua função de forma graciosa sem o pagamento de qualquer quantia, é

(5) Art. 7º São direitos do advogado:
(...)
II – a inviolabilidade de seu escritório ou local de trabalho, bem como de seus instrumentos de trabalho, de sua correspondência escrita, eletrônica, telefônica e telemática, desde que relativas ao exercício da advocacia; (Redação dada pela Lei n. 11.767, de 2008).

interessante notar que o regulamento adota a diretriz estabelecida pela FIFA, em especial no que tange à recomendação, para que a remuneração do Intermediário contratado, seja pelo clube ou pelo jogador, não exceda a 3% (três por cento) do salário bruto do jogador correspondente ao período de vigência do contrato, podendo o Intermediário ser remunerado mediante o pagamento de um valor fixo à vista acordado antes da conclusão do contrato ou em parcelas, conforme dispõe o art. 18 do regulamento nacional.

Importante sublinhar, ainda, a vedação expressa do art. 20 do regulamento no sentido de obstar o pagamento, por parte de um Intermediário ou em favor de um Intermediário, de quaisquer quantias oriundas de um contrato de transferência que incluam direitos econômicos, indenização por formação e/ou mecanismo de solidariedade internacional, no âmbito FIFA, ou nacional, no âmbito interno da CBF.

Na mesma esteira, também é vedado aos dirigentes ou Oficiais receberem qualquer pagamento do todo ou de parte dos honorários devidos ao Intermediário, em claro intuito de proteger a integridade do desporto e do futebol em particular. A norma, em nossa opinião, vem estabelecer uma "vedação expressa" a uma prática já conhecida nos bastidores da modalidade em estudo, o que pode, a depender de sua eficácia, significar um grande avanço na moralização e profissionalização da prática esportiva.

Por fim, veda-se, também, a qualquer título e sob qualquer pretexto, aos jogadores e/ou clubes, que contratem os serviços de Intermediário para negociar um Contrato Especial de Trabalho Desportivo ou um Acordo para Transferência, efetuar qualquer pagamento ao referido Intermediário, sempre que a negociação envolver jogador não profissional menor de idade, nos termos do item 11 da Seção Definições do FIFA Regulations on the Status and Transfer of Players[(6)], conforme disposto no art. 24 do regulamento. Neste ponto é interessante destacar a existência de dúvidas a este respeito, porquanto a norma é expressa em vedar o pagamento quando de uma negociação envolvendo um jogador: não profissional "e" menor de idade. Ocorre que da análise da Lei n. 9.615/1998, alterada pela Lei n. 12.395/2011, é possível concluir que ao atleta é facultada a sua profissionalização a partir dos 16 anos de idade, ocasião em que deixaria de ter o *status* de "não profissional", ainda que com idade inferior a 18 anos.

Neste sentido, é nossa opinião a de que a vedação disposta no art. 24 do regulamento nacional não se aplicará caso o menor de idade já esteja profissionalizado, uma vez que os requisitos para a vedação ao pagamento parecem ser "cumulativos" e não meramente "alternativos", de modo que a Intermediação de contratos de jogadores profissionais deverá ser remunerada, nos termos do contrato de representação oportunamente firmado.

3.8. Conflito de interesses

Fica claro da análise do regulamento que a Confederação Brasileira de Futebol, na mesma linha da Federação Internacional, busca evitar a ocorrência de eventuais prejuízos às partes envolvidas na relação contratual em comento em caso de possível conflito de interesses quando da representação por Intermediário já comprometido com interesses diversos daqueles vislumbrados nos objetivos de clubes e/ou jogadores de futebol. Em outras palavras, busca-se evitar que o Intermediário, representando seus clientes, procure compor a situação com base em outros interesses em que esteja eventualmente envolvido.

Desta forma, o art. 25 estabelece que antes de utilizar os serviços de um Intermediário, os jogadores e clubes deverão certificar-se e ter certeza de que não existem ou podem vir a existir conflitos de interesses entre as partes envolvidas na relação contratual. Ocorre que, na prática, sabemos que a verificação é de difícil ocorrência, e que dificilmente as partes poderão ter uma clara leitura da realidade em que estão inseridas. Neste sentido, caberá ao Intermediário, agindo de boa-fé e pautando seu comportamento nos princípios da lealdade, transparência, honestidade, probidade e diligência profissional, observar os interesses exclusivos de seu cliente, sendo que qualquer "descoberta" de uma possível atuação contraditória em que haja um efetivo conflito de interesses não informado previamente poderá constituir-se, em nossa opinião, em infração disciplinar passível de punição pelos órgãos competentes.

De todo modo, desde que previamente comunicado ou descoberto, caso as partes estejam de acordo, através de um consentimento expresso e por escrito, poderá ser permitida a dupla representação, que deve sempre ser comunicada à CBF.

3.9. Poderes disciplinares e sanções

De acordo com o que estabelece o art. 31 do regulamento, caberá à CBF, através de seus órgãos competentes, sancionar as partes que estejam sob sua jurisdição e venham a infringir as disposições do Regulamento Nacional de Intermediários, de seus anexos, dos Estatutos

(6) Jogadores menores de idade: Jogadores que ainda não atingiram os 18 anos.

e Regulamentos da FIFA ou dos Estatutos e Regulamentos da própria CBF, competindo à Confederação Brasileira de Futebol julgar e sancionar infrações cometidas por Intermediários, jogadores e/ou clubes relacionadas às intermediações, no âmbito nacional.

A princípio é de se verificar que as eventuais sanções terão alcance nacional apenas, sendo certo que após a publicação das sanções e eventual informação à FIFA esta poderá, através de seu Comitê Disciplinar, estender o alcance para o plano internacional.

As partes que infrinjam o Regulamento serão passíveis das seguintes punições:

> Art. 33. O **Intermediário** que infrinja este Regulamento sujeita-se às seguintes sanções, aplicadas de forma separada ou cumulativa: I) advertência; II) multa; III) suspensão temporária de registro junto à CBF por até 12 (doze) meses; IV) proibição de exercer a atividade de Intermediário no âmbito da CBF.
>
> Art. 34. O **clube** infrator de normas deste Regulamento submete-se à aplicação das seguintes sanções, de forma separada ou cumulativa: I) advertência; II) multa; III) suspensão de registros de novos jogadores por até 1 (um) ou 2 (dois) períodos anuais ou janelas de registros; IV) dedução de pontos; V) rebaixamento para divisão imediatamente inferior a que estiver disputando quando do trânsito em julgado da decisão.
>
> Art. 35. O **jogador** infrator de normas deste Regulamento submete-se à aplicação das seguintes sanções, de forma separada ou cumulativa: I) advertência; II) multa; III) suspensão por partidas; IV) proibição de atuar em qualquer atividade relacionada ao futebol.

Por fim, cabe destacar que as sanções aos infratores podem ser aplicadas cumulativamente, sendo a reincidência considerada agravante, importando, por consequência, em uma sanção mais grave.

3.10. Conclusão

Como toda mudança ou fase de transição, o novo cenário jurídico desportivo que circunda o mundo da representação de jogadores e clubes de futebol sofrerá ou já sofre um grande impacto, claramente econômico e que certamente demandará além de novas e em breve significativas mudanças nos Regulamentos Nacionais de Intermediários, uma atuação constante, não somente dos novos Intermediários, mas dos Advogados especializados nesta tão apaixonante área do Direito, qual seja o Direito Desportivo.

Muitas questões ainda estarão em aberto e serão decifradas com o tempo e experiência prática dos partícipes desta relação representativa, sobretudo no que diz respeito às hipóteses de resolução de conflitos, onde o controle normativo poderá ser exercido em cada caso concreto.

Positivas ou negativas, críticas virão para o bem do desenvolvimento de referida prática, cabendo-nos aguardar os primeiros passos e discutir, nos fóruns de discussão acadêmica e profissional, a real efetividade do novo sistema de representação.

LESÕES CORPORAIS PRATICADAS NO FUTEBOL E SEUS REFLEXOS CRIMINAIS

Manoel Francisco de Barros da Motta Peixoto Giordani
Delegado de Polícia no Estado de São Paulo, Professor do Centro Preparatório Jurídico – CPJUR, Ex-Professor do Curso FMB, Ex-Advogado e Ex-Membro da Comissão de Direito Previdenciário, Autor de artigos jurídicos

1. O DESPORTO À LUZ DA CONSTITUIÇÃO E DO DIREITO PENAL

A atual Constituição Federal da República Federativa do Brasil – chamada de "Constituição Cidadã" – possui interessantes preceitos que mantém estreita ligação com a prática desportiva, vejamos:

- o super-princípio da dignidade da pessoa humana, um dos fundamentos da República, previsto no art. 1º, inciso III;
- os que dizem com os objetivos da República, como a construção de uma sociedade justa e solidária, que vise erradicar a pobreza e a marginalização e a reduzir as desigualdades sociais, como também a promoção do bem de todos;
- ainda, como um direito social, na medida em que promove a educação, a saúde e o lazer.
- também o art. 217, que prevê que "*É dever do Estado fomentar práticas desportivas formais e não formais, como direito de cada um, observados*", inclusive com "*a destinação de recursos públicos para a promoção prioritária do desporto educacional e, em casos específicos, para a do desporto de alto rendimento", inciso II, além do § 3º, que estabelece que "o poder público incentivará o lazer, como forma de promoção social*".

Evidente, destarte, que o desporto é tratado (ou ao menos deveria ser, segundo a Lei Maior) como uma forma de inclusão social, um meio de lazer e também de saúde, que possibilite a busca por uma melhor qualidade de vida e uma forma de educação. Entretanto, quando se sai do texto constitucional e se enxerga o cotidiano, se percebe que os poderes públicos deixam a desejar, na parte que lhes toca, no particular. Atuando como Delegado de Polícia do Estado de São Paulo, em uma área que possui algumas comunidades carentes, resta evidente a necessidade de uma maior presença e atuação estatal, em diversos setores. No que atine com as questões acima indicadas, basta diligenciar em uma comunidade carente, em qualquer dia da semana, a qualquer hora do dia, que se nota que as crianças e adolescentes que nela vivem precisam de um novo e mais demorado olhar do Estado e da sociedade, para que não fiquem relegadas à própria sorte. Não há o incentivo à prática desportiva, o que, certamente, contribuiria, sobremaneira, para o desenvolvimento da cidadania e para a educação – retirando essas crianças da visibilidade dos traficantes, promovendo o bem-estar, a saúde etc.

Posto isto, e diante da evidente importância do desporto no contexto social, não se pode aceitar que o futebol (e o esporte como um todo) se torne um meio de degradação física e da saúde corporal, o que será objeto do presente trabalho, que busca tratar das questões que gravitam ao redor das lesões produzidas quando da prática desportiva e eventual responsabilização criminal.

2. A VIOLÊNCIA DESPORTIVA E SEUS REFLEXOS CRIMINAIS

Há mais de uma faceta criminal intimamente ligada ao gênero "violência desportiva". Neste sentido, vale exemplificar com questões bastante atuais e que são enfrentadas há tempos, como as brigas envolvendo torcidas organizadas (entre elas e dentro das próprias torcidas), que trazem diversos reflexos no âmbito penal, tais como os homicídios, lesões corporais, danos ao patrimônio, rixa, uso e tráfico de entorpecentes, porte de armas de fogo, lavagem de capitais, apostas e manipulação de resultados e outros.

Ademais, considerando o alto nível em que se desenvolve o desporto profissional nos dias atuais, a problemática de ofensas a integridade física e saúde corporal merecem atenção e análise especial, e é o que se tratará neste trabalho, sem a pretensão de exaurir o tema, mas como uma singela contribuição ao seu estudo.

Assim, embora o desporto, de maneira geral, e o futebol, no particular, e o direito penal possam parecer distantes num primeiro momento, íntima é essa relação, e quanto a isso, oportuna a lição de Albin Eser, lembrada por Leonardo Schmitt de Bem[(1)]: "*sem embargo, ainda que persigam fins diferentes apresentam elemento comum: a luta pela vitória, naquele como vitória de uma representação menor, neste como triunfo da justiça*".

2.1. Tipicidade formal e material (e o princípio da insignificância)

A tipicidade, um dos elementos do fato típico, deve ser analisada sob dois aspectos: formal e material.

Tipicidade formal é o mero enquadramento da conduta ao tipo penal descrito pelo legislador, isto é, a mera subsunção entre a conduta praticada pelo agente no mundo real e a previsão abstrata daquele comportamento como crime.

De acordo com o professor Cleber Masson[(2)], "*é a operação pela qual se analisa se o fato praticado pelo agente encontra correspondência em uma conduta prevista em lei como crime ou contravenção penal. A conduta de matar alguém tem amparo no art. 121 do Código Penal. Há, portanto, tipicidade entre tal conduta e a lei penal*".

Já a tipicidade material se revela na lesão ou perigo de lesão ao bem jurídico tutelado pela norma penal em razão da prática da conduta descrita na lei.

Ainda do professor Cleber Masson, colhe-se o seguinte ensinamento: "*a tipicidade material relaciona-se intimamente com o princípio da ofensividade (ou lesividade) do Direito Penal, pois nem todas as condutas que se encaixam nos moldes abstratos e sintéticos de crimes (tipicidade formal) acarretam dano ou perigo ao bem jurídico. É o que se dá, a título ilustrativo, nas hipóteses de incidência do princípio da insignificância, nas quais, nada obstante a tipicidade formal, não se verifica a tipicidade material*"[(3)].

No que diz respeito aos casos em que pode haver a incidência do princípio da insignificância, nota-se, que a tipicidade formal é incontestável. Porém, no que diz respeito à tipicidade material, os estudiosos sustentam que não foi preenchida, tendo em vista a inexistência de efetiva lesão em detrimento do bem jurídico tutelado pela norma penal. Como é cediço, à luz dos princípios que regem e norteiam as ciências penais contemporâneas, a intervenção do Direito Penal só é legítima e se justifica quando a tipicidade penal apresenta as duas faces supracitadas. Este princípio, também conhecido como delito de bagatela, cuida de causa supralegal de exclusão da tipicidade material, desenvolvida pelo jurista alemão Claus Roxin, e possui ampla aceitação doutrinária e jurisprudencial, consubstanciando instrumento de justiça e de razoabilidade. Aliás, o Supremo Tribunal Federal já trouxe em diversas oportunidades, os requisitos para incidência do referido princípio: mínima ofensividade da conduta, ausência de periculosidade social da ação, reduzido grau de reprovabilidade do comportamento e inexpressiva da lesão jurídica.

Destarte, para a configuração da tipicidade penal, exige-se a presença simultânea da tipicidade formal e da tipicidade material.

Ademais, insta consignar que referido princípio, via de regra, é valorado diante de crimes contra o patrimônio. Não obstante, já foi aceito e utilizado como razão de decidir no caso em que um militar, depois de injusta provocação, desferiu um único soco contra outro militar, o que caracterizaria, ao menos em tese, o crime previsto no art. 209, do Código Penal Militar. Veja-se:

> Ementa: *HABEAS CORPUS*. PENAL. LESÃO CORPORAL LEVE [Art. 209, § 4º, DO CPM]. PRINCÍPIO DA INSIGNIFICÂNCIA. APLICABILIDADE.
>
> 1. O princípio da insignificância *é* aplicável no ***âmbito*** da Justiça Militar de forma criteriosa e casuística. Precedentes.
>
> 2. Les*ão* corporal leve, consistente em *único* soco desferido pelo paciente contra outro militar, após injusta provocação deste. O direito penal não há de estar voltado *à* punição de condutas que não provoquem lesão significativa a bens jurídicos relevantes, prejuízos relevantes ao titular do bem tutelado ou, ainda, *à* integridade da ordem social. Ordem deferida.[(4)]

(1) BEM, Leonardo Schmitt de. *Direito Penal Desportivo, homicídios e lesões no* âmbito *da prática desportiva*. Quartier Latin, 2009. p. 32.

(2) MASSON, Cleber. *Direito Penal*. Parte Geral, Esquematizado. 7. ed. Editora Método. p. 251-252. v. 1.

(3) MASSON, Cleber. *Direito Penal*. Parte Geral, Esquematizado. 7. ed. Editora Método. p. 251-252. v. 1.

(4) Disponível em: <https://stf.jusbrasil.com.br/jurisprudencia/14716585/habeas-corpus-hc-95445-df>. Acesso em: 26 jul. 2017.

Assim, tem-se que o princípio da insignificância pode ser utilizado para justificar a atipicidade da conduta, em especial diante de lesões corporais de pequena monta, haja visto que o bem jurídico tutelado tem que ter sofrido uma ofensa juridicamente apreciável e relevante.

2.2. A violência no desporto

Diversos fatores podem contribuir para o desencadeamento da violência no desporto de forma geral, mas o presente trabalho ficará limitado à violência ocorrida no futebol profissional, onde, via de regra, o esporte é praticado por jogadores maiores e capazes.

Muitos fatores externos e internos influenciam, de maneira muito acentuada, no desempenho individual de cada atleta: a título exemplificativo, externamente, podemos citar a cobrança das torcidas, do treinador, dos dirigentes, da família, da imprensa, do patrocinador; internamente, por sua vez, o atleta enfrenta questões de ordem pessoal, como o seu grau de instrução (o futebol é um dos esportes mais democráticos do país – se não for o mais!), o nível social de sua família (muitos jogadores são de origem extremamente humilde e acabam se tornando responsáveis pela manutenção e subsistência de toda uma família), a busca da tão sonhada e citada independência financeira. Esses e outros fatores influenciam diretamente na possibilidade da prática de violência corporal no futebol e eventual responsabilização, seja de ordem administrativa, cível e penal.

Além dos aspectos acima citados, a identificação de uma conduta penalmente relevante na prática desportiva passa, necessariamente, pela natureza, modalidade e riscos advindos daquele determinado esporte.

Leonardo Schmitt de Bem, refere que penalistas (entre nós, Capez, Fernando. Consentimento do Ofendido e Violência Desportiva. Reflexos à Luz da Teoria da Imputação Objetiva. São Paulo: Saraiva, 2003 e italianos Di Nella – *apud* Faria, Maria Paula Bonifácio Ribeiro de. A Adequação social da Lei Penal ou o Valor dos Sentimentos Sociais na Interpretação da Lei Penal. Porto: Publicação Universidade Católica, 2005, p. 344), "*que estudam o assunto preferem seguir uma tripartição das modalidades desportivas relacionadas ao aspecto da violência sobre a pessoa. Assim, ter-se-ia desportos praticados sem nenhuma violência contra a pessoa do atleta (golfe, tênis, ciclismo), aqueles com violência necessária e direta (lutas em geral e boxe) e outros no qual a violência eventualmente ocorre (rugby, hóquei e futebol)*"(5).

Há outros entendimentos, como esportes praticados em grupo e que exigem ou não contato físico entre os atletas, o que poderia aumentar ou diminuir a possibilidade de lesões.

Enfim, para nós, não obstante reconhecermos a importância desses estudos e posicionamentos, vamos procurar trazer uma solução um pouco mais prática e pragmática no que diz respeito as questões envolvendo as lesões corporais ocorridas quando da prática de atividades desportivas profissionais.

2.3. A violência e a lesão no futebol

> *"O futebol é disputado entre duas equipas e tem como objectivo principal o jogo (sendo, porém, possível a ocorrência de lesões, devidas, em regra, à negligência na disputa da bola ou na sua projeção), não lhe estando associada qualquer ideia de particular perigosidade na sua prática (ainda que ocorra no âmbito federado) ou nos meios envolvidos. O contacto corporal é frequente e pode até envolver alguma violência ligada a competitividade que rodeia o jogo mas as lesões daí advenientes, desde que ligeiras e conquanto a sua causação não ultrapasse o limiar da mera culpa, são socialmente toleráveis"*.(6)

Tem-se que a situação que envolve o futebol – paixão nacional – não possui especial perigosidade na sua prática.

Embora exista contato físico e até mesmo alguma violência, o futebol não se trata de desporto com perigosidade intrínseca em função de sua natureza e/ou meios utilizados, desde que não ultrapasse os limites da culpa e regras do jogo.

É necessário que seja traçado e bem delineado o conceito de atividade desportiva que deve ser considerada perigosa – seja pela própria natureza, pelos meios ou objetivos da atividade – para que se identifique aquelas que possuem uma propensão acentuada ou não para o resultado danoso.

O futebol possui elevado grau de competitividade (da várzea ao amador, até o profissional), basta ter disputado uma 'pelada', um jogo ou uma partida para concordar com essa afirmação. É evidente que esse grau de competitividade aumenta – e muito – no futebol de alto desempenho, considerando que envolve diversos outros fatores, sociais e, principalmente, econômicos, em face

(5) BEM, Leonardo Schmitt de. Direito Penal Desportivo, homicídios e lesões no âmbito da prática desportiva. Quartier Latin, 2009. p. 75.

(6) Acórdão do Supremo Tribunal de Justiça – Portugal, processo 108/09.7TBVRM.L1.S1, 7ª Secção, Relatora: Fernanda Isabel Pereira, Data: 12.05.2016.

dos milhões de reais, dólares e euros que movimentam-no, dentro e fora dos campos. Temos, com isso, "*a melhoria na qualidade dos equipamentos desportivos, tudo em prol de uma melhor prestação técnica e robustez física dos jogadores com o objectivo último de atingir níveis de eficácia elevados de modo a derrotar o adversário (mais força, mais velocidade e mais perigosidade)*"(7).

Ora, então, como devem ser analisadas situações decorrentes do futebol, quando caracterizado resultado formalmente típico na legislação como infração penal?

Num primeiro momento podemos embasar a resposta na existência ou não de regras para a prática dessa modalidade, afastando, desta feita, a ilicitude da conduta com base no exercício regular de direito, art. 23, inciso III, do Código Penal, quando a lesão resultar de comportamento amparado pelas regras do futebol. Com isso, identificaríamos um fato típico, ou seja, restaria preenchido o primeiro elemento da tipicidade, que esbarraria em uma causa de exclusão da antijuridicidade.

Entretanto, muito mais precisa do que essa visão tradicional, é a análise da existência ou não de crime, levando em conta os princípios constitucionais e legais do direito penal, a adequação social da conduta, o consentimento do ofendido e a teoria da imputação objetiva (vistos em tópicos próprios).

Nessa linha, é o ensinamento do Prof. Capez(8), para quem "*independentemente de o esporte estar ou não regulamentado, a violência desportiva carecerá de relevância penal quando se encontrar inserida dentro de um contexto de tolerância social, e desde que não contrarie a moral e os bons costumes, segundo os valores sociais vigentes da época, nem afronte a dignidade humana e os princípios que dela decorrem*".

3. BEM JURÍDICO E AS ESFERAS DE TUTELA

3.1. Tutela administrativa

Em âmbito constitucional, nossa Carta Maior, traz a previsão da justiça desportiva e a necessidade de observar o esgotamento de suas instâncias antes que se possa buscar a atuação do Poder Judiciário, conforme art. 217, § 1º.

Referido preceito constitucional faz menção expressa, ainda, as questões referentes à disciplina e as competições desportivas. Assim, pensamos adequada a exegese que inclui as questões referentes as lesões corporais produzidas no decorrer de atividades desportivas como competência da esfera administrativa, evidentemente que num primeiro momento, quando o comportamento que ofendeu a integridade física de outrem foi praticado de forma razoável e proporcional, atento as peculiaridades de cada prática desportiva.

Defendemos, com isso, que lesões oriundas de uma partida de futebol, que forem devidamente punidas em âmbito administrativo, não merecem a intervenção (para não dizer intromissão) do direito penal, por todas as razões sociais e jurídicas expostas no decorrer do presente trabalho. Importante reforçar que comportamentos inapropriados e que não condizem com a prática de determinada modalidade desportiva merecem (e devem) ser submetidos aos preceitos do direito penal.

Neste sentido, a apuração de comportamentos desviados encontra previsão e sanção em âmbito administrativo, de acordo com a Resolução n. 29, de 31.12.2009, do Conselho Nacional de Esporte, o chamado Código Brasileiro de Justiça Desportiva (ou CBJD). Vale reproduzir o art. 254-A:

> Art. 254-A. Praticar agressão física durante a partida, prova ou equivalente.
>
> PENA: suspensão de quatro a doze partidas, provas ou equivalentes, se praticada por atleta, mesmo se suplente, treinador, médico ou membro da comissão técnica, e suspensão pelo prazo de trinta a cento e oitenta dias, se praticada por qualquer outra pessoa natural submetida a este Código.
>
> § 1º Constituem exemplos da infração prevista neste artigo, sem prejuízo de outros: I – desferir dolosamente soco, cotovelada, cabeçada ou golpes similares em outrem, de forma contundente ou assumindo o risco de causar dano ou lesão ao atingido II – desferir chutes ou pontapés, desvinculados da disputa de jogo, de forma contundente ou assumindo o risco de causar dano ou lesão ao atingido.
>
> § 2º Se da agressão resultar lesão corporal grave, atestada por laudo médico, a pena será de suspensão de oito a vinte e quatro partidas
>
> § 3º Se a ação for praticada contra árbitros, assistentes ou demais membros de equipe de arbitragem, a pena mínima será de suspensão por cento e oitenta dias.
>
> § 4º Na hipótese de o agredido permanecer impossibilitado de praticar a modalidade em consequência da agressão, o agressor poderá continuar suspenso até que o agredido esteja apto a retornar ao treinamento, respeitado o prazo máximo de cento e oitenta dias.

---

(7) Acórdão do Supremo Tribunal de Justiça – Portugal, processo 108/09.7TBVRM.L1.S1, 7ª Secção, Relatora: Fernanda Isabel Pereira, Data: 12.05.2016.

(8) CAPEZ, Fernando. *Consentimento do ofendido e violência desportiva* (Reflexos à luz da teoria da imputação objetiva). Saraiva, 2003. p. 125.

> § 5º A informação do retorno do agredido ao treinamento dar-se-á mediante comunicação ao órgão judicante (STJD ou TJD) pela entidade de prática desportiva à qual o agredido estiver vinculado. (CBJD, 2009, p. 59).

Tem-se, com isso, que aos operadores do direito e do futebol se exige não proceder à caracterização da tipicidade penal quando constatado que aquele comportamento pode ser devido e satisfatoriamente resolvido com a intervenção de outra(s) área(s) do sistema, em que pese a existência de tipo penal incriminador.

3.2. Breve definição de lesão corporal

Considera-se lesão corporal a ofensa a integridade física ou a saúde corporal de outrem, nos moldes do art. 129, do Código Penal.

Nessa definição identificamos dois elementos conceituais: (i) ofensa a integridade física (corporal); (ii) ofensa à saúde de outrem.

A integridade física (corporal) é ofendida quando acontecer o dano físico (anatômico) nos tecidos internos e/ou externos do corpo de outrem. O dano anatômico, isto é, físico, não precisa ser visível exteriormente, pois pode haver a lesão de tecidos internos. São exemplos de ofensas a integridade física: escoriações, feridas, equimoses, rompimento de um rim ou até uma ruptura óssea.

Já a saúde é ofendida quando ocorrer o comprometimento do funcionamento regular dos órgãos ou do cérebro. A saúde deve ser encarada sob o aspecto físico e também mental.

Embora seja mais frequente a ocorrência do crime de lesão corporal com a ofensa a integridade física, é possível sua configuração mediante a ofensa à saúde – física ou psíquica (mental) de outrem.

3.3. Tutela penal

Vivemos, de forma mais incisiva atualmente, devido aos recentes acontecimentos, a tentativa de alcançarmos ou vivenciarmos, de fato e plenamente, o tão mencionado e explorado 'estado democrático de direito', onde se deve (ou ao menos se deveria) buscar o bem de todos, a efetivação dos direitos e garantias fundamentais, dos direitos sociais e outros.

Neste diapasão, temos que o Estado deve atuar de forma a garantir, efetivamente, os direitos básicos e essenciais dos indivíduos que integram determinada sociedade (e não se valer, com frequência, de teorias que justificariam essa omissão ou ausência, como a 'reserva do possível e outras', quando na verdade o que se constata é uma inadequada utilização dos recursos públicos).

Nesse cenário, temos que a atuação limitativa da esfera individual da pessoa pelo Estado deve se ater a questões efetivamente relevantes e, sob essa ótica, chegamos ao direito penal, seara do direito que deve se ocupar e tratar de comportamentos humanos (condutas) que de fato mereçam ser combatidas de forma mais incisiva, quando efetivamente ofendido o bem jurídico que essa área, tratada como a *ultima ratio*, visa tutelar, vale dizer, quando outras áreas forem insuficientes ou atendam/reprimam aquela conduta de modo insatisfatório.

No que diz respeito ao bem juridicamente tutelado pela norma penal, temos uma norma que, mediante a previsão de uma pena prevista em abstrato (preceito secundário), objetiva resguardar determinado bem jurídico de possíveis violações, ou como superiormente dito por Pierangeli(9), "*liga-se, na esfera penal, o conceito de bem jurídico a uma situação social, para a qual a norma estabelece sua tutela ou sua proteção*"

Fazendo a intersecção desses aspectos com o direito penal e o futebol – que continua sendo uma paixão nacional, mesmo após o vexame do 7x1 – é necessário cuidado para identificar quando e como o direito penal deve intervir.

Assevera o professor Fernando Capez(10), "*a função do direito penal deve, assim, ser balizada por contornos constitucionais que apontem na direção da obrigatoriedade de um conteúdo material delineado pelos interesses e valores sociais supremos. Desse modo, as condutas alcançadas pela malha criminal não podem ser meras violações de ordem moral, ética, política ou religiosa. Ao contrário, sua finalidade maior deve ser selecionar como infrações penais tão só os comportamentos humanos que ameacem efetivamente valores fundamentais para a convivência social, o desenvolvimento humano e sua existência pacífica e harmoniosa em comunidade*".

Com isso, é indispensável que para a análise das lesões produzidas no futebol (e nas atividades desportivas como um todo) se leve em consideração a natureza da atividade desenvolvida, os meios em que ela se materializa, bem como os riscos inerentes a sua prática, o que leva a inferir que eventual ofensa produzida em outrem, ofendendo-lhe a integridade física e/ou a saúde corporal, por si só, não pode ser considerada como fato

(9) PIERANGELI, José Henrique. *O consentimento do ofendido na teoria do delito*. 3. ed., rev. e atual. Revista dos Tribunais. cit., p. 108.

(10) CAPEZ, Fernando. *Consentimento do ofendido e violência desportiva* (Reflexos à luz da teoria da imputação objetiva). Saraiva, 2003. cit., p. 89-90.

típico na esfera penal, embora, possivelmente, preenchida a tipicidade formal, isto é, a mera subsunção do fato concreto a um dispositivo penal, resta afastada a tipicidade material, indispensável, em nossa ótica, para a intervenção do direito penal, vale dizer a efetiva ofensa ao bem jurídico tutelado ou a colocação deste bem em risco. À luz dos princípios que regem os estudos penais contemporâneos, a intervenção do Direito Penal só é legítima quando a tipicidade penal apresenta as duas faces supracitadas.

Não se defende, de forma alguma, a violência em campo, pelo contrário, somos amantes do futebol de qualidade (o qual, entre nós, amigos, temos certo conhecimento prático), e sim que certos comportamentos devem ser punidos por outras áreas, antes da intervenção do direito penal, que deve sim aparecer, quando necessário ou insuficiente a intervenção de outras searas, como por exemplo, a esfera administrativa disciplinar desportiva.

Por fim, importa reforçar que lesões oriundas de entradas desleais, desproporcionais ou condutas anti-desportivas, como socos e pontapés decorrentes de discussões em campo merecem e devem ser sancionadas pelo direito penal; o que aqui se afirma, enfim, é que eventuais lesões decorrentes única e exclusivamente do desempenho daquela atividade não sejam, quando não houver agressão à dignidade da pessoa humana, da proporcionalidade, da razoabilidade, da lealdade e outros, punidas pelo direito penal, mas por outras áreas do direito.

4. PRINCÍPIO DA ADEQUAÇÃO SOCIAL

Pautado neste princípio, o comportamento humano que não afrontar o anseio coletivo social de justiça, não pode ser considerado criminoso, ainda que tipificado em lei (estaríamos diante do preenchimento da tipicidade formal, mas ausente a tipicidade material, restando, por conseguinte, não caracterizada a tipicidade penal).

A tipificação penal e consequente intervenção do direito penal, somente se justificam quando se estiver diante de um bem jurídico ou um valor social importante e que de fato venha a ser violado, não podendo (e não devendo) alcançar fatos de ordem meramente moral, nem ouras situações que, embora, ilícitas, não atentem significativamente contra a ordem externa.

O Ilustre Professor Luis Flávio Gomes(11) nos ensina que "*concebido por Hans Welzel, o princípio da adequação social preconiza que não se pode reputar criminosa uma conduta tolerada pela sociedade, ainda que se enquadre em uma descrição típica. Trata-se de condutas que, embora formalmente típicas, porquanto subsumidas num tipo penal, são materialmente atípicas, porque socialmente adequadas, isto é, estão em consonância com a ordem social*".

Todavia, é indispensável diferenciar 'adequação social' de 'causa de justificação'. Na ação socialmente adequada temos a exclusão do tipo desde o início, haja vista que a conduta se realiza no contexto do que é tolerado e considerado normal no âmbito social; já a conduta amparada por uma causa de justificação é considerada socialmente inadequada e, portanto, típica, só não configurando crime devido a uma autorização especial para a realização daquele fato típico, exemplificando, para uma mais clara visualização, de forma prática as duas situações, usando, para tanto, como parâmetro, a lesão corporal: imaginemos a lesão decorrente de um pontapé durante uma partida de futebol, se o agente (o atleta) agiu dentro do que é aceito, tolerado e previsível em um jogo, diante das disputas decorrentes desta atividade esportiva, não há que se falar, desde o início, em tipicidade material (ou seja, o fato será atípico, não havendo repercussão e a intervenção do direito penal). Agora imaginemos a lesão corporal produzida em uma situação de legítima defesa. O fato será típico (haverá tipicidade formal e material), mas acobertado por uma causa de exclusão da ilicitude, devendo haver a intervenção do direito penal e a submissão do agente a um processo criminal, que irá analisar e declarar a sua atuação em legítima defesa, assim, bem é de ver que, na segunda situação, o agente necessitou socorrer-se de uma causa de justificação para conseguir obter a impunibilidade da sua conduta.

5. CONSENTIMENTO DO OFENDIDO

Cumpre, à partida, identificar que este instituto coloca, novamente, a questão da intervenção estatal na esfera da liberdade individual. Há um conflito entre a liberdade individual absoluta de dispor de determinado bem jurídico e a intervenção estatal proibindo tal disposição por questões de ordem pública.

Antes de avançarmos, importante conceituar consentimento e, para isso, de grande utilidade os ensinamentos do Deputado Estadual e Professor Fernando Capez(12), "*consentimento é a manifestação de vontade do ofendido no sentido de submeter a risco ou sacrifício um bem jurídico de que é titular*".

---

(11) Disponível em: <https://lfg.jusbrasil.com.br/noticias/2153759/o-que-se-entende-pelo-principio-da-adequacao-social-denise-cristina-mantovani-cera>. Acesso em: 24 jul. 2017.

(12) CAPEZ, Fernando. *Consentimento do ofendido e violência desportiva* (Reflexos à luz da teoria da imputação objetiva). Saraiva, 2003 cit., p. 128.

Analisando essa questão, surge o questionamento: é possível que a pessoa abra mão da sua integridade física e saúde corporal consentindo em sofrer lesões corporais durante uma partida de futebol?

A saúde corporal – integridade física- é considerada um bem indisponível, ou seja, não é possível "abrir mão" da própria integridade física, de modo que mesmo que uma pessoa concorde que outrem lhe cause lesão, o crime ainda existe; exceto quando tais comportamentos são social e culturalmente admitidos e/ou tolerados em um determinado grupo ou sociedade como, por exemplo, a colocação de piercings e a utilização de tatuagens.

Importa reiterar que as explanações aqui desenvolvidas consideram mais diretamente a prática do futebol, o que é preciso deixar bem firme e claro, atento a que a doutrina trata de maneira distinta os esportes, à guisa de exemplo, quanto ao que se vem de afirmar, é possível referir aqueles praticados em equipe (futebol, basquete, hóquei e outros); aqueles necessariamente violentos, onde a conduta dos participantes são dirigidas ao outro (boxe, jiu jitsu, luta livre e outras); os esportes praticados com auxílio de animais, onde o risco decorre do comportamento do próprio animal (hipismo, rodeio).

No que diz respeito ao futebol (e aos esportes praticados entre equipes), que pode vir a ser eventualmente violento e produzir resultados gravosos, estes acontecimentos estariam justificados e/ou acobertados pelo consentimento do participante, que tinha conhecimento do risco assumido com a prática da atividade desportiva, porém e de acordo com Pierangeli[(13)], "*quando um concorrente exorbita da conduta normal, ou seja, daquela conduta que normalmente se desenvolve naquela modalidade esportiva, ou, quando esse participante ultrapassa aquele limite que os demais jogadores poderiam representar, a conduta não mais pode ser considerada justificada pelo consentimento, subsistindo, pois, o delito*".

Vale realçar que "*... o facto de o lesado ter conhecido de antemão o risco a que voluntariamente se expunha não significa, por si só, que ele tenha consentido na lesão, ou que tenha aceitado tacitamente a irresponsabilidade do lesante. Muito menos que o lesado liberte o lesante dos deveres de cuidado que deve observar*"[(14)].

Dessa forma, para que a prática da lesão corporal não seja considerada como crime, deve haver conexão/ligação entre a conduta do agente e o exercício normal e regular daquela atividade desportiva.

A título ilustrativo, de citar exemplo apresentado pelo Ilustre Professor Luiz Flávio Gomes[(15)], que menciona que "*No filme Menina de ouro a sua protagonista principal foi atingida quando já havia tocado o sinal de finalização do combate. A sua adversária, nesse caso, criou risco proibido (que é penalmente relevante). A famosa mordida de Mike Taison, que arrancou parte da orelha do adversário, está fora das regras do boxe (logo, criaram risco proibido, penalmente relevante)*". E continua ensinando que "*seja na intervenção médica com sucesso, seja na lesão esportiva regulamentar, não se pode falar em desaprovação da conduta. Danos não se confundem com lesão. Uma vez constatados os danos (físicos, naturalísticos), impõe-se a sua análise jurídica. Em regra os danos físicos se convertem em lesão jurídica, mas há exceções. Quando os danos são produzidos em um contexto de risco permitido, não há que se falar em lesão jurídica. Aliás, antes, não há que se falar sequer em conduta materialmente típica (ou desaprovada)*"[(16)].

Prosseguindo, diversas são as teorias acerca da natureza jurídica do consentimento do ofendido: causa de exclusão da tipicidade, causa de exclusão da ilicitude/da antijuridicidade, causa supralegal de exclusão do ilícito. Defendemos que o consentimento do ofendido deve ser visto sob a ótica de causa de exclusão da tipicidade penal (sem prejuízo da conduta ser aferida em outras áreas), não se tratando, portanto, de exercício regular de direito, para a qual haveria um fato típico, acobertado por uma excludente de ilicitude.

Entendemos, assim sendo, que a lesão corporal eventualmente produzida em uma disputa de futebol, dentro dos limites dos riscos que o desempenho da atividade produz, por si só, quando da sua prática, não é, sequer, apta a configurar o fato típico.

Por oportuno, interessante mencionar – ainda que sucintamente – as teorias que explicam quando pode haver o consentimento do ofendido e quais efeitos serão produzidos.

Uma primeira orientação sustenta que, via de regra, o consentimento do ofendido não acarreta qualquer consequência na órbita penal, salvo quando a lei prever expressamente, outra, em sentido oposto, sustenta que

(13) PIERANGELI, José Henrique. *O consentimento do ofendido na teoria do delito*. 3. ed., rev. e atual. Revista dos Tribunais, cit., p. 173.

(14) Acórdão do Supremo Tribunal de Justiça – Portugal, Processo:108/09.7TBVRM.L1.S1, Relatora: Fernanda Isabel Pereira, Data: 12.05.2016, cita André Gonçalo Dias Pereira mencionando um artigo seu sobre "Assunção do risco em actividades desportivas no Direito Português", publicado na revista "Desporto & Direito – Revista Jurídica do Desporto n. 9, Ano III – Maio/Agosto 2006, da Coimbra Editora, p. 424.

(15) Disponível em: <https://professorlfg.jusbrasil.com.br/artigos/121923087/lesoes-esportivas-e-tipicidade-material>. Acesso em: 07 jul. 2017.

(16) Disponível em: <https://professorlfg.jusbrasil.com.br/artigos/121923087/lesoes-esportivas-e-tipicidade-material>. Acesso em: 07 jul. 2017.

o consentimento do ofendido sempre produz efeitos na esfera penal, salvo quando a lei negar expressamente.

Há outros entendimentos, como aqueles que defendem que a aquiescência do ofendido somente poderá ser realizada e não gerar efeitos quando em presença de bens e direitos disponíveis, sendo, inviável, quando concretizada diante de bens indisponíveis. A (in)disponibilidade, de forma bastante sucinta, estaria ligada, essencialmente, aos direitos inerentes a condição de pessoa humana, no entanto, esse critério merece ser visto com tempero, haja vista algumas situações em que o direito é intrínseco a personalidade do indivíduo e ainda assim pode vir a ser alienada (disponível), como exemplo, podem ser mencionadas as ações penais privadas, ou seja, aquelas em que a iniciativa é deixada exclusivamente ao interesse do ofendido, nos casos de crime contra a honra, que é atributo intrínseco a personalidade individual, ficando a persecução penal a seu critério.

Outra teoria exige a presença cumulativa de dois requisitos, à saber: disponibilidade do bem jurídico e comportamento pautado em um motivo jurídico, legítimo e social.

Importa consignar que existem outros pensamentos acerca da possibilidade do consentimento do ofendido; as teorias aqui apresentadas, foram-no para uma pequena reflexão e avanço no tema, que, a nosso ver, se encontram superadas pela teoria da imputação objetiva, a qual veremos em tópico próprio.

6. TEORIA DA IMPUTAÇÃO OBJETIVA

Essa teoria tornou mais rigoroso o exame do nexo causal (isto é, o liame entre a conduta praticada e o resultado produzido), ela restringe a imputação.

A Teoria da *Conditio Sine Qua Non* ou Equivalência dos Antecedentes amplia demasiadamente o conceito de causa, considerando-a como qualquer acontecimento sem o qual o resultado não teria ocorrido. A *conditio sine qua non* aplicada do ponto de vista objetivo ensejaria o regresso ao infinito e, com isso, *exempli gratia*, até os avôs ou os pais do delinquente seriam responsabilizados criminalmente pela conduta do neto ou filho.

O multicitado Professor Fernando Capez[17] expõe que "*chega a ser esquisito, para não dizer ridículo, afirmar que os pais, apenas por terem tido um encontro de amor, necessário para a própria preservação da humanidade, sejam causadores de um delito provocado pelo fruto da concepção, décadas depois*".

Bem é de ver que a equivalência dos antecedentes causais não exige absolutamente nada além do nexo físico e/ou natural para admitir a relação de causalidade.

Entretanto, esse *regressus ad infinitum* é solucionado pela causalidade psíquica – dolo ou culpa – considerando que sem um ou outro não há que se falar em fato típico.

Ocorre que essa imputação subjetiva – dolo ou culpa – não pode ser o único elemento do juízo de tipicidade, apto a definir pelo enquadramento típico ou não, sob o risco de que injustiças sejam cometidas.

Neste sentido é o exemplo trazido pelo Professor Fernando Capez: "*um sujeito desfere um tapa no rosto da vítima, a qual, por ser portadora de um problema cardíaco por todos desconhecidos, morre de susto. Na Alemanha da primeira metade do século XX, o agressor responderia pelo evento morte mesmo sem ter atuado com dolo ou culpa em relação a ele*"[18].

Diante disto, os estudos do direito penal começaram a avançar, ganhando espaço a Teoria da Imputação Objetiva, como mais um mecanismo que visa restringir a caracterização do nexo causal: aquele elo físico e/ou natural mencionado anteriormente, resultante da causa e do efeito, passa a exigir relevância jurídica, pois do contrário, não haverá causa.

Para a Imputação Objetiva, a prática de uma conduta que cria um risco socialmente adequado, mesmo que preencha os dois primeiros requisitos já citados (*conditio sine qua non* e causalidade psíquica – dolo ou culpa), não irá gerar imputação.

Surge, com isso, o que a doutrina denomina de requisitos, pressupostos ou elementos da Teoria da Imputação Objetiva, à saber:

I. <u>A criação ou o aumento de um risco</u> – consistente na real possibilidade de dano para aquele bem jurídico. A conduta do agente deve criar ou aumentar um risco socialmente relevante e inadequado.

II. <u>Realização do Risco no Resultado</u> – ou seja, não basta realizar o risco, mas esse risco deve se materializar, se concretizar no resultado.

III. <u>Alcance do tipo</u> – mesmo criando ou incrementando o risco, certos tipos penais não tem a pretensão de alcançar certos resultados. Nos dizeres do Professor Cleber Masson[19] "*nem toda ação perigosa é proibida pelo Direito. Deve-se fazer*

(17) CAPEZ, Fernando. *Consentimento do ofendido e violência desportiva* (Reflexos à Luz da Teoria da Imputação Objetiva). Saraiva, 2003. p. 154.

(18) CAPEZ, Fernando. *Consentimento do ofendido e violência desportiva* (Reflexos à Luz da Teoria da Imputação Objetiva). Saraiva, 2003. p. 156.

(19) MASSON, Cleber. *Direito Penal Esquematizado*. Parte Geral. 7. ed., p. 246. v. 1.

uma ponderação entre a necessidade de proteção de determinado bem jurídico e o interesse geral de liberdade". Exemplifica dizendo que "*embora dirigir um veículo automotor possa eventualmente causar acidentes, permite-se tal conduta*".

Temos, com isso, que a punição ou não de algumas condutas encontram íntima relação com o desvalor daquele comportamento, vale dizer, com a análise do risco criado: se é permitido, tolerado e aceito juridicamente.

Destarte, com relação ao risco permitido e a violência na prática do esporte, valiosos os ensinamentos de Leonardo Schmitt de Bem[20] que, citando Jorge Figueiredo Dias esclarece "*que é em princípio em nome do risco não proibido – antes que da adequação social – que, sob certos pressupostos, deve negar-se à tipicidade de ofensas à integridade física (ou eventualmente da própria morte) do contendor ou do adversário: a obediência às regras do jogo afastará, em princípio, o tipo (...) Mas já a inversa não é verdadeira: a violação das regras não tem necessariamente – nem sequer normalmente – de realizar o risco proibido capaz de suportar a imputação do resultado típico. Tal só sucederá nas constelações em que a violação das regras, pela sua violência e desproporcionalidade e pela gravidade das lesões produzidas, perde a conexão de sentido com o jogo, mesmo o jogo jogado com o mais exasperado e agônico empenhamento*".

7. CONCLUSÃO

Sustentamos, à luz de todo o exposto, que o direito penal deve se preocupar e tutelar bens jurídicos fundamentais e atuar quando outros ramos do direito forem insuficientes à tutela de determinado comportamento, haja vista que nem todos os ilícitos são aptos a configurar infrações penais.

Por isso, destaca-se, como uma de suas características, a fragmentariedade, na medida em que não tutela todos os interesses e valores, mas exclusivamente aqueles mais importantes e indispensáveis para a manutenção e desenvolvimento social do indivíduo e da coletividade.

Nota-se que o direito penal deve se preocupar com "fragmentos" contrários a ordem jurídica, isto é, deve se ater somente àqueles comportamentos mais graves que violam, sobremaneira, o bem estar, o convívio e o desenvolvimento social.

Diante desta característica, pode-se afirmar que o direito penal é a última camada de proteção do bem jurídico. O Superior Tribunal de Justiça já se manifestou a respeito, estabelecendo que "*a missão do Direito Penal moderno consiste em tutelar os bens jurídicos mais relevantes. Em decorrência disso, a intervenção penal deve ter o caráter fragmentário, protegendo apenas os bens jurídicos mais importantes e em caso de lesões de maior gravidade*"[21].

É evidente, repete-se, que não se defende a violência no futebol. Aliás, pelo contrário, o que se quer é o futebol bem jogado, de qualidade, mas tivemos, aqui, por escopo, apresentar um trabalho que fizesse a intersecção entre o direito, o futebol e a prática, do contrário, um estudante, um leigo ou até mesmo um operador do direito poderia questionar: se a ofensa a integridade física de outrem (lesão) decorrente da prática do futebol caracteriza infração penal, qual a razão e/ou a justificativa da não atuação dos órgãos e agentes estatais competentes?

A resposta a essas indagações seriam os aspectos e institutos apresentados no presente feito, tais como, a ausência de preenchimento da tipicidade penal (haja vista a não caracterização da tipicidade material), o princípio da insignificância, o risco permitido, a adequação social da conduta, o consentimento do ofendido, a teoria da imputação objetiva, entre outros.

Ademais, oportuno reforçar que eventual lesão produzida numa partida de futebol deve ser devidamente sancionada. O que defendemos aqui é que a intervenção do direito penal deve ocorrer exclusivamente quando os demais ramos do direito e de controle disciplinar forem insuficientes para reprimir aquela conduta de forma proporcional e razoável.

Nos ensinamentos do Professor Cleber Masson[22], "*o direito penal funciona como um executor de reserva, entrando em cena somente quando outros meios estatais de proteção mais brandos, e, portanto, menos invasivos da liberdade individual não forem suficientes para a proteção do bem jurídico tutelado*".

Por fim, no sentido de tudo que foi explanado, insta registrar que lesões decorrentes de comportamentos que não tenham relação com a prática do futebol, como por exemplo, um soco doloso e proposital na boca do adversário, merecem a intromissão do direito penal.

(20) *Apud* Leonardo Schmitt de Bem. *Direito Penal Desportivo, Homicídios e lesões no âmbito da prática desportiva*. Quartier Latin, 2009, cit., p. 368.

(21) HC 50.863/PE, relator Min. Hélio Quaglia Barbosa, 6ª Turma, j. 04.04.2006.

(22) MASSON, Cleber. *Direito Penal Esquematizado*. Parte geral, 7. ed., p.43. v. 1.

O PODER DE POLÍCIA DO ESTADO E A GARANTIA DA INCOLUMIDADE FÍSICA DOS TORCEDORES E DESPORTISTAS

Marcelo de Lima Lessa
Delegado de Polícia do Estado de São Paulo
Professor da Academia de Polícia Dr. Coriolano Nogueira Cobra

1. A POLÍCIA NO CONTEXTO DAS PRÁTICAS DESPORTIVAS

Desde a entrada em vigor da Lei Federal n. 10.671, de 15 de maio de 2003 (Estatuto de Defesa do Torcedor), legitimou-se que a prevenção da violência nos esportes é de responsabilidade do poder público, das confederações, federações, ligas, clubes, associações e demais entidades. Ademais, por imperativo legal, o torcedor, hoje, tem direito a segurança nos locais onde são realizados os eventos esportivos, durante e após a realização dos jogos.

Nesse passo, conquanto o dever pela segurança do torcedor em eventos esportivos seja da entidade detentora do mando de jogo e de seus dirigentes, a lei diz que agentes públicos de segurança previamente identificados deverão ser solicitados ao poder público para a garantia da integridade e da segurança dos torcedores.

Historicamente esse papel tem sido desempenhado pelas Polícias Militares e, no Estado de São Paulo, pelo 2º Batalhão de Polícia de Choque "Anchieta", cuja origem remonta a 1934, quando na extinta Guarda Civil nasceu a Divisão de Reserva, donde surgiu o policiamento em praças desportivas.

Desde então a Polícia se faz presente em eventos dessa magnitude, agindo na área do entorno, no interior dos estádios e no deslocamento externo das torcidas organizadas.

No âmbito policial-judiciário, as infrações de menor potencial ofensivo ocorridas nos estádios que abrigam os jogos de maior repercussão são costumeiramente atendidas nos Juizados Especiais Criminais, compostos por Juízes de Direito, Promotores de Justiça e Defensores. Nesse contexto também está inserido o Delegado de Polícia, o qual, diante dos casos abrangidos pela Lei Federal n. 9.099, de 26 de setembro de 1995, determina a elaboração de um termo circunstanciado, que segue para a imediata apreciação judicial e torna a prestação jurisdicional mais célere. E nos casos que escapem da atribuição dos Juizados Especiais, a ocorrência é encaminhada para a Delegacia de Polícia da circunscrição.

Dito isso, resta claro que a presença dos organismos policiais nos estádios é hoje exigida por lei, afinal, conquanto a participação de empresas de segurança particular não seja expressamente vedada, a atuação delas é limitada, pois lhes falta o denominado "poder de polícia", exclusivo dos funcionários do Estado. Destarte, as firmas de vigilância não podem desempenhar o papel da Polícia, pois a função das mesmas é, de um modo geral, orientar torcedores, fiscalizar assentos e apoiar o público na saída do evento. E em caso de verificação de distúrbios, o órgão competente para agir é apenas a Polícia, a qual deve ser de imediato de acionada pelos orientadores particulares.

É interessante mencionarmos que antes mesmo da entrada em vigor do Estatuto de Defesa do Torcedor (e das regras nele dispostas), os órgãos de segurança pública já faziam uso do poder de polícia para garantir a incolumidade das pessoas, como, por exemplo, nas chamadas buscas preventivas (também conhecidas como administrativas), as quais, outrora desprovidas de previsão legal, sempre foram efetivadas a título discricionário nos estádios. Nessa esteira, muitas medidas atualmente previstas no art. 13-A do Estatuto tiveram nascedouro no exercício do poder de polícia da administração, daí a sua influência direta na manutenção da ordem e nos temas que serão tratados neste artigo.

2. O PODER DE POLÍCIA DO ESTADO

Muitos insistem em desconhecer o real conceito do poder de polícia, como se fosse ele um múnus exclusivo das forças policiais. Em termos jurídicos, não existe o poder "da" polícia, mas sim, o poder "de" polícia, do qual as instituições policiais, por serem públicas, também fazem uso.

A rigor, a sua definição está na Lei Federal n. 5.172, de 25 de outubro de 1966. Em síntese, considera-se poder de polícia a atividade da administração pública que, limitando ou disciplinando direito, interesse ou liberdade, regula a prática de ato ou abstenção de fato, em razão de interesse público concernente à segurança, à ordem, aos costumes, à tranquilidade pública ou ao respeito à propriedade e aos direitos individuais ou coletivos.

É ele, desse modo, um mecanismo de frenagem que dispõe a administração para conter eventuais abusos do direito individual e, com isso, limitar as atividades nefastas dos cidadãos em favor do equilíbrio social. Seria a consagração do princípio de que nenhum interesse individual pode se sobrepor ao coletivo.

Partindo dessa premissa, i.e., a de que o poder de polícia é uma atividade típica da administração pública, fica fácil concluirmos que qualquer servidor público o possui, sendo ele policial ou não. Entretanto, por ser a Polícia o órgão que detém o monopólio estatal da força, é ela que na maioria das vezes acaba exposta a cenários onde o uso desse poder acaba sendo necessário, afinal, no cumprimento do dever, o policial é um árbitro dos valores sociais. E é exatamente por isso que o Estatuto de Defesa do Torcedor exige agentes de segurança pública nos eventos desportivos, afinal, em razão da magnitude verificada, somente a Polícia tem meios operacionais para preservar a ordem ou prontamente a restabelecê-la.

Aliás, ao falar sobre a segurança do torcedor partícipe do evento esportivo, a Lei Federal n. 10.671, de 15 de maio de 2003, estabelece medidas intimamente ligadas ao poder de polícia do Estado.

Vejamos então como funciona este grande mecanismo que visa assegurar a todos os coadjuvantes desse espetáculo a segurança necessária para que nada tire o seu brilhantismo e, no mesmo diapasão, as consequências legais que podem advir no caso de afronta ao regramento de segurança coletiva imposto aos torcedores.

3. MEDIDAS PRÉVIAS A REALIZAÇÃO DA PARTIDA

Para cada partida existem peculiaridades específicas a serem consideradas pelos responsáveis da segurança. Isso inclui, em razão do que estabelece o próprio Estatuto de Defesa do Torcedor, a elaboração de um plano de ação de segurança e contingência, documento onde serão descritas as orientações de planejamento necessárias a realização do evento. Ele é feito de maneira integrada e antes do início da competição, com a participação da entidade desportiva e de órgãos públicos diversos, dentre eles, a Polícia, a fim de que sejam estabelecidos padrões de conduta para a realização do jogo. Isso envolve a segurança, o controle de tráfego, a fiscalização do comércio informal, a defesa do consumidor, a vigilância sanitária e as concessionárias de transporte público, a fim de que haja uma sintonia entre todos os participantes desse processo.

Na mesma linha, temos ainda o chamado plano de ação especial, que contém o planejamento das ações de segurança excepcionais, mirando a expectativa de público e as situações de risco.

Isso tudo se faz necessário para que exista uma pré-confrontação nos casos de incidentes durante a partida, os quais, em sendo verificados, receberão uma resposta especial dos responsáveis. Feito isso, o policiamento é efetivamente destacado e as medidas de prevenção postas em prática quando da realização do evento, a fim de que entretenimento desportivo seja alcançado de maneira regular e ordeira.

Urge agora enfrentarmos a rotina de trabalho desses agentes de segurança pública, bem como, alguns casos práticos que podem acontecer nos estádios, dando a eles uma solução jurídica que possa servir de base para decisões e posturas nesse sentido.

4. A SEGURANÇA DO TORCEDOR PARTÍCIPE DO EVENTO ESPORTIVO

Para garantir a segurança geral, a Polícia irá adotar uma série de medidas que visem o êxito do evento e, de antemão, urge que o espectador conheça os seus limites e as consequências que poderão advir no caso de qualquer ameaça por ele causada. Nesse particular, andou bem a legislação ao pautar regras de conduta para o acesso aos estádios, inclusive como condição de permanência neles. E caberá aos órgãos de segurança pública tomar a frente desse processo operacional, triando pessoas e delimitando comportamentos que possam atentar contra a ordem. Vejamos de que maneira isso acontece.

4.1. Objetos, bebidas ou substâncias proibidas ou suscetíveis de gerar a prática de atos de violência

De caráter extremamente abrangente, o art. 13-A, II do Estatuto de Defesa do Torcedor diz ser condição de acesso e permanência do torcedor no recinto privado, a não portabilidade de objetos, bebidas ou substâncias proibidas ou suscetíveis de gerar ou possibilitar a prática de atos de violência.

Aliás, o art. 41-B, § 1º do Estatuto diz que está sujeito a pena de reclusão, de 1 (um) a 2 (dois) anos e multa, aquele que portar, deter ou transportar, no interior do estádio, em suas imediações ou no seu trajeto, em dia de realização de evento esportivo, quaisquer instrumentos que possam servir para a prática de violência.

Nesse particular, englobamos as armas e os objetos dotados de potencialidade lesiva e, num segundo plano, as bebidas alcoólicas e as drogas ilícitas. Analisemos cada um dos itens, para melhor entendermos os efeitos desejados pela norma.

4.1.1. Objetos proibidos ou suscetíveis de gerar a prática de atos de violência

4.1.1.1. Armas de fogo

Segundo o art. 34 da Lei Federal n. 10.826, de 22 de dezembro de 2003, os promotores de eventos em locais fechados, com aglomeração superior a 1000 (um mil) pessoas, adotarão, sob pena de responsabilidade, as providências necessárias para evitar o ingresso de pessoas armadas.

Em similar passo, o titular de porte de arma de fogo, nos termos do art. 26 do Decreto Federal n. 5.123, de 1º de julho de 2004[(1)], não pode com ela adentrar ou permanecer em locais públicos, tais como estádios desportivos ou outros ambientes onde haja aglomeração de pessoas em virtude de eventos de qualquer natureza, fato este que implicará na apreensão da arma pela autoridade competente.

De maneira local, o art. 3º da Resolução SSP-122, de 24 de setembro de 1985, proíbe, no Estado de São Paulo, a entrada de armas de fogo nas praças desportivas.

Assim, o ingresso do torcedor comum portando arma de fogo, ainda que tenha ele o respectivo porte expedido pela Polícia Federal, não será permitido. E se ele não possuir a licença legal, será preso em flagrante por infração ao Estatuto do Desarmamento (Lei Federal n. 10.826, de 22 de dezembro de 2003).

Entretanto, a dúvida pode surgir diante daquelas pessoas que, em razão da atividade pública exercida, possuem porte funcional de arma.

Diz o art. 34 do Decreto Federal n. 5.123, de 1º de julho de 2004[(2)], que os órgãos policiais estabelecerão, em normativos internos, os procedimentos relativos às condições para a utilização das armas de fogo de sua propriedade, ainda que fora do serviço. E mais, deverão disciplinar as normas gerais de uso de arma de fogo de sua propriedade, fora do serviço, quando se tratar de locais onde haja aglomeração de pessoas, em virtude de evento de qualquer natureza, tais como estádios desportivos. E por força do art. 35 do mesmo diploma, é ainda facultado aos órgãos competentes, em casos excepcionais, a autorização, mediante regulamentação própria, do uso em serviço de arma de fogo de propriedade particular do integrante da instituição policial.

Ao seu turno, os integrantes da Polícia Federal são regidos pela Instrução Normativa n. 23/2005, que no art. 27 diz que os mesmos têm livre porte de arma de fogo em todo o território nacional, ainda que fora de serviço, devendo portá-la acompanhada do respectivo registro de arma de fogo e da Carteira de Identidade Funcional. E diz mais, que os policiais federais poderão portar arma de fogo institucional ou particular, em serviço e fora deste e, **em locais onde haja aglomeração de pessoas, em virtude de evento de qualquer natureza, tais como no interior de igrejas, escolas, estádios desportivos, clubes públicos e privados, devendo fazê-lo de forma discreta, sempre que possível, visando evitar constrangimento a terceiros.**

Em São Paulo, os policiais civis possuem prerrogativas similares. Conforme o art. 8º da Portaria DGP-40, de 23 de outubro de 2014, o policial civil, em razão de suas funções institucionais, é autorizado a portar arma de fogo de propriedade particular, ou fornecida pela Polícia Civil, em serviço ou fora deste, em local público ou privado, mesmo havendo aglomeração de pessoas, em evento de qualquer natureza, tais como no interior de estádios desportivos e clubes, em todo território nacional, respondendo nas esferas penal, civil e administrativa, por eventuais excessos, e trazer sempre consigo carteira funcional e o respectivo registro.

O mesmo vale para os integrantes da Polícia Militar paulista. De acordo com o art. 22 da Portaria CMT-GPM1-003/02/04, "o policial militar fora do serviço poderá portar arma de fogo em locais onde haja aglomeração de pessoas em virtude de evento de qualquer natureza".

Importante lembrarmos que essas regras, embora baixadas por ato administrativo interno dos órgãos e corporações, tem força legal anterior, afinal é um Decreto Federal[(3)] que os licencia a disciplinar o porte de arma nessas situações.

Independente disso, cremos que na prática deva sempre prevalecer o bom senso e, em regra, não vemos

(1) Redação dada pelo Decreto Federal n. 6.715, de 29 de dezembro de 2008.

(2) Redação dada pelo Decreto Federal n. 6.146, de 3 de julho de 2007.

(3) Art. 34 do Decreto Federal n. 5.123, de 1º de julho de 2004.

qualquer ilegalidade na manutenção do armamento do policial na Delegacia de Polícia porventura instalada no estádio, isso se as circunstâncias fáticas e de cenário excepcionalmente o recomendarem.

4.1.1.2. Armas brancas

Genericamente falando, armas brancas são objetos que servem tanto para defesa quanto para ataque, sendo usualmente dotadas de pontas, lâminas, propriedades contudentes ou elétricas.

Podem ser próprias, isto é, quando possuem finalidade tipicamente ofensiva; ou impróprias, quando embora classificadas como utensílios, podem, em segundo plano, ser usadas para agredir. Como exemplo das primeiras temos as espadas, os porretes, os bastões, os socos-ingleses[4], os *shurikens*[5], os *nunchakus*[6], as armas de choque por contato ou por arremesso de eletrodos. E das segundas, os machados, as facas, os canivetes, as navalhas, as tesouras, as foices e as ferramentas em geral.

A rigor, o porte desses artefatos em cenários convencionais não configura crime ou contravenção penal, salvo quando a lei exige autorização para o seu porte[7]. Assim, a exceção das armas de choque por arremesso de eletrodos, as demais não são produtos controlados pelo Exército, a não ser as espadas e espadins utilizados pelas Forças Armadas e Forças Auxiliares.

No que tange ao porte de facas, canivetes ou navalhas, embora tal conduta possa ser passível de inspeção policial conforme o local o exigir, o mesmo não é punível na seara criminal (veremos as exceções), afinal a lei não exige licença para tanto. Academicamente falando, é de bom tom mencionarmos que o Decreto Estadual n. 6.911, de 11 de janeiro de 1935, dizia que, em São Paulo, as lâminas com mais de dez centímetros de comprimento e navalhas de qualquer dimensão, salvo quando usadas como instrumento de trabalho ou utensílios, eram consideradas proibidas e passíveis de apreensão pela autoridade policial.

Assim, tendo em vista que as normas atuais não falam sobre a existência de taxa ou licença para portar lâminas, tem se entendido que o fato é atípico. Por outro lado, em razão da regra da prevista pelo Estatuto de Defesa do Torcedor, nos estádios, a visão pode ser outra. Nesses casos, se polícia de preservação da ordem, durante a busca preventiva, localizar quaisquer desses objetos com o torcedor, serão os mesmos apreendidos e, em sendo verificado que se tratam de artefatos que possam servir para a prática de violência, a pessoa será conduzida a presença da autoridade policial para os fins criminais cabíveis[8].

Em tempo, o art. 3º da Resolução SSP-122, de 24 de setembro de 1985 (art. 3º, alínea g), proíbe, no Estado de São Paulo, a entrada desses tipos de armas, classificadas como de "qualquer espécie", nas praças desportivas.

4.1.1.3. Armas improvisadas

Armas improvisadas são aquelas utilizadas de forma adaptada, de modo a atingir uma finalidade de defesa ou de ataque. São objetos que, embora não sejam armas em sentido estrito, podem o ser em sentido amplo.

Nesse particular, exige-se do policial a expertise necessária para, durante uma busca preventiva, identificar materiais ou objetos potencialmente lesivos ou que possam causar ferimentos, afinal, em São Paulo, os mesmos são defesos nos estádios, conforme a Resolução SSP-122, de 24 de setembro de 1985. E se os mesmos possuírem essas características, certamente serão suscetíveis de gerar ou possibilitar a prática de atos de violência.

Exemplificando, uma caneta em tese não representa perigo. Entretanto, hoje em dia existem canetas de alumínio especialmente desenvolvidas para ataque e defesa, tendo as mesmas, inclusive, lâminas ocultas e dispositivos para a quebra de vidros. Desse modo são potencialmente lesivas e, se usadas com desvio de finalidade, podem ser letais. O mesmo se aplica a certos ornamentos, como pulseiras de couro com pontas metálicas e alguns abridores de garrafa, os quais devem ser acautelados em nome da segurança geral. Esses materiais, dependendo das circunstâncias, podem vir a ser objeto material do crime previsto no art. 41-B, § 1º, do Estatuto de Defesa do Torcedor, que prevê pena de reclusão de 1 (um) a 2 (dois) anos e multa.

4.1.1.4. Substâncias de incapacitação temporária

No intuito de tentar buscar algum instrumento de autodefesa, algumas pessoas acabam recorrendo ao mercado de armas menos letais. Nesse particular, temos

(4) Instrumento de metal, com quatro orifícios para se encaixar aos dedos, causando maior dano e ferimentos à vítima atingida.

(5) Lâmina de arremesso.

(6) Bastões conectados por uma corda ou corrente.

(7) Art. 19 da Lei das Contravenções Penais: "trazer consigo arma fora de casa ou de dependência desta, sem licença da autoridade".

(8) Estatuto de Defesa do Torcedor, art. 41-B. (...) § 1º Incorrerá nas mesmas penas (reclusão de um a dois anos e multa) o torcedor que: II – portar, deter ou transportar, no interior do estádio, em suas imediações ou no seu trajeto, em dia de realização de evento esportivo, quaisquer instrumentos que possam servir para a prática de violência.

alguns sprays de gengibre, os quais, em contraposição aos de pimenta, não são controlados pelo Exército.

Entretanto, por possuírem propriedades ofensivas, mesmo que em menor escala dos gases vedados ao público em geral, eles podem se enquadrar no conceito genérico de "arma" e, nesses termos, não devem ser admitidos nas praças desportivas.

É de se mencionar que os gases a base de pimenta são de uso exclusivo das forças de segurança pública e de empresas de segurança privada autorizadas pela Polícia Federal(9).

Por poderem servir para a prática de violência, não é descartada a possível prática do crime tipificado no art. 41-B, § 1º, do Estatuto de Defesa do Torcedor.

4.1.1.5. Objetos potencialmente lesivos

Embora tenhamos praticamente esgotado o assunto, ainda assim poderão existir outros objetos potencialmente lesivos ou capazes de gerar perigo, como, por exemplo, balões, copos e garrafas de vidro, além de bebidas acondicionadas em latas.

Os balões, aptos a causar incêndios e acidentes, são vedados nos estádios paulistas, conforme o art. 3º, alínea *e*, da Resolução SSP-122, de 24 de setembro de 1985, bem como, objetos que possam causar ferimentos (alínea *f* da norma administrativa citada).

Ademais, é certo que os copos e garrafas de vidro, assim como as bebidas em lata, podem ser desviados da sua finalidade e empregados como instrumento de agressão. O vidro, cortante por natureza, transforma-se em arma com facilidade. E no caso do enlatado, existe a possibilidade do mesmo se tornar um instrumento contundente. Nestes termos, no Estado de São Paulo, a venda, distribuição e utilização dos mesmos nos locais de jogos é proibida pela Lei Estadual n. 9.470, de 27 de dezembro de 1996.

Não podemos ainda desprezar materiais outros feitos de vidro ou de propriedades estilhaçáveis, bem como, substâncias corrosivas, inflamáveis ou prejudiciais à saúde, além de objetos volumosos, instrumentos que produzam barulho excessivo (buzinas marítimas ou a gás) ou que comprometam a segurança pública, como certos apontadores a laser que possam causar ofuscamento dos árbitros e jogadores em campo.

4.1.2. Bebidas

O Estatuto de Defesa do Torcedor, no seu art. 13-A, II, diz ser condição de acesso e permanência no Estádio, a não portabilidade de bebidas suscetíveis de gerar ou possibilitar atos violentos.

Ora, o álcool, como todos nós sabemos, é uma droga lícita. E como droga, é capaz de alterar a capacidade física e psíquica de quem o consome. Nesse diapasão, entendemos que o seu ingresso nos locais de jogos deve ser obstado.

Embora o álcool nos estádios tenha sido liberado durante a Copa do Mundo de 2014, com o término da competição a Lei Federal n. 12.633, de 6 de junho de 2012, perdeu sua razão de ser. Destarte, o Estatuto do Torcedor passou a novamente abranger todas as demais competições.

Independente disso, São Paulo já trata do tema, tanto na Resolução SSP-122, de 24 de setembro de 1985 (art. 3º, alínea *a*), quanto na Lei Estadual n. 9.470, de 27 de dezembro de 1996 (art. 1º, I).

Convém lembrarmos que, em todo o território nacional, constitui contravenção penal o fato de o sujeito apresentar-se publicamente em estado de embriaguez, de modo que cause escândalo ou ponha em perigo a segurança própria ou alheia (art. 62 do Decreto-Lei n. 3.688, de 3 de outubro de 1941). Conquanto configure infração de menor potencial ofensivo, inexiste óbice para a custódia do autor e a sua condução a presença do Delegado de Polícia, para as providências de direito.

4.1.3. Substâncias proibidas

Pela lei, substâncias proibidas são defesas nos estádios. E como exemplo maior, temos as drogas ilícitas, cujo porte não autorizado é vedado no Brasil, conforme preceitua a Lei Federal n. 11.343, de 23 de agosto de 2006. Em sendo apreendidos tais materiais, deve a Polícia tomar as medidas não apenas previstas no Estatuto de Defesa do Torcedor, mas também, as estipuladas nas leis especiais.

Embora o delito de porte de droga para consumo pessoal não possua mais pena privativa de liberdade, a conduta, por si só, continua sendo criminosa(10) e punida pelo art. 28 da norma citada, legitimando, assim,

(9) Portaria n. 001-DLog, de 5 de janeiro de 2009.

(10) A tese de que a Lei de Introdução ao Código Penal diz ser crime apenas a infração punida com detenção ou reclusão, e que, por isso, o porte de drogas (punido com restrição de direitos) teria sido descriminalizado, não nos parece correta. É que, na época da promulgação do Código Penal, ainda não tínhamos penas alternativas tais quais as de hoje e, nesse diapasão, a possível ausência de uma cominação privativa de liberdade não afastaria a possibilidade da conduta ser listada como crime. Sem prejuízo disso, não é demais lembramos que o porte de drogas está inserido no capítulo "Dos Crimes e das Penas" da Lei Federal n. 11.343, de 23 de agosto de 2003, mostrando que o Estado, ao contrário do que se propala, preocupou-se em fazer expressa menção a essa natureza. Se quisesse o contrário, o disposto no art. 28 não estaria inserido nesse contexto.

a condução do transgressor ao Juizado Especial Criminal ou a Delegacia de Polícia para que sejam adotadas as providências previstas na lei. Neste último caso, a permanência do usuário na repartição policial deve se resumir ao necessário para a lavratura do termo circunstanciado e das demais peças decorrentes (apreensões, requisições etc), não sendo recomendada a extensão desmotivada da sua detenção, ou melhor dizendo, da sua custódia, já que aquela, erroneamente mencionada pelo legislador, é uma espécie de pena privativa de liberdade, e não uma modalidade de prisão-captura(11). Falsa, portanto, a ideia de que, em nosso país, o porte de drogas para uso pessoal foi descriminalizado. O que não mais se impõe é a formalização da prisão processual (o auto de prisão em si), mas a custódia para o registro dos fatos (a "captura") continua plenamente válida, afinal ela decorre da prática de uma conduta criminosa que deve ser reprimida pelo Estado, ainda que sob a forma de penas não restritivas de liberdade.

Ainda no plano das substâncias proibidas, podemos mencionar certos produtos controlados descritos no Decreto Federal n. 3.665, de 20 de novembro de 2000 (R-105), que por serem de fabricação proibida para uso particular não devem ser admitidos nas praças desportivas, como, por exemplo, capacetes dotados de propriedades balísticas, cuja apreensão, ainda que de cunho administrativo, deve ser ultimada.

4.2. Revista pessoal de prevenção e segurança

Preceitua o art. 13-A, III do Estatuto de Defesa do Torcedor (com a redação da Lei Federal n. 12.299, de 27 de julho de 2010), que é condição de acesso e permanência do torcedor no recinto privado, o consentimento para a revista pessoal de prevenção e segurança.

Em boa hora, essa regra veio a consagrar a chamada busca administrativa (ou preventiva), isto é, aquela realizada pela Polícia sem escopo processual, mas para fins de vigilância, segurança e garantia da paz pública. Nesses casos, a ação tem guarida no poder de polícia da administração pública e, com base nele, sempre foi levada a cabo pelos órgãos estatais. E atualmente, com expressa previsão no Estatuto de Defesa do Torcedor, ganhou espeque legal.

Nessa linha, é importante estabelecermos a diferença entre busca preventiva e busca processual. Esta, nos termos do art. 244 do Código de Processo Penal, é aquela realizada para fins de obtenção de prova; em caso de prisão, quando determinada no curso de busca domiciliar ou quando houver a fundada suspeita de que a pessoa esteja na posse de arma proibida, objetos ou papéis que constituam corpo de delito. Essa busca em nada se confunde com a preventiva, decorrente do exercício do poder de polícia que visa impor deveres limitando abstenções, sempre em nome do interesse coletivo.

No mais, é interessante pontuarmos que abordagem policial é uma coisa, e busca pessoal, outra. A abordagem decorre do poder de polícia do Estado e implica na restrição temporária do direito de ir e vir, para a verificação de situação pessoal ou fiscalização de veículos e objetos que estejam na esfera de custódia(12) do interpelado. E a busca pessoal para fins de prova, como vimos, é apenas executada nos termos do art. 244 do Código de Processo Penal.

Para o nosso caso interessa-nos a busca preventiva, a qual, como vimos, encontra expressa guarida na legislação que protege o torcedor. Para tanto, e até por falta de expressão previsão legal quanto ao modo de realização, a Polícia poderá usar quaisquer meios lícitos para efetuá-la, sejam eles indiretos (oculares, mecânicos, portais fixos, detectores de metais portáteis etc) ou diretos (revista manual).

Na hipótese de torcedora – do sexo feminino –, a busca preventiva (mormente a direta) deve obrigatoriamente ser feita por outra mulher, não se aplicando ao caso o disposto no art. 249 do Código de Processo Penal, que é específico para a busca processual. Entretanto, em se tratando de mera inspeção visual nos objetos que estejam na esfera de custódia da interessada (interior de pochetes, sacolas etc), não vislumbramos qualquer constrangimento que possa ser sanado. Ainda assim, dada a notória disponibilidade de efetivo para tal fim, recomenda-se a presença de uma policial feminina para esse mister.

Nos casos de busca em transexuais e travestis, a mesma deve ser realizada por policial feminina, afinal, nesses casos, o abordado tem o direito de identificar-se como gênero feminino, o que deve ser respeitado.

Pessoas cadeirantes, surdos, mudos e idosos devem ser interpelados de modo a terem as suas condições físicas preservadas e esforços físicos minimizados.

Importante estabelecermos que, no caso de recusa a submissão de busca, o acesso será obstado ou a retirada do estádio providenciada.

(11) Em São Paulo, a Resolução SSP-122, de 24 de setembro de 1985 (art. 3º, alínea *b*), proíbe o ingresso de substâncias tóxicas nos locais de jogos.

(12) Consiste na efetivação da inspeção além do corpo, isto é, em toda esfera de custódia da pessoa, como bolsas, malas, mochilas, pastas, embrulhos, pacotes, pochetes, veículos em sua posse (automóveis, motocicletas, barcos sem compartimento para habitação etc).

4.3. Proibição do porte de cartazes, bandeiras, símbolos e sinais ofensivos

O art. 13-A, IV, do Estatuto de Defesa do Torcedor proíbe, nos estádios, o ingresso de cartazes, bandeiras, símbolos ou outros sinais com mensagens ofensivas. Tal é o bastante para impedir a entrada no espetáculo, sem prejuízo, em dependendo do caso, das medidas de polícia administrativa e judiciária cabíveis.

O inciso V, na mesma toada, veda a entoação de cânticos discriminatórios, racistas ou xenófobos, sob pena de retirada do(s) autor(es) das dependências onde ocorre a partida. No caso de identificação do(s) responsável(eis), a Polícia tem o dever de agir, analisando ainda a possível prática de crime de injúria qualificada ou resultante de preconceito de raça ou de cor.

4.4. Arremesso de objetos

Já verificamos que certos objetos, se usados com desvio de finalidade, podem ser potencialmente agressivos ou até mesmo letais. Conquanto a Polícia exerça uma triagem prévia, pode ocorrer que algum desordeiro tenha acesso a algo que, no interior do recinto, venha a ser por ele arremessado para agredir, molestar ou conspurcar algo ou alguém.

Em constando isso, a Polícia deve verificar se, independente desse censurável ato de má conduta, não foram burladas normas legais, mormente as relativas aos crimes de dano, lesão corporal, injúria real ou mesmo certas contravenções penais, como a perturbação da tranquilidade.

Ademais, em se tratando a partida de futebol de um espetáculo de acesso público (pago, mas público), não podemos desconsiderar que o sujeito que nele se porta de modo inconveniente ou desrespeitoso, pode ser detido pela prática de contravenção contra a paz pública, nos termos do art. 40 da Lei de Contravenções Penais. Embora se trate de infração penal de menor potencial ofensivo, a prisão-captura (custódia até o exame da conduta pelo Delegado de Polícia) é lícita, recomendável e necessária.

4.5. Porte e uso de fogos de artifício ou engenhos pirotécnicos ou produtores de afeitos análogos

Fogos de artifício são peças pirotécnicas preparadas para transmitir a inflamação a fim de produzir luz, ruído, incêndios ou explosões, sendo normalmente empregados em festividades[13]. Dependendo da classe a que pertencerem, a venda pode ou não ser restrita[14].

Enquanto os fogos de artifício geralmente são artefatos previamente montados para uso em eventos, os explosivos (sentido estrito)[15] possuem uma conceituação mais restrita (matérias que, iniciadas, sofrem decomposição rápida em produtos mais estáveis, com grande liberação de calor e desenvolvimento súbito de pressão) e, se portados em desacordo com determinação legal ou regulamentar, sujeitam a pessoa a prisão. Como exemplos de explosivos, podemos citar o trinitrotolueno (TNT), a nitroglicerina etc.

Já os artifícios pirotécnicos são aqueles preparados para transmitir inflamação e produzir luz, ruído, incêndios ou explosões, com a finalidade de sinalização (fachos de navegação costeira), salvamento ou emprego em operações de combate (R-105, art. 3º, XXVI). Podem ser eles, ainda, os fogos de artifício de qualquer efeito[16].

Com referência aos materiais de efeitos análogos, entendemos que neles também se enquadram os bastões de fumaça colorida, muitos dos quais enquadráveis na classe B de fogos e, portanto, defesos nos campos.

No Estado de São Paulo o tema *é* pacificado, afinal, segundo a Lei n. 9.470, de 27 de dezembro de 1996, nos estádios de futebol *é* proibida a venda, a distribuição ou a utilização de fogos de artifício de qualquer natureza.

4.6. Incitação a violência

Comportamento típico dos badernistas travestidos de torcedores, a incitação a violência, hoje, é considerada crime, nos termos do art. 41-B, § 1º, I do Estatuto de Defesa do Torcedor.

Ademais, quem incitar, praticar atos de violência no estádio, ou invadir ou incitar a invasão de área restrita aos competidores, será sempre juízo de responder criminalmente, retirado do estádio em, graças as regras estabelecidas nos incisos VIII e IX do Estatuto em testilha. E no caso de resistência, seja ela passiva ou ativa, a lei dá aos órgãos de segurança o poder de usar a força moderada necessária, a qual não pertence ao policial em si, mas sim, ao próprio Estado.

---

(13) R-105, art. 3º, LII.

(14) Resolução SSP-154, de 19.09.2011, Seção IV.

(15) R-105, art. 3º, LI c/c art. 16, parágrafo único, III, da Lei Federal n. 10.826, de 22 de dezembro de 2003.

(16) Resolução SSP-154, de 19.09.2011, art. 2º, V.

4.7. Desvio de finalidade no uso de bandeiras e mastros

Pelo texto da lei, é vedado o uso de bandeiras e mastros para outros fins que não o da manifestação festiva e amigável. É o que diz o art. 13-A, X, do Estatuto do Torcedor.

Geralmente, as organizações estabelecem medidas dos artefatos admissíveis, bem como, a natureza dos materiais que os compõem, que não podem ser altamente inflamáveis.

No Estado de São Paulo, a lei veda o ingresso de hastes ou suportes de bandeiras nos estádios de futebol (Lei Estadual n. 9.470, de 27 de dezembro de 1996, art. 5º, III).

5. CAMBISTAS

Não raro, cambistas são surpreendidos no entorno dos estádios exercendo o comércio ilegal de ingressos. Isso decorre da atividade preventiva da Polícia, que constata tais atividades e busca ceifá-las, ou, ainda, de denúncias vindas dos próprios torcedores.

Pelo Estatuto do Torcedor, aquele que vender ingressos de evento esportivo, por preço superior ao estampado no bilhete, bem como, fornecer, desviar ou facilitar a distribuição de ingressos para venda por preço superior ao descrito no ticket, pode ser detido e estar sujeito a uma pena de reclusão, de 1 (um) a 2 (dois) anos, além de multa. Após a captura, usualmente é lavrado um termo circunstanciado, para ulterior exame judicial.

6. "FLANELINHAS"

Problema recorrente nos grandes eventos esportivos, a ação dos denominados "flanelinhas" também deve merecer especial atenção dos órgãos policiais.

Em linhas gerais, a Lei Federal n. 6.242, de 23 de setembro de 1975, estabelece critérios para o exercício legal da profissão de guardador de veículos automotores. Foi regulamentada pelo Decreto Federal n. 79.797, de 8 de junho de 1977.

O exercício dessa atividade depende de registro na Delegacia Regional do Trabalho Competente, e poderá ser objeto de convênio com órgãos federais, estaduais e municipais. Assim, o interessado em exercer essa função deverá apresentar prova de identidade; atestado de bons antecedentes, fornecido pela autoridade competente; certidão negativa dos cartórios criminais de seu domicílio; prova de estar em dia com as obrigações eleitorais e prova de quitação com o serviço militar.

O guardador de veículos atuará em áreas externas públicas, destinadas a estacionamentos, competindo-lhe orientar ou efetuar o encostamento e desencostamento de veículos nas vagas existentes. Nesse último caso, é necessário que o guardador possua habilitação de motorista e autorização do proprietário do veículo. Durante o período de estacionamento o veículo, seus acessórios, peças e objetos ficarão sob a vigilância do guardador.

Para a atividade, os guardadores deverão possuir cartão de identificação fornecido pelo sindicato, cooperativa ou associação, onde houver, para exibição ao usuário e à fiscalização dos órgãos públicos e sindicatos. Em São Paulo existe o Sindicato dos Guardadores e Lavadores Autônomos de Veículos Automotores do Estado.

Caso o guardador não cumpra esses requisitos, ele poderá ser detido por infração ao art. 47 da Lei das Contravenções Penais, que pune a conduta de exercer profissão ou atividade econômica ou anunciar que a exerce, sem preencher as condições a que por lei está subordinado o seu exercício. A pena é de prisão simples, de quinze dias a três meses, ou multa, sendo que procedimento em tese cabível é o termo circunstanciado.

Ainda assim, a Polícia deve estar atenta para eventuais constrangimentos exercidos por esses elementos aos proprietários de veículos, ameaças essas que, dependendo do caso, poderão sujeita-los a prisão pelo crime de extorsão, previsto no art. 158 do Código Penal.

7. CONCLUSÃO

Como pudemos ver, a presença da Polícia nos estádios é necessária para o bom andamento do evento. Sem esse braço armado do Estado, responsável pela garantia da paz e da ordem, tornar-se-ia impossível gerenciar conflitos tais quais vemos com frequência na crônica jornalística.

Embora estejamos diante de jogos, a paixão que eles fomentam em certas pessoas acaba resvalando em comportamentos absolutamente censuráveis, muitos dos quais, nocivos e perigosos. Nesse sentido, todos devemos dar a nossa parcela de contribuição para a segurança coletiva, seja contribuindo para o trabalho preventivo da Polícia, seja respeitando as regras de conduta estabelecidas pela lei e pelos organizadores do evento.

Aos que acham que a presença da Polícia é incomoda, mais incomoda ainda é a ausência dela. Diante disso, devemos fazer a nossa parte e contribuir, em nome do interesse coletivo, para que o verdadeiro foco do esporte, isto é, a busca pelo lazer e pelo entretenimento, seja alcançado de maneira irmanada e, acima de tudo, segura.

RESPONSABILIDADES DA FEDERAÇÃO PAULISTA DE FUTEBOL (FPF) EM FACE DO ESTATUTO DO TORCEDOR

MISLAINE SCARELLI
Advogada especializada em Direito Desportivo e
Diretora Administrativa da Federação Paulista de Futebol – FPF

1. INTRODUÇÃO

Diante do desenvolvimento e evolução do mercado esportivo, novas demandas foram surgindo no tocante à relação havida entre os torcedores e as entidades organizadoras das competições, sendo que, a partir da Lei Geral Sobre o Desporto (Lei n. 9.615/1998) os primeiros foram equiparados, para todos os efeitos legais, aos consumidores em geral – na forma trazida pelo Código de Defesa do Consumidor (Lei n. 8.078/1990).

Entretanto, a relação de consumo desportiva possui características e finalidades próprias, tornando imperiosa a criação de uma legislação específica para a proteção do consumidor inserido no âmbito do desporto.

Tal fato se verificou, uma vez que, no que se refere à organização esportiva, os responsáveis desta nunca consideraram o evento esportivo como um produto na acepção ampla do termo, onde o fornecedor deve se preocupar com a qualidade deste a fim de manter a fidelidade do cliente.

Assim, costumeiramente se verificavam falhas na segurança, higiene, organização e proteção dos torcedores quando de seu comparecimento nos estádios. Da mesma forma, por muitas vezes, as competições não se revestiam da transparência e publicidade esperadas no estágio atual do desenvolvimento de nossa sociedade.

Acrescenta-se ainda a figura das torcidas organizadas que, ao mesmo tempo em que contribuem para o espetáculo, o prejudicam diante das intermináveis notícias de violência cometida por seus integrantes.

Neste contexto é que foi editada a Lei n. 10.671/2003, alterada posteriormente pela Lei n. 10.299/2010. Tal dispositivo legal trouxe em seu bojo a proteção dos torcedores e de seus direitos e garantias fundamentais.

Especificamente no mercado do futebol, no que se refere à organização das partidas e campeonatos, as obrigações inerentes a estas e seus eventuais tutelados se dividem entre todos os entes envolvidos, não sendo de responsabilidade exclusiva de entidade específica.

A Federação Paulista de Futebol (FPF) é a entidade responsável pela coordenação e organização do futebol no âmbito do estado de São Paulo, por delegação da Confederação Brasileira de Futebol. Entretanto, no que se refere aos campeonatos, atua especificamente nos trabalhos de coordenação e fiscalização.

Ocorre que, no que tange à organização das partidas em si, tal responsabilidade cabe aos clubes detentores do mando de campo, não tendo a FPF ingerência direta sobre a organização e logística necessárias para viabilização do evento.

E não poderia ser diferente, uma vez que, na realidade atual do futebol, tendo em vista as novas arenas e a exploração comercial do "dia de jogo" pelos clubes como fonte de renda considerável, não seria salutar que a FPF fosse a responsável por tal administração.

Em razão disso, o Estatuto apresentou diversas disposições de observação obrigatória pelos clubes, e algumas tantas outras pela FPF. Entretanto, conforme será demonstrado, tais entidades concorrem na responsabilidade pela observância de alguns destes requisitos.

2. PRINCÍPIOS DO DESPORTO

O desporto como direito fundamental do cidadão foi garantido a partir da Constituição Federal de 1988.

Trata-se de uma manifestação social, sendo que, sua organização e funcionamento possui autonomia constitucional garantida por força do disposto no art. 217 da Carta Magna.

Entretanto, por estar inserido no ordenamento jurídico nacional, este sofre a influência de todos os princípios gerais do direito lá postos. Por outro lado, alguns desses princípios possuem maior influência no ramo do direito desportivo.

Diante de tal fato, analisaremos os princípios gerais do direito pátrio aplicados ao desporto, bem como os princípios específicos do direito desportivo.

2.1. Princípios gerais aplicados ao desporto

O constituinte originário estabeleceu como preceito fundamental e de responsabilidade do Estado o fomento às práticas esportivas. Individualizando os princípios mais importantes aplicados ao desporto, temos precipuamente o "Princípio da Legalidade", podendo ser assim definido:

> Além de garantir a liberdade dos atores do ordenamento jurídico-desportivo nacional, na medida em que, inseridos na jurisdição Estatal sob o regime jurídico das pessoas de Direito Privado, são livres para fazer tudo o que a lei não proíbe expressamente, revestem as normas desportivas de eficácia e efetividade, uma vez que concede a elas o caráter obrigatório àqueles submetidos à sua jurisdição. Portanto, é em razão do Princípio da Legalidade que os Estatutos das Associações Desportivas possuem força de lei para os seus associados.(1)

Outro princípio geral do direito fundamental de influência no desporto se trata do "Princípio da Liberdade de Associação", por meio do qual é garantida a qualquer pessoa se associar a outra, ou a entidades, a fim de promover o esporte.

> O princípio da liberdade de associação é, pois, pedra de toque para o Direito Desportivo, mundial e pátrio. *Ex vi* dele é que se pode conceber a possibilidade de que pessoas interessadas em promover o desporto possam criar um clube ou uma liga, que juntos integrarão uma Federação e que, juntos, constituirão a Confederação.(2)

Cabe ressaltar que tal princípio é fundamental para o desporto nacional e internacional, uma vez que todo o desporto mundial obedece ao o sistema federativo-associativo.

A Constituição Federal prevê ainda dois princípios específicos do desporto e que serão tratados abaixo, quais sejam: "Princípio da Autonomia das entidades esportivas" e o "Princípio da Não-Intervenção Estatal". Na realidade, tais princípios possuem íntima ligação, sendo indissociáveis um do outro.

Por fim, acrescente-se o "Princípio da Inafastabilidade do Controle Jurisdicional", inerente a toda e qualquer relação estabelecida em território nacional. Entretanto, em relação ao desporto, tal princípio encontra sua exceção.

O jurista Pedro Trengrouse a denomina como "Princípio da Excepcionalidade Jurisdicional", que para ele remete-se:

> Defendemos a ideia de que a Justiça Desportiva deve ser soberana para processar e julgar, desde que observados os princípios do devido processo legal e da ampla defesa, as questões de mérito puramente desportivo, pois, do contrário, seria admitir a Justiça Desportiva como desnecessária, uma vez que suas decisões estariam sempre ameaçadas pela revisão judicial, o que é um contrassenso, na medida em que dentre as razões de ser da Justiça Desportiva encontramos a carência de um meio célere e possuidor do conhecimento específico requeridos, pelas questões desportiva; e se o poder Judiciário preenchesse tais requisitos, não haveria o porquê de uma Justiça Desportiva; logo, admitir a revisão das decisões da Justiça Desportiva pelo Poder Judiciário, além de afrontar garantias e princípios fundamentais da Constituição, se traduz na negação das razões que levaram o constituinte a consagrar a Justiça Desportiva como a única exceção ao Princípio da Inafastabilidade do Controle Jurisdicional.

Evidente que, conforme já mencionado, ao desporto se aplicam todos os princípios inerente ao Estado Democrático de Direito, entretanto, os princípios acima expostos possuem maior importância e influência na seara do direito desportivo.

Não obstante a aplicação dos princípios gerais do direito ao desporto, o universo do direito desportivo congrega princípios próprios que visam harmonizar e estruturar o sistema desportivo nacional e internacional.

(1) SOUZA, Pedro Trengrouse Laignier de. *Revista Brasileira de Direito Desportivo* n. 7. São Paulo: IOB Thompson. p. 85.

(2) SOUZA, Pedro Trengrouse Laignier de. *Revista Brasileira de Direito Desportivo* n. 7. São Paulo: IOB Thompson. p. 86.

Assim, os princípios desportivos se encontram positivados no ordenamento jurídico nacional, sendo que alguns deles encontram previsão na própria Constituição Federal, enquanto que outros estão positivados na legislação infraconstitucional.

Dentre os princípios constitucionais do desporto, encontram-se o princípio da autonomia das entidades desportivas; o princípio da destinação prioritária dos recursos; do tratamento diferenciado entre o desporto profissional e não profissional; e o do esgotamento da justiça desportiva.

O princípio da autonomia das entidades desportivas a tempos causa divergência entre os estudiosos do direito quanto à sua aplicação, tendo sido inclusive invocado para a contestação da constitucionalidade do próprio Estatuto do Torcedor, conforme será tratado no decorrer deste artigo.

Tal princípio advém do quanto previsto no art. 217 da Constituição Federal, prevê de maneira expressamente o dever do Estado em observar, dentre outras coisas, a autonomia das entidades de administração do desporto e das associações de prática esportiva quanto a sua organização e funcionamento, mantendo-a preservada de qualquer interferência estatal. Entretanto tal autonomia não é absoluta, de modo que devam ser respeitados alguns limites impostos pela legislação ordinária:

No que se refere ao princípio do esgotamento das instâncias da justiça desportiva, intentou o legislador em garantir que as questões disciplinares oriundas da prática esportiva fossem julgadas e mantidas em tribunais próprios e com maior conhecimento técnico sobre as nuances de cada modalidade, contribuindo para uma solução justa e mais célere do que ocorreria se tais questões fossem levadas perante os tribunais estatais, notadamente despreparados para lidar com as peculiaridades do direito desportivo.

Ainda, a legislação infraconstitucional apresenta princípios aplicáveis ao desporto, estando eles encartados no art. 2º da Lei Geral Sobre o Desporto (Lei n. 9.615/1998). Inclusive, muitos dos princípios apresentados neste artigo são reflexos e desdobramentos dos princípios constitucionais já apresentados.

Prosseguindo, a legislação infraconstitucional nos coloca ainda princípios inerentes ao direito administrativo, a fim de garantir maior transparência e idoneidade na gestão do desporto nacional.

Estes viabilizam a garantia constitucional do desporto como direito fundamental, bem como a autonomia das entidades de prática desportiva, sendo salutar ressaltar que tal autonomia pressupõe o respeito às normas constitucionais e às regras nacionais e internacionais de cada modalidade.

3. DO ESTATUTO DO TORCEDOR

Com o passar dos tempos, diante da evolução dos meios de comunicação, bem como a globalização das empresas, o futebol passou de mera manifestação esportiva para um mercado próprio de consumo, capaz de movimentar bilhões anualmente e despertar o interesse de empresas atentas ao potencial de lucros através da vinculação de suas marcas e comercialização de seus produtos aos consumidores do esporte.

A partir dessa evolução, também se verificou a necessidade de proteção das relações de consumo e dos consumidores finais do espetáculo esportivo.

Em um primeiro momento, a proteção dos torcedores/consumidores era feita através da aplicação dos ditames da Lei n. 8.078/1990 (Código de Defesa do Consumidor), uma vez que, por força do art. 42, § 3º da Lei n. 9.615/1998 (Lei Pelé), o torcedor pagante foi equiparado ao consumidor. Entretanto, tal dispositivo só definiu a equiparação a consumidor do torcedor que pagasse para assistir as partidas em campeonatos organizados, sem trazer qualquer regulação específica em favor do mesmo.

Assim, verificada a necessidade de uma maior proteção aos torcedores na qualidade de consumidores de produto específico, em 15 de maio de 2003 foi promulgada Lei n. 10.671, que instituiu o Estatuto de Defesa do Torcedor, sendo esta posteriormente alterada por algumas vezes para fins de inclusão e alteração de alguns de seus dispositivos.

Desta forma, passaremos a seguir, a conceituar e analisar as principais obrigações impostas as entidades de administração do desporto.

3.1. Conceito e Definições

Conceitua-se o Estatuto do Torcedor como uma lei principiológica, sendo que tal entendimento exsurge da analogia à conceituação do Código de Defesa do Consumidor. A doutrina classifica este como sendo o exemplo de lei principiológica existente em nosso ordenamento jurídico, conforme exposto pelo Ilustre Doutrinador Rizzato Nunes:

> Da mesma forma como os princípios constitucionais, os legais são os aspectos mais importantes da lei posta, especialmente quando ela instaura um subsistema normativo próprio dentro do grande sistema constitucional, como ocorre, por exemplo, com o subsistema do Código de Defesa do Consumidor.
>
> Tais princípios, uma vez inseridos no subsistema normativo, funcionam como verdadeiras

> vigas-mestras, alicerces sobre os quais as demais regras da lei se devem assentar. Eles dão estrutura e coesão ao subsistema legal, influindo diretamente no conteúdo de cada uma das demais normas estatuídas.
>
> E, da mesma maneira, como no caso do princípio constitucional, se um ou mais artigos da lei – assim como seus incisos e parágrafos – tiver pluralidade de sentidos e/ou entrar em choque, sua necessária harmonização e equalização se fará visando coloca-los em sintonia com o comando maior do princípio legal. Por isso, tudo quanto se disse dos princípios constitucionais e que funcionam como comando necessário para o intérprete vale aqui também no que respeita ao princípio legal.(3)

E prosseguindo na conceituação do que veria a ser uma lei principiológica:

> Por lei principiológica entende-se aquela que ingressa no sistema jurídico fazendo, digamos assim, um corte horizontal, vindo – como é o caso do Código de Defesa do Consumidor – atingir toda e qualquer relação jurídica que possa ser caracterizada como de consumo e que esteja também regrada por outra norma jurídica infraconstitucional. Assim, por exemplo, um contrato de seguro de automóvel continua regulado pelo Código Civil e pelas demais normas editadas pelo órgãos governamentais que regulamentem o setor (Susep, Instituto de Resseguros etc.), porém todos estão tangenciados pelos princípios e regras da Lei n. 8.078/1990, de modo que, naquilo que com eles colidir, perdem eficácia por tornarem-se nulos de pleno direito.

Desta forma, podemos entender que, mais do que mera legislação definidora de mecanismos para proteção do consumidor, o Estatuto do Torcedor tratou de apresentar e definir os princípios que o regem, além dos já mencionados em tópico próprio, aplicáveis às relações de consumo no âmbito do evento esportivo.

Além da defesa do torcedor, o legislador tratou de incluir como um dos objetivos principais da lei o combate à violência que tanto assolam as disputas esportivas.

Desta forma, é obrigação das entidades desportivas que, de alguma forma, promovam ou organizem eventos desportivos, zelar pelo cumprimento de todas as exigências do dispositivo legal, respeitando o direito do torcedor para que ele possa acompanhar o evento esportivo com tranquilidade, conforto, e, principalmente, segurança.

Não obstante a equiparação feita através de dispositivo da Lei n. 9.615/1998, entre torcedor e consumidor, o Estatuto do Torcedor veio para solidificar e amplificar o que deve ser considerado para equiparação de torcedor a consumidor.

Assim, em seu art. 2º, definiu como *toda pessoa que aprecie, apoie ou se associe a qualquer entidade de prática desportiva do País e acompanhe a prática de determinada modalidade esportiva.*

De pronto verifica-se que tal dispositivo ampliou o que se considera como torcedor para fins de equiparação a consumidor, e consequentemente, aplicação da proteção prevista a estes.

Na realidade, o torcedor, sem sombra de dúvidas, foi equiparado a um consumidor, conforme definido pela Código do Consumidor que, em seu "*Art. 2º, defini consumidor como sendo toda pessoa física ou jurídica que adquire, de forma onerosa, produtos ou serviço como destinatário final*", ou faça parte de uma coletividade determinável ou mesmo indeterminável de pessoas que haja intervindo em uma relação de consumo.

Acerca disso leciona Décio Luiz José Rodrigues:

> Ao pagar e adquirir um ingresso para assistir a uma partida de futebol, o torcedor é o destinatário final do espetáculo (produto e serviço) promovido pelo fornecedor (clube e organizadores do evento), sendo que este comercializa o espetáculo, pois todos ganham dinheiro com isso.
>
> Portanto, existe uma relação de consumo entre o torcedor e os clubes e organizadores da partida de futebol quando da realização do evento esportivo (partida de futebol).(4)

Ponto importante diz respeito à abrangência da conceituação de consumidor imposta pelo Estatuto do Torcedor. Neste ponto, trazemos a opinião da doutrina especializada:

> Portanto, ao expandir o conceito de torcedor para além do sujeito que paga o ingresso e comparece à arena, o legislador entendeu por bem reconhecer a importância e proteger todo

(3) NUNES, Rizzatto. *Manual de introdução ao estudo do direito*. 11. ed. São Paulo: Saraiva, 2013. p. 233-234.

(4) RODRIGUES, Décio Luiz José Rodrigues. *Direitos do torcedor e temas polêmicos do futebol*. p. 14.

aquele que, mesmo à distância, acompanha determinada modalidade ou equipe por meio dos veículos de mídia hoje disponíveis, gerando receitas para o esporte e, até por isso, merecendo ser tratado como consumidor.[5]

Evidente que algumas estipulações da legislação de proteção ao torcedor somente poderão ser aplicadas àqueles que estejam presente à praça desportiva, uma vez que pressupõem sua presença física no local do evento. Entretanto, outras hipóteses poderão ser aplicadas aos torcedores em geral, inclusive aqueles não presentes ao espetáculo.

Por fim, o Estatuto do Torcedor definiu em seu art. 3º o que se entende por organizador do evento para fins de aplicação do diploma legal, remetendo a conceituação de fornecedor do evento esportivo ao quanto previsto no Código de Defesa do Consumidor.

O art. 3º do Código de Defesa do Consumidor, a seu lado, define o fornecedor como sendo a pessoa física ou jurídica que desenvolvam atividade de produção, montagem, criação, construção, transformação, importação, exportação, distribuição ou comercialização de produtos ou prestação de serviços.

Novamente trazemos consideração acerca deste tópico pela doutrina especializada, que nos ensina:

> No caso do evento esportivo, o conceito fica delimitado à equiparação do organizador ao fornecedor na figura do prestador de serviços. A jurisprudência já consolidou tal equiparação aos casos práticos, em reiteradas oportunidades, aplicando o conceito do art. 3º do CDC às entidades definidas no art. 3º do Estatuto do Torcedor.[6]

Portanto, no caso dos eventos esportivos, as entidades organizadoras, sejam eles os clubes, federações e/ou confederações, são equiparadas aos prestadores de serviços.

Aproveitamos o ensejo para apresentar a definição doutrinaria francesa, que descreve o organizador como sendo: *"aquele que toma implicitamente sob sua responsabilidade a constituição e a marcha geral de uma ou várias provas desportivas"*[7].

No mesmo sentido, o escritor espanhol Gamero Casado define que será organizador:

> "a pessoa física ou jurídica que convoca formalmente a celebração da competição desportiva e decide por si mesmo os seus participantes ou a declara aberta"[8]

Entretanto, somente após análise do caso concreto é que poderá ser definido quem é verdadeiramente o organizador de um encontro desportivo.

No âmbito dos eventos esportivos, é flagrante a dificuldade na identificação do real organizador do evento. Tal dificuldade repousa no fato de a organização do movimento esportivo contar com uma variedade de sujeitos que vêm se envolvendo na realização de tais eventos, diante do sistema associativo que tal organização se reveste.

Diante de tal característica (multiplicidade de entes envolvidos na organização desportiva), a doutrina apresentou a distinção da figura do organizador direto do organizador indireto, sendo organizador direto quem assume o encargo de assegurar todas as medidas de precaução aptas a assegurar a realização de uma competição desportiva, e organizador indireto, aquele hierarquicamente superior que edita regras para a realização das competições, a serem observadas pelo primeiro.

O Estatuto do Torcedor reconheceu essa peculiaridade em relação às competições profissionais, sendo apresentadas divisões das tarefas e responsabilidades relativas à organização, tanto para entidade de administração do desporto responsável pela competição quanto para o clube detentor do mando de campo.

Considerando as definições, bem como o objetivo posto nos arts. 1º e 1º-A, do Estatuto do Torcedor, por se tratar de uma relação de consumo regulada pelos princípios norteadores do Código de Defesa do Consumidor, onde o consumidor é o torcedor (aprecia, apoia ou acompanha); e, o fornecedor, o prestador (responsável) do evento esportivo, deve-se, assim, observar, na defesa dos interesses e direitos dos torcedores em juízo, no que for cabível, a mesma disciplina da defesa dos direitos dos consumidores

---

(5) GOMES, Luiz Flávio; CUNHA, Rogério Sanches; PINTO, Ronaldo Batista; OLIVEIRA, Gustavo Vieira. *Estatuto do Torcedor Comentado.* São Paulo: RT, 2011.

(6) GOMES, Luiz Flávio; CUNHA, Rogério Sanches; PINTO, Ronaldo Batista; OLIVEIRA, Gustavo Vieira. *Estatuto do Torcedor Comentado.* São Paulo: RT, 2011. p. 18-19.

(7) SAVATIER, Rene. *Traite de la reponsabilite civile en droit francais civil administratif, professionnel, proccedural.* 2. ed., v. 2 Paris: Libr. Generale de Droit et de Jurisprudence, 1951. p. 490.

(8) CASADO. Eduardo Gamero. *Los seguros deportivos obligatorios.* Barcelona: Bosch, 2004. p. 160. (tradução nossa).

3.2. Do objetivo do estatuto do torcedor

Da simples leitura do Estatuto do Torcedor pode-se tirar a conclusão de que seu principal objeto é a garantia de segurança dos torcedores em seu mais amplo prisma, buscando os proteger inclusive daqueles que exploram e desenvolvem o esporte.

A primeira garantia protegida é o da transparência das competições, item no qual o legislador buscou garantir que os torcedores/consumidores fossem resguardados quanto à idoneidade e licitude do evento, evitando assim que fossem ludibriados por seus organizadores.

Em razão disso, estipulou, dentre outras obrigações, a necessidade de publicação do regulamento e tabelas das competições dentro de determinados prazos, limitando alterações posteriores; disponibilização dos borderôs das partidas; divulgação do número de ingressos vendidos e da arrecadação; e publicidades dos árbitros responsáveis por cada partida.

Da mesma forma, criou-se a figura do ouvidor da competição, responsável pela intermediação junto aos torcedores, devendo ouvir as críticas e sugestões dos mesmos em relação aos regulamentos, no intuito de promover a melhoria das competições.

Quanto ao regulamento das competições, o legislador buscou apresentar regulamentação específica, sendo que, através do art. 9º, definiu prazos para publicação dos regulamentos, abrindo-se oportunidade para manifestação de qualquer interessado, proibição de alteração após a sua publicação definitiva, ressalvadas as condições específicas, e critério técnico de habilitação das equipes que irão integrar tais campeonatos.

Ainda, definiu obrigações para os árbitros relativas à entrega e publicação das súmulas de partidas, a fim de evitar mudanças nos dados ali informados, e que eventualmente pudessem ensejar o benefício de uma ou outra equipe. Outro ponto relativo aos árbitros diz respeito à obrigatoriedade destes serem escolhidos através de sorteio, devendo ser devidamente remunerados pelo serviço prestado de maneira autônoma.

Quanto ao espaço onde o evento tomará lugar, o legislador intentou preservar 3 (três) importantes vertentes benéficas aos torcedores: a alimentação, a higiene e o transporte.

A preocupação com a higiene e alimentação dignas e a contento foi repassada de maneira exclusiva à entidade de prática desportiva responsável pelo mando de campo, sendo o Poder Público responsável pela verificação de tais requisitos.

Já no que tange ao transporte, entendemos que, com exceção da disponibilização de estacionamentos adequados, tal obrigação é imposta ao Poder Público, especificamente aos órgãos de trânsito.

Outro ponto de preocupação do legislador foi o relativo aos ingressos disponibilizados aos torcedores. Assim, foi definido que os ingressos devem ser colocados à venda em até 72 (setenta e duas) horas do início da partida, por sistema que agilize a venda e garanta amplo acesso a informações.

Ainda, e este ponto se refere à segurança dos torcedores, o legislador definiu a obrigatoriedade de apresentação de laudos ao Ministério Público, atestando a capacidade dos estádios, sendo proibida a comercialização de número de ingressos superiores à sua capacidade.

Entretanto, o principal ponto tratado pelo Estatuto do Torcedor, e que entendemos ser sua premissa principal, diz respeito à sua segurança enquanto partícipe do evento.

De acordo com o art. 13 do Estatuto do Torcedor, *"este tem direito à segurança nos locais onde são realizados os eventos esportivos antes, durante e após a realização das partidas"*. Tal responsabilidade, por sua vez, foi imposta à entidade de prática desportiva detentora do mando de jogo e de seus dirigentes.

Neste sentido, trazemos ensinamentos de Jaime Barreiros Neto:

> As entidades de prática desportiva detentoras dos mandos de campo dos jogos, bem como os seus dirigentes, passaram a ser responsabilizadas pela segurança do torcedor, tendo o dever de solicitar ao Poder Público competente a presença de agentes públicos de segurança dentro e fora dos locais de realização de eventos esportivos, informando aos órgãos públicos responsáveis pela segurança, transporte e higiene os dados necessários à segurança das partidas, em especial o local do evento, o horário da abertura, a capacidade e a expectativa de público do estádio, sob pena de perda de mando de campo por no mínimo dois meses, sem prejuízo de outras sanções cabíveis.[9]

O dever de segurança não se limita apenas às dependências da arena esportiva, engloba também as

(9) BARREIROS NETO, Jaime. *O estatuto do torcedor*: Aspectos gerais. Direito desportivo e esporte – Temas selecionados. Instituto de Direito Desportivo da Bahia e Instituto Mineiro de Direito Desportivo. Bahia: Omnia. 2011. p. 72.

regiões vizinhas a ela, os arredores. Aqui tem-se ponto discutível quanto de que será a responsabilidade em caso de ressarcimento na falha na segurança, muitos doutrinadores entendem que, no que pese estar-se fora da arena esportiva, a responsabilidade será do organizador do evento, sendo a do Poder Público solidária.

Ponto polêmico relativo a segurança do torcedor repousa na responsabilidade pelo ressarcimento pelo eventual prejuízo causado ao torcedor. Segundo o art. 19 do Estatuto do Torcedor, serão responsáveis as entidades de organização do evento, bem como seus dirigentes, solidariamente.

Diante disso, o Estatuto do torcedor prevê a contratação de seguro de acidentes pessoais, tendo como beneficiário o torcedor portador de ingresso, válido a partir do momento em que ingressar no estádio, sendo sua contratação dever da entidade de administração do desporto. Tal seguro tem como objetivo o ressarcimento dos danos pessoais eventualmente sofridos pelo torcedor devendo-se observar, portanto, que apenas serão beneficiados os torcedores que estiverem dentro do estádio.

Por último cabe mencionar que a contratação da apólice deverá ser amplamente divulgada, devendo constar inclusive do ingresso para que o torcedor tome conhecimento do produto que está adquirindo e também para que possa pleitear os seus direitos caso seja vítima de algum acidente.

4. DAS RESPONSABILIDADES

O art. 3º do Estatuto do Torcedor, no que tange à responsabilidade civil nos eventos esportivos, remete ao Código de Defesa do Consumidor.

As entidades organizadoras da competição, bem como as entidades desportivas detentora do mando de jogo são igualadas a figura jurídica do fornecedor, sendo consideradas responsáveis pela garantia dos bens jurídicos tutelados ao consumidor.

Assim, o Estatuto do Torcedor apresentou diversos dispositivos a fim de garantir seu escopo principal, protegendo o torcedor nos mais variados âmbitos de sua relação com o evento desportivo.

Entretanto, o evento desportivo possuí uma pluralidade de atores envolvidos em sua organização, sendo salutar a individualização das responsabilidades pertinentes às Federações e as Entidades de prática desportiva.

Antes de adentrar no tema específico da responsabilidade objetiva, imperioso se faz conceituar o que vem a ser *responsabilidade*, diferenciando-a de *obrigação*.

O escopo principal da doutrina da *responsabilidade civil* é o ressarcimento de danos causados pelo autor de certa atividade, sejam estes morais ou patrimoniais. Neste sentido apresentamos doutrina do Ilustre Professor Carlos Roberto Gonçalves:

> Pode-se afirmar, portanto, que *responsabilidade* exprime ideia de restauração de equilíbrio, de contraprestação, de reparação de dano. Sendo múltiplas as atividades humanas, inúmeras são também as espécies de responsabilidade, que abrangem todos os ramos do direito e extravasam os limites da vida jurídica, para se ligar a todos os domínios da vida social.
>
> Coloca-se, assim, o responsável na situação de quem, por ter violado determinada norma, vê-se exposto às consequências não desejadas decorrentes de sua conduta danosa, podendo ser compelido a restaurar o *status quo ante*.[(10)]

A *responsabilidade* se difere da *obrigação* uma vez que se trata de um ressarcimento em razão do inadimplemento de outrem.

A *obrigação* é de cumprimento obrigatório diante da relação surgida entre as partes, seja ela contratual, legal ou por qualquer outro meio. Assim, é correto afirmar que a *responsabilidade* decorre de uma *obrigação* original.

A doutrina faz a seguinte distinção entre as duas:

> Obrigação é sempre um dever jurídico originário; responsabilidade é um dever jurídico sucessivo, consequente à violação do primeiro. Se alguém se compromete a prestar serviços profissionais a outrem, assume uma obrigação, um dever jurídico originário. Se não cumprir a obrigação (deixar de prestar os serviços), violará o dever jurídico originário, surgindo daí a responsabilidade, o dever de compor o prejuízo causado pelo não cumprimento da obrigação.
>
> Em síntese, em toda obrigação há um dever jurídico originário, enquanto na responsabilidade há um dever jurídico sucessivo. E, sendo a responsabilidade uma espécie de sombra da obrigação (a imagem é de Larenz), sempre que quisermos saber quem é o responsável teremos

(10) GONÇALVES, Carlos Roberto. *Direito Civil Brasileiro volume 4:* Responsabilidade Civil. 8. ed. São Paulo: Saraiva, 2013. p. 19-20.

> de observar a quem a lei imputou a obrigação ou dever originário"[11]

O nosso ordenamento, através do art. 927 do Código Civil apresentou como regra no Sistema Jurídico pátrio, a responsabilidade subjetiva. Neste tipo de responsabilidade, para que o agente seja condenado a indenizar a pessoa lesada, imperioso se faz a verificação da culpa pela lesão imposta.

Conforme relata Carlos Roberto Gonçalves:

> Diz-se, pois, ser "subjetiva" a responsabilidade quando se esteia na ideia de culpa. A prova da culpa do agente passa a ser pressuposto necessário do dano indenizável. Nessa concepção, a responsabilidade do causador do dano somente se configura se agiu com dolo ou culpa.[12]

Por outro lado, em hipóteses específicas, como é o caso do Estatuto do Torcedor, aplica-se a doutrina da responsabilidade objetiva, ou seja, a culpa do agente causador do dano é irrelevante, bastando-se, para que seja caracterizada, a existência de dois pressupostos: o dano e o nexo causal.

Passada esta introdução necessária acerca do instituto da responsabilidade civil, analisaremos a responsabilidade objetiva dos organizadores de eventos, a responsabilidade do Poder Público, e a responsabilidade solidária.

4.1. Responsabilidade civil objetiva e a teoria do risco

Conforme já discorrido no curso do presente artigo, considera-se as relações havidas entre torcedor e a entidade desportiva como sendo de consumo, sendo regidas pelo Estatuto do Torcedor, e supletivamente pelo Código de Defesa do Consumidor. Assim, em regra, nessas relações, a doutrina da responsabilidade civil aplicada é a da responsabilidade objetiva.

Este entendimento decorre da intepretação dos arts. 12 e 14 do CDC, que preveem a responsabilidade dos produtores e fornecedores de serviços, independentemente de culpa. A maior preocupação da legislação consumerista se verifica em relação aquele destinatário do produto lesado pela prestação de serviço defeituoso por parte do fornecedor.

Isto ocorre por conta da hipossuficiência do consumidor perante o fornecedor por conta da disparidade existente entre ambos (seja ela de ordem técnica, financeira, etc.), fato este prejudicial ao seu exercício de defesa. Assim, não conseguindo comprovar a incidência das excludentes de responsabilidade previstas em lei, o fornecedor tem o dever de indenizar por todos os danos causados.

No âmbito dos eventos esportivos, tal responsabilidade decorre do quanto previsto no art. 14 do Estatuto do Torcedor, que se remetendo ao CDC, impõe determinadas obrigações aos organizadores do evento.

Diante da disposição prevista neste artigo, entendemos que a obrigação pelo cumprimento de tais exigência se transferem ao Poder Público tão logo cumprida a obrigação de notificação impostas a entidade desportiva detentora do mando de jogo. A remissão feita pelo artigo trazido acima deixa clara a adoção da responsabilidade objetiva para ressarcimento de eventuais danos a torcedores.

Ainda o art. 15 do Estatuto tratou de definir como entidade detentora do mando de campo como sendo a entidade de prática desportiva envolvida na disputa e assim definida nos termos do regulamento da competição.

A responsabilidade civil objetiva decorre da "Teoria do Risco", que, basicamente, descreve que aquele que cria um risco a integridade física de outrem, deverá adotar os meios necessários para que este risco não venha a se concretizar. Assim, aquele que, em razão de sua atividade ou profissão, cria um perigo, está sujeito a reparação do dano que causar, salvo prova de haver adotado todas as medidas idôneas a evitá-los.

A "Teoria do Risco" ligada à responsabilidade objetiva se subdivide em duas vertentes.

A primeira trata do risco proveito, nesta, atribui-se o dever, ônus de indenizar, àquele que auferiu lucro, beneficiou e tirou ganhos com o serviço. Já a segunda teoria a ser citada é a do risco criado, tendo uma abrangência maior. Tal teoria engloba a reparação ao estado anterior à lesão de todos os fatos lesivos atribuídos a uma atividade exercida em favor do causador do dano.

Nas competições esportivas, por exemplo, aqueles que geram risco com a sua atividade, devem se responsabilizar por qualquer lesão oriunda de deficiência na segurança dos estabelecimentos, independentemente de culpa, como previsto no Estatuto do Torcedor.

Destarte, vale a lembrança de que no direito brasileiro, geralmente, a responsabilidade objetiva se baseia no risco integral, ou seja, não é afastada nem por caso

(11) CAVALIERI FILHO, Sérgio. *Programa de responsabilidade civil*. 2. ed. São Paulo: Malheiros, p. 20.

(12) GONÇALVES, Carlos Roberto. *Direito civil brasileiro:* Responsabilidade civil. 8. ed. São Paulo: Saraiva, 2013. v. 4. p. 48.

fortuito, nem por força maior ou nem por nenhum outro tipo de excludente de nexo causal, cabendo, praticamente, em qualquer situação possível, a reparação do dano causado, visando a restituição ao estado anterior.

O professor Carlos Roberto Gonçalves descreve a teoria do risco como sendo:

> Para esta teoria, toda pessoa que exerce alguma atividade cria um risco de dano para terceiros. E deve ser obrigada a repará-lo, ainda que sua conduta seja isenta de culpa. A responsabilidade civil desloca-se da noção de culpa para a ideia de risco, ora encarada como "risco-proveito", que se funda no princípio segundo o qual é reparável o dano causado a outrem em consequência de uma atividade realizada em benefício do responsável (*ubi emolumentum, ibi* ônus); ora mais genericamente como "risco criado", a que se subordina todo aquele que, sem indagação de culpa, expuser alguém a suportá-lo.(13)

O risco é inerente à atividade econômica, sendo que, ao praticar tais atividades, os responsáveis devem ter em mente todas as possibilidades de risco a que estão sujeitando seus consumidores, com o intuito de tomarem medidas para evitar a imposição danos a estes. Inclusive, vale aqui exemplificar a obrigatoriedade de contratação de seguro contra acidentes pessoais imposta pelo art. 16, II, do Estatuto do Torcedor.

Em relação ao evento esportivo, o torcedor acredita que aquele que está realizando o espetáculo tomou todas as medidas de segurança cabíveis para resguardar a sua integridade física, de modo que todas as questões que envolvam a segurança do espetáculo acabam sendo de responsabilidade do organizador do evento.

O art. 13 do Estatuto do Torcedor menciona que o torcedor tem direito a segurança no local da partida, durante e após o término do evento. Assim, entende-se que, o organizador do evento é responsável pela segurança de todos os torcedores presentes ao evento, devendo prever e se precaver dos danos que possam ser a eles impostos.

4.2. Responsabilidade do poder público

Da mesma forma que o Estatuto do Torcedor apresenta obrigações aos organizadores dos eventos esportivos, também coloca responsabilidades para o Poder Público no âmbito da organização de tais eventos.

Tanto o Estado como entidades particulares tem o dever de segurança para com a sociedade em modo geral, sendo o primeiro garantidor de tal dever por força de previsão constitucional, sendo o direito a segurança é um direito difuso, abrangendo toda a sociedade.

O art. 1º do Estatuto do Torcedor estabelece que o poder público é o primeiro responsável pela prevenção da violência nos esportes. Ainda, na medida que estende, também, responsabilidade às confederações, federações, ligas, clubes, associações ou entidades esportivas, entidades recreativas e associações de torcedores, inclusive de seus respectivos dirigentes, bem como daqueles que, de qualquer forma, promovem, organizam, coordenam ou participam dos eventos esportivos, naturalmente submete tal responsabilidade ao princípio da reserva legal.

O Estatuto impõe os seguintes deveres ao Poder Público: garantir acesso a transporte seguro e organizado; garantir o atendimento das condições mínimas de higiene e saúde ao espectador, através da fiscalização das condições dos estádios; ampla divulgação das providências tomadas em relação ao acesso ao local da partida, seja em transporte público ou privado; e, a organização das imediações do estádio em que será disputada a partida, bem como suas entradas e saídas, de modo a viabilizar, sempre que possível, o acesso seguro e rápido ao evento, na entrada, e aos meios de transporte, na saída.

As disposições legais do Estatuto do Torcedor devem ser interpretadas e aplicadas em conformidade com a Constituição Federal, mesmo porque é no texto constitucional que toda legislação infraconstitucional tem que buscar seu fundamento de validade.

As entidades responsáveis pela organização da competição, poderão ser responsabilizados quando agirem de forma contrária ao Estatuto do Torcedor, especificamente no que se refere ao dever de segurança dos torcedores.

Entretanto, a segurança pública está prevista na Constituição Federal, tendo esta atribuída o dever originário da segurança pública aos órgãos dispostos no art. 144, não podendo lei infraconstitucional ou sua interpretação alterar a sistemática dessa responsabilização.

O dever de segurança é imputado, exclusivamente, ao Poder Público, em razão disso, na falha exclusiva do serviço público de segurança pública realizado pelo Poder Público em eventos esportivos, a responsabilidade será somente deste, não podendo se estender aos organizadores do evento.

(13) GONÇALVES, Carlos Roberto. *Direito civil brasileiro:* Responsabilidade civil. 8. ed. São Paulo: Saraiva, 2013. v. 4. p. 49.

O serviço público de segurança é indelegável e deve ser prestado pelo Estado de maneira eficiente, sendo que seu desrespeito e consequente prejuízo causado a terceiros é passível de responsabilização nos moldes do § 6º, art. 37 da Constituição.

4.3. Da responsabilidade solidária

Além da responsabilidade objetiva definida no CDC, a qual se aplica igualmente ao Estatuto do Torcedor conforme já explicitado acima, a doutrina e a legislação estipularam a possibilidade de responsabilização solidária destes. Tal hipótese de responsabilidade se faz necessário no que se refere à organização de eventos esportivos diante da pluralidade de organizadores, a fim de se alcançar o escopo principal da lei.

Não bastasse a construção doutrinária com base no CDC, o Estatuto do Torcedor positivou a responsabilidade solidária no art. 19.

A doutrina jus desportiva trata do assunto, ratificando o que foi mencionado acima:

> Mas a responsabilidade objetiva não se volta, apenas, contra o organizador da competição ou contra o detentor do mando de jogo, referido no art. 15 desta lei. Pode ser imputada, também, a seus dirigentes, na medida em que o dispositivo também faz menção à responsabilidade solidária de que trata o art. 942 do CC: "Os bens do responsável pela ofensa ou violação do direito de outrem ficam sujeitos à reparação do dano causado; e, se a ofensa tiver mais de um autor, todos responderão solidariamente pela preparação". (....) em síntese: ainda que apenas uma pessoa tenha perpetrada a conduta causadora do dano, os demais que, de alguma forma, concorreram para que o fato fosse cometido, são também responsáveis.[14]

Desta forma, no caso do evento esportivo, a Federação será considerada solidária na responsabilidade junto com as entidades de prática desportiva, no que se refere às obrigações impostas a estas no Estatuto.

5. CONCLUSÃO

A Federação Paulista de Futebol, enquanto entidade regional de administração do desporto, têm por fim dirigir o futebol fazendo uso das regras de prática, bem como das normas nacionais e regulamentos internacionais.

Suas atividades internas são voltadas aos seus clubes filiados e as externas à Confederação Brasileira de Futebol, entidade nacional de administração a qual é filiada.

A FPF, como entidade de administração do desporto, encontra na Lei n. 9.615/1998 a definição de seus principais objetivos, tais como: administrar a prática da modalidade, respeitando a regulamentação de hierarquia superior, dentro de sua área de atuação; representar e defender os interesses de seus filiados; promover, organizar, dirigir e fiscalizar a realização de diferentes competições da modalidade; administrar a condição de jogo dos atletas de seus filiados; instituir e administrar a comissão de árbitros e os órgãos da justiça desportiva

Dentro de seu âmbito de organização, gestão e fiscalização das competições de futebol no Estado de São Paulo, a Federação tem o dever de observar as regras de prática do futebol, as normas nacionais (municipais, estaduais e federais), os regulamentos emanados da CBF e da FIFA, além daqueles derivados de outros organismos aceitos por estas entidades, sendo a principal delas o Estatuto do Torcedor, cuja aplicação é limitada às competições profissionais.

Ainda, a FPF pode fazer uso de regulamentos próprios, cuja observação é obrigatória entre os clubes que disputam suas competições, sejam eles filiados à FPF ou que somente disputam um torneio por ela organizado, como é o caso da Copa São Paulo de Futebol Junior.

Conforme amplamente demonstrado neste trabalho, o Estatuto do Torcedor impôs diversas obrigações aos organizadores de eventos esportivos.

Da mesma forma, vimos que a Federação Paulista de Futebol, no âmbito das competições profissionais por ela dirigidas, responde solidariamente com suas entidades filiadas pela observação e adimplemento dos requisitos impostos para proteção dos torcedores.

Desta forma, buscando impor o adimplemento obrigatório por seus filiados, e dentro de seu poder discricionário, a Federação inseriu diversas obrigações aos clubes dentro de seu Regulamento Geral de Competições.

Assim, tornou obrigatório para estes o cumprimento dos requisitos previstos no Estatuto do Torcedor, atraindo para si a fiscalização de tal cumprimento. Tal fato buscou impor maior controle à Federação, concorrendo para a diminuição do risco de a ela ser imputada a responsabilização solidária.

---

(14) PINTO, Ronaldo Batista. *Estatuto do Torcedor Comentado*. São Paulo: RT. 2013. p. 58.

A exemplo disso encontramos no art. 43 do RGC/2017, que prevê a competência de órgão próprio e interno da FPF para aprovação ou reprovação da infraestrutura dos Estádios. O mesmo artigo define, como condições básicas para a autorização de partidas nos Estádios, que estes apresentem condições mínimas para garantia da vida, saúde e segurança dos torcedores.

Da mesma forma, caso os laudos sejam vetados ou o Ministério Público emita recomendação formalmente notificada à FPF, estes também serão objeto de veto. No mesmo sentido, caso as entidades responsáveis pela emissão dos laudos requeridos determinem que os estádios não possuem condições mínimas para garantia do direito à vida, saúde ou segurança dos torcedores, a FPF também irá rejeitá-los.

Através de tal dispositivo a FPF buscou garantir que os estádios utilizados para a disputa de competições sob sua égide propiciem as condições exigidas no Estatuto do torcedor.

Ainda, a Federação, buscando auxiliar os clubes, editou o Manual de Infraestrutura de Estádios, documento que apresenta os requisitos mínimos exigidos para a realização de jogos.

O art. 44 do RGC de 2017 é outro exemplo da busca pela garantia da segurança dos torcedores, ao prever a obrigatoriedade dos clubes apresentarem os laudos exigidos pelo Poder Público, sendo que a falta de apresentação destes ocasionará a impossibilidade na utilização do Estádio.

Este dispositivo ainda demonstra o cumprimento da obrigação imposta à Federação pelo art. 23 do Estatuto do Torcedor, que estabelece a obrigatoriedade desta em apresentar os laudos técnicos emitidos pelas autoridades competentes, ao Ministério Público estadual:

Ainda em se tratando de segurança do torcedor, o RGC coloca em seu art. 49, algumas exigências impostas pelo Estatuto para a realização de partidas, sendo elas: policiamento de acordo com a necessidades da partida; 1 ambulância com equipamento de primeiros socorros e desfibrilador; porteiros, bilheteiros e orientadores de público; indicação do ouvidor do clube com a indicação dos meios para contato pelos torcedores; e, afixação em local visível do lado externo do estádio da escalação dos árbitros da partida e relação dos torcedores impedidos de comparecer ao estádio.

Através deste artigo, a FPF garantiu o adimplemento das obrigações impostas no art. 16, III e IV do Estatuto, que prevê como responsabilidade da organizadora do evento a contratação de seguros contra acidentes em favor dos torcedores e a disponibilização de 1 médico, 2 enfermeiros e 1 ambulância para cada grupo de 10 mil pessoas

Já o previsto no inciso II do mencionado artigo está garantido pela previsão do art. 37 do RGC, que estabelece a responsabilidade do clube mandante pelo pagamento de: ambulância; policiamento; ingressos e catracas; Arrecadadores, bilheteiros, fiscais, orientadores, monitores e porteiros (quadro móvel) e seus encargos; seguro torcedor; fundo de valorização e desenvolvimento da FPF; arbitragem e seus encargos; exame *antidoping*; recolhimento previdenciário sobre a receita bruta; aluguel de campo; e, contribuição à entidade de administração do desporto.

Aqui cabe ressaltar, no que tange às matérias tratadas no art. 16 do RGC que, no que pese o Estatuto do Torcedor mencionar que tais obrigações são do responsável pela organização da competição, nada impede que tais obrigações sejam transmitidas aos clubes.

Tal entendimento se baseia em dois principais pontos, primeiro é que, conforme já demonstrado em tópico próprio, a Federação é responsável solidária pelas obrigações relativas à segurança do torcedor, sendo assim, caso o clube, por exemplo, não contrate seguro para o torcedor e este venha a sofrer um acidente, caso o clube seja condenado ao pagamento de indenização, a FPF será solidária ao pagamento.

O segundo argumento decorre da interpretação do art. 39 do RGC, que transfere aos clubes a responsabilidade de venda de ingressos.

Ora, se os clubes são responsáveis pela comercialização dos ingressos, bem como pela administração das arenas esportivas, não faria sentido ser a Federação a responsável pela contratação do seguro.

O Estatuto, ainda, estabelece algumas obrigações à Federação que não estão diretamente ligadas à integridade física dos torcedores.

Assim, no art. 6º atende o requisito relativo aos meios de publicidade e acesso do torcedor ao organizador do campeonato, através do ouvidor da competição.

Outro exemplo de tais obrigações são: a obrigatoriedade de escolha técnica dos clubes participantes do campeonato, inclusive com a obrigatoriedade destes apresentarem Certidões Negativas de Débitos dos órgãos estatais pertinentes; e a que determina que a escolha da arbitragem deve ser feita por sorteio público, transmitido através da internet.

Tais obrigações se encontram cumpridas em razão do previsto no RGC, nos seguintes artigos: art. 14 que prevê a adoção de critérios técnicos para habilitação das equipes, bem como a necessidade de apresentação de CNDs; art. 41, que cria a figura do ouvidor da competição, responsável por atender as críticas e solicitações dos torcedores e repassar à Federação; e art. 50, que, remetendo-se à legislação vigente, no que tange à escolha da arbitragem, determina a realização de sorteio para escolha da equipe de arbitragem de cada partida.

Desta forma, tem-se que a FPF adotou integralmente as previsões do Estatuto do torcedor, buscando resguardar a integridade dos torcedores e contribuir para a melhora dos campeonatos por ela organizados.

6. REFERÊNCIAS BIBLIOGRÁFICAS

BARREIROS NETO, Jaime. *O estatuto do torcedor:* Aspectos gerais. Direito desportivo & esporte – Temas selecionados. Organização: Instituto de Direito Desportivo da Bahia e Instituto Mineiro de Direito Desportivo. Bahia: Omnia, 2011.

CASADO. Eduardo Gamero. *Los seguros deportivos obligatorios*. Barcelona: Bosch, 2004.

CAÚS, Cristiano. GÓES, Marcelo. *Direito aplicado à gestão do esporte*. São Paulo: Trevisan, 2013.

CAVALIERI FILHO, Sérgio. *Programa de responsabilidade civil*. 2. ed. São Paulo: Malheiros.

GOMES, Luiz Flávio; CUNHA, Rogério Sanches; PINTO, Ronaldo Batista; OLIVEIRA, Gustavo Vieira. *Estatuto do torcedor comentado*. São Paulo: RT, 2011.

GONÇALVES, Carlos Roberto. *Direito civil brasileiro:* Responsabilidade civil. 8. ed. São Paulo: Saraiva, 2013. v. 4.

MELO FILHO, Álvaro. *Direito desportivo* – Novos rumos. Belo Horizonte: Del Rey, 2004.

_____. *O novo direito desportivo*. São Paulo: Cultura Paulista, 2002.

_____. O STF e o estatuto do torcedor: consensos e dissensos, *in Revista Brasileira de Direito Desportivo* – v. 23, São Paulo: RT, 2013.

NUNES, Rizzatto. *Manual de introdução ao estudo do direito*. 11. ed. São Paulo: Saraiva, 2013.

REALI, Miguel. Diretrizes gerais sobre o Projeto de Código Civil, *in Estudos de filosofia e ciência do direito*. São Paulo: Saraiva, 1978.

RODRIGUES, Décio Luiz José. *Direitos do torcedor e temas polêmicos do futebol*. 1. ed. São Paulo: Rideel, 2003.

SAVATIER, Rene. *Traite de la reponsabilite civile en droit francais civil administratif, professionnel, proccedural*. 2. ed., v. 2 Paris: Libr. Generale de Droit et de Jurisprudence, 1951.

SCHMITT, Paulo Marcos. Regime jurídico e princípios do direito desportivo, *in Revista Brasileira de Direito Desportivo n. 5*. São Paulo: IOB Thompson, 2004.

SOUZA, Pedro Trengrouse Laignier de. Princípios de direito desportivo, *in Revista Brasileira de Direito Desportivo n. 7*. São Paulo: IOB Thompson, 2005.

VIEIRA, Judivan. *Estatuto do torcedor comentado*. Porto Alegre: Síntese, 2003.

O DIREITO DA CRIANÇA AO ESPORTE NO BRASIL

Paulo Sérgio Feuz
Doutor, Mestre e Especialista em Direito pela PUC-SP, Professor e Coordenador do Núcleo de Direito Desportivo da Pós-Graduação em Direito da PUC-SP e do Curso de Direito das Faculdades Integradas Rio Branco da Fundação de Rotarianos de São Paulo.

José Tadeu Rodrigues Penteado
Mestre em Direito Desportivo pela PUC-SP e Especialista em Direito do Estado pela Escola Superior da PGE, Advogado Autárquico e Professor das Faculdades Integradas Rio Branco da Fundação de Rotarianos de São Paulo

1. INTRODUÇÃO

Nas palavras do Prof. Álvaro de Melo Filho, o desporto pode influenciar *processos de mudança social, formação educacional e consolidação da identidade cultural*[(1)], justificando sua elevação à categoria constitucional, como um direito do cidadão e um dever do Estado.

O Constituinte de 1988 influenciado pelo processo histórico sociológico, situou a Educação, Cultura e o Desporto, topograficamente no Capítulo III, do Título II da Ordem Social. A educação na Seção I, art. 205, como *"direito de todos e dever do Estado"*, cabendo a este ainda o dever de *"fomentar práticas desportivas formais e não formais, como direito de cada um"*, na dicção do art. 217 da Seção II, indicando o entrelaçamento entre esses e os direitos culturais, sendo, no mínimo, prudente a indagação de suas condições de autênticos direitos fundamentais.

De meados do século XIX, período aproximado da introdução do esporte no país, até o Estado Novo, o Esporte desconheceu a interferência do poder governamental. Neste período toda organização, estruturação e funcionamento provinham das entidades organizadas pela sociedade civil, que propagavam o Esporte através de práticas esportivas e de lazer, organizadas como uma atividade social e não como atividade de interesse de governos[(2)].

A história institucional do esporte no Brasil tem início em 1937 quando, por intermédio da Lei n. 378, de 13.03.1937, foi criada a Divisão de Educação Física do Ministério da Educação e Cultura.

No âmbito de organização do Estado, a educação que ganhara *status* ministerial em 1930, no primeiro período Vargas, quando foi criado o Ministério dos Negócios da Educação e Saúde Pública, ganhando autonomia como Ministério da Educação e Cultura no segundo período de Vargas, em 1953, para após a promulgação da Constituição de 1988, seguindo a diretriz topológica constitucional, ser transformada no Ministério da Educação e do Desporto através da Lei n. 8.490, de 19.11.1992, ainda que por apenas seis anos[(3)].

O Desporto na diretriz histórica da organização estatal[(4)] sempre esteve ligado à educação, primeiramente como uma Divisão de Educação Física do Ministério da Educação e Cultura em 1937[(5)], nessa pasta se

(1) MELO FILHO. Ação processual desportiva na nova Constituição. *Revista de Processo*. Brasília n. 54 abr/jun. 1999. p. 362.

(2) PIMENTEL, E. dos S. *O conceito de esporte no interior da legislação esportiva brasileira:* de 1941 até 1998, 2007. 214. f. Dissertação (Mestrado em Educação Física) – Universidade Federal do Paraná, Curitiba, 2007. p. 44.

(3) Quando o Ministério da Educação e do Desporto é transformado em Ministério da Educação com a criação do Mistério do Esporte e Turismo, pela Lei n. 9.649 de 27.05.1998.

(4) Conforme informações colhidas junto à Biblioteca da Presidência da República. Disponível em: <http://www.biblioteca.presidencia.gov.br/base-legal-de-governo>. Acesso em: 18 jun. 2016.

(5) BRASIL. Lei n. 378, de 13.03.1937. Dá nova organização ao Ministério da Educação e Saúde Pública. Disponível em: <http://www.biblioteca.presidencia.gov.br/base-legal-de-governo>. Acesso em: 18 jun. 2016.

transformando em Departamento de Educação Física e Desportos no ano de 1970[(6)], ganhando *status* de Secretaria de Educação Física e Desporto em 1978[(7)], ainda ligada ao então Ministério da Educação, e brevemente dele separado durante o governo Collor de Melo para ser Secretaria de Desportos da Presidência da República, por cinco anos, de ano de 1990[(8)] a 1995[(9)], quando junto com a Educação foi alçado à condição de Ministério.

A separação definitiva do esporte da estrutura da educação no Estado ocorreu quando formou um Mistério conjunto com o Turismo no ano de 1998[(10)], tornando-se uma pasta específica apenas em 2003[(11)], no governo Lula.

Essa vinculação do desporto a educação na organização estatal brasileira se se justifica quando observamos que, da mesma forma como na vida a escola é a base de tudo, também para o desporto a escola é o primeiro contato sistematizado da criança com diferentes elementos constitutivos das modalidades esportivas, seus fundamentos, princípios, características, regras, estratégia e tática do jogo, entre outros. A escola possibilita a apresentação do esporte de maneira lúdica, simples e em nível de exigência adequado às habilidades e capacidades físicas, motoras, cognitivas, emocionais e sociais da criança e do adolescente.

Em "*A origem esportiva do Estado*", José Ortega y Gasset[(12)] discorrendo sobre as origens da civilização, aponta que todos os grandes e principais impulsos para a construção da civilização teriam sido originados de atividades lúdicas, que inicialmente não tinham nenhum objetivo utilitário, pois a divisão das tarefas de subsistência possibilitou mais tempo livre e ócio para o ser humano desenvolver ações como a dança, a arte, os ritos religiosos desporto, cuja evolução em conjunto com o aprimoramento e exercício das capacidades vitais, apontam para o surgimento das atividades esportivas, os chamados *juegos del puerto*[(13)-(14)], *para ele, ações primárias e criadoras mais importantes* e elevadas.

O esporte, derivado do jogo e da evolução natural da prática recreativa, exsurge para o ser humano, conforme explicita Eduardo Viana, das *atividades lúdicas, necessárias que são à sua existência como meio de contrabalançar a luta pela vida. Essas influências surgiram, inicialmente, sob a forma de jogos naturais que, posteriormente, num estágio superior de civilização, alcançaram o estágio de jogos desportivos, sempre ultrapassando o imediatamente utilitário, pois não renunciaram jamais à condição de fontes de prazer.*[(15)]

Noutro aspecto, esporte e jogo, apesar de possuírem, em princípio, o mesmo sentido, se analisados mais profundamente possuem significados próprios, e a doutrina clássica conclui que esporte, na forma como o conhecemos atualmente, advém da combinação das atividades físicas e do jogo, enquanto manifestação lúdica inata, anterior aos métodos e sistemas de regras que lhes conferem utilidade.

Johan Huizinga apresenta o jogo como um fenômeno fundamental da cultura, que se encontra presente na linguagem, no direito, na guerra, na ciência, na poesia, na filosofia e nas artes. O jogo como atividade

---

(6) BRASIL. Decreto n. 66.967, de 27.07.1970. Dispõe sobre a organização administrativa do Ministério da Educação e Cultura. Disponível em: <http://www2.camara.leg.br/legin/fed/decret/1970-1979/decreto-66967-27-julho-1970-408779-publicacaooriginal-1-pe.html>. Acesso em: 18 jun. 2016.

(7) BRASIL Decreto n. 81.454, de 17.03.1978. Dispõe sobre a organização administrativa do Ministério da Educação e Cultura e dá outras providências. Disponível em: <http://www2.camara.leg.br/legin/fed/decret/1970- 1979/decreto-81454-17-marco-1978-430536-norma-pe.html>. Acesso em: 18 jun. 2016.

(8) BRASIL. Lei n. 8.028, de 12.04.1990. Dispõe sobre a organização da Presidência da República e dos Ministérios, e dá outras providências. Disponível em: <http://www.planalto.gov.br/ccivil_03/leis/L8028.htm>. Acesso em: 18 jun. 2016.

(9) BRASIL. Lei n. 9.131, de 24.11.1995. Altera dispositivos da Lei n. 4.024, de 20 de dezembro de 1961, e dá outras providências. Disponível em: <http://www.planalto.gov.br/ccivil_03/leis/L9131.htm>. Acesso em: 18 jun. 2016.

(10) BRASIL. Lei n. 9.649, de 27.05.1998. Dispõe sobre a organização da Presidência da República e dos Ministérios, e dá outras providências. Disponível em: <http://www.planalto.gov.br/ccivil_03/leis/L9649cons.htm>. Acesso em: 18 jun. 2016.

(11) BRASIL. Lei n. 10.683, de 28.05.2003. Dispõe sobre a organização da Presidência da República e dos Ministérios, e dá outras providências. Disponível em: <http://www.planalto.gov.br/ccivil_03/leis/2003/L10.683.htm>. Acesso em: 18 jun. 2016.

(12) ORTEGA Y GASSET, José. *El origen deportivo del Estado*. In: Citius, Altius, Fortius. [Reeditado], T. IX, Madrid: 1967. p. 259.

(13) A propósito, ensina Mariano Albor Salcedo que a expressão *"juegos del puerto, es de origen mediterráneo y gremial. Para el marino mediterráneo, estar du-portu significa, entre otras cosas, dedicar su tiempo libre a juegos del puerto"* (SALCEDO, Mariano Albor. Deporte Y Derecho. México, DF: Trillas, 1989. p. 133)

(14) Essa expressão *juegos del puerto*, origem a palavra inglesa desport e, por sua vez, aportuguesada, deu origem à palavra desporto, assim como a palavra esporte deriva da palavra sport (LYRA FILHO, João. Introdução ao direito desportivo, *Op. cit*, 1952, p. 27).

(15) DA SILVA, Eduardo Augusto Viana. O autoritarismo, o casuísmo e as inconstitucionalidades na legislação desportiva brasileira, Ed. 4º Centenário, 1997. p. 1-2.

lúdica seria para ele algo que se manifesta muito antes da cultura, ou seja, *é no jogo e pelo jogo que a civilização surge e se desenvolve*, fazendo dele *um fator distinto e fundamental, presente em tudo que acontece no mundo*, como o próprio autor ressalta no prefácio da obra *Homo Ludens*[(16)], na qual apresenta o papel do jogo como elemento lúdico na cultura:

> A verdadeira civilização não pode existir sem um elemento lúdico, porque a civilização implica a limitação e o domínio de si próprio, a capacidade de não tomar suas próprias tendências pelo fim último da humanidade, compreendendo que se está encerrado dentro de certos limites livremente aceitos. De certo modo, civilização sempre será um jogo governado por certas regras, e a verdadeira civilização sempre exigirá o espírito esportivo, a capacidade de *fair play*. O *fair play* é simplesmente a boa-fé expressa em termos lúdicos. Para ser uma vigorosa força criadora de cultura, é necessário que este elemento lúdico seja puro, que ele não consista na confusão ou no esquecimento das normas prescritas pela razão, pela humanidade e pela fé.[(17)]

Sabemos, portanto, conforme ensina João Lyra Filho, *que o jogo é anterior à cultura, ao contrário do desporto, e que a cultura é fator condicionado à existência da sociedade humana*[(18)], na evolução da sociedade o jogo se torna esporte, seus valores se transmutam em regras e também evoluem. Apesar de muitos autores tomarem o jogo, o esporte e o desporto como sinônimos, há quem aponte esporte como o jogo ou a modalidade e desporto como modalidade organizada e praticada a partir de organizações específicas (federações).

O desporto educacional assim pensado, e daí porque imprescindível a sua organização, no mínimo, em parceria com o Ministério da Educação, deve mediar o plano unicamente recreativo e a busca de resultados imediatos, propiciando não só o surgimento de novos talentos, mas oferecendo acesso aos benefícios decorrentes do desenvolvimento físico, intelectual e social, dos valores sociais às regras que passaram a organizar o desporto, tal como na sua evolução sintetizada por Rui Cesar Publio B Correa:

> (...) os valores de glória, sacrifício e morte passaram a ser contestados no período da Idade Média, uma vez que, por intervenção do Cristianismo, inspirados pela doutrina do respeito ao próximo, não permitiam tais referências para o esporte.
>
> Mas foi por intermédio dos estudantes ingleses, na Idade Moderna, que o desporto deu um grande passo, para o seu reaparecimento. Novos esportes, novas regras, materiais, e legislação foram surgindo. As regras foram fixadas, dando uniformidade ao desporte, que passou a ser praticado de maneira criteriosa, de acordo com as normas e parâmetros a partir daí estabelecidos.
>
> Isto facilitou o seu campo de atuação, de maneira generalizada e universal, de forma que, cada vez mais, tivesse sua difusão ocorrida em larga expansão.[(19)]

Foi a condição lúdica dos *juegos del puerto* que, todavia, acabam por dificultar a separação entre o esporte e o lazer, e muito mais quanto ao desporto educacional, pois nem sempre o esporte é lazer, da mesma forma que o lazer não se resume ao esporte. Mas são categorias que apresentam áreas em comum, o que dificulta a sua conceituação. Quanto mais vaga a definição do que seja o esporte e o lazer, maior a probabilidade de sobreposição dos conceitos.

A origem da categorização do esporte, que perdura na maior parte do mundo, inclusive no Brasil desde sua institucionalização pelo regime militar, decorre da divulgação em 1964 do documento "*Manifesto Mundial do Esporte*" pelo Conseil Internationale d'Education Physique Et Sport – CIEPS, vinculado à UNESCO, "*assinado pelo Prêmio Nobel da Paz Noel Baker, no qual, pela primeira vez, foi defendido que o esporte não era somente rendimento, mas que existia um esporte na escola e um esporte do homem comum*"[(20)].

O "*Manifesto Mundial do Esporte*" categorizou e dividiu o esporte em três grandes áreas: a) esporte na escola, esporte escolar, esporte educacional ou

---

(16) HUIZINGA, Johan. *Homo Ludens (1938)*. 5. ed. São Paulo: Perspectiva, 2004. p. 3.

(17) HUIZINGA, Johan. *Homo Ludens (1938), op. cit.* p. 234.

(18) LYRA FILHO, João. *Introdução a sociologia dos desportos*. 1. ed. Rio de Janeiro: Bloch editores, 1973. Preâmbulo.

(19) CORREA, Rui Cesar Publio B. A evolução da legislação desportiva trabalhista no Brasil: *Revista FMU Direito*. São Paulo, ano 25, n. 36, 2011. p. 131.

(20) TUBINO, Manoel José Gomes. *Estudos brasileiros sobre o esporte:* ênfase no esporte-educação. Maringá: Eduem, 2010. p. 27.

esporte-educação; b) esporte participação, esporte de lazer ou esporte de tempo livre; c) esporte de alto rendimento (EAR), esporte de alta competição ou esporte-performance.

O espectro do fenômeno esportivo que até então compreendia apenas a terceira categoria, do rendimento, da alta competição e da performance, faz uma distinção entre o esporte na escola, o esporte educacional e o esporte do tempo livre, do lazer, num contributo à diferenciação de esporte e lazer.

Esse mencionado *"Manifesto Mundial do Esporte"* teve origem em um movimento intelectual que reuniu acadêmicos, pesquisadores e profissionais ligados ao esporte em escala internacional denominado *"Movimento Esporte para Todos"*(21), que contestavam o Esporte na perspectiva única de rendimento, bem como e ao seu uso político-ideológico, como ocorreu no Brasil desde a década de 1930, quando foram gestados programas e ações nacionalistas, que incluíram a criação de escolas de formação, preparação de pessoal, implementação da prática da educação física em nível nacional, dos quais são exemplos a Escola de Educação Física do Exército (1933) e a publicação da Revista de Educação Física (1932).

Foi sob esse nacionalismo militar que o desporto educacional no Brasil despontou, com viés fascista definido pela busca da eugenia(22) e influência na formação de profissionais de educação física e de medicina esportiva no período de 1933 a 1941, conforme Manoel Tubino e Renato Souza Pinto Soeiro:

> A primeira fase da periodização histórica utilizada neste estudo reflete uma busca da eugenia do povo brasileiro, tentando torná-lo em uma raça forte, caracterizada pela contribuição da EsEFEx para a formação de profissionais na área da Educação Física e da Medicina Esportiva, tanto de militares quanto de civis e pela criação de instituições de Educação Física no meio civil.
>
> A ocorrência no plano político de um governo forte, autoritário, colocou em destaque a figura de Getúlio Vargas e suas realizações. Nasce, a partir de então, um estado forte orientado por uma política centralizadora e intervencionista onde figurava a ideia da colaboração nacional em prol do desenvolvimento da pátria. A EsEFEx procurou acompanhar o plano político da época, divulgando a doutrina militar de atividade física e difundiu a educação física enquanto responsável, dentro de seus limites, para o surgimento de uma raça alegre, forte e vitoriosa.(23)

O desporto educacional desponta assim com a criação da Educação Física Escolar como matéria curricular obrigatória, com o objetivo de expandir e disseminar essa ferramenta de formação física, social e ideológica das crianças e adolescentes, como um mecanismo para a formação de futuros cidadãos, comprometido com as causas patrióticas do regime vigente.

Em que pese todas a justas e abalizadas críticas, a *promoção prioritária do desporto educacional*, ainda que sob a austera batuta do Estado, já se vislumbrava na Política Nacional de Educação Física e Desportos estabelecida na Lei n. 6.251/1975, cujo art. 5º dispunha expressamente como diretrizes básicas sob incumbência do Ministério da Educação e Cultura (art. 6º), a prioridade ao desporto estudantil, em conjunto com programas de estímulo à educação física, à prática desportiva de massa e ao desporto de alto nível.

Regulamentada pelo Decreto n. 80.228/1977(24), a Lei n. 6.251/1975 conceituava pela primeira vez, em seu art. 10, o *Desporto Estudantil* como uma forma de organização esportiva, tratando-o especificamente nos arts. 26 a 29, sob a divisão universitário e escolar.

O esporte universitário incluído no Sistema Esportivo com confederações, federações e associações próprias, sob supervisão do Conselho Nacional de Desportos, e o Esporte Escolar sob a supervisão normativa do Ministério da Educação e Cultura, incumbido de organizar as atividades desportivas praticadas nas áreas de ensino de 1º e 2º graus.

Sem dúvida nesse período ainda há grande ênfase do esporte de rendimento no esporte-educação, como

(21) TUBINO, Manoel José Gomes. *Estudos brasileiros... Op. cit.* p. 28

(22) O termo eugenia foi criado por Francis Galton (1822-1911), que o definiu como: *"O estudo dos agentes sob o controle social que podem melhorar ou empobrecer as qualidades raciais das futuras gerações seja física ou mentalmente."* (DEL CONT, Valdeir. *Francis Galton:* eugenia e hereditariedade. Scientiae Studia, v. 6, n. 2, São Paulo, apr./june 2008. Disponível em: <http://www.scielo.br/scielo.php?script=sci_arttext&pid=S1678-31662008000200004>. Acesso em: 11 jun. 2016.)

(23) SOEIRO, Renato Souza Pinto, TUBINO, Manoel José Gomes. "A contribuição da escola de educação física do exército para o esporte nacional: 1933 a 2000". Fitness & Performance Journal, v. 2, n. 6, p. 336-340, 2003. p. 337.

(24) BRASIL. Decreto n. 80.228 de 25.08.1977. Regulamenta a Lei n. 6.251, de 08.10.1975, que institui normas gerais sobre desportos e dá outras providências. Disponível em: <http://www2.camara.leg.br/legin/fed/decret/1970-1979/decreto-80228-25-agosto-1977-429375- publicacaooriginal-1-pe.html>. Acesso em: 25 nov. 2015.

deixa claro o art. 49 da Lei n. 6.251/1975, ao estabelecer a concessão de bolsas de estudos preferencialmente aos alunos de qualquer nível que se sagrarem campeões desportivos, nas áreas estadual, nacional e internacional, com aproveitamento escolar satisfatório.

A mencionada Lei n. 6.251/1975 que criou o Conselho Nacional de Desportos – CND, mesmo representando uma mudança nas concepções dos dirigentes do esporte no Brasil, privilegiava o esporte de alto nível. Ainda que o discurso oficial demonstrasse diferenciadas ações direcionadas ao desporto escolar, integrando o sistema desportivo nacional ao sistema educacional do país através da Secretaria de Educação Física e Desportos do Ministério da Educação e Cultura, toda a sua estrutura e organização tinham como referência o desporto de alto nível, sendo criados clubes escolares cujos alunos que participavam eram os atletas escolares e os professores de educação física, dirigentes de equipes e técnicos esportivos escolares, conforme desataca Meily Assbú Linhales:

> Embora a prioridade de atendimento às crianças e aos jovens em idade escolar tenha sido considerada como forma de ampliação da participação e valorização do esporte escolar "em si", e não como patamar da pirâmide esportiva, o que se observa é a mera transposição e legalização dos princípios hierárquicos, seletivos e excludentes do esporte de alto rendimento para essa clientela agora priorizada.(25)

O Decreto n. 80.228/1977 regulamentava que caberia às Secretarias de Educação dos Estados e do Distrito Federal a incumbência de coordenar todos os assuntos de Educação Física e Esporte nas áreas do 1º e 2º graus, por intermédio de departamentos competentes (§3º do art. 119), cabendo às Secretarias Estaduais organizarem as delegações esportivas representativas para os Jogos Escolares Brasileiros (JEBs), estando o *Desporto Escolar*, disciplinado em capítulo próprio (III), nos arts. 139 a 143.

Ocorre que o movimento intelectual que preconizava o "Esporte para Todos" já vinha criando uma atmosfera para o aumento da abrangência social do esporte, cujo o marco desse novo entendimento do fenômeno esportivo é a Carta Internacional de Educação Física e Esporte da UNESCO de 1978.

O marco da transição da perspectiva única do rendimento no esporte moderno, ao direito de todas as práticas esportivas do esporte contemporâneo é para Manoel Tubino definido pelo que representou a Carta Internacional da Educação Física e do Esporte da UNESCO de 21 de novembro de 1978:

> No Esporte Moderno, e até um pouco antes da concepção de Thomas Arnold na década de 1820, a perspectiva única sempre foi o rendimento, em que havia a necessidade de campeões, classificações, regras, entidades, dirigentes, árbitros e outros aspectos imprescindíveis. Esse quadro durou até praticamente o final da década de 1970, quando, a partir da Carta Internacional de Educação Física e Esporte (UNESCO), surgiu a defesa do direito de todas as pessoas às práticas esportivas. Em outras palavras, o rendimento esportivo era substituído gradualmente pelas práticas esportivas de todos, independentemente de idade, raça, estado físico e outras situações humanas(26)

Nesse final da década de 1970 no Brasil, as mudanças que vinham ocorrendo no setor esportivo, não só no âmbito governamental, mas também na sociedade civil, ampliaram-se com as primeiras ações em direção à abertura política e depois com advento da Nova República e à transição democrática, período em que pela primeira vez o esporte foi mencionado num plano de desenvolvimento, o "*Primeiro Plano Nacional de Desenvolvimento (PND) da Nova República*", aprovado pela Lei n. 7.486 de 06.06.1986 para o período de 1886 a 1989,(27) no qual após diagnóstico efetuado nos setores do desporto escolar, comunitário e de alto rendimento propôs a seguinte linha programática:

> 2.6. Programa desporto e cidadania
>
> A prioridade desse programa é a universalização da educação física e do desporto como atividades de formação nos 1º e 2º graus de ensino, integrando-os ao processo educacional. Serão estimuladas ações que otimizem a capacidade

(25) LINHALES, Meily Assbú. A trajetória política do esporte no Brasil: interesses envolvidos, setores excluídos. Dissertação (Mestrado em Ciência Política), Faculdade de Filosofia e Ciências Humanas, Universidade Federal de Minas Gerais, Belo Horizonte, 1996. p. 108.

(26) TUBINO, Manoel José Gomes. *Estudos brasileiros sobre o esporte*: ênfase no esporte-educação. Maringá: Eduem, 2010. p. 41.

(27) BRASIL. Lei n. 7.486 de 06.06.1986. Aprova as diretrizes do Primeiro Plano Nacional de Desenvolvimento (PND) da Nova República, para o período de 1986 a 1989, e dá outras providências. Disponível em: <http://legis.senado.gov.br/legislacao/ListaPublicacoes.action?id=130255>. Acesso em: 18 jun. 2016.

> disponível nas unidades escolares, ao mesmo tempo em que se sensibilizarão os corpos docente e discente para os benefícios que as modalidades de educação física e desporto escolar trazem ao desenvolvimento integral de crianças e adolescentes.
>
> Paralelamente, serão desenvolvidas atividades para conscientizar a comunidade acerca das vantagens da prática regular do esporte como forma sadia de lazer.
>
> O desporto de alto rendimento será redimensionado, envolvendo-se a iniciativa privada na organização de competições desportivas. A necessária revisão da legislação desportiva nacional levará em conta, precipuamente, o propósito de eliminar formas tutelares do Estado.

A inclusão das demandas do esporte pela primeira vez num plano de desenvolvimento, não ocorreu por repentina sensibilização de sua importância no âmbito das políticas sociais, mas pela conciliação de interesses de grupos liberais que ascendiam ao poder desde o início da Nova República, razão pela qual as propostas acima formuladas em quase nada se diferenciava do que já vinha sendo implementado pelos governos militares, com exceção para o progresso da proposta de eliminar da tutela do Estado o esporte de alto rendimento, para devolver autonomia às entidades esportivas e envolver a iniciativa privada.

Os órgãos governamentais e as entidades esportivas por serem os setores mais institucionalizados e organizados do esporte, possuíam maior capacidade de fazer valer seus interesses frente ao Estado, e que apesar de ocupar os postos nas estruturas político-administrativas estatais, foram capazes de contribuir com a apresentação de propostas ao esporte na perspectiva dos direitos sociais, como viria a ser reconhecido na Constituição de 1988.

Em 1985, por meio do Decreto n. 91.452/1985[(28)], foi instituída a Comissão de Reformulação do Esporte, presidida pelo próprio Manoel Tubino, então Presidente do Conselho Nacional de Desporto – CND, com o objetivo *"de realizar estudos sobre o desporto nacional e apresentar propostas a ele relativas"*[(29)], dando nova roupagem ao Conselho Nacional de Desporto – CND, retirando-lhe o caráter autoritário e disciplinador, promovendo a desburocratização e descentralização do esporte brasileiro.

Apesar das críticas à essa Comissão, em razão de seu caráter heterogêneo e pouco representativo, o produto do seu trabalho estava empenhado em processar reformas no sistema esportivo, retirando do CND as práticas arbitrárias e os abusos de poder que se incompatibilizavam com abertura política.

Essa Comissão entregou ao Ministério da Educação e Cultura um relatório sob o título *"Uma nova Política para o Desporto Brasileiro – Esporte brasileiro uma questão de Estado"* com 80 indicações de reformulações constantes de seis peças assim intituladas:

> I – Da questão da reconceituação do esporte e sua natureza;
>
> II – Da necessidade de redefinição de papéis dos diversos segmentos e setores da sociedade e do Estado e relação ao esporte;
>
> III – Mudanças jurídico-institucionais;
>
> IV – Da carência de recursos humanos, físicos e financeiros comprometidos com o desenvolvimento das atividades esportivas;
>
> V – Da insuficiência de conhecimentos científicos aplicados ao esporte;
>
> VI – Da imprescindibilidade da modernização de meios e práticas do esporte[(30)].

Esse relatório, considerado por muitos, responsável pela inserção do Esporte no art. 217 da Constituição Federal de 1988, teve parte da redação da sua Indicação n. 2, reproduzida na redação do texto constitucional, quanto ao conceito de esporte no Brasil, que indicava: *"deva ser considerado como atividade predominantemente física, que enfatize o caráter formativo-educacional, participativo e competitivo, seja obedecendo a regras pré-estabelecidas ou respeitando normas, respectivamente em condições formais ou não formais, (...) entendido na abrangência das seguintes manifestações: Esporte-educação; Esporte-participação; Esporte-performance. (...) concebidas como formas de exercício do direito de todos à prática desportiva*[(31)].

(28) CASTELLANI FILHO. *Digressões sobre a política esportiva no reino do faz de conta.* Revista Sprint. Ano IV, v. III, especial, dez. 1985. p. 21.

(29) BRASIL. Decreto n. 91.452 de 19.07.1985. Institui comissão para realizar estudos sobre o desporto nacional. Disponível em: <http://www2.camara.leg.br/legin/fed/decret/1980-1987/decreto-91452-19-julho-1985-441587- publicacaooriginal-1-pe.html>. Acesso em: 18 jun. 2016.

(30) TUBINO, Manoel. 500 anos de legislação esportiva brasileira: do Brasil colônia ao início do século XXI. Rio de Janeiro: Shape, 2002. p. 91.

(31) Brasil. Ministério da Educação. Secretaria de Educação Física e Desportos. Esporte na escola: os XVIII jogos escolares brasileiros como marco reflexivo. Brasília: MEC/SEED, 1989. p. 17. Disponível em: <http://www.dominiopublico.gov.br/download/texto/me001644.pdf.pdf>. Acesso em: 25 nov. 2015.

Da mesma forma importante, a Indicação n. 3 do relatório sob o título *"Uma nova política para o Desporto Brasileiro – Esporte brasileiro uma questão de Estado"*, tem como título a *"MANIFESTAÇÃO ESPORTE-EDUCAÇÃO"* e depois de tecer considerações importantes sobre essa manifestação ser fundamental, pois é aquela que abrange toda a infância e adolescência da população brasileira, justamente nas faixas etárias dos praticantes do Esporte-educação que reside a maior parte da dívida social do país, faz as seguintes importantes indicações:

> INDICA que o Esporte-educação, como um dos componentes do conceito de esporte indicado para o Brasil, deve ser entendido como aquela manifestação desportiva que ocorre principalmente na Escola, mas que pode ocorrer em outros ambientes, a qual tem por finalidade o desenvolvimento integral do homem brasileiro como um ser autônomo, democrático e participante, contribuindo para a cidadania;
>
> INDICA que a manifestação Esporte-educação quando exercida na escola, deve sempre integrar-se aos programas de Educação Física;
>
> INDICA que o Esporte-educação deve favorecer um desenvolvimento diversificado, completo e harmonioso do ser humano; (32)

Indiscutivelmente, em razão da precedência desse documento a prioridade de destinação de recursos públicos para o Esporte Educacional, presente na letra do inciso II do art. 217 da Constituição de 1988, teve inegável influência dessa Indicação n. 3 do relatório *"Uma nova política para o desporto brasileiro – Esporte brasileiro uma questão de Estado"*, sobre a Manifestação do Esporte Educação.

2. DESTINAÇÃO DE RECURSOS PÚBLICOS AO DESPORTO EDUCACIONAL

A destinação de recursos públicos para a promoção prioritária do desporto educacional é o mais importante dos princípios constitucionais atinentes às práticas desportivas, nascido de uma opção político-legislativa do constituinte originário, ao eleger a modalidade educacional do desporto para utilização dos recursos públicos, primordialmente da arrecadação tributária, ou seja, através de receita derivada do contribuinte, para que o Poder Público, através do aparelho estatal, promova seu adequado gerenciamento em conformidade com a finalidade pública definida na Carta Constitucional, como um dos objetivos do Estado para alcançar os anseios sociais.

Importante notar na opção do constituinte originário, a reunião no mesmo capítulo constitucional a educação, a cultura e o desporto, refletindo claramente uma intenção de tratamento integrado.

A dicção constitucional propositiva de integração entre educação, cultura e desporto, enfatiza a necessidade da aproximação do esporte e a escola, desde prática desportiva que sempre se desenvolveu nas escolas de forma natural e lúdica, ou mesmo intencionalmente por interesses ideológicos, em tempos passados, e agora como forma de promover o desenvolvimento saudável da juventude brasileira e permitir a evolução do esporte no Brasil, juntamente com o fomento à formação dos quadros gerenciais do esporte mediante cursos específicos.

Paradoxalmente, o esporte no Brasil ainda é praticado por uma parcela restrita da população. Aos poucos, porém, tem se disseminado uma consciência da importância que o esporte pode assumir na construção de relações sociais mais saudáveis e humanas, tornando-se mais inclusivo e democrático.

Todavia, carece o cenário brasileiro de um amplo programa de inclusão social por meio do esporte, incentivado pelo governo federal, que possibilite abranger milhões de jovens através das escolas públicas e privadas, com infraestrutura esportiva adequada, professores, equipamentos, reaproveitando, revitalizando e utilizando estruturas esportivas ociosas, inclusive aquelas legadas dos grandes eventos, que soçobram na realização de eventos que utilizam a paixão futebolística para justificar sua subsistência.

A *partir* do art. 193, da Constituição Federal de 1988, no Título VIII nomeado da Ordem Social, o legislador constituinte garante e prescreve como fator de base dessa ordem o primado do trabalho e como objetivos o bem-estar e a justiça social, delineando a seguir no capítulo III, nesse mesmo Título da Ordem Social, a Educação, Cultura e o Desporto, conferindo-lhes caráter de relevância dentro do processo de busca dos objetivos almejados no *caput* do art. 193.

Propositalmente, Cultura e Desporto encontram-se juntos, pela evidência de que estas duas atividades

(32) Brasil. Ministério da Educação. Secretaria de Educação Física e Desportos. Esporte na escola: os XVIII jogos escolares brasileiros como marco reflexivo. Brasília: MEC/SEED, 1989. p. 17-18. Disponível em: <http://www.dominiopublico.gov.br/download/texto/me001644.pdf.pdf>. Acesso em: 25 nov. 2015.

representam a expressão popular da sociabilidade das ações e da liberdade nas condutas humanas.

> "Todo esporte um dia foi brincadeira, pois como a brincadeira o esporte é um produto cultural, produzido por alguém ou por uma pequena comunidade de acordo com um contexto social específico, que acabou por atrair um grande número de interessados em jogá-lo. Se muitos querem jogar, só é possível se se padronizar e universalizar suas regras. 'O esporte, por exemplo, é um jogo em seu contexto mais social, porque universal e rigorosamente regrado para permitir a convivência de muitos povos.'"(33)

Por solicitação do Ministério do Esporte, Manoel José Gomes Tubino elaborou estudos que culminaram no seu 21º livro intitulado *"Estudos brasileiros sobre o esporte: ênfase no esporte-educação"*, escrito no ano de sua morte e publicado postumamente em 2010, no qual retoma o processo histórico do esporte e aborda quatro temáticas que se complementam, constituindo um panorama da realidade das manifestações esportivas e do esporte educacional em nosso País.

No primeiro estudo o Professor Tubino reconhece o efetivo potencial da manifestação cultural do desporto como meio de educação, e aponta o mister do governo brasileiro em definir o esporte como uma "questão de Estado", independentemente de sigla partidária. No segundo questiona com preocupação a questão legal do esporte em nosso país, reforçando a necessidade da legitimação do esporte dentro das políticas públicas, com ênfase no apoio ao esporte educacional e esporte lazer. No terceiro estudo desse livro o mestre discorre sobre o esporte educacional, propondo seu desenvolvimento junto à comunidade estudantil através de eventos esportivos, assim como através do processo educativo que estimule o *fair play* e da simbologia olímpica. No quarto e último estudo examina e aprofunda o exame da relação do esporte com a educação, registrando a extensão e influência nas competições/jogos escolares, de sua pouca relação com a educação até o ano de 1985, até a superação, ainda que tímida, dos paradigmas a partir de 1988, com a nova Constituição Federal.

Ainda nesses estudos, Manoel Tubino faz relevantes considerações sobre as diferenças entre o Esporte-Educação e o Esporte-Lazer, do que denomina manifestações do Esporte Social:

> a) o Esporte-Educação objetiva a formação para a cidadania, ao passo que o Esporte-Lazer deve ser destinado para o Bem-estar Social;
>
> b) embora ambos possam ser praticados com regras e regulamentos/adaptados, muitas vezes sem vinculação aos esportes de rendimento de referência, as regras, no Esporte-Educação, por ser dirigido por professores, devem ser estabelecidas pelos educadores, enquanto, no Esporte-Lazer, as convenções das regras são estipuladas pelos próprios praticantes;
>
> c) o Esporte-Educação é destinado principalmente a crianças, adolescentes e jovens em período de formação, ao passo que, no Esporte-Lazer, todas as pessoas, independentemente da faixa etária, têm direito de participar;
>
> d) no Esporte-Educação, na manifestação Esporte Educacional, os princípios são socioeducativos (participação, coeducação, cooperação, corresponsabilidade e inclusão social). No Esporte Escolar, também voltado para a cidadania, é referenciado em princípios comprometidos com os desenvolvimentos esportivos e do espírito esportivo, sem abandonar a busca da cidadania. O Esporte-Lazer, por sua vez, por ser voluntário e eleito pelos praticantes, tem no prazer o seu princípio fundamental.(34)

Repetindo o princípio constitucional previsto no texto do inciso II, do art. 217 da Constituição de 1988, a Lei Pelé (L. n. 9.615/1998) dispõe em seu art. 2º que um dos princípios fundamentais do desporto, como direito individual, é o princípio *"da educação, voltado para o desenvolvimento integral do homem como ser autônomo e participante, e fomentado por meio da prioridade dos recursos públicos ao desporto educacional"* (Inciso VIII)(35).

A Lei n. 9.615/1998 consigna no art. 6º(36), quais os recursos destinados ao Ministério do Esporte, para no art. 7º disciplinar que esses recursos terão como destinação o desporto educacional (inciso I), ao lado do desporto de rendimento (inciso II), desporto de criação nacional (inciso III), capacitação de recursos humanos

(33) FREIRE, J. B., SCAGLIA, A. J. *"Educação como prática corporal"*. São Paulo: Scipione, 2003. p. 146.

(34) TUBINO, Manoel José Gomes. *Estudos brasileiros sobre o esporte*: ênfase no esporte-educação. Maringá: Eduem, 2010. p. 52-53.

(35) BRASIL. Lei n. 9.615 de 24.1998. Institui normas gerais sobre desporto e dá outras providências. Disponível em: <http://www.planalto.gov.br/ccivil_03/leis/L9615consol.htm>. Acesso em: 18 jun. 2016.

(36) Com redação dada pela Lei n. 10.672, de 15.05.2003.

dos cientistas, professores e técnicos desportivos (inciso IV), apoio a projeto de pesquisa (inciso V), a construção, ampliação e recuperação de instalações esportivas (inciso VI), ao sistema de assistência ao atleta profissional (inciso VII) e ao desporto para pessoas portadoras de deficiência (inciso VIII).

Desse modo, a própria Lei n. 9.615/1998, ao prever o repasse de recursos públicos para entidades privadas que firmarem contratos de desempenho com o Poder Executivo, através do Ministério do Esporte, não determina especificamente que seja dada destinação prioritária para o desporto educacional, ao contrário, prevê que essas associações desportivas continuem fazendo o papel de revelar atletas de alto rendimento no país, como se denota do texto dos arts. 56-A, 56-B e 56-C.

Especificamente para fomento das práticas desportivas formais e não formais a que se refere o art. 217 da Constituição Federal, a Lei Pelé disciplina no art. 56 que os recursos necessários serão assegurados em programas de trabalho específicos constantes dos orçamentos da União, dos Estados, do Distrito Federal e dos Municípios, além dos provenientes de fundos desportivos (inciso I), receitas oriundas de concursos de prognósticos (inciso II), doações, patrocínios e legados (inciso III), prêmios de concursos de prognósticos da Loteria Esportiva Federal não reclamados nos prazos regulamentares (inciso IV), incentivos fiscais previstos em lei (inciso V), 2,7% (dois inteiros e sete décimos por cento) da arrecadação bruta dos concursos de prognósticos e loterias federais e similares cuja realização estiver sujeita a autorização federal (inciso VI[37]), além de outras fontes (inciso VII) e de 1/6 (um sexto) dos recursos que o inciso II do art. 6º destina ao Ministério dos Esportes, calculado após a deduzida da fração prevista no § 2º desse referido artigo (inciso VIII[38]).

A previsão efetiva de destinação de recursos ao desporto educacional veio com a promulgação da Lei n. 11.438 de 29.12.2006[39], denominada Lei de Incentivo ao Esporte, que elaborada nos moldes da Lei Rouanet (L. n. 8.313, de 23.12.1991), dispôs sobre incentivos e benefícios para fomentar as atividades de caráter desportivo, através de renúncia fiscal de parte do Imposto de Renda (IR) devido por pessoas físicas ou jurídicas[40], nos valores despendidos a título de patrocínio ou doação sem contrapartida de qualquer fim, no apoio direto a projetos desportivos e paradesportivos previamente aprovados pelo Ministério do Esporte.

A Lei n. 11.438/2006 considera no art. 3º como modalidade de fomento o patrocínio e a doação, especificando a seguir em dois incisos as submodalidades de cada um. No inciso I especifica que patrocínio é a transferência gratuita ao proponente, em caráter definitivo, de numerário para a realização dos projetos, com finalidade promocional e institucional de publicidade (a), e a cobertura de gastos ou a utilização de bens, móveis ou imóveis, do patrocinador, sem transferência de domínio (b). No inciso II dispõe que a doação se constitui também da transferência gratuita de numerário ao proponente, em caráter definitivo, além de bens ou serviços para a realização dos projetos, desde que não empregados em publicidade (a), assim como na distribuição gratuita de ingressos para eventos de caráter desportivo e paradesportivo a empregados e dependentes legais ou a integrantes de comunidades de vulnerabilidade social (regras especiais).

O art. 2º da Lei de incentivo ao esporte dispõe expressamente que os projetos desportivos e paradesportivos, para os quais serão captados e direcionados os recursos oriundos dos incentivos por ela previstos, atenderão a projetos relacionados à prática desportiva nas manifestações educacional (inciso I), de participação (inciso II) e de rendimento (III), propostos por pessoa jurídica de direito público ou privado sem fins lucrativos e de natureza esportiva.

O regulamento da Lei n. 11.438/2012 efetuado pelo Decreto n. 6.180 de 03.08.2007[41] veio explicitar no inciso I do art. 4º, que o conceito da lei acerca do desporto educacional, se vinculava àqueles alunos regularmente matriculados em instituição de ensino de qualquer sistema, conforme os arts. 16 a 20 da Lei de Diretrizes de

(37) Com redação dada pela Lei n. 13.146, de 06.07.2015.

(38) Incluído pela Lei n. 12.395, de 16.03.2011.

(39) BRASIL. Lei n. 11.438, de 29.12.2006. Dispõe sobre incentivos e benefícios para fomentar as atividades de caráter desportivo e dá outras providências. Disponível em: <http://legislacao.planalto.gov.br/legisla/legislacao.nsf/Viw_Identificacao/lei 11.438-2006?OpenDocument>. Acesso em: 18 jun. 2016.

(40) Pessoas físicas podem deduzir até 6% do IR devido apurado na declaração de ajuste anual e as empresas tributadas em lucro real podem deduzir até 1% do IR devido em cada período de apuração, trimestral ou anual.

(41) Art. 4º (...) I – desporto educacional, cujo público beneficiário deverá ser de alunos regularmente matriculados em instituição de ensino de qualquer sistema, nos termos dos arts. 16 a 20 da Lei n. 9.394, de 20 de dezembro de 1996, evitando-se a seletividade e a hipercompetitividade de seus praticantes, com a finalidade de alcançar o desenvolvimento integral do indivíduo e a sua formação para o exercício da cidadania e a prática do lazer;

Base da Educação, Lei n. 9.394 de 20.12.1996[42], separando o desporto educacional das demais manifestações esportivas, essencialmente pela peculiaridade dos praticantes serem estudantes.

Como o esporte na escola visa ao desenvolvimento integral do indivíduo como cidadão, além de constituir modalidade de lazer, na parte final do inciso I, do art. 4º do Decreto n. 6.180/2007, recomendou-se evitar a seletividade e a hipercompetitividade, repetindo a redação do inciso I, do art. 3º da Lei Pelé, uma vez que todos os estudantes devem praticar o esporte na escola e não apenas os melhores em cada modalidade.

O Decreto n. 6.180/2007 determinou ainda em seu art. 17, que os projetos de desporto educacional, que visem à prática de atividade regular desportiva ou paradesportiva, no mínimo cinquenta por cento deverão contemplar os alunos regularmente matriculados no sistema público de ensino, dentre os alunos regularmente matriculados nos demais sistemas de ensino.

3. LEI N. 9.615/1998 (LEI PELÉ)

A já discorrida "Lei Pelé" (Lei n. 9.615 de 24.03.1998), instituiu normas gerais sobre desporto e passou a regular de maneira geral o desporto nacional e dentre seus objetivos, conforme destaca Alberto Puga, preconizou a busca pelo *"efetivo aperfeiçoamento e moralização do esporte brasileiro (...) mudanças conceituais e estruturais para o esporte (...) amparada na realidade desportiva e no valor humano daqueles que vivem o esporte. (...)*[43]

Como dissemos no capítulo anterior, a afirmação do direito desportivo na Constituição de 1988, em sua dimensão de esporte e lazer, como direitos sociais dos cidadãos que estado deve fomentar, como práticas formais e não formais (art. 217, *caput*), foi estruturada no campo infraconstitucional, através da Lei n. 9.615, de 24.03.1998, nas dimensões de desporto educacional, desporto de participação, desporto de rendimento e desporto de formação.

Álvaro Melo Filho discorre que a "Lei Pelé" repete 58% do texto da chamada "Lei Zico" – Lei n. 8.672, de 06.07.1993 – da qual foi um dos mentores, assim como teve participação nos debates e mutações da Lei n. 9.615/1998, que a revogou.[44]

Analisando a Exposição de Motivos n. 22/GMEE, de 15 de setembro de 1997, Carlos Miguel Aidar destaca que a Lei trouxe ao ordenamento jusdesportivo inovações como a (1) a extinção do vínculo do atleta profissional ao clube após findo ou extinto o contrato de trabalho; (2) o reconhecimento expresso dos clubes como entidades autônomas e com liberdade para se estruturar; (3) a criação de um sistema de arbitragem de competições não vinculado às entidades de direção e (4) de uma justiça desportiva independente.[45]

Desde sua promulgação a Lei n. 9.615/1998 sofreu diversas alterações[46], sendo importante ressaltar aquelas trazidas pelas Leis ns. 12.395/2011 e 3.155/2015, modificando o contrato de trabalho desportivo e o direito de imagem.

Importante ainda ressaltar a alteração promovida pela Lei n. 12.868/2013, que trouxe maior controle sobre as entidades do Sistema Nacional do Desporto que recebem isenções fiscais e repasses de recursos públicos federais, de que trata o inciso II do art. 217 da Constituição Federal, e a alteração pela Medida Provisória n. 718, de 16.03.2016, convertida em julho do mesmo ano na Lei n. 13.322, atualizando a legislação brasileira sobre o controle de dopagem, incumbindo o Conselho Nacional de Esportes de aprovar o Código Brasileiro Antidopagem, visando instituir a Justiça Desportiva Antidopagem[47].

---

(42) BRASIL. Lei n. 9.394 de 20.12.1996. Estabelece as diretrizes e bases da educação nacional. Disponível em: <http://legislacao.planalto.gov.br/legisla/legislacao.nsf/Viw_Identificacao/lei 9.394-1996?OpenDocument>. Acesso em: 18 jun. 2016.

(43) PUGA, Alberto. O estatuto do desportista no ordenamento jurídico brasileiro. In: BEM, Leonardo Schmitt de; RAMOS, Rafael Teixeira. *Direito desportivo – tributo a Marcílio Krieger.* São Paulo: Quartier Latin, 2009. p. 49.

(44) MELO FILHO, Álvaro. *"Lei Pelé"*: comentários à Lei n. 9.615/1998. Brasília: Brasília Jurídica, 1998. p. 9.

(45) AIDAR, Carlos Miguel Castex. Aspectos normativos e retrospectiva histórica da legislação desportiva infraconstitucional. In: MACHADO, Rubens Approbato (Coord.). *Curso de direito desportivo sistêmico.* São Paulo: Quartier Latin, 2007. p. 75-76.

(46) Desde aquelas introduzidas pelas Leis ns. 9.981/2000, 10.672/2003.

(47) Além de alterar a Lei n. 12.780, de 9 de janeiro de 2013, dispôs sobre medidas tributárias referentes à realização, no Brasil, dos Jogos Olímpicos de 2016 e dos Jogos Paralímpicos de 2016.

A propósito, importante destacar que a exposição de motivos dessa Medida Provisória – EMI n. 00004/2016 ME MF MTPS MCTI SAC – de 16 de março de 2016, explicita que a alteração da Lei n. 9.615/1998 pretende tornar em âmbito nacional mais técnica e efetiva o direito dos atletas de participarem de competições esportivas livres de quaisquer formas de dopagem, principalmente para o fim de adequar os procedimentos à Lei n. 12.035, de 1º de outubro de 2009, conhecida como "Ato Olímpico", atendendo assim aos requisitos que haviam sido acordados para sediar os Jogos Olímpicos e Paraolímpicos Rio 2016.

A prática desportiva formal foi definida na Lei Pelé como sendo aquela regulada por normas nacionais e internacionais e pelas regras de prática desportiva de cada modalidade, aceitas pelas respectivas entidades nacionais de administração do desporto (art. 1º, § 1º, L. n. 9.615/1998), enquanto a não formal caracterizada pela liberdade lúdica de seus praticantes (art. 1º, § 2º, L. n. 9.615/1998), ou seja, com caráter de jogos recreativos, brincadeiras e divertimentos.[48]

A Lei Pelé, após conceituar que o Princípio da Educação (art. 2º, inciso VIII) se destina ao desenvolvimento integral do homem, e deve ser fomentado da prioritariamente por meio dos recursos públicos ao desporto educacional, conforme o texto constitucional, dispõe nos incisos de seu art. 3º que o desporto compreende (I) o desporto educacional, na escola e fora dela, (II) o desporto de participação, que contempla o esporte como lazer, (III) o desporto de rendimento, visando o desempenho e a competitividade, e por fim, (IV) o desporto de formação, para a iniciação esportiva formal e não formal.

Segundo definição original, dada pela Lei n. 9.615/1998, desporto educacional é aquele praticado nos sistemas de ensino e em formas assistemáticas de educação, evitando-se a seletividade, a hipercompetitividade de seus praticantes, com a finalidade de alcançar o desenvolvimento integral e a formação do indivíduo para o exercício da cidadania e a prática do lazer (art. 3º, inciso I).

Já o desporto de participação, também conhecido como amador, foi definido pela prática voluntária, compreendendo as modalidades desportivas praticadas com a finalidade de contribuir para a integração dos praticantes na plenitude da vida social, na promoção da saúde e educação e na preservação do meio ambiente (art. 3º, inciso II, L. n. 9.615/1998), razão de ter-se incumbindo ao Estado preservar parques, áreas verdes, praias e lagos, com o objetivo de facilitar a prática desse desporto de lazer.

Por fim o desporto de rendimento foi conceituado como aquele praticado segundo normas gerais da Lei Pelé e regras atinentes às práticas desportivas nacionais e internacionais, com a finalidade de obter resultados e integrar pessoas e comunidades do País e estas com as de outras nações (art. 3º, inciso III, L. n. 9.615/1998).

O Professor Tubino no mencionado segundo estudo de seu 21º livro, discorre sobre os "*Elementos de superação do conceito das manifestações esportivas presentes na lei vigente que abranjam o esporte e sua totalidade*", e após mencionar que o direito de todos às práticas esportivas reconhecido pela Constituição de 1988, tem suas formas de exercício expostas pela Lei Pelé (Lei n. 9.615/1998), remete ao entendimento que a formas de exercício desse direito, para serem perfeitamente expressadas em suas manifestações, devem ser diferenciadas por princípios específicos e pelos princípios norteadores de desporto, vez que são referências aceitas e insofismáveis:

> a) Esporte-Educação (voltado para a formação da cidadania) está dividido em: Esporte Educacional e Esporte Escolar.
>
> O Esporte Educacional, também chamado de Esporte na Escola, pode ser oferecido também para crianças e adolescentes fora da escola (comunidades em estado de carência, por exemplo). O Esporte Educacional, segundo Tubino, Garrido e Tubino (2006), deve estar referenciado nos princípios da: inclusão, participação, cooperação, coeducação e corresponsabilidade.
>
> O Esporte Escolar é praticado por jovens com algum talento para a prática esportiva. O Esporte Escolar, embora compreenda competições entre escolas, não prescinde de formação para a cidadania, como uma manifestação do Esporte-Educação. O Esporte Escolar está referenciado nos princípios do Desenvolvimento Esportivo e do Desenvolvimento do Espírito Esportivo. O Espírito Esportivo é mais do que "Fair play", pois compreende também a determinação em enfrentar desafios e outras qualidades morais importantes.
>
> b) Esporte-Lazer, também conhecido como Esporte Popular, praticado de forma espontânea, tem relações com a Saúde e as regras. Estas

---

Essas alterações, consideraram a necessidade de se harmonizar a legislação nacional às evoluções havidas no Código Mundial Antidopagem e à defesa dos direitos dos atletas por um esporte livre de dopagem, uma vez que o Brasil além de ser um dos primeiros países a aderir à Convenção Internacional Contra o *Doping* nos Esportes da Organização das Nações Unidas para a Educação, a Ciência e a Cultura – UNESCO (Decreto Legislativo n. 306/2006 e Decreto n. 6.653/2008), obteve credenciamento do Laboratório Brasileiro de Controle de Dopagem – LBCD do Instituto de Química da Universidade Federal do Rio de Janeiro pela Agência Mundial Antidopagem – WADA-AMA, de modo que faltava atender às exigências de a criação de uma Justiça Desportiva Antidopagem e do estabelecimento das competências da Autoridade Brasileira de Controle de Dopagem – ABCD como Organização Nacional Antidopagem, numa clara necessidade operacional para viabilização dos compromissos assumidos para realização dos Jogos Rio 2016

(48) LENZA, Pedro. *Direito constitucional esquematizado*. São Paulo: Saraiva, 2012. p. 1.179.

> podem ser oficiais, adaptadas ou até criadas, pois são estabelecidas entre os participantes. O Esporte-Lazer, que também é conhecido como Esporte Comunitário, Esporte-Ócio, Esporte-Participação ou Esporte do Tempo Livre, tem como princípios: a participação, o prazer e a inclusão.
>
> c) Esporte de Desempenho, conhecido também como Esporte de Competição, Esporte-Performance e Esporte Institucionalizado, é aquele praticado obedecendo a códigos e regras estabelecidos por entidades internacionais. Objetiva resultados, vitórias, recordes, títulos esportivos, projeções na mídia e prêmios financeiros. A ética deve ser uma referência nas competições e nos treinamentos. Os dois princípios do Esporte de Desempenho são: a Superação e o Desenvolvimento Esportivo. Convém esclarecer que o Esporte de Desempenho pode ser: de Rendimento ou de Alto Rendimento (Alta Competição, Alto Nível etc.). Os princípios para essas duas manifestações do Esporte de Desempenho são comuns.(49)

Por fim o desporto de formação, incluído pela Lei n. 13.155, de 04.08.2015, e por isso não analisado pelo mestre Tubino que nos deixou cinco anos antes, trata do desenvolvimento das competências iniciais e dos conhecimentos desportivos necessários à apropriação das técnicas das diversas práticas desportivas, visando seu aperfeiçoamento qualitativo e quantitativo, seja em termos recreativos, competitivos ou de alta competição (art. 3º, inciso IV, L. n. 9.615/1998).

A leitura do inciso IV do art. 3º da Lei Pelé remete ao entendimento de que, a formação indivíduo, da criança e do adolescente para o exercício da cidadania, buscada pelo desporto educacional, se desloca para a formação do atleta profissional, amador e até o simples participante, para que os conhecimentos das técnicas garantam qualidade na prática desportiva, seja ela recreativa, seja de rendimento.

Importante registrar que no projeto da Lei n. 13.155/2015(50) enviado para sanção, previa em seu art. 38 a alteração do § 2º do art. 3º da Lei Pelé, a fim de possibilitar a prática do desporto de formação por menores com idade a partir dos doze anos, mas foi vetada em razão da possibilidade de adolescentes com idade inferior a quatorze anos, praticar o desporto de formação organizado por entidades desportivas, poderá mascarar relação de emprego, contrariando a restrição imposta pelo art. 7º, inciso XXXIII, da Constituição(51).

Dessa forma os centros formadores de futuros atletas profissionais, ficaram impedidos de treinar os atletas menores de quatorze anos, atingindo programas que utilizavam o esporte para retirar menores da rua, conforme discorreremos a seguir no tópico que trata do Estatuto da criança e do adolescente.

A regulamentação da Lei Pelé pelo Decreto n. 7.984 de 08.04.2013, buscou, de forma subjacente, como deve ocorrer com os decretos regulamentares(52), positivar certas regras estabelecidas apenas conceitualmente na lei, dando aplicabilidade a outras preexistentes, especialmente ao desporto educacional.

Assim, descendo às minúcias do art. 4º, inciso IV da Lei n. 9.615/1998, o Decreto n. 7.984/2013(53) efetua uma separação estrutural entre Sistema Brasileiro do Desporto e Sistema Nacional do Desporto, discorre sobre o desporto educacional, agora também sob a denominação de esporte educação e o divide em duas novas formas de exteriorização:

---

(49) TUBINO, Manoel José Gomes. *Estudos brasileiros sobre o esporte*: ênfase no esporte-educação. Maringá: Eduem, 2010. p. 42/43 – *grifos originais*.

(50) A Lei n. 13.155/2015, por muitos denominada a *"Lei de Responsabilidade Fiscal do Esporte"*, além de alterar dispositivos da Lei n. 9.615/1998, estabeleceu ainda: (I) princípios e práticas de responsabilidade fiscal e financeira e de gestão transparente e democrática para entidades desportivas profissionais de futebol, (II) parcelamentos especiais para recuperação de dívidas pela União, (III) criou a Autoridade Pública de Governança do Futebol – APFUT, (IV) dispôs sobre a gestão temerária no âmbito das entidades desportivas profissionais e (V) criou a Loteria Exclusiva – LOTEX.

(51) BRASIL. Mensagem n. 295, de 04.08.2015 de veto parcial ao Projeto de Lei de Conversão da Medida Provisória n. 671/2015), que "Estabelece princípios e práticas de responsabilidade fiscal e financeira e de gestão transparente e democrática para entidades desportivas profissionais de futebol; institui parcelamentos especiais para recuperação de dívidas pela União, cria a Autoridade Pública de Governança do Futebol – APFUT; dispõe sobre a gestão temerária no âmbito das entidades desportivas profissionais; cria a Loteria Exclusiva – LOTEX; altera as Leis ns. 9.615, de 24 de março de 1998, 8.212, de 24 de julho de 1991, 10.671, de 15 de maio de 2003, 10.891, de 9 de julho de 2004, 11.345, de 14 de setembro de 2006, e 11.438, de 29 de dezembro de 2006, e os Decretos-Leis ns. 3.688, de 3 de outubro de 1941, e 204, de 27 de fevereiro de 1967; revoga a Medida Provisória n. 669, de 26 de fevereiro de 2015; cria programa de iniciação esportiva escolar; e dá outras providências". Disponível em: <http://www.planalto.gov.br/ccivil_03/_Ato2015-2018/2015/Msg/VEP- 295.htm>. Acesso em: 25 out. 2015.

(52) *"Como ato inferior à lei, o regulamento não pode contrariá-la ou ir além do que ela permite. No que o regulamento infringir ou extravasar da lei, é irrito e nulo, por caracterizar situação de ilegalidade"* (MEIRELLES, Hely Lopes, Direito Administrativo Brasileiro, Malheiros, 18. ed., 2007. p. 182).

(53) BRASIL. Decreto n. 7.984 de 08.04.2013. Regulamenta a Lei n. 9.615, de 24 de março de 1998, que institui normas gerais sobre desporto. Disponível em: <http://www.planalto.gov.br/ccivil_03/_Ato2011- 2014/2013/Decreto/D7984.htm>. Acesso em 18 jun. 2016.

a) esporte educacional, ou esporte formação, com atividades em estabelecimentos escolares e não escolares, referenciado em princípios socioeducativos como inclusão, participação, cooperação, promoção à saúde, coeducação e responsabilidade; e

b) esporte escolar, praticado pelos estudantes com talento esportivo no ambiente escolar, visando à formação cidadã, referenciado nos princípios do desenvolvimento esportivo e do desenvolvimento do espírito esportivo, podendo contribuir para ampliar as potencialidades para a prática do esporte de rendimento e promoção da saúde.

Pode-se assim resumir que a regulamentação efetuada pelo Decreto n. 7.984/2013, categorizou o desporto educacional em esporte educacional (esporte formação), praticado dentro ou fora das escolas e com finalidade social, e em esporte escolar, praticado dentro das escolas com a finalidade de desenvolver talentos esportivos.

Para colocar um fim nas dúvidas sobre qual manifestação desportiva comportaria os jogos escolares, se educacional ou de rendimento, o Decreto destacou que o esporte escolar pode ser observado também em competições, além de eventos, programas de formação, treinamento, complementação educacional, integração cívica e cidadã.

Por fim, o Decreto n. 7.984/2013, especificou quais entidades podem realizar o desporto escolar: Confederação Brasileira de Desporto Escolar – CBDE, Confederação Brasileira de Desporto Universitário – CBDU e entidades vinculadas; Instituições públicas ou privadas que desenvolvem programas educacionais; e Instituições de educação de qualquer nível.

Identificam-se no esporte educacional características semelhantes as dos programas de treinamento e formação educacional realizados com as categorias de base das entidades de prática desportiva formadoras. Entretanto, a hiperseletividade e a hipercompetitividade inerentes a estes programas os inserem no desporto de rendimento.

Portanto, os centros de formação de atletas não-profissionais, mantidos pelos clubes formadores do país, em qualquer modalidade desportiva continuam pertencendo ao desporto de rendimento.

Importante também destacar que o Decreto n. 7.984/2013 regulamenta o repasse de um terço dos recursos oriundos dos bilhetes dos concursos de prognósticos, de que trata a "Lei Pelé", diretamente às secretarias de esporte dos Estados e Distrito Federal, para serem aplicados em atividades finalísticas do esporte, com prioridade para jogos escolares de esportes olímpicos e paraolímpicos, bem como em outras áreas do desporto educacional e apoio ao desporto para pessoas com deficiência, observado o disposto no Plano Nacional do Desporto – PND.

4. O DIREITO AO ESPORTE E O ESTATUTO DA CRIANÇA E DO ADOLESCENTE

A Constituição da República Federativa do Brasil de 1988 dispõe no *caput* do art. 227 que *"é dever da família, da sociedade e do Estado assegurar à criança, ao adolescente e ao jovem, com absoluta prioridade, o direito à vida, à saúde, à alimentação, à educação, ao lazer, à profissionalização, à cultura, à dignidade, ao respeito, à liberdade e à convivência familiar e comunitária, além de colocá-los a salvo de toda forma de negligência, discriminação, exploração, violência, crueldade e opressão"*.

Nesse diapasão, a Lei n. 8.069 de 13.07.1990 que dispõe sobre o Estatuto da Criança e do Adolescente – ECA, repete e detalha em seu art. 4º ser *"dever da família, da comunidade, da sociedade em geral e do poder público assegurar, com absoluta prioridade, a efetivação dos direitos referentes à vida, à saúde, à alimentação, à educação, ao esporte, ao lazer, à profissionalização, à cultura, à dignidade, ao respeito, à liberdade e à convivência familiar e comunitária."*(54) *para em seguida delimitar em seu parágrafo único que "a garantia de prioridade compreende: [...] c) preferência na formulação e na execução das políticas sociais públicas; d) destinação privilegiada de recursos públicos nas áreas relacionadas com a proteção à infância e à juventude"*(55).

O art. 4º do ECA, ao mesmo tempo que em seu *caput* reitera os ditames do art. 227 da Carta Política de 1988, em seu parágrafo único se alinha ao art. 217 da Lei maior, ao explicitar prioridade na destinação preferencial de recursos públicos nas áreas relacionadas com a

(54) BRASIL. *Estatuto da criança e do adolescente:* Lei n. 8.069, de 13.07.1990, e legislação correlata. 9. ed. Brasília: Câmara dos Deputados, Edições Câmara, 2010. p. 11.

(55) BRASIL. *Estatuto da criança e do adolescente:* Lei n. 8.069, de 13.07.1990, e legislação correlata. 9. ed. Brasília: Câmara dos Deputados, Edições Câmara, 2010. p. 12.

proteção da infância e juventude, na qual se compreende promoção prioritária do desporto educacional.

O direito à educação objetiva a formação integral da criança e do adolescente para que exerçam da forma mais adequada possível sua cidadania, enquanto o direito à cultura amplia a cognição permitindo-lhes um conhecimento maior dos valores e comportamentos socialmente difundidos, ao passo que os direitos ao esporte e ao lazer possibilitam uma integração social e uma melhora em sua saúde física e mental(56).

Consoante os termos do art. 208, inciso I, do Estatuto Maior, o direito à educação compreende a educação básica de caráter obrigatório e gratuito (educação infantil e ensino fundamental) e o ensino médio, com obrigatoriedade de ser assegurado ampla e irrestritamente a todas as crianças e adolescentes, inclusive os que estejam internados ou cumprindo medida socioeducativa diversa, da mesma forma que o direito à cultura, ao esporte e ao lazer, cabendo à sociedade exigir respeito e efetivação dos direitos fundamentais inscritos no art. 227 da Lei Maior.(57)

O esporte por sua especial importância na formação da criança e do adolescente tem previsão marcante na Lei n. 8.069/1990, quando explicita que o direito à liberdade da criança e do adolescente, compreende a prática de esportes (art. 16, I), incumbindo aos municípios, com apoio dos estados e da União, estimular e facilitar a destinação de recursos e espaços para programações esportivas voltadas para a infância e a juventude (art. 59), estabelecendo como direito da criança e do adolescente que essa prática desportiva seja propiciada, respeitando sua condição peculiar de pessoa em desenvolvimento (art. 71), até pelas entidades que desenvolvem programas de internação (art. 94, inciso XI) e da mesma forma para o adolescente privado de sua liberdade (art. 124, inciso XII)(58).

Não por acaso o Conselho Nacional dos Direitos da Criança e do Adolescente – CONANDA, órgão colegiado de caráter deliberativo, integrante da estrutura básica da Secretaria Especial dos Direitos Humanos da Presidência da República, cujo mister é formular e implementar a política nacional de atendimento dos direitos da criança e do adolescente, consoante o Estatuto da Criança e do Adolescente, tem em sua composição um representante do Ministério do Esporte, cuja parceria alavanca projetos esportivos sociais dos quais discorreremos no capítulo seguinte.

A política pública de fomento à formação desportiva de jovens, inclusive aquela que estimula a iniciativa privada por meio de incentivos fiscais, a propiciar aprendizagem ainda na infância e juventude, através de estrutura física e pessoal adequadas para a prática permanente e competitiva do esporte, é questão bastante polêmica que se inicia pela análise do texto constitucional de 1988, cujos arts. 7º, XXXIII, e 227, § 3º, I, proíbe o trabalho para menores de dezesseis anos e permite a aprendizagem apenas a partir dos 14 quatorze anos.

A análise do tratamento jurídico que deve ser dado à prática de atividades esportivas por crianças e adolescentes, deve partir das premissas fundamentais insculpidas nos dispositivos constitucionais acima discorridos, a primeira que proíbe qualquer trabalho a menores de dezesseis anos, exceto na condição de aprendiz, a partir de quatorze anos, permitindo o trabalho dos dezesseis aos dezoitos anos, desde que não seja noturno, perigoso ou insalubre; a segunda, que a criança e o adolescente têm direito à proteção integral, materializada pela garantia a vida, saúde, alimentação, educação, lazer, profissionalização, cultura, dignidade, respeito, liberdade e convivência familiar e comunitária.

Tais proibições e garantias não podem ser mitigadas, a pretexto ou justificativa assistencialista de se retirar o menor e o adolescente do caminho da criminalidade ou abandono, sob pena de se negar os valores humanitários vigente por mais de vinte anos em nosso ordenamento jurídico. Dessa forma, as entidades públicas ou privadas, beneficentes ou filantrópicas, comunitárias ou desportivas, não podem utilizar o trabalho de crianças ou adolescentes, no esporte ou fora dele, sem observar as premissas de proteção calcadas no texto da Constituição de 1988.

É de conhecimento público que a formação de atletas demonstra inúmeras experiências concretas positivas e outras negativas de crianças e adolescentes que iniciaram precocemente a prática de atividades esportivas. A óbvia exposição que o sucesso proporciona, tornou notório casos como os dos brasileiros Airton Senna, Ronaldinho, Robinho e Neymar, mas as referências de

(56) HELENO, Camila Teixeira; RIBEIRO, Simone Monteiro (Org.). *Criança e adolescente:* sujeitos de direitos. Belo Horizonte: CRP de Minas Gerais, 2010. p. 220.

(57) AMIN, Andréa Rodrigues. Doutrina da proteção integral e princípios orientadores do direito da criança e do adolescente. In: *Curso de Direito da Criança e do Adolescente.* 3. ed. Rio de Janeiro: Lumens Júris, 2009.

(58) BRASIL. *Estatuto da criança e do adolescente:* Lei n. 8.069, de 13 de julho de 1990, e legislação correlata. 9. ed. Brasília: Câmara dos Deputados, Edições Câmara, 2010, p. 14,32,34,42 e 55.

sucesso demonstram o quanto desproporcional indica ser os casos que não obtiveram sucesso, e das promessas de carreiras que se transformaram em cobranças e frustrações.

A par da proteção que se deve dar às crianças e adolescente, o ordenamento constitucional preconiza ainda a prática do esporte como um direito fundamental, orientando o Estado brasileiro a incentivar a prática desportiva de crianças e adolescentes, por meio de programas públicos de incentivo e patrocínio.

Do ponto de vista desse estudo, importante configurar conceitualmente a modalidade de aprendizagem delimitada para as hipóteses autorizadas e estimuladas de prática esportiva por crianças e adolescentes, sem que se configure relação de emprego ou aprendizagem profissional.

A definição legal vigente classifica a criança como a pessoa até doze anos de idade incompletos, e adolescente aquela entre doze e dezoito anos de idade, conforme art. 2º do Estatuto da Criança e Adolescente, diploma que ainda autoriza o menor de quatorze anos, a concessão de "bolsa aprendizagem", que não se confunde com as verbas trabalhistas inerentes ao contrato de aprendizagem.

No campo educacional, a Lei de Diretrizes de Base da Educação, Lei n. 9.394 de 20.12.1996, determinou componente curricular obrigatório a aula de educação física (art. 3º), integrada à proposta pedagógica da escola, para garantir a prática de atividades físicas orientadas para todas as crianças e adolescentes estudantes, por meio dos conteúdos curriculares da educação básica cuja diretriz é a *promoção do desporto educacional e apoio às práticas desportivas não formais* (art. 27, inciso IV).[59]

A Lei Pelé, promulgada dois anos depois (L. n. 9.615/1998), alinhada ao Estatuto da Criança e do Adolescente, garante os direitos fundamentais das crianças e adolescentes, consagrados na Constituição de 1988, assegurando algumas garantias aos clubes sociais, entidades filantrópicas ou sociedades empresárias que investirem em centros de prática e formação esportiva, exigindo do clube formador determinadas obrigações.

A Lei n. 9.615/1998 desde a sua redação original trouxe incentivos para entidades privadas que investissem na formação de novos atletas, além de obrigações e garantias visando à proteção integral do adolescente, como no caso do contrato de estágio com atleta semiprofissional, disposto no art. 36 da redação original, para atletas com idade entre 14 e 18 anos incompletos (§ 1º), consubstanciado pela existência de incentivos materiais, que não caracterizassem remuneração derivada de contrato de trabalho, mas pactuado mediante instrumento formal de estágio firmado com entidade de prática desportiva de direito privado, contendo obrigatória cláusula penal para as hipóteses de descumprimento, rompimento ou rescisão unilateral.

A figura do atleta semiprofissional foi extinta pela Lei n. 9.981 de 14.07.2000[60], que alterou muitos artigos da Lei Pelé, mas introduziu o mesmo conceito quando efetuou diferenciação entre atleta profissional e não profissional para o desporto de rendimento, qual seja, que desporto de rendimento pode ser organizado e praticado (§ 1º do art. 3º, L. 9.615/1998) de modo profissional, caracterizado pela remuneração pactuada em contrato formal de trabalho entre o atleta e a entidade de prática desportiva (inciso I) e de modo não profissional, identificado pela liberdade de prática e pela inexistência de contrato de trabalho, sendo permitido o recebimento de incentivos materiais e de patrocínio (inciso II, na redação da L. n. 9.981/2000).

A Lei n. 9.981/2000 pouco acrescentou a respeito da disciplina de formação desportiva, exceto pela introdução do § 2º ao art. 29 da Lei Pelé, que passou a considerar formadora somente as entidades de prática que comprovassem estar com o atleta em formação há, pelo menos, 2 (dois) anos, disciplina que foi melhor detalhada nas alterações introduzidas pela Lei n. 12.395/2011.

Em julho de 2003 novas e profundas alterações foram introduzidas com a edição da Lei n. 10.672[61], que incluiu o § 4º ao art. 29 da Lei Pelé, criando a figura da aprendizagem desportiva para o atleta não profissional em formação, maior de quatorze e menor de vinte anos de idade, a fim de receber auxílio financeiro da entidade de prática desportiva formadora, sob a forma de bolsa de aprendizagem livremente pactuada mediante contrato formal, sem configurar vínculo empregatício entre as partes, passando a exigir com a inclusão do § 6º e incisos, que as entidades formadoras propiciassem

(59) BRASIL. Lei n. 9.394 de 20.12.1996. Estabelece as diretrizes e bases da educação nacional. Disponível em: <http://www.planalto.gov.br/ccivil_03/leis/L9394.htm>. Acesso em: 18 jun. 2016.

(60) BRASIL. Lei n. 9.981 de 14.07.2000. Altera dispositivos da Lei n. 9.615 de 24.03.1998, e dá outras providências. Disponível em: <http://www.planalto.gov.br/ccivil_03/leis/L9981.htm>. Acesso em: 18 jun. 2016.

(61) BRASIL. Lei n. 10.672 de 15.05.2003. Altera dispositivos da Lei n. 9.615, de 24 de março de 1998, e dá outras providências. Disponível em: <http://www.planalto.gov.br/ccivil_03/leis/2003/L10.672.htm>. Acesso em: 18 jun. 2016.

uma série de garantias aos atletas em formação, como assistência médica e odontológica, alojamento, alimentação e acesso à escola.

Importante também foi o acréscimo de princípios relativos a exploração e a gestão do desporto profissional efetuados pela Lei n. 10.672 de 15.07.2003, com a inclusão de um parágrafo único com cinco incisos, ao art. 2º da Lei Pelé, para que essa atividade se norteasse pela transparência financeira e administrativa moralidade na gestão desportiva (inciso I, parágrafo único do art. 2º, L. n. 9.615/1998), responsabilidade social de seus dirigentes (inciso II), e com especial importância o tratamento diferenciado em relação ao desporto não profissional (inciso III)) e participação na organização desportiva do País (inciso IV).

A redação atual do art. 29 da Lei n. 9.615/1998 veio com a promulgação da Lei n. 12.395 de 16.03.2011(62), ampliando e intensificando as exigências de proteção aos atletas adolescentes, aproximando-se, assim, ao princípio constitucional da proteção integral, trazendo novas garantias para as entidades esportivas que investirem na formação de adolescentes, que passaram a ter o direito de assinar o primeiro contrato especial de trabalho desportivo, não superior a cinco anos, a partir de dezesseis anos de idade.

Com nova redação introduzida ao § 2º do art. 29 pela Lei n. 12.395/2011 foi inserido dois incisos e nove alíneas, os quais estabeleceram que para a entidade de prática desportiva ser considerada formadora de atleta, deverá fornecer aos atletas programas de treinamento nas categorias de base e complementação educacional (inciso I) e, cumulativamente, comprovar que o atleta em formação está inscrito por ela há pelo menos um ano na respectiva entidade regional de administração do desporto (alínea *a*) e efetivamente inscrito em competições oficiais (alínea *b*) organizada por ela, das quais participe anualmente em, pelo menos, 2 (duas) categorias, além de, também cumulativamente, garantir:

- assistência educacional, psicológica, médica, odontológica, alimentação, transporte e convivência familiar (alínea *c*);
- alojamento e instalações desportivas com alimentação, higiene, segurança e salubridade adequados (alínea *d*), manter corpo de profissionais especializados em formação técnico-desportiva (alínea *e*);
- que o tempo destinado à efetiva atividade de formação do atleta, não seja superior a quatro horas por dia, ajustado aos horários do currículo escolar ou curso profissionalizante, além de propiciar a matrícula escolar, exigindo frequência e satisfatório aproveitamento (alínea *f*) e também que o período de seleção não coincida com os horários escolares (alínea *i*);
- formação gratuita do atleta e a expensas da entidade de prática desportiva (alínea *g*);

Além da fiscalização pelos órgãos públicos, a Lei n. 9.615/1998 determinou no § 3º do art. 29, que a entidades nacionais de administração do desporto de cada modalidade esportiva, certifiquem a entidade formadora de jovens atletas, verificando a rigorosa observância desses requisitos legais acima elencados, sob pena de perda da condição de entidade formadora por descaracterização do aprendizado e aplicação de respectivas penalidades administrativas, além da perda do direito de exigir a assinatura do primeiro contrato profissional do atleta, da preferência na renovação desse contrato e a indenização de solidariedade (arts. 29 e 29-A, L. 9.615/1998).

O regime de formação da atual redação do § 4º do art. 29 da Lei n. 9.615/1998, sob os preceitos dispostos nos arts. 7º, inciso XXXIII, e 227, § 3º, I, ambos da Constituição de 1988(63), permite que qualquer atleta adolescente não profissional, a partir dos quatorze anos de idade possa integrar programa de formação desportiva de aprendizagem, recebendo auxílio financeiro da entidade de prática desportiva formadora, sob a forma de bolsa de aprendizagem pactuada mediante contrato formal, sem vínculo empregatício entre as partes(64), sendo obrigatório que desse contrato de formação desportiva conste a identificação das partes e dos representantes legais do atleta, a duração do contrato de formação e direitos e deveres das partes contratantes, inclusive garantia

(62) BRASIL. Lei n. 12.395 de 16.03.2011. Altera as Leis ns. 9.615, de 24 de março de 1998, que institui normas gerais sobre desporto, e 10.891, de 9 de julho de 2004, que institui a Bolsa-Atleta; cria os Programas Atleta Pódio e Cidade Esportiva; revoga a Lei n. 6.354, de 2 de setembro de 1976; e dá outras providências. Disponível em: <http://www.planalto.gov.br/ccivil_03/_ato2011-2014/2011/lei/l12395.htm>. Acesso em: 18 jun. 2016.

(63) Art. 7º, XXXIII: "(...) proibição de trabalho noturno, perigoso ou insalubre a menores de dezoito e de qualquer trabalho a menores de dezesseis anos, salvo na condição de aprendiz, a partir de quatorze anos".

Art. 227, § 3º: "O direito a proteção especial abrangerá os seguintes aspectos: I – idade mínima de quatorze anos para admissão ao trabalho, observado o disposto no art. 7º, XXXIII; II – garantia de direitos previdenciários e trabalhistas; III – garantia de acesso do trabalhador adolescente e jovem à escola;"

(64) Na redação do § 4º do art. 29 da Lei n. 9.615/1998, incluída desde a promulgação da Lei n. 10.672/2003.

de seguro de vida e de acidentes pessoais para cobrir eventuais riscos do atleta aprendiz, conforme complementa o art. 29, § 6º, incisos I a IV, da Lei Pelé(65).

Seja na condição de aprendiz desportivo a partir dos quatorze anos de idade, conforme regras expressas no art. 29 da Lei n. 9.615/1998, seja na condição de empregado a partir dos dezesseis anos de idade, através do primeiro contrato especial de trabalho, conforme *caput* do mesmo art. 29, o trabalho de adolescentes na aprendizagem esportiva, em idades entre quatorze e dezoito anos, possui limites legalmente estabelecidos, que asseguram algumas das proteções como *"saúde, alimentação, educação, lazer, profissionalização e convivência familiar"*, consagradas no art. 227 da Constituição de 1988.

Todavia, a prática desportiva para menores de 14 (quatorze) anos de idade não foi precisamente definida pelo legislador, de forma a estabelecer a diferença entre a prática desportiva autorizada e a proibida, o que exigirá da doutrina e jurisprudência uma construção interpretativa de parâmetros a partir da Lei n. 9.615/1998.

Como já vimos, a Lei Pelé, que reconheceu a existência de manifestações desportivas, educacionais (art. 3º, inciso I), de participação (art. 3º, inciso II), de rendimento (art. 3º inciso III) e de formação (art. 3º, inciso IV), definiu desporto educacional pelo local de sua prática, *"nos sistemas de ensino e em formas assistemáticas de educação"*, evitando-se *"a seletividade, a hipercompetitividade de seus praticantes"* e com finalidades muito próximas do desporto de participação, mas que ao contrário, não se vincula a local específico e alcança quaisquer modalidades esportivas voluntárias praticadas por qualquer indivíduo da sociedade, inclusive o estudante, ao lado do trabalhador e do aposentado.

Já o desporto de rendimento restou caracterizado por atividades esportivas cuja prática busca *"integrar pessoas e comunidades do país e estas com as de outras nações"* e *"obter resultados"*, notadamente se identificando pela existência de competição.

A busca da competividade, embora possa estar presente no desporto estudantil, que veda apenas o seu extremo, a hipercompetitividade, não se caracteriza como desporto de rendimento, pois preconiza o acesso de todos e não só dos melhores.

Desse modo, toda competição esportiva que respeite as regras formais da modalidade(66) objetiva identificar um vencedor e, dessa forma, acaba por identificar os praticantes com melhor rendimento, em razão dos resultados obtidos, seja uma criança de dez anos de idade, que participa de uma competição interna entre os alunos de uma escola de natação, ou crianças de quatorze anos de idade, que participam de um campeonato interno de basquete de um clube social, nas duas situações recebendo medalhas pelos primeiros lugares, da mesma forma que os adultos que disputam campeonatos de futebol organizados pelas universidades, por empregadores, condomínios e até clubes sociais, que além de integrar pessoas apontam resultados, todos podendo nesse aspecto se caracterizar como desporto de rendimento.

Aqueles que se destacarem dos demais pelo alto rendimento, independentemente da idade, poderão se tornar um atleta de tempo integral, sem que se torne profissional, na dicção do art. 3º da Lei n. 9.165/1998, se ausente a *"remuneração pactuada em contrato formal de trabalho"* firmado com *"entidade de prática desportiva"*, mas presente apenas o recebimento de *"incentivos materiais"* e *"patrocínio"*.

A competição sob a forma do alto rendimento e a excessiva seletividade de atletas pelo potencial de desenvolvimento, foram critérios que o Tribunal Regional do Trabalho da 3ª Região utilizou para negar a existência do desporto educacional, e ainda que trata-se de modalidade de desporto não profissional, o adolescente estaria numa modalidade de relação de trabalho, sem vínculo de emprego, ilegal pela presença de menores de quatorze anos, conforme art. 227, § 3º, I, da Constituição(67).

---

(65) Na redação dada pela Lei n. 12.395/2011.

(66) Conforme as disposições iniciais da Lei n. 9.615/1998:

Art. 1º O desporto brasileiro abrange práticas formais e não formais (...).

§ 1º A prática desportiva formal é regulada por normas nacionais e internacionais e pelas regras de prática desportiva de cada modalidade, aceitas pelas respectivas entidades nacionais de administração do desporto.

§ 2º A prática desportiva não formal é caracterizada pela liberdade lúdica de seus praticantes.

(67) "MENORES DE 14 ANOS, CATEGORIAS DE BASE. FUTEBOL. Constatada a hipercompetitividade dos treinamentos ofertados por grandes clubes de futebol a crianças e adolescentes, a prática desportiva enquadra-se na modalidade de desporto de rendimento, ainda que não profissional, a teor do art. 3º, III, da Lei n. 9.615/1998. Sendo assim, verifica- se a existência de relação de trabalho *lato sensu*, o que, no caso de jovens menores de 14 anos, é vedada pelos arts. 7º, XXXIII, e 227, § 3º, I, da CF/1988." (Processo TRT; RO 01656- 2009-011-03-00-3; Recorrente Clube Atlético Mineiro; Recorrido Ministério Público do Trabalho; Desª Relª Maria L. Franco Lima de Faria.)

Com a inclusão do art. 28-A na Lei n. 9.618/1998[68], houve oportuna complementação do art. 3º, sendo acrescentado o conceito de desportista autônomo que, sendo maior de dezesseis anos, tem o esporte como profissão, mas não mantém relação empregatícia com entidade de prática desportiva, auferindo rendimentos por conta e por meio de contrato de natureza civil.

Parece assim não haver margem de dúvidas que possa existir atletas adolescentes do desporto de rendimento, que competem sem ser profissionais, mas que se destacando por seus resultados poderão se tornar um profissional do esporte, autônomo ou empregado.

Também podem ser classificados como profissionais os atletas em formação ou aprendizes entre quatorze e vinte anos[69], apesar de não serem formalmente empregados, pois se submetem a um contrato de formação, com uma série de obrigações a cumprir em face a entidade desportiva formadora, assim como se submetem a treinamento repetitivo e subordinado, sem a liberdade de prática dos atletas não profissionais.

A análise acima, conjugada à dicção do art. 44 da Lei n. 9.615/1998[70], possibilita concluir que crianças e adolescentes devem participar do desporto educacional nos estabelecimentos escolares de 1º e 2º graus ou superiores e, se autorizadas por seus representantes legais, poderão praticar atividades do desporto de participação ou mesmo do desporto de rendimento, desde que limitada à prática do desporto não profissional.

Isso possibilita que crianças menores de quatorze anos autorizadas pelos pais, frequente as aulas de ginástica olímpica[71], ou participe de aulas de natação em instituição privada de ensino, ou ainda treinos em tradicionais clubes de futebol, com objetivo de jogos regionais e campeonatos nacionais, podendo receber alimentação e ajuda de custo.

A prática de atividade esportiva de rendimento realizada por menores de quatorze anos, por si só não autoriza ser considerada previamente proibida, pois nada impede que a criança e o adolescente participem de competições, ou sejam submetidos a escalações por critérios de desempenho, visto que o legislador apenas determinou fossem evitados a "seletividade" e "hipercompetitividade" na prática do desporto educacional.

Não se pode, contudo, descurar das condições que respeitem as disposições de proteção integral da criança e do adolescente, sem caracterizar modalidade de trabalho, pela ausência do direito desses atletas decidirem livremente sobre a prática ou não das atividades programadas pelo clube.

Importante, contudo, além de impedir a submissão de crianças e adolescentes a qualquer forma de trabalho, ainda que sob regime de aprendizagem desportiva, abaixo da idade mínima e subordinados a referida escola ou clube, imprescindível é que essa prática do esporte pela criança ou adolescente estejam permeadas pelos requisitos de proteção integral, à saúde, à educação, à segurança, à alimentação e ao convívio familiar, entre outros.

O contingente de crianças e adolescentes que buscam hoje nas diversas modalidades desportivas, um caminho para a fama, sucesso e fortuna, incluem além de jovens de uma camada social e economicamente desprotegida, também aqueles pertencentes às classes média e média alta, que praticam modalidades desportivas, durante períodos de até 6 horas diárias, cinco dias por semana, competindo aos sábados e domingos, com a vida restrita à casa, treino e escola, convivendo com regimes, dietas, testes, pressões, cobranças (internas e externas), decepções, insegurança e muitos outros fatores que em nada contribuem para o seu desenvolvimento.

Sujeitar uma criança, ou mesmo adolescente a um regime de treinamento repetitivo e subordinado, que propiciem lesões e contusões de todos os tipos, durante vários meses, por treinar intensiva e exaustivamente, por 4 a 6 horas diárias, em constante e regular trabalho físico, para participar de uma competição, pode configurar práticas vedadas pelo Estatuto da Criança e do Adolescente – ECA (L. n. 8.069/1990), como a negligência referida no art. 5º, ou o desrespeito a inviolabilidade da integridade física repudiada pelo art. 17, para os quais é dever de todos prevenir, por se tratar de ameaça ou violação dos direitos da criança ou do adolescente (art. 70).

Por outro lado, o fracasso do jovem atleta presenciado por inúmeras pessoas, além da sua família, companheiros e adversários, afeta o desenvolvimento psicológico, podendo contribuir para que se desenvolva um sentimento de vergonha, frustração, impotência

---

(68) Incluído pela Lei n. 12.395, de 16 de março de 2011.

(69) Conforme § 4º ao art. 29 da Lei Pelé, incluído pela Lei n. 10.672/2003.

(70) *Art. 44. É vedada a prática do profissionalismo, em qualquer modalidade, quando se tratar de:*
I – desporto educacional, seja nos estabelecimentos escolares de 1º e 2º graus ou superiores;

(71) Na tradicional associação desportiva Clube de Regatas Flamengo, do Rio de Janeiro – RJ, a Escola de Esportes sempre Flamengo ministra aulas de ginástica artística para crianças a partir dos 3 anos de idade. Disponível em: <http://www.flamengo.com.br/site/conteudo/detalhe/847/ginastica-artistica>. Acesso em: 2. jul. 2016.

e baixa estima, situações que dizem respeito à dignidade da criança e do adolescente, protegida pelos arts. 15, 17 e 18 do ECA (L. n. 8.069/1990), cujo art. 232 considera crime "*submeter criança ou adolescente sob sua autoridade, guarda ou vigilância a vexame ou constrangimento*".

Diante da importância do esporte no desenvolvimento físico e social, tanto de crianças quanto de adultos e idosos, o Estado, além de propiciar condições adequadas para a prática desportiva, na forma orientada pela Constituição de 1988, através de instalações físicas e profissionais preparados para orientar gratuitamente interessados em praticar esporte em escolas, parques, centros desportivos e demais espaços públicos, deve da mesma forma fiscalizar a presença dessas mesmas condições nos clubes associações e escolas da rede privada.

Isto porque, apesar do que preconiza o texto constitucional, a escassez de orçamento destinado ao desporto educacional, tem levado o Estado, por vezes sob justificativa da reserva do possível, a deixar de implementar políticas públicas com destinação prioritária de recursos públicos ao desporto educacional, na construção de praças de esportes adequadas em escolas e universidades públicas nacionais, bem como capacitar profissionais para trabalhar com crianças e adolescentes.

A propósito, a tese da reserva do possível oposta aos direitos fundamentais constantes do art. 227 de nossa Constituição, aos quais o art. 217, inciso II se liga diretamente, já foi rechaçada pelo Superior Tribunal de Justiça em sede de Recurso Especial, por entender que o estado de escassez decorre de uma decisão proferida pelo administrador público, que não pode preterir em suas escolhas a efetivação dos Direitos Fundamentais(72).

---

(72) "(...)

1. *A tese da reserva do possível assenta-se em ideia que, desde os romanos, está incorporada na tradição ocidental, no sentido de que a obrigação impossível não pode ser exigida (Impossibilium nulla obligatio est – Celso, D. 50, 17, 185). Por tal motivo, a insuficiência de recursos orçamentários não pode ser considerada uma mera falácia.*
2. *Todavia, observa-se que a dimensão fática da reserva do possível é questão intrinsecamente vinculada ao problema da escassez. Esta pode ser compreendida como "sinônimo" de desigualdade. Bens escassos são bens que não podem ser usufruídos por todos e, justamente por isso, devem ser distribuídos segundo regras que pressupõe o direito igual ao bem e a impossibilidade do uso igual e simultâneo.*
3. *Esse estado de escassez, muitas vezes, é resultado de um processo de escolha, de uma decisão. Quando não há recursos suficientes para prover todas as necessidades, a decisão do administrador de investir em determinada área implica escassez de recursos para outra que não foi contemplada. A título de exemplo, o gasto com festividades ou propagandas governamentais pode ser traduzido na ausência de dinheiro para a prestação de uma educação de qualidade.*
4. *É por esse motivo que, em um primeiro momento, a reserva do possível não pode ser oposta à efetivação dos Direitos Fundamentais, já que, quanto a estes, não cabe ao administrador público preterí-los em suas escolhas. Nem mesmo a vontade da maioria pode tratar tais direitos como secundários. Isso, porque a democracia não se restringe na vontade da maioria. O princípio do majoritário é apenas um instrumento no processo democrático, mas este não se resume àquele. Democracia é, além da vontade da maioria, a realização dos direitos fundamentais. Só haverá democracia real onde houver liberdade de expressão, pluralismo político, acesso à informação, à educação, inviolabilidade da intimidade, o respeito às minorias e às ideias minoritárias etc. Tais valores não podem ser malferidos, ainda que seja a vontade da maioria. Caso contrário, se estará usando da "democracia" para extinguir a Democracia.*
5. *Com isso, observa-se que a realização dos Direitos Fundamentais não é opção do governante, não é resultado de um juízo discricionário nem pode ser encarada como tema que depende unicamente da vontade política. Aqueles direitos que estão intimamente ligados à dignidade humana não podem ser limitados em razão da escassez quando esta é fruto das escolhas do administrador. Não é por outra razão que se afirma que a reserva do possível não é oponível à realização do mínimo existencial.*
6. *O mínimo existencial não se resume ao mínimo vital, ou seja, o mínimo para se viver. O conteúdo daquilo que seja o mínimo existencial abrange também as condições socioculturais, que, para além da questão da mera sobrevivência, asseguram ao indivíduo um mínimo de inserção na "vida" social. 7. Sendo assim, não fica difícil perceber que dentre os direitos considerados prioritários encontra-se o direito à educação. O que distingue o homem dos demais seres vivos não é a sua condição de animal social, mas sim de ser um animal político.*
   É a sua capacidade de relacionar-se com os demais e, através da ação e do discurso, programar a vida em sociedade.
8. *A consciência de que é da essência do ser humano, inclusive sendo o seu traço característico, o relacionamento com os demais em um espaço público – onde todos são, in abstrato, iguais, e cuja diferenciação se dá mais em razão da capacidade para a ação e o discurso do que em virtude de atributos biológicos – é que torna a educação um valor ímpar. No espaço público – onde se travam as relações comerciais, profissionais, trabalhistas, bem como onde se exerce a cidadania – a ausência de educação, de conhecimento, em regra, relega o indivíduo a posições subalternas, o torna dependente das forças físicas para continuar a sobreviver e, ainda assim, em condições precárias.*
9. *Eis a razão pela qual o art. 227 da CF e o art. 4º da Lei n. 8.069/1990 dispõem que a educação deve ser tratada pelo Estado com absoluta prioridade. No mesmo sentido, o art. 54 do Estatuto da Criança e do Adolescente prescreve que é dever do Estado assegurar às crianças de zero a seis anos de idade o atendimento em creche e pré-escola. Portanto, o pleito do Ministério Público encontra respaldo legal e jurisprudencial. Precedentes: REsp 511.645/SP, Rel. Min. Herman Benjamin, Segunda Turma, julgado em 18.08.2009, DJe 27.08.2009; RE 410.715 AgR / SP – Rel. Min. Celso de Mello, julgado em 22.11.2005, DJ 03.02.2006, p. 76.*
10. *Porém é preciso fazer uma ressalva no sentido de que mesmo com a alocação dos recursos no atendimento do mínimo existencial persista a carência orçamentária para atender a todas as demandas.*
    Nesse caso, a escassez não seria fruto da escolha de atividades não prioritárias, mas sim da real insuficiência orçamentária. Em situações limítrofes como essa, não há como o Poder Judiciário imiscuir- se nos planos governamentais, pois estes, dentro do que é possível, estão de acordo com a Constituição, não havendo omissão injustificável.

O Tribunal de Contas da União em levantamento efetuado no TC-021.654/2014-0[(73)], com o objetivo de compreender o funcionamento dos componentes do Sistema Nacional do Desporto (SND), suas fontes de financiamento, formas de aplicação dos recursos públicos recebidos, controles e resultados, observou a falta de investimento no desporto educacional e falta de conexão entre este e o desporto de rendimento, decorrente da falta de priorização do Ministério do Esporte na destinação dos recursos e na ausência de um sistema desportivo estruturado, de fato.

A ausência de efetiva participação do Estado, faz com que a formação e revelação de jovens atletas fique quase que exclusivamente à mercê das associações desportivas privadas, organizadas em sua maioria sob a forma de clubes sociais, como associações sem fins econômicos.

Ainda que esses clubes sociais ou associações desportivas colaborem com a obrigação Estatal de garantir o acesso de crianças e adolescentes à prática esportiva de qualidade, para o pleno desenvolvimento das faculdades físicas, intelectuais e morais do ser humano, na esfera educacional e nos aspectos da vida social, muitas vezes esse acesso se limita a crianças e adolescentes, nas quais identificam potencial de desenvolvimento no esporte, em razão do investimento para construção de adequadas estruturas físicas, com profissionais especializados para a prática das mais diversas modalidades esportivas.

A Lei n. 9.615/1998 diferencia o atleta profissional do atleta em formação, e apresenta inúmeros requisitos a serem observados pela entidade desportiva que deseja admitir atletas aprendizes. Todavia, a prática do desporto constitui um direito de todo cidadão brasileiro, devendo o Estado propiciar condições adequadas para a prática do desporto em escolas e espaços públicos, independente dos interesses de associações desportivas privadas na formação de atletas, posto que prática do desporto constitui um direito de todo cidadão brasileiro e não apenas daqueles que possuam potencial de desenvolvimento no esporte.

O desporto educacional e de participação preconizados nos incisos I e II do art. 3º da Lei Pele, pode e deve ser praticado por crianças ou adolescentes e por adultos de qualquer idade, respectivamente, vez que a finalidade de ambas manifestações se intersectam pela finalidade, o desporto educacional para alcançar o desenvolvimento integral do indivíduo e a sua formação para o exercício da cidadania e a prática do lazer, e o de participação, para integração dos praticantes na plenitude da vida social, na promoção da saúde e educação e na preservação do meio ambiente.

O desporto de rendimento, em sua finalidade de obter resultados, que apresenta elementos de competição, pode ser praticado pelos cidadãos desde a mais tenra idade, menores de quatorze anos se ausentes elementos da relação de emprego, cabendo ao desporto de formação, propiciar que indivíduo se desenvolva no esporte, pela aquisição inicial dos conhecimentos desportivos, que lhe garantam aperfeiçoamento qualitativo e quantitativo da prática desportiva, para aquisição de competência técnica, seja em termos recreativos, competitivos ou de alta competição.

5. CONCLUSÃO

O desporto como fenômeno social, que nasce nas relações dos indivíduos e evolui juntamente com o desenvolvimento das sociedades, acabou disseminando competições que acabaram por ultrapassar as fronteiras das nações e de suas culturas, juntamente com suas regras e normas que se consubstanciaram em uma *lex sportiva* internacional.

No Brasil o direito desportivo se organizou estruturalmente a partir de bases constitucionais apenas com a promulgação da Carta Magna de 1988, na qual se afirmou o direito desportivo na dimensão de esporte e lazer, como direitos sociais dos cidadãos através de práticas formais e não formais que o estado deve propiciar.

Adaptando os princípios internacionais às peculiaridades regionais brasileiras, a Carta de 1988 trouxe em seu art. 217, princípios insculpidos nos incisos I a IV, que dão tanto unidade e coerência, como supedâneo e alcance internacional ao Direito Desportivo pátrio.

Dentre esses princípios, o primeiro orienta abstenção do Estado de forma a garantir autonomia das entidades desportivas dirigentes e associações quanto à sua organização (inciso I), mas os outros três propõem uma

---

11. Todavia, a real insuficiência de recursos deve ser demonstrada pelo Poder Público, não sendo admitido que a tese seja utilizada como uma desculpa genérica para a omissão estatal no campo da efetivação dos direitos fundamentais, principalmente os de cunho social. No caso dos autos, não houve essa demonstração. Precedente: REsp 764.085/PR, Rel. Min. Humberto Martins, Segunda Turma, julgado em 1º.12.2009, DJe 10.12.2009 (Recurso Especial n. 1185474/SC, Rel. Ministro HUMBERTO MARTINS, SEGUNDA TURMA, julgado em 20.04.2010, DJe 29.04.2010). Disponível em: <http://www.mpgo.mp.br/portalweb/hp/42/docs/recurso_especial_1185474_stj.pdf>. Acesso em 28 mai. 2016).

(73) BRASIL. Portal do Tribunal de Contas da União – TCU. Disponível em: <http://portal3.tcu.gov.br/portal/page/portal/TCU/imprensa/noticias/noticias_arquivos/021.654.2014.0%20COB% 20comp.pdf>. Acesso em: 11 jun. 2016. p. 90.

ação do Estado, em dar destinação de recursos públicos para a promoção prioritária do desporto educacional (inciso II), tratamento diferenciado entre o desporto profissional e o não profissional (inciso III) incentivar e proteger às manifestações desportivas de criação nacional (inciso IV).

O direito desportivo não chegou à Constituição de 1988 apenas no momento da constituinte, mas como fruto da soma de muitos momentos, compondo um processo histórico, longo e demorado, no qual se verificou uma descabida ingerência do Estado como tutor do esporte, e quase nenhuma autonomia para as entidades esportivas que, aparelhadas, serviam ao propósito político-ideológico do esporte por diversos governos, notadamente os da Era Vargas e o governo militar das décadas de 1960 e 1970.

Os programas e ações nacionalistas desses governos implementaram a educação física em nível nacional, estruturada através de escolas de formação, preparação de pessoal, introduzindo a prática obrigatória nos diversos sistemas de ensino, com viés de controle social eugênico, onde a educação física e o esporte se confundem, e que apesar disso, merece reflexão quanto ao aspecto do avanço propiciado à estruturação inicial do direito desportivo educacional.

Todavia, o direito desportivo, na perspectiva de seu desenvolvimento, conseguiu alcançar bases legislativas mínimas que lhe possibilitam legitimar como instrumento de inclusão socioeconômica, a par de sua exploração pela atividade econômica e mesmo por ela incentivada, aproveitando sua exposição midiática para disseminação da prática desportiva nas dimensões educacional e de lazer, ambas como direitos sociais dos cidadãos que o estado deve fomentar, através de práticas formais e não formais, (art. 217, *caput*).

Daí porque a estruturação infraconstitucional pela Lei Pelé, Lei n. 9.615, de 24.03.1998, estabelece o desporto de rendimento, de participação, o educacional e o de formação como dimensões imbrincadas, conceituando a natureza de cada uma dessas práticas e identificando seus praticantes, a fim de possibilitar ao Estado fomentar cada uma dessas dimensões, através de leis de incentivo e políticas públicas de inclusão social, como mecanismo de circulação de riquezas e até redistribuição de renda com justiça social.

A pratica centralizadora anterior a 1988, transmudou-se para políticas públicas minimamente destinadas ao desporto social e ao desporto escolar, disseminando neste, através das práticas desportivas, os valores éticos e morais que lhe são próprios, razão de ter sido incluído como um dos direitos fundamentais das crianças e adolescentes, no art. 227 da Carta Magna.

Ainda que os incentivos fiscais de fomento ao desporto tenham sido pouco explorados, sua utilização demonstra claramente a importância do desporto na vida social, cultural, política e principalmente econômica no seio de uma sociedade tão cheia de contrastes como a nossa.

A dimensão social do desporto no Brasil e principalmente do desporto educacional enquanto direito social, ainda não possui evolução compatível com a exposição que o País possui no movimento esportivo internacional, principalmente após sediar os dois maiores eventos internacionais, Copa do Mundo e a Olimpíada.

O progresso visível no esporte brasileiro, não sobreleva a distância entre as possibilidades que o legado desses eventos internacionais poderia ter encetado no cenário de formação do desporto nacional, daí porque longe da promessa do paraíso pela Constituição, o desporto social e, mais ainda o direito da criança ao esporte padece no purgatório, sem um projeto comprometido de destinação prioritária de recursos públicos.

O desporto se integra aos direitos sociais elencados no art. 6º da Constituição de 1988, aos direitos dos trabalhadores urbanos e rurais (art. 7º, inciso IV) e, no mesmo título da Ordem Social, se consolida para ser assegurado à criança, ao adolescente e ao jovem, com absoluta prioridade (art. 227), possibilitando concluir sem dificuldades que as políticas públicas e legislativas brasileiras devem considerar o desporto como questão de Estado.

Apesar da evolução do desporto educacional no novo texto constitucional, definida inclusive a prioridade para destinação de recursos públicos, conceituada e regulada nas bases infraconstitucionais ofertadas pela Lei n. 9.615/1998 (Lei Pelé) com suas inúmeras adaptações e atualizações, apesar de estarem em consonância com o Estatuto da Criança e do Adolescente (L. 8.069/1990), não conseguiram viabilizar com sucesso a prática desportiva não formal ao desporto educacional.

Desse modo, o Estado considerado nos três níveis da Federação deve fomentar articuladamente o desporto, para que fenômeno sociocultural que ele representa ganhe perspectiva, garantindo que sua prática seja assegurada à criança e ao adolescente, e dessa forma seja introduzido na cultura do povo como um direito social, através do desporto educacional e de lazer, como exercício da cidadania, que certamente possibilitará até exsurgir um esporte de rendimento com maior qualidade e quantidade, em face às múltiplas possibilidades que a participação disseminada na sociedade pode propiciar na formação de talentos.

6. REFERÊNCIAS BIBLIOGRÁFICAS

AIDAR, Carlos Miguel Castex. Aspectos normativos e retrospectiva histórica da legislação desportiva infraconstitucional. In: MACHADO, Rubens Approbato (Coord.). *Curso de direito desportivo sistêmico*. São Paulo: Quartier Latin, 2007.

AMIN, Andréa Rodrigues. Doutrina da proteção integral e princípios orientadores do direito da criança e do adolescente. In: *Curso de Direito da Criança e do Adolescente*. 3. ed. Rio de Janeiro: Lumens Júris, 2009.

BRASIL. Lei n. 378, de 13.03.1937. Dá nova organização ao Ministério da Educação e Saúde Pública. Disponível em: <http://www.biblioteca.presidencia.gov.br/base-legal-de-governo>. Acesso em: 18 jun. 2016.

_____. *Constituição da República Federativa do Brasil, de 24.01.1967*. Disponível em: <http://www.planalto.gov.br/ccivil_03/constituicao/Emendas/Emc_anterior1988/emc01-69.htm>. Acesso em: 7 fev. 2016.

_____. *Decreto n. 66.967*, de 27.07.1970. Dispõe sobre a organização administrativa do Ministério da Educação e Cultura. Disponível em: <http://www2.camara.leg.br/legin/fed/decret/1970-1979/decreto-66967-27-julho- 1970-408779-publicacaooriginal-1-pe.html>. Acesso em: 18 jun. 2016.

_____. *Lei n. 6.251*, de 08.10.1975. Institui normas gerais sobre desportos, e dá outras providências, Diário Oficial da União de 09.10.1975, Revogada pela Lei n. 8.672, de 1993. Disponível em: <http://legislacao.planalto.gov.br/legisla/legislacao.nsf/Viw_Identificacao/lei%206.251-1975?OpenDocument>. Acesso em: 25 nov. 2015.

_____. *Decreto n. 81.454*, de 17.03.1978. Dispõe sobre a organização administrativa do Ministério da Educação e Cultura e dá outras providências. Disponível em: <http://www2.camara.leg.br/legin/fed/decret/1970-1979/decreto-81454-17-marco-1978-430536-norma-pe.html>. Acesso em: 18 jun. 2016.

_____. *Decreto n. 91.452* de 19.07.1985. Institui comissão para realizar estudos sobre o desporto nacional. Disponível em: <http://www2.camara.leg.br/legin/fed/decret/1980-1987/decreto-91452-19-julho-1985-441587-publicacaooriginal-1-pe.html>. Acesso em: 18 jun. 2016.

_____. *Lei n. 7.486* de 06.06.1986. Aprova as diretrizes do Primeiro Plano Nacional de Desenvolvimento (PND) da Nova República, para o período de 1986 a 1989, e dá outras providências. Disponível em: <http://legis.senado.gov.br/legislacao/ListaPublicacoes.action?id=130255>. Acesso em: 18 jun. 2016.

_____. Ministério da Educação. Secretaria de Educação Física e Desportos. *Esporte na escola:* os XVIII jogos escolares brasileiros como marco reflexivo. Brasília: MEC/SEED, 1989. p. 17. Disponível em: <http://www.dominiopublico.gov.br/download/texto/me001644.pdf>. Acesso em: 25 nov. 2015.

_____. *Lei n. 8.028*, de 12.04.1990. Dispõe sobre a organização da Presidência da República e dos Ministérios, e dá outras providências. Disponível em: <http://www.planalto.gov.br/ccivil_03/leis/L8028.htm>. Acesso em: 18 jun. 2016.

_____. *Estatuto da criança e do adolescente:* Lei n. 8.069, de 13.07.1990, e legislação correlata. 9. ed. Brasília: Câmara dos Deputados, Edições Câmara, 2010.

_____. *Lei n. 9.131*, de 24.11.1995. Altera dispositivos da Lei n. 4.024, de 20 de dezembro de 1961, e dá outras providências. Disponível em: <http://www.planalto.gov.br/ccivil_03/leis/L9131.htm>. Acesso em: 18 jun. 2016.

_____. *Lei n. 9.394* de 20.12.1996. Estabelece as diretrizes e bases da educação nacional. Disponível em: <http://legislacao.planalto.gov.br/legisla/legislacao.nsf/Viw_Identificacao/lei 9.394-1996?OpenDocument>. Acesso em: 18 jun. 2016.

_____. Secretaria de Educação Fundamental. *Parâmetros curriculares nacionais:* Educação física/Secretaria de Educação Fundamental. Brasília: MEC/SEF, 1997. Disponível em: <http://portal.mec.gov.br/seb/arquivos/pdf/livro07.pdf>. Acesso em: 18 jun. 2016.

_____. *Lei n. 9.615*, de 24.03.1998. Institui normas gerais sobre desporto e dá outras providências. Disponível em: <http://www.planalto.gov.br/ccivil_03/leis/L9615consol.htm>. Acesso em: 20 fev. 2016.

_____. *Lei n. 9.649*, de 27.05.1998. Dispõe sobre a organização da Presidência da República e dos Ministérios, e dá outras providências. Disponível em: <http://www.planalto.gov.br/ccivil_03/leis/L9649cons.htm>. Acesso em: 18 jun. 2016.

_____. *Lei n. 9.981* de 14.07.2000. Altera dispositivos da Lei n. 9.615 de 24.03.1998, e dá outras providências. Disponível em: <http://www.planalto.gov.br/ccivil_03/leis/L9981.htm>. Acesso em: 18 jun. 2016.

_____. *Lei n. 10.672* de 15.05.2003. Altera dispositivos da Lei n. 9.615, de 24 de março de 1998, e dá outras providências. Disponível em: <http://www.planalto.gov.br/ccivil_03/leis/2003/L10.672.htm>. Acesso em: 18 jun. 2016.

_____. *Lei n. 10.683*, de 28.05.2003. Dispõe sobre a organização da Presidência da República e dos Ministérios, e dá outras providências. Disponível em: <http://www.planalto.gov.br/ccivil_03/leis/2003/L10.683.htm>. Acesso em: 18 jun. 2016.

_____. *Lei n. 11.438* de 29.12.2006. Dispõe sobre incentivos e benefícios para fomentar as atividades de caráter desportivo e dá outras providências. Disponível em: <http://www.esporte.gov.br/index.php/institucional/secretaria-executiva/lei-de-incentivo-ao-esporte/consulta-recursos-captados>. Acesso em: 20 jun. 2016.

_____. *Lei n. 12.395* de 16.03.2011. Altera as Leis ns. 9.615, de 24 de março de 1998, que institui normas gerais sobre desporto, e 10.891, de 9 de julho de 2004, que institui a Bolsa-Atleta; cria os Programas Atleta Pódio e Cidade Esportiva; revoga a Lei n. 6.354, de 2 de setembro de 1976; e dá outras providências. Disponível em: <http://www.planalto.gov.br/ccivil_03/_ato2011-2014/2011/lei/l12395.htm>. Acesso em: 18 jun. 2016.

<_ato2011-2014/2011/decreto/d7529.htm>. Acesso em: 4 jun. 2016.

</_ato2011-2014/2012/Decreto/D7784.htm#art7>. Acesso em: 4 jun. 2016.

_____. *Decreto n. 7.984* de 08.04.2013. Regulamenta a Lei n. 9.615, de 24 de março de 1998, que institui normas gerais sobre desporto. Disponível em: <http:// www.planalto.gov.br/ ccivil_03/_Ato2011-2014/2013/Decreto/D7984.htm>. Acesso em: 18 jun. 2016.

_____. Ministério do Esporte. Disponível em: <http:// www.esporte.gov.br/index.php/institucional/esporte-educacao-lazer-e-inclusao-social/segundo-tempo/orientacoes/ capacitacao/21-ministerio-do-esporte/322-capacitacao-o--que-e- a-capacitacao-do-pst>. Acesso em: 4 jun. 2016.

_____. Portal do Tribunal de Contas da União – TCU. Disponível em: <http://portal3.tcu.gov.br/portal/page/portal/TCU/ imprensa/noticias/noticias_arquivos/021.654.2014.0%20 COB%20comp.pdf>. Acesso em: 11 jun. 2016.

CASTELLANI FILHO. *Digressões sobre a política esportiva no reino do faz de conta.* Revista Sprint. Ano IV, v. III, especial, dez. 1985.

_____. L. Esporte e Lazer na Cidade. In: TURINO, Célio (Org.). *Recreio nas férias:* Uma experiência de política pública de lazer e educação. 1. ed. São Paulo: IMK Relações Públicas S/C Ltda, 2004.

_____. O projeto social esporte e lazer da cidade: da elaboração conceitual à sua implementação. In: CASTELLANI FILHO, Lino (Org.). *Gestão Pública e Política de Lazer:* A Formação de Agentes Sociais. Campinas, SP: Autores Associados, 2007.

CORREA, Rui Cesar Publio B. *A evolução da legislação desportiva trabalhista no Brasil:* Revista FMU Direito. São Paulo, ano 25, n. 36, 2011.

CUADERNOS DE DERECHO DESPORTIVO, ns. 1 e 5, AD--HOC, Bunos Aires, 2002-2004.

DA SILVA, Eduardo Augusto Viana. *O autoritarismo, o casuísmo e as inconstitucionalidades na legislação desportiva brasileira*, Ed. 4º Centenário, 1997.

DEL CONT, Valdeir. *Francis Galton:* eugenia e hereditariedade. Scientiae Studia, v. 6, n. 2, São Paulo, apr./june 2008. Disponível em: <http://www.scielo.br/scielo.php?script=sci_arttext&pid=S1678-31662008000200004>. Acesso em: 11 jun. 2016.

FREIRE, J. B., SCAGLIA A. J. *Educação como prática corporal.* São Paulo: Scipione, 2003.

HUIZINGA, Johan. *Homo Ludens* (1938). 5. ed. São Paulo: Perspectiva, 2004.

LENZA, Pedro. *Direito constitucional esquematizado.* São Paulo: Saraiva, 2012.

LINHALES, Meily Assbú. *A trajetória política do esporte no Brasil:* interesses envolvidos, setores excluídos. Dissertação (Mestrado em Ciência Política), Faculdade de Filosofia e Ciências Humanas, Universidade Federal de Minas Gerais, Belo Horizonte, 1996.

LYRA FILHO, João. *Introdução ao Direito Desportivo.* Rio de Janeiro: Irmãos Pongetti, 1952.

_____. *Introdução a sociologia dos desportos.* 1. ed. Rio de Janeiro: Bloch editores, 1973.

MELO FILHO, Álvaro. Desporto constitucionalizado. *Revista de Informação Legislativa.* jan./mar. Ano 26. n. 101. Brasília: Senado Federal, 1989.

_____. *História da legislação desportiva:* Revista da Faculdade de Direito do Ceará, 1992/3, Fortaleza, v. 33, p. 154-159.

_____. *O desporto na ordem jurídico-constitucional brasileira.* São Paulo: Malheiros, 1995.

_____. "Projeto Pelé": inconstitucionalidade e irrealidades. *Revista de Informação Legislativa.* jan./mar. Ano 35. n. 137. Brasília: Senado Federal, 1998.

_____. *"Lei Pelé"*: comentários à Lei n. 9.615/1998. Brasília: Brasília Jurídica, 1998.

_____. Ação processual desportiva na nova constituição. *Revista de Processo.* Brasília n. 54 abr./jun. 1999.

_____. *Novo regime jurídico do desporto.* Brasília: Brasília Jurídica, 2001.

ORTEGA Y GASSET, José. El origen deportivo del Estado. In: *Citius, Altius, Fortius.* [Reeditado], T. IX, Madrid: 1967.

PIMENTEL, E. dos S. *O conceito de esporte no interior da legislação esportiva brasileira: de 1941 até 1998.* 2007. 214 f. Dissertação (Mestrado em Educação Física) – Universidade Federal do Paraná, Curitiba, 2007.

PUGA, Alberto. O estatuto do desportista no ordenamento jurídico brasileiro. In: BEM, Leonardo Schmitt de; RAMOS, Rafael Teixeira. *Direito desportivo – tributo a Marcílio Krieger.* São Paulo: Quartier Latin, 2009.

SALCEDO, Mariano Albor. *Deporte Y Derecho.* México, DF: Trillas, 1989.

SOEIRO, Renato Souza Pinto; TUBINO, Manoel José Gomes. *A contribuição da escola de educação física do exército para o esporte nacional:* 1933 a 2000. Fitness & Performance Journal, v. 2, n. 6, p. 336-340, 2003.

TUBINO, Manoel José Gomes. *O esporte no Brasil.* São Paulo: Ibrasa, 1996.

_____. *Dimensões sociais do esporte.* 2. ed. São Paulo: Cortez, 2001.

_____. *500 anos de legislação esportiva brasileira:* do Brasil colônia ao início do século XXI. Rio de Janeiro: Shape, 2002.

_____. *Estudos brasileiros sobre o esporte:* ênfase no esporte--educação. Maringá: Eduem, 2010.

CRIMES RACIAIS E DE INTOLERÂNCIA NO ÂMBITO DESPORTIVO

Rafael Francisco Marcondes de Moraes
Mestrando pela Faculdade de Direito da Universidade de São Paulo – USP.
Especialista em Direito. Professor concursado da Academia da Polícia Civil de São Paulo.
Docente e palestrante em universidades e em cursos jurídicos. Autor de livros e artigos jurídicos.
Delegado de Polícia do Estado de São Paulo.

1. INTRODUÇÃO

O desporto, vale dizer, a prática esportiva, compreende os exercícios ou atividades físicas por meio de participação ocasional ou organizada, que pode ser coletiva ou individual, e tem como objetivo primordial propiciar recreação e equilíbrio na saúde física e mental de seus praticantes.

A Constituição Federal brasileira incentiva explicitamente o esporte, estipulando como direito dos cidadãos e como dever do Poder Público estimular as suas práticas formais e informais, destacando seção e dispositivo próprio sobre a temática, assim dispondo em seu art. 217:

> É dever do Estado fomentar práticas desportivas formais e não formais, como direito de cada um, observados:
>
> I – a autonomia das entidades desportivas dirigentes e associações, quanto a sua organização e funcionamento;
>
> II – a destinação de recursos públicos para a promoção prioritária do desporto educacional e, em casos específicos, para a do desporto de alto rendimento;
>
> III – o tratamento diferenciado para o desporto profissional e o não profissional;
>
> IV – a proteção e o incentivo às manifestações desportivas de criação nacional.
>
> § 1º O Poder Judiciário só admitirá ações relativas à disciplina e às competições desportivas após esgotarem-se as instâncias da justiça desportiva, regulada em lei.
>
> § 2º A justiça desportiva terá o prazo máximo de sessenta dias, contados da instauração do processo, para proferir decisão final.
>
> § 3º O Poder Público incentivará o lazer, como forma de promoção social.

Destarte, à luz do aludido fundamento constitucional, conquanto os esportes sejam praticados, pela maioria das pessoas, de maneira amadora, por mera diversão ou mesmo para manutenção ou obtenção de boas condições e aptidões físicas, há também o desporto profissional, bastante competitivo e importante fonte de rendimentos econômicos e de entretenimento, tornando o esporte tema que recebe e exerce intenso influxo na cultura, na educação e nas relações sociais de um modo geral.

Não por outra razão, os comportamentos observados no meio desportivo invariavelmente refletem hábitos e aspectos culturais de uma sociedade, em especial naquelas modalidades esportivas de maior popularidade.

Nesse contexto, as virtudes e os vícios nas atitudes e na mentalidade humana, em muitos episódios, são evidenciados, reproduzidos e até potencializados na esfera do desporto, cometidos contra e por atletas, torcedores e outras pessoas direta ou indiretamente envolvidas.

Sob essa perspectiva, no presente ensaio, pretende-se expor breves comentários e ponderações acerca de casos reveladores de manifestações de intolerância e preconceito no âmbito desportivo e suas respectivas e principais implicações criminais.

2. DISCRIMINAÇÃO, INTOLERÂNCIA, PRECONCEITO E RACISMO

Para início de abordagem, mister se faz pontuar as definições que costumam ser adotadas para as expressões discriminação, preconceito, racismo e intolerância.

De um modo geral, a nomenclatura "discriminação" representa uma violação ao princípio da igualdade, a partir da distinção, da exclusão, da restrição ou da preferência movidas por aspectos afetos à raça, à cor, ao gênero, à idade, a um credo religioso ou mesmo a convicções políticas.(1)

A palavra "intolerância", por sua vez, significa a ausência de tolerância e corresponde à falta de compreensão ou aceitação em relação a algo, de modo que, um indivíduo intolerante, é aquele que exprime um comportamento de repulsa, repugnância ou ódio por algo que lhe seja diferente.

Já o termo "preconceito" consiste na opinião ou sentimento, favorável ou desfavorável, concebido sem exame crítico e sem maior ponderação ou conhecimento, ou ainda uma atitude, um sentimento ou um parecer ou manifestação insensata, assumido em consequência da generalização açodada de uma experiência pessoal ou sugerida pelo meio, por vezes desencadeando a intolerância.(2)

Por seu turno, o vocábulo "racismo" expressa o conjunto de teorias e crenças que pregam uma suposta e equivocada hierarquia entre as "raças" ou entre etnias, ou ainda uma hostilidade em relação a determinadas categorias de pessoas, e pode ser identificado como um fenômeno cultural presente em quase toda a história da humanidade.

A discriminação racial ou étnico-racial consiste em "toda distinção, exclusão, restrição ou preferência baseada em raça, cor, descendência ou origem nacional ou étnica que tenha por objeto anular ou restringir o reconhecimento, gozo ou exercício, em igualdade de condições, de direitos humanos e liberdades fundamentais nos campos político, econômico, social, cultural ou em qualquer outro campo da vida pública ou privada", definição conferida pela Lei Federal n. 12.288, de 20 de julho de 2010, o denominado Estatuto da Igualdade Racial, em seu art. 1º, parágrafo único, inciso I.

Nesse panorama, relevante consignar que a expressão "raça" advém de uma noção de categoria de espécies de seres vivos, empregada na área da biologia como forma de classificação.

Entretanto, sob a perspectiva social, a utilização da expressão "raça" retratava senso comum para a determinação de grupos étnicos a partir de suas características genéticas.

Sob esse viés, as "raças humanas" seriam determinadas, sobretudo, pela cor da pele e alguns atributos físicos, associados também à origem social dos indivíduos, leitura essa superada e não mais adotada pela comunidade científica, mormente em virtude dos estudos sobre o genoma humano, que comprovaram não existir subgrupos de seres humanos, sendo, por isso, incorreto classificar negros, asiáticos, indígenas ou outros grupos como "raças" diferentes, consoante já articulado pelo Supremo Tribunal Federal no julgamento do emblemático caso do editor Siegfried Ellwanger, relacionado ao Habeas Corpus n. 82.424-RS, adiante comentado e colacionado.

A visão sociológica e antropológica sobre o assunto determina que os diferentes grupos entre humanos consistem na verdade em etnias, que apresentam meras diferenças fenotípicas, como a cor de pele, mas, na essência, são todas iguais, ou seja, da mesma "raça humana". Conquanto não exista um consenso, a ideia de etnia ou grupo étnico costuma abranger também aspectos culturais e não apenas físicos e genéticos, e classifica uma uniformidade cultural, com as mesmas tradições, conhecimentos, técnicas, habilidades, língua e comportamento.

De qualquer modo, não há como ignorar que no mundo todo pessoas são discriminadas em razão de suas convicções políticas, religiosas, orientações sexuais, condições sexuais, preferências ou estilos de vida e, de maneira mais contundente, quando consideradas sob o aspecto fenotípico, por suas "raças", motivo pelo qual, para viabilizar a tutela legal e estatal, emprega-se ainda o vocábulo e a ideologia que ele representa.(3)

O racismo já causou vários e profundos estragos à humanidade em diversos momentos e lugares, principalmente no período da escravidão dos povos africanos de cor negra e no holocausto dos judeus durante a Segunda Guerra Mundial, impulsionando a crueldade e o covarde extermínio de milhares de seres humanos, a pretexto de serem tratados como supostos seres inferiores, que não mereceriam dignidade ou mesmo viver.

Logo, os pensamentos racistas (imbuídos de racismo) ou preconceituosos desdobram-se em condutas de

(1) ANDREUCCI, Ricardo Antônio. Preconceito, discriminação e intolerância no Brasil. *Empório do Direito*, Florianópolis, 25 fev. 2016. Disponível em: <http://emporiododireito.com.br/preconceito-discriminacao-e-intolerancia-no-brasil/>.

(2) BORNIA, Josiane Pilau. *Discriminação, preconceito e Direito Penal*. Curitiba: Juruá, 2008. p. 67-68.

(3) SANTOS, Christiano Jorge. Racismo ou injúria qualificada. In: SILVA, Antonio Marques da (Coord.). *Processo penal e garantias constitucionais*. São Paulo: Quartier Latin, 2006. p. 82.

intolerância e na sua manifestação mais acentuada refletida na discriminação, atos que, com o árduo aprendizado do tempo passaram a ser criminalizados justamente pela percepção de que atingem drasticamente bens jurídicos e acarretam sofrimento e barbáries entre os povos.

3. CRIMES RACIAIS E DE INTOLERÂNCIA

Em um sentido amplo, crimes raciais são todos aqueles que o mote da conduta praticada se concentra na ideologia racista, a partir de uma concepção e de uma postura preconceituosa e arrogante que considera um grupo como inferior e impregnado desse pensamento externar ofensas ou atos de segregação.

No mesmo diapasão, os crimes de intolerância, também chamados de "crimes de ódio"(4) representam aqueles comportamentos em regra direcionados contra minorias existentes em determinadas sociedades, decorrentes de fanatismos e preconceitos, precipuamente envolvendo a cor da pele, a orientação sexual, a etnia, a idade, a deficiência física ou mental ou até a preferência por agremiações esportivas.

No campo criminal, tais condutas podem configurar desde delitos contra a honra, como injúria simples e a sua figura qualificada conhecida como injúria racial ou preconceituosa, passando por incitação ao crime, ameaças, lesões corporais, torturas, até os crimes resultantes de preconceito de raça da Lei Federal n. 7.716/1989 e o homicídio.

Assinala-se que, no Estado de São Paulo, a Polícia Civil paulista possui unidades especializadas, tratando-se da Delegacia de Polícia de Repressão aos Crimes Raciais e Delitos de Intolerância – DECRADI e da Delegacia de Polícia de Repressão e Análise aos Delitos de Intolerância Esportiva – DRADE.

A Delegacia de Polícia de Repressão aos Crimes Raciais e Delitos de Intolerância – DECRADI tem como atribuição reprimir e analisar delitos de intolerância definidos por infrações originalmente motivadas pelo posicionamento intransigente e divergente de pessoa ou grupo em relação a outra pessoa ou grupo e caracterizados por convicções ideológicas, religiosas, raciais, culturais e étnicas, visando à exclusão social. Investiga os fatos criminosos como injúria simples e racial, incitação ao crime, ameaça e lesão corporal. A unidade especializada é originária do Grupo de Repressão e Análise aos Delitos de Intolerância – GRADI, instituído pela Resolução n. 42, da Secretaria de Segurança Pública paulista, de 3 de março de 2000.(5)

Em 2006, por meio do Decreto n. 50.594, o grupo recebeu a nomenclatura atual, tornando-se delegacia vinculada à Divisão de Proteção à Pessoa do Departamento Estadual de Homicídios e de Proteção à Pessoa – DHPP, atualmente regulamentado pelo Decreto Estadual n. 57.537, de 23 de novembro de 2011.

Já a Delegacia de Polícia de Repressão aos Delitos de Intolerância Esportiva – DRADE, também subordinada à Divisão de Proteção à Pessoa do Departamento Estadual de Homicídios e de Proteção à Pessoa – DHPP, cuida diretamente de fatos ligados à área do desporto e foi instituída pelo Decreto Estadual n. 60.353, de 9 de abril de 2014. Tem como atribuição a repressão e análise de eventos delituosos de intolerância praticados entre torcedores e torcidas, por ocasião de competições esportivas.

4. INJÚRIA RACIAL, LEI FEDERAL N. 7.716/1989 E A PRÁTICA DO RACISMO

As duas principais previsões criminais relacionadas expressamente à intenção racista são a injúria racial ou preconceituosa, do art. 140, § 3º do Código Penal, inserida pela Lei Federal n. 9.459, de 13 de maio de 1997 e alterada pela Lei n. 10.741, de 1º de outubro de 2003 (Estatuto do Idoso), e os tipos penais veiculados na Lei Federal n. 7.716, de 5 de janeiro de 1989, conhecida por "Lei Caó", em homenagem ao apelido do advogado, jornalista e político brasileiro Carlos Alberto de Oliveira, autor do projeto que originou o diploma legal.

Convém enfatizar que há comando da Lei Maior para uma reprimenda penal mais severa quanto à prática de racismo, consoante art. 5º, inciso XLII:

> a prática do racismo constitui crime inafiançável e imprescritível, sujeito à pena de reclusão, nos termos da lei;

Na mesma senda, a Carta Magna também estipula o repúdio ao terrorismo e ao racismo como um dos princípios regentes da República Federativa do Brasil em suas relações internacionais, nos moldes de seu art. 4º, inciso VIII, e estabelece ainda a criação de programas de prevenção e atendimento especializado para

(4) BARRETO, Margarete Francisca Correa. O combate aos crimes raciais e delitos de intolerância. *MPD Dialógico: Revista do Movimento Ministério Público Democrático*, São Paulo, v. 5, n. 19, p. 30, jun. 2008.

(5) BARRETO, Margarete Francisca Correa. O combate aos crimes raciais e delitos de intolerância. *MPD Dialógico: Revista do Movimento Ministério Público Democrático*, São Paulo, v. 5, n. 19, p. 30, jun. 2008.

pessoas portadoras de deficiência, com a eliminação de obstáculos arquitetônicos e de todas as formas de discriminação, como preceito para as políticas públicas objetivando a promoção de assistência integral à saúde da criança, do adolescente e do jovem, com participação de entidades não governamentais, conforme se depreende do art. 227, § 1º, inciso II da Constituição Federal.

Para uma melhor ilustração, colaciona-se o texto do crime de injúria racial ou preconceituosa, prevista no Código Penal, art. 140, § 3º:

> Art. 140 – Injuriar alguém, ofendendo-lhe a dignidade ou o decoro:
>
> Pena – detenção, de um a seis meses, ou multa.
>
> (...)
>
> § 3º Se a injúria consiste na utilização de elementos referentes a raça, cor, etnia, religião, origem ou a condição de pessoa idosa ou portadora de deficiência:
>
> Pena – reclusão de um a três anos e multa.

De igual sorte, os tipos penais resultantes de discriminação ou preconceito, tem as seguidas redações na Lei Federal n. 7.716/1989, em seus arts. 3º a 14 e 20:

> Art. 1º Serão punidos, na forma desta Lei, os crimes resultantes de discriminação ou preconceito de raça, cor, etnia, religião ou procedência nacional.
>
> (...)
>
> Art. 3º Impedir ou obstar o acesso de alguém, devidamente habilitado, a qualquer cargo da Administração Direta ou Indireta, bem como das concessionárias de serviços públicos.
>
> Parágrafo único. Incorre na mesma pena quem, por motivo de discriminação de raça, cor, etnia, religião ou procedência nacional, obstar a promoção funcional.
>
> Pena: reclusão de dois a cinco anos.
>
> Art. 4º Negar ou obstar emprego em empresa privada.
>
> § 1º Incorre na mesma pena quem, por motivo de discriminação de raça ou de cor ou práticas resultantes do preconceito de descendência ou origem nacional ou étnica:
>
> I – deixar de conceder os equipamentos necessários ao empregado em igualdade de condições com os demais trabalhadores;
>
> II – impedir a ascensão funcional do empregado ou obstar outra forma de benefício profissional;
>
> III – proporcionar ao empregado tratamento diferenciado no ambiente de trabalho, especialmente quanto ao salário.
>
> § 2º Ficará sujeito às penas de multa e de prestação de serviços à comunidade, incluindo atividades de promoção da igualdade racial, quem, em anúncios ou qualquer outra forma de recrutamento de trabalhadores, exigir aspectos de aparência próprios de raça ou etnia para emprego cujas atividades não justifiquem essas exigências.
>
> Pena: reclusão de dois a cinco anos.
>
> Art. 5º Recusar ou impedir acesso a estabelecimento comercial, negando-se a servir, atender ou receber cliente ou comprador.
>
> Pena: reclusão de um a três anos.
>
> Art. 6º Recusar, negar ou impedir a inscrição ou ingresso de aluno em estabelecimento de ensino público ou privado de qualquer grau.
>
> Pena: reclusão de três a cinco anos.
>
> Parágrafo único. Se o crime for praticado contra menor de dezoito anos a pena é agravada de 1/3 (um terço).
>
> Art. 7º Impedir o acesso ou recusar hospedagem em hotel, pensão, estalagem, ou qualquer estabelecimento similar.
>
> Pena: reclusão de três a cinco anos.
>
> Art. 8º Impedir o acesso ou recusar atendimento em restaurantes, bares, confeitarias, ou locais semelhantes abertos ao público.
>
> Pena: reclusão de um a três anos.
>
> Art. 9º Impedir o acesso ou recusar atendimento em estabelecimentos esportivos, casas de diversões, ou clubes sociais abertos ao público.
>
> Pena: reclusão de um a três anos.
>
> Art. 10. Impedir o acesso ou recusar atendimento em salões de cabeleireiros, barbearias, termas ou casas de massagem ou estabelecimento com as mesmas finalidades.
>
> Pena: reclusão de um a três anos.
>
> Art. 11. Impedir o acesso às entradas sociais em edifícios públicos ou residenciais e elevadores ou escada de acesso aos mesmos:
>
> Pena: reclusão de um a três anos.
>
> Art. 12. Impedir o acesso ou uso de transportes públicos, como aviões, navios barcas, barcos, ônibus, trens, metrô ou qualquer outro meio de transporte concedido.
>
> Pena: reclusão de um a três anos.
>
> Art. 13. Impedir ou obstar o acesso de alguém ao serviço em qualquer ramo das Forças Armadas.
>
> Pena: reclusão de dois a quatro anos.
>
> Art. 14. Impedir ou obstar, por qualquer meio ou forma, o casamento ou convivência familiar e social.
>
> Pena: reclusão de dois a quatro anos.
>
> (...)
>
> Art. 20. Praticar, induzir ou incitar a discriminação ou preconceito de raça, cor, etnia, religião ou procedência nacional.

> Pena: reclusão de um a três anos e multa.
>
> § 1º Fabricar, comercializar, distribuir ou veicular símbolos, emblemas, ornamentos, distintivos ou propaganda que utilizem a cruz suástica ou gamada, para fins de divulgação do nazismo.
>
> Pena: reclusão de dois a cinco anos e multa.
>
> § 2º Se qualquer dos crimes previstos no *caput* é cometido por intermédio dos meios de comunicação social ou publicação de qualquer natureza:
>
> Pena: reclusão de dois a cinco anos e multa.

Como se nota, embora em um sentido amplo tanto a injúria qualificada pelo preconceito quanto os tipos penais da Lei n. 7.716/1989 apresentem motivação racial, a primeira representa e está inserida nos crimes contra a honra do Código Penal, enquanto os segundos envolvem, em sua maioria, atos de segregação, salvo o delito do art. 20, que pune a incitação e o induzimento e também a "prática" da discriminação ou preconceito e, sobretudo este último verbo nuclear do tipo, que viabiliza uma interpretação mais ampla, acaba gerando certa divergência com o delito contra a honra.

Com efeito, conquanto a lei não defina explicitamente a abrangência da expressão "prática do racismo", em especial para o fim de incidência da imprescritibilidade e da inafiançabilidade do citado inciso XLII do art. 5º da Constituição Federal, há prevalência na doutrina no sentido de que estariam abarcadas apenas as figuras penais elencadas na aludida Lei Federal n. 7.716/1989.

Aqueles que advogam que a injúria racial não seria "prática de racismo", argumentam que esta consiste em ofender a honra de pessoa determinada, valendo-se o ofensor de elementos referentes à raça, cor, etnia, religião ou origem, ao passo que, para se considerar "prática de racismo", o ato deveria atingir uma coletividade indeterminada de indivíduos, discriminando toda a integralidade de uma "raça".

Como asseverado, a principal repercussão jurídico-criminal nesse debate reside justamente em aplicar ou não o comando constitucional que torna o fato inafiançável e imprescritível.

Isso porque a injúria racial estabelece a pena de reclusão de um a três anos e multa, além da pena correspondente à violência, para quem cometê-la. De acordo com o dispositivo criminalizador, injuriar seria ofender a dignidade ou o decoro utilizando elementos de raça, cor, etnia, religião, origem ou condição de pessoa idosa ou portadora de deficiência.

Logo, adotando a posição de que a injúria racial não se classifica como prática de racismo, o delito, por cominar pena máxima em abstrato acima de dois e abaixo de quatro anos, admite o arbitramento de fiança na etapa extrajudicial, em caso de prisão em flagrante delito decretada pelo Delegado de Polícia responsável, após a devida apreciação e deliberação técnico-jurídica exarada com independência funcional[(6)], em atenção ao art. 322 do Código de Processo Penal, lembrando ainda que se trata de delito de ação penal condicionada à representação da vítima, nos moldes do art. 145, parágrafo único do Código Penal.

Outrossim, pelo mesmo entendimento acima exposto, a prescrição para a injúria racial seria de oito anos, também em razão da pena máxima não exceder quatro anos, nos termos do art. 109, inciso IV, do Código Penal. Vale lembrar que, em geral, o crime de injúria está associado à verbalização de xingamentos ou gestos depreciativos referentes à raça ou à cor com a intenção de ofender a honra da vítima.

Já os tipos penais da Lei n. 7.716/1989, por muitos considerados exaustivos como hipóteses de "prática de racismo", implica conduta discriminatória dirigida a determinado grupo ou coletividade.

A Lei n. 7.716/1989 criminaliza uma série de hipóteses segregadoras como, por exemplo, recusar ou impedir acesso a estabelecimento comercial, impedir o acesso às entradas sociais em edifícios públicos ou residenciais e elevadores ou às escadas de acesso, negar ou obstar emprego em empresa privada, entre outros, e na prática são mais comuns os casos enquadrados no art. 20 do citado diploma, conquanto também escassos quando comparados aos fatos tipificados como "injúria racial".

O mencionado art. 20 da Lei n. 7.716/1989 teve a interpretação hoje mais adotada consagrada no famoso caso "Ellwanger", tratando-se do HC n. 82.424/RS decidido pelo Supremo Tribunal Federal em 17 de setembro de 2003, que versou sobre as publicações do escritor Siegfried Ellwanger Castan que negavam o holocausto

---

(6) LESSA, Marcelo de Lima; MORAES, Rafael Francisco Marcondes de; BARROS FILHO, Mário Leite de. *Polícia judiciária de Estado e a independência funcional do delegado de polícia*. In: SÃO PAULO (Estado), *Arquivos da Polícia Civil* – v. 53, São Paulo: Acadepol, 2015. p. 10-29. As manifestações e enquadramentos legais realizados pelo Delegado de Polícia no exercício de suas funções devem ser deliberados motivadamente, com inerente independência funcional, assegurada expressamente em Constituições Estaduais, como no caso da Carta do Estado de São Paulo, em seu art. 140, §3º, e consiste na "autonomia intelectual para interpretar o ordenamento jurídico e decidir, com imparcialidade e isenção, de modo fundamentado", consoante definição e garantia extraída do art. 1º, §§ 1º e 2º da Lei Complementar Paulista n. 1.152/2011, com a redação promovida pela Lei Complementar Estadual n. 1.249/2014.

contra os judeus, consoante paradigmática ementa abaixo colacionada:(7)

> HABEAS CORPUS. PUBLICAÇÃO DE LIVROS: ANTI-SEMITISMO. RACISMO. CRIME IMPRESCRITÍVEL. CONCEITUAÇÃO. ABRANGÊNCIA CONSTITUCIONAL. LIBERDADE DE EXPRESSÃO. LIMITES. ORDEM DENEGADA.
>
> 1. Escrever, editar, divulgar e comerciar livros *"fazendo apologia de ideias preconceituosas e discriminatórias"* contra a comunidade judaica (Lei n. 7.716/1989, art. 20, na redação dada pela Lei n. 8.081/1990) constitui crime de racismo sujeito às cláusulas de inafiançabilidade e imprescritibilidade (CF, art. 5º, XLII).
>
> 2. Aplicação do princípio da prescritibilidade geral dos crimes: se os judeus não são uma raça, segue-se que contra eles não pode haver discriminação capaz de ensejar a exceção constitucional de imprescritibilidade. Inconsistência da premissa.
>
> 3. Raça humana. Subdivisão. Inexistência. Com a definição e o mapeamento do genoma humano, cientificamente não existem distinções entre os homens, seja pela segmentação da pele, formato dos olhos, altura, pelos ou por quaisquer outras características físicas, visto que todos se qualificam como espécie humana. Não há diferenças biológicas entre os seres humanos. Na essência são todos iguais.
>
> 4. Raça e racismo. A divisão dos seres humanos em raças resulta de um processo de conteúdo meramente político-social. Desse pressuposto origina-se o racismo que, por sua vez, gera a discriminação e o preconceito segregacionista.
>
> 5. Fundamento do núcleo do pensamento do nacional-socialismo de que os judeus e os arianos formam raças distintas. Os primeiros seriam *raça inferior, nefasta e infecta*, características suficientes para justificar a segregação e o extermínio: inconciabilidade com os padrões éticos e morais definidos na Carta Política do Brasil e do mundo contemporâneo, sob os quais se ergue e se harmoniza o estado democrático. Estigmas que por si só evidenciam crime de racismo. Concepção atentatória dos princípios nos quais se erige e se organiza a sociedade humana, baseada na respeitabilidade e dignidade do ser humano e de sua pacífica convivência no meio social. Condutas e evocações aéticas e imorais que implicam repulsiva ação estatal por se revestirem de densa intolerabilidade, de sorte a afrontar o ordenamento infraconstitucional e constitucional do País.
>
> 6. Adesão do Brasil a tratados e acordos multilaterais, que energicamente repudiam quaisquer discriminações raciais, aí compreendidas as distinções entre os homens por restrições ou preferências oriundas de *raça*, cor, credo, descendência ou origem nacional ou étnica, inspiradas na pretensa superioridade de um povo sobre outro, de que são exemplos a xenofobia, "negrofobia", "islamafobia" e o anti-semitismo.
>
> 7. A Constituição Federal de 1988 impôs aos agentes de delitos dessa natureza, pela gravidade e repulsividade da ofensa, a cláusula de imprescritibilidade, para que fique, *ad perpetuam rei memoriam*, verberado o repúdio e a abjeção da sociedade nacional à sua prática.
>
> 8. Racismo. Abrangência. Compatibilização dos conceitos etimológicos, etnológicos, sociológicos, antropológicos ou biológicos, de modo a construir a definição jurídico-constitucional do termo. Interpretação teleológica e sistêmica da Constituição Federal, conjugando fatores e circunstâncias históricas, políticas e sociais que regeram sua formação e aplicação, a fim de obter-se o real sentido e alcance da norma.
>
> 9. Direito comparado. A exemplo do Brasil as legislações de países organizados sob a égide do estado moderno de direito democrático igualmente adotam em seu ordenamento legal punições para delitos que estimulem e propaguem segregação racial. Manifestações da Suprema Corte Norte-Americana, da Câmara dos Lordes da Inglaterra e da Corte de Apelação da Califórnia nos Estados Unidos que consagraram entendimento que aplicam sanções àqueles que transgridem as regras de boa convivência social com grupos humanos que simbolizem a prática de racismo.
>
> 10. A edição e publicação de obras escritas veiculando ideias anti-semitas, que buscam resgatar e dar credibilidade à concepção racial definida pelo regime nazista, negadoras e subversoras de fatos históricos incontroversos como o holocausto, consubstanciadas na pretensa inferioridade e desqualificação do povo judeu, equivalem à incitação ao discrímen com acentuado conteúdo racista, reforçadas pelas consequências históricas dos atos em que se baseiam.
>
> 11. Explícita conduta do agente responsável pelo agravo revelador de manifesto dolo, baseada na equivocada premissa de que os judeus não só são uma raça, mas, mais do que isso, um segmento racial atávica e geneticamente menor e pernicioso.
>
> 12. Discriminação que, no caso, se evidencia como deliberada e dirigida especificamente aos judeus, que configura ato ilícito de prática de racismo, com as consequências gravosas que o acompanham.

(7) STF, HC n. 82.424/RS, Relator para acórdão Min. Maurício Corrêa, j. 17.09.2003.

> 13. Liberdade de expressão. Garantia constitucional que não se tem como absoluta. Limites morais e jurídicos. O direito à livre expressão não pode abrigar, em sua abrangência, manifestações de conteúdo imoral que implicam ilicitude penal.
>
> 14. As liberdades públicas não são incondicionais, por isso devem ser exercidas de maneira harmônica, observados os limites definidos na própria Constituição Federal (CF, art. 5º, § 2º, primeira parte). O preceito fundamental de liberdade de expressão não consagra o *"direito à incitação ao racismo"*, dado que um direito individual não pode constituir-se em salvaguarda de condutas ilícitas, como sucede com os delitos contra a honra. Prevalência dos princípios da dignidade da pessoa humana e da igualdade jurídica.
>
> 15. "*Existe um nexo estreito entre a imprescritibilidade, este tempo jurídico que se escoa sem encontrar termo, e a memória, apelo do passado à disposição dos vivos, triunfo da lembrança sobre o esquecimento*". No estado de direito democrático devem ser intransigentemente respeitados os princípios que garantem a prevalência dos direitos humanos. Jamais podem se apagar da memória dos povos que se pretendam justos os atos repulsivos do passado que permitiram e incentivaram o ódio entre iguais por motivos raciais de torpeza inominável.
>
> 16. A ausência de prescrição nos crimes de racismo justifica-se como alerta grave para as gerações de hoje e de amanhã, para que se impeça a reinstauração de velhos e ultrapassados conceitos que a consciência jurídica e histórica não mais admitem.
>
> Ordem denegada.

Em caso mais recente, a 6ª Turma da Superior Tribunal de Justiça, ao julgar o Agravo Regimental no Agravo em Recurso Especial n. 686.965/DF[8], envolvendo a condenação por injúria racial do jornalista Paulo Henrique Amorim por comentar em sítio eletrônico ("blog") que o também jornalista Heraldo Pereira era "negro de alma branca" e "não conseguiu revelar nenhum atributo para fazer tanto sucesso, além de ser negro e de origem humilde", seguiu o posicionamento segundo o qual a injúria racial estaria englobada na previsão constitucional de "prática de racismo". Logo, seria fato imprescritível e inafiançável, decisão que causou e ainda mantém intenso debate sobre o tema, cuja ementa ora se reproduz:

> PENAL E PROCESSO PENAL. AGRAVO REGIMENTAL NO AGRAVO EM RECURSO ESPECIAL. INJÚRIA RACIAL. CERCEAMENTO DE DEFESA. NÃO OCORRÊNCIA. EXISTÊNCIA NOS AUTOS DE CERTIDÃO EMITIDA POR SERVENTUÁRIO DA JUSTIÇA ABRINDO PRAZO PARA A RESPOSTA AO REFERIDO RECURSO. TEMPESTIVIDADE DO AGRAVO AFERIDA EM CONFORMIDADE COM A SÚMULA N. 448 DO SUPREMO TRIBUNAL FEDERAL – STF. DECISÃO *EXTRA PETITA*. INEXISTÊNCIA. VIOLAÇÃO DE ARTIGOS DA CONSTITUIÇÃO FEDERAL. INVIABILIDADE EM RECURSO ESPECIAL. IMPRESCRITIBILIDADE DO DELITO DE INJÚRIA RACIAL. DECADÊNCIA. INEXISTÊNCIA, *IN CASU*. RECURSO DESPROVIDO. 1. Não há que se falar em cerceamento de defesa, porquanto consta dos autos documento assinado por serventuário da justiça certificando que, em 22.01.2015, as partes foram intimadas para responderem, no prazo de 5 (cinco) dias, o recurso de agravo em recurso especial. 2. O agravo é tempestivo, pois consoante a Súmula n. 448 do Supremo Tribunal Federal: "O prazo para o assistente recorrer, supletivamente, começa a correr imediatamente após o transcurso do prazo do Ministério Público." *In casu*, sequer consta nos autos a informação de que o Ministério Público tenha sido intimado pessoalmente da decisão que inadmitiu o recurso especial. 3. O recurso da parte adversa traz tópico específico acerca da prescrição, não havendo que se falar em decisão *extra petita*, no ponto. 4. Não cabe, na via do recurso especial, a análise de suposta violação de artigos da Constituição Federal. De acordo com o magistério de Guilherme de Souza Nucci, com o advento da Lei n. 9.459/1997, introduzindo a denominada injúria racial, criou-se mais um delito no cenário do racismo, portanto, imprescritível, inafiançável e sujeito à pena de reclusão. 5. A injúria racial é crime instantâneo, que se consuma no momento em que a vítima toma conhecimento do teor da ofensa. No presente caso a matéria ofensivo foi postada e permaneceu disponível na internet por largo tempo, não sendo possível descartar a veracidade do que alegou a vítima, vale dizer, que dela se inteirou tempos após a postagem (elidindo-se a decadência). O ônus de provar o contrário é do ofensor. 6. A dúvida sobre o termo inicial da contagem do prazo decadencial, na hipótese, deve ser resolvida em favor do processo. Agravo Regimental desprovido.

No debate desencadeado após a aludida decisão do Superior Tribunal de Justiça, assim se manifestou Guilherme de Souza Nucci, fazendo referência ao citado caso "Ellwanger" julgado pelo Supremo Tribunal Federal:

> O que fez o STF àquela época (2003)? Analogia? Interpretação extensiva? Nada disso. Redefiniu o termo racismo à luz da modernidade. E se um grupo

(8) STJ, HC AgRg no AREsp 686.965/DF, 6ª Turma, Relator Min. Ericson Maranho, p. 31.08.2015.

> religioso pode ser segregado, por ser minoritário, isto é racismo. Logo, imprescritível. Na exata medida em que não há mais "raças" entre seres humanos. Há apenas a raça humana. A busca da divisão de raças caiu por terra; tornou-se um conceito nitidamente ultrapassado. Algo que os antipositivistas, tão cultos, deveriam saber.
>
> É exatamente o raciocínio que desenvolvo. A injúria racial é a mais aguçada e eficiente forma de segregação de grupos minoritários existentes em sociedade. Basta verificar que todos os tipos penais da Lei n. 7.716/1989 são inócuos, exceto o art. 20 (uma singela conferência à jurisprudência nacional verá a quase total ausência de condenações com fundamento na Lei n. 7.716/1989). Afinal, ninguém se atreve a impedir, fisicamente, a entrada de uma pessoa no estabelecimento comercial em virtude de raça (seja como for a visão do agressor racista). É muito visível. Faz-se prova muito fácil. O melhor é injuriá-lo, veladamente, pois a própria vítima, humilhada, se retira.
>
> Como não compreender que a injúria racial machuca muito mais que as tolices dos tipos da Lei n. 7.716/1989, como o art. 12 (impedir o acesso a transportes públicos). Quem seria o maluco a ficar defronte um ônibus, metrô, avião etc., com uma placa: "proibida a entrada de..."? Ou um funcionário no guichê recusando-se a vender passagens a certas pessoas?

Vale registrar que a discussão não está pacificada, subsistindo polêmicas e posicionamentos contrários[9] e favoráveis[10] àquele patrocinado pela 6ª Turma do Superior Tribunal de Justiça acerca de reputar a "injúria racial" como uma espécie da "prática de racismo" do texto constitucional.

Impende reforçar que a apuração para avaliar a eventual configuração da injúria racial do Código Penal ou de quaisquer dos delitos da Lei n. 7.716/1989, mormente de seu art. 20, desenvolve-se desde a etapa extrajudicial da persecução penal, e será a carreira jurídica de Delegado de Polícia, qualificada pela formação policial[11], a primeira autoridade estatal operadora do direito responsável pela apreciação jurídica dos fatos e por sua correlata tipificação legal, deliberando com base nos elementos obtidos na presidência da investigação criminal.[12]

Ressalta-se ainda que a Comissão Interamericana de Direitos Humanos – CIDH, ao decidir o caso Simone André Diniz[13], estabeleceu recomendações ao Estado Brasileiro por entender que, no que tange ao combate à discriminação, a impunidade ainda é a tônica nos crimes raciais praticados no Brasil. A Comissão destacou a difícil aplicação da Lei n. 7.716/1989 e como a Justiça brasileira tendia a ser condescendente com a prática de discriminação racial e que raramente condenava por discriminação, não assegurando às vítimas de crimes raciais acesso efetivo à justiça.

Segundo noticiado, no caso em comento, ocorrido em 1997, Simone André Diniz comunicou à Polícia Civil paulista publicação no jornal Folha de São Paulo, contendo oferta de trabalho de empregada doméstica para a qual só seriam aceitas candidatas "preferencialmente da raça (cor) branca". Ao ligar para o respectivo número telefônico, a interlocutora perguntou se sua cor de pele era branca ou negra. Respondendo ser negra, ouviu que por tal razão não seria aceita para o emprego. Os fatos foram apurados em inquérito policial de unidade especializada e remetido ao Poder Judiciário. O representante do órgão ministerial considerou não haver provas de dolo e correlata intenção de discriminar, requerendo o arquivamento dos autos, homologado pela Autoridade Judicial. Inconformada com a decisão, a vítima procurou Organizações não Governamentais

---

(9) CABETTE, Eduardo Luiz Santos. Para o STJ, injúria é crime de racismo. Será? *Revista Jus Navigandi*, ISSN 1518-4862, Teresina, ano 21, n. 4835, 26 set. 2016. Disponível em: <https://jus.com.br/artigos/52141>; GOMES, Jefferson de Carvalho; SAMPAIO JÚNIOR, Alberto. Não cabe ao juiz "legislar" e comparar a injúria racial ao racismo. *Revista Consultor Jurídico*, São Paulo, 10 nov. 2015. Disponível em: <http://www.conjur.com.br/2015-nov-10/nao-cabe-juiz-legislar-comparar-injuria-racial-racismo>. Acesso em: 16 jul. 2017.

(10) MUNHOZ, Maria Letícia Puglisi; BRANDÃO, Juliana Ribeiro. Nas entrelinhas da distinção de injúria racial e racismo. *Boletim Instituto Brasileiro de Ciências Criminais – IBCCrim*. n. 285, ago., p. 17-18, 2016; CRUZ, Álvaro Ricardo de Souza; VECCHIATTI, Paulo Roberto Iotti. Decisão do STJ que considera injúria racial imprescritível é correta. *Revista Consultor Jurídico*, São Paulo, 24 jan. 2016. Disponível em: <http://www.conjur.com.br/2016-jan-24/decisao-stj-considera-injuria-racial-imprescritivel-correta>. Acesso em: 16 jul. 2017.

(11) MORAES, Rafael Francisco Marcondes de; PIMENTEL JÚNIOR, Jaime. *Polícia judiciária e a atuação da defesa na investigação criminal*. São Paulo: Verbatim, 2017. p. 19.

(12) Caso o Delegado de Polícia repute presente o estado flagrancial e fundada a suspeita do agente (CPP, arts. 302/304), poderá decretar a prisão em flagrante delito, por se tratarem de infrações penais cujas penas máxima suplantam dois anos, que afastam a incidência da Lei n. 9.099/1995 (arts. 61 e 69).

(13) ORGANIZAÇÃO DOS ESTADOS AMERICANOS – COMISSÃO INTERAMERICANA DE DIREITOS HUMANOS. *Caso Simone André Diniz. Relatório de Mérito*. Disponível em: <http://www.cidh.org/annualrep/2006port/BRASIL.12001port.htm>.

(ONGs) militantes dos direitos humanos e peticionou à Comissão Interamericana de Direitos Humanos.[14]

5. CASOS DE CRIMES RACIAIS E DE INTOLERÂNCIA NO DESPORTO

A seguir serão comentados alguns casos de fatos delituosos raciais e de intolerância ocorridos no desporto, que indicam que os episódios envolvem atletas torcedores, árbitros e outros profissionais, demonstrando que as manifestações de ódio, covardia e brutalidade ainda marcantes na sociedade encontram reflexos na prática esportiva.

Consigna-se que o enfoque será sob o aspecto criminal dos fatos, sem prejuízo da eventual responsabilização no âmbito esportivo aplicada pela Justiça Desportiva para clubes, atletas ou outras pessoas submetidas àquela jurisdição especial.

A falácia do pensamento racista, que teoriza a ficta existência de seres humanos divididos em "raças", em razão de características somáticas e de acordo com uma ascendência comum, e apregoa a superioridade de uns sobre outros de maneira preconceituosa e discriminatória, foi devidamente derrubada pela ciência genética, e já evidenciava diante dos resultados no mundo do esporte.

De fato, vários dos melhores atletas da história são de pele negra, e demonstraram com seus resultados e conquistas desportivas a inexistência de distinções de potencial físico ou intelectual entre os seres da raça humana, como facilmente se depreende de exemplos como o de Edson Arantes do Nascimento, o "Pelé", considerado o maior futebolista de todos os tempos, e do corredor estadunidense Jesse Owens, medalhista dos Jogos Olímpicos de 1936 na Alemanha, que venceu os atletas alemães e calou a irracional pretensão de superioridade ariana do discurso nazista de Adolf Hitler.[15]

5.1. Caso "Grafite" e Desábato

Um dos primeiros casos de maior repercussão envolveu o jogador de futebol Edinaldo Batista Libânio, mais conhecido como "Grafite", quando atuava pelo São Paulo Futebol Clube. O atleta foi alvo de ofensas com elementos raciais proferidas pelo jogador Leandro Desábato, da equipe argentina Quilmes Atlético Club, em jogo realizado em 13 de abril de 2005 pela competição continental Copa Libertadores da América. Houve um desentendimento entre os atletas, e o argentino teria xingado o brasileiro proferindo a frase "negrito de mierda, enfia la banana em el culo". Desábato foi preso e autuado em flagrante pelo delito de injúria racial, sendo posteriormente libertado mediante pagamento de fiança.[16]

5.2. Caso Márcio Chagas

No dia 5 de março de 2014, em partida entre o Clube Esportivo Bento Gonçalves e o Veranópolis Esporte Clube Recreativo e Cultural, pelo campeonato gaúcho, o árbitro de futebol Márcio Chagas da Silva teria sido ofendido por alguns torcedores que verbalizaram expressões como "macaco", "seu lugar é na selva" e "volte para o circo". Os xingamentos prosseguiram até o final da partida, e o árbitro teve seu veículo particular depredado e com bananas jogadas sobre o automóvel. Segundo consta, não houve responsabilização na esfera criminal, e o clube Esportivo foi punido pela Justiça Desportiva com multa e perda de mandos de campo.[17]

5.3. Caso goleiro "Aranha"

Outro lamentável exemplo de injúria racial ocorreu no dia 28 de agosto de 2014, em jogo entre o clube Grêmio Foot-ball Porto Alegrense e o Santos Futebol Clube pelo torneio de futebol masculino Copa do Brasil. Torcedores gremistas insultaram o goleiro Mário Lúcio Duarte Costa, conhecido como "Aranha", chamando-o de "macaco" durante a partida, com registros e veiculação televisiva e por outros meios de comunicação.[18]

A Polícia Civil gaúcha apurou os fatos e conseguiu identificar alguns dos ofensores, que foram denunciados por injúria racial. A Justiça Estadual do Rio Grande do Sul aplicou, na ocasião, medidas cautelares como o impedimento dos acusados de frequentar estádios. Após um acordo no Foro Central de Porto Alegre, a ação por injúria foi suspensa.

---

(14) BARBOSA, Fábio Feliciano. O caso Simone A. Diniz: a falta de acesso à justiça para as vítimas dos crimes raciais da Lei Caó. *Revista de Estudos Jurídicos UNESP*, Franca, v. 15, n. 22, p. 117-144, jul./dez. 2011.

(15) O GLOBO. *Atleta negro americano Jesse Owens vence Hitler nos Jogos Olímpicos de 1936*. 6 set. 2013.

(16) FARIAS, Vilson. *Racismo à luz do direito criminal:* com incursão no direito comparado; aspectos materiais, processuais e sociológicos. Pelotas: Livraria Mundial, 2015. p. 195/197.

(17) FARIAS, Vilson. *Racismo à luz do direito criminal: com incursão no direito comparado; aspectos materiais, processuais e sociológicos*. Pelotas: Livraria Mundial, 2015. p. 199/200.

(18) OBSERVATÓRIO DA DISCRIMINAÇÃO RACIAL NO FUTEBOL. *Relatório Anual da Discriminação racial no futebol 2014*. p. 8.

O atleta "Aranha" ainda foi vítima de novos insultos em outro episódio, no dia 21 de janeiro de 2015, por torcedores do seu próprio clube na época (Santos Futebol Clube), por intermédio de ofensas publicadas em rede social na *internet*.(19)

Neste ponto, oportuno salientar que há expressivo aumento do uso da rede mundial de computadores (*internet*) para a prática de delitos, e em especial de crimes raciais e de ódio, sendo plenamente legítima a atuação penal diante da criminalização já positivada, buscando a identificação dos transgressores para a devida responsabilização.(20)

5.4. Caso Rafaela Silva

Além do futebol, esporte mais popular do planeta e principalmente no Brasil, em outras modalidades esportivas também são verificadas ofensas raciais.

A judoca carioca Rafaela Lopes Silva foi alvo de ofensas raciais com emprego de palavras como "macaca" em rede social virtual, após ser eliminada nas Olímpiadas de Londres em 2012. Não consta ter havido comunicação ou apuração estatal sobre o episódio, e a atleta prosseguiu sua carreira vitoriosa, consagrando-se campeã mundial em 2013 e medalhista de ouro nos Jogos Olímpicos do Rio de Janeiro em 2016.

6. TORCIDAS ORGANIZADAS E "CRIMES DE ÓDIO"

Os casos concretos citados infelizmente são uma pequena amostra de fatos delituosos raciais e de intolerância que ocorrem no meio esportivo, e notadamente entre torcedores. Em monitoramento realizado pelo Observatório da Discriminação Racial, no ano de 2014 foram identificados vinte e sete incidentes no Brasil, entre práticas de cunho racista, homofóbico e até nazista, nove dessas situações ocorridas entre torcidas durante a Copa do Mundo de Futebol.(21) Já no ano de 2015, foram constatados trinta e sete casos no futebol, entre incidentes raciais, homofóbicos e xenofóbicos, e ainda quatro incidentes em outros esportes, dois no voleibol feminino, um no basquete masculino e um na ginástica artística.(22)

Em termos legais, considera-se torcedor "toda pessoa que aprecie, apoie ou se associe a qualquer entidade de prática desportiva do País e acompanhe a prática de determinada modalidade esportiva", consoante preceitua o art. 2º da Lei Federal n. 10.671, de 15 de maio de 2003, que dispõe sobre o Estatuto de Defesa do Torcedor.

É natural que os torcedores, apreciadores de prélios esportivos, manifestem com entusiasmo, gesticulando e gritando, o desejo de que vença o clube ou equipe de sua simpatia.

Participar da torcida, mormente nos estádios de futebol, pode fazer com que o indivíduo experimente emoções associadas à sua vida cotidiana, e parece realmente exercer uma força sobre as pessoas, envolvendo até os mais indiferentes em suas tramas.(23)

Observa-se ainda uma distinção entre as torcidas "comuns" e as chamadas torcidas "organizadas", estas últimas geralmente compostas por pessoas que buscam demonstrar mais "paixão" pelo clube, costumam se diferenciar com uniformes e se concentram em espaços específicos nos estádios, entoando, além de canções e hinos dos clubes, também melodias e refrões típicos, alguns exaltando a violência, e com ofensas verbais ou provocações direcionadas ao confronto físico com torcidas adversárias(24), comportamentos que por vezes podem se revestir de um fanatismo e que em situações extremas desencadeiam atos de violência e crimes multitudinários, práticas delitivas por multidões inflamadas pela cólera e pelo desespero, resultando em vandalismo, depredação, agressões e assassinatos.

Oportuno anotar que, além dos crimes de dano, ameaça, injúria, lesão corporal, ameaça, homicídio e outros que as ações narradas podem caracterizar, há infração penal específica no aludido "Estatuto de Defesa do Torcedor", que em seu art. 41-B criminaliza a conduta de "Promover tumulto, praticar ou incitar a violência, ou invadir local restrito aos competidores em eventos esportivos".

---

(19) OBSERVATÓRIO DA DISCRIMINAÇÃO RACIAL NO FUTEBOL. *Relatório Anual da Discriminação racial no futebol 2015*. p. 29.

(20) SANTOS, José Eduardo Lourenço dos. *A discriminação racial na internet e o direito penal*: o preconceito sob a ótica criminal e a legitimidade da incriminação. Curitiba: Juruá, 2014. p. 304-305.

(21) OBSERVATÓRIO DA DISCRIMINAÇÃO RACIAL NO FUTEBOL. *Relatório Anual da Discriminação racial no futebol 2014*.

(22) OBSERVATÓRIO DA DISCRIMINAÇÃO RACIAL NO FUTEBOL. *Relatório Anual da Discriminação racial no futebol 2015*.

(23) MORAES, Gustavo Hermínio Salati Marcondes de; MORAES, Olga Maria Salati Marcondes de. Futebol e violência: Freud explica?. *Estudos de pesquisas em Psicologia*, Rio de Janeiro, v. 12, n. 01, 2012.

(24) PIMENTA, Carlos Alberto Máximo. *Torcidas organizadas e futebol*: violência e auto-afirmação – aspectos da construção das novas relações sociais. Taubaté, SP: Vogal, 1997.

A "Guerra do Pacaembu", como ficou conhecido o confronto entre torcedores no final do campeonato Supercopa São Paulo de Juniores entre as equipes da Sociedade Esportiva Palmeiras e o São Paulo Futebol Clube no conhecido estádio municipal paulistano, foi um triste marco envolvendo torcidas organizadas.

Na ocasião, após o término da partida, torcedores aproveitaram a pequena quantidade de policiais militares e invadiram o gramado. Armados com pedaços de madeira existentes em entulhos de uma área em obras no estádio, protagonizaram cenas de violência, covardia e estupidez, transmitidas ao vivo pela mídia televisiva, resultando em cento e duas pessoas lesionadas, entre elas Márcio Gasparin, que morreu oito dias depois em virtude dos ferimentos sofridos. O torcedor palmeirense Adalberto Benedito dos Santos foi identificado como sendo o homicida, sendo julgado e condenado pelo Tribunal do Júri.[(25)]

Homicídios como o de Márcio Gasparin permanecem presentes na rotina das torcidas organizadas brasileiras. Só no ano de 2016, foram treze mortes, enquanto em 2017 já somam nove assassinatos em enfrentamentos entre torcedores, demonstrando o quadro alarmante de crimes violentos de ódio decorrentes da intolerância e do fanatismo.[(26)]

7. CONSIDERAÇÕES FINAIS

À luz das implicações criminais expostas e das conjunturas e casos comentados, a despeito da comprovação científica da ausência de diferenças entre os indivíduos, todos integrantes da "raça humana", a ideologia racista e os comportamentos intolerantes persistem nas sociedades e reclamam a intervenção dos órgãos estatais e a maior participação e conscientização da sociedade.

Como se observa, o tema não se esgota no tratamento legal e em especial da tutela penal para coibir práticas discriminatórias e delitos de ódio, pela Justiça Criminal, pela Justiça Desportiva e pelos aparatos públicos e privados, e deve ser acompanhado de constante debate acadêmico, político e social em face do cariz histórico e cultural que carrega.

Para além das discussões e de bandeiras políticas ou ideológicas, é preciso superar discursos demagógicos e omissões estatais, máxime na área da educação e da gestão de recursos, de maneira a concretizar medidas efetivas e aptas a fomentar o amadurecimento e a evolução social no tocante à intolerância e à violência no esporte.

8. REFERÊNCIAS BIBLIOGRÁFICAS

ANDREUCCI, Ricardo Antonio. Preconceito, discriminação e intolerância no Brasil. *Emporio do Direito*, Florianópolis, 25 fev. 2016. Disponível em: <http://emporiododireito.com.br/preconceito-discriminacao-e-intolerancia-no-brasil>. Acesso em: 11 jul. 2017.

BARBOSA, Fábio Feliciano. O caso Simone A. Diniz: a falta de acesso à justiça para as vítimas dos crimes raciais da Lei Caó. *Revista de Estudos Jurídicos UNESP*, Franca, v. 15, n. 22, p. 117-144, jul./dez. 2011.

BARRETO, Margarete Francisca Correa. O combate aos crimes raciais e delitos de intolerância. *MPD Dialógico:* Revista do Movimento Ministério Público Democrático, São Paulo, v. 5, n. 19, p. 30-31, jun. 2008.

BORNIA, Josiane Pilau. *Discriminação, preconceito e Direito Penal*. Curitiba: Juruá, 2008.

CABETTE, Eduardo Luiz Santos. Para o STJ, injúria é crime de racismo. Será? *Revista Jus Navigandi*, ISSN 1518-4862, Teresina, ano 21, n. 4835, 26 set. 2016. Disponível em: <https://jus.com.br/artigos/52141>. Acesso em: 12 jul. 2017.

CRUZ, Álvaro Ricardo de Souza; VECCHIATTI, Paulo Roberto Iotti. Decisão do STJ que considera injúria racial imprescritível é correta. *Revista Consultor Jurídico*, São Paulo, 24 jan. 2016. Disponível em: <http://www.conjur.com.br/2016-jan-24/decisao-stj-considera-injuria-racial-imprescritivel-correta>. Acesso em: 16 jul. 2017.

FARIAS, Vilson. *Racismo à luz do direito criminal:* com incursão no direito comparado; aspectos materiais, processuais e sociológicos. Pelotas: Livraria Mundial, 2015.

FOLHA DE SÃO PAULO. *Ofensas racistas quase encerraram carreira de medalhista de ouro do Brasil*, 08 ago. 2016. Disponível em: < http://www1.folha.uol.com.br/esporte/olimpiada-no-rio/2016/08/1800367-ofensas-racistas-quase-encerraram-carreira-de-medalhista-de-ouro.shtml>.

GOMES, Jefferson de Carvalho; SAMPAIO JÚNIOR, Alberto. Não cabe ao juiz "legislar" e comparar a injúria racial ao racismo. *Revista Consultor Jurídico*, São Paulo, 10 nov. 2015. Disponível em: <http://www.conjur.com.br/2015-nov-10/nao-cabe-juiz-legislar-comparar-injuria-racial-racismo>. Acesso em: 16 jul. 2017.

LESSA, Marcelo de Lima; MORAES, Rafael Francisco Marcondes de; BARROS FILHO, Mário Leite de; *Polícia judiciária de*

(25) O ESTADO DE SÃO PAULO. *Os 20 anos da briga que mudou a história das torcidas*. Disponível em: <http://esportes.estadao.com.br/noticias/futebol,os-20-anos-da-batalha-do-pacaembu-tragedia-que-chocou-o-brasil,1744717>.

(26) LIMA, Marcos Paulo. Violência nos estádios já matou nove torcedores em 2017. Cinco deles em clássicos estaduais. *Correio Braziliense*, 10 jul. 2017. Disponível em: <http://blogs.correiobraziliense.com.br/dribledecorpo/pelo-menos-cinco-torcedores-morreram-em-classicos-em-2017/>.

Estado e a independência funcional do delegado de polícia. In: SÃO PAULO (Estado), *Arquivos da Polícia Civil* – v. 53, São Paulo: Acadepol, 2015. p. 10-29.

LIMA, Marcos Paulo. Violência nos estádios já matou nove torcedores em 2017. Cinco deles em clássicos estaduais. *Correio Braziliense*, 10 jul. 2017. Disponível em: <http://blogs.correiobraziliense.com.br/dribledecorpo/pelo-menos-cinco-torcedores-morreram-em-classicos-em-2017/>. Acesso em: 15 jul. 2017.

MORAES, Gustavo Hermínio Salati Marcondes de; MORAES, Olga Maria Salati Marcondes de. Futebol e violência: Freud explica?. *Estudos de pesquisas em Psicologia*, Rio de Janeiro, v. 12, n. 01, 2012. p. 145-157.

MORAES, Rafael Francisco Marcondes de; PIMENTEL JÚNIOR, Jaime. *Polícia judiciária e a atuação da defesa na investigação criminal*. São Paulo: Verbatim, 2017.

MUNHOZ, Maria Letícia Puglisi; BRANDÃO, Juliana Ribeiro. Nas entrelinhas da distinção de injúria racial e racismo. *Boletim Instituto Brasileiro de Ciências Criminais – IBCCrim*. n. 285, ago., p. 17-18, 2016.

NUCCI, Guilherme de Souza. Só quem nunca sofreu racismo na vida que pensa que isso é mera injúria. *Revista Consultor Jurídico*. São Paulo, 27 out. 2015. Disponível em: <http://www.conjur.com.br/2015-out-27/guilherme-nucci-quem-nunca-sofreu-racismo-acha-isso-injuria>. Acesso em: 13 jul. 2017.

OBSERVATÓRIO DA DISCRIMINAÇÃO RACIAL NO FUTEBOL. *Relatório Anual da Discriminação racial no futebol 2014*. Disponível em: <https://sjdhrs.files.wordpress.com/2015/03/relatc3b3rio-dos-casos-de-discriminac3a7c3a3o-racial-no-brasil.pdf>. Acesso em: 13 jul. 2017.

OBSERVATÓRIO DA DISCRIMINAÇÃO RACIAL NO FUTEBOL. *Relatório Anual da Discriminação racial no futebol 2015*. Disponível em: <http://observatorioracialfutebol.com.br/Relatorios/2015/RELATORIO_DISCRIMINCACAO_RACIAL_2015.pdf>. Acesso em: 13 jul. 2017.

ORGANIZAÇÃO DOS ESTADOS AMERICANOS – COMISSÃO INTERAMERICANA DE DIREITOS HUMANOS. *Caso Simone André Diniz. Relatório de Mérito*. Disponível em: <http://www.cidh.org/annualrep/2006port/BRASIL.12001port.htm>. Acesso em: 16 jul. 2017.

O ESTADO DE SÃO PAULO. *Os 20 anos da briga que mudou a história das torcidas*. Disponível em: <http://esportes.estadao.com.br/noticias/futebol,os-20-anos-da-batalha-do-pacaembu-tragedia-que-chocou-o-brasil,1744717>. Acesso em: 13 jul. 2017.

O GLOBO. *Atleta negro americano Jesse Owens vence Hitler nos Jogos Olímpicos de 1936*. 6 set. 2013. Disponível em: <http://acervo.oglobo.globo.com/fatos-historicos/atleta-negro-americano-jesse-owens-vence-hitler-nos-jogos-olimpicos-de-1936-9859599>. Acesso em: 16 set. 2017.

PIMENTA, Carlos Alberto Máximo. *Torcidas organizadas e futebol*: violência e auto-afirmação – aspectos da construção das novas relações sociais. Taubaté, SP: Vogal, 1997.

PORTAL TERRA. Por injúria racial, Elton registra ocorrência contra Cuesta. Disponível em: <https://www.terra.com.br/esportes/lance/por-injuria-racial-elton-regista-boletim-de-ocorrencia-contra-cuesta,df22aded123ac5bb059f00dabe0c2c9ebyksutay.html>. Acesso em: 13 jul. 2017.

SANTOS, Christiano Jorge. Racismo ou injúria qualificada. In: SILVA, Antonio Marques da (Coord.). *Processo penal e garantias constitucionais*. São Paulo: Quartier Latin, 2006. p. 67-82.

SANTOS, José Eduardo Lourenço dos. *A discriminação racial na internet e o direito penal*: o preconceito sob a ótica criminal e a legitimidade da incriminação. Curitiba: Juruá, 2014.

LAVAGEM DE DINHEIRO NO FUTEBOL

Rodrigo Castro Salgado da Costa
Delegado de Polícia do Estado de São Paulo em exercício no GOE/DECAP – Grupo de Operações Especiais e no 20º Distrito Policial – Água Fria. Palestrante

1. HISTÓRIA DO FUTEBOL

O futebol foi criado na Inglaterra, porém os historiadores descobriram resquícios desse esporte em diversas culturas pelo mundo, contudo com outras características bem diferentes do que é o futebol atual.

Na China Antiga, por volta de 3.000 a.C., os soldados chineses praticavam o esporte como se fosse um treinamento militar e com vestígios de crueldade, tendo em vista que após as guerras, os soldados chutavam a cabeça dos soldados mortos em combate entre eles. Posteriormente, as cabeças dos inimigos foram substituídas por bolas de couro e a atividade foi tomando forma de esporte.

No Japão Antigo, nasceu um esporte chamado Kemari, o qual consistia em 16 jogadores, 8 para cada time, os quais jogavam com uma bola formada por fibras de bambu, sendo proibido o contato entre os jogadores.

Na Europa Antiga, por volta do século I a.C., os gregos e romanos também praticaram atividades parecidas com o futebol, eram soldados gregos que se dividiam em dois times de 9 jogadores que jogavam em um campo retangular e utilizavam uma bola feita de bexiga de boi cheia de areia ou terra. Essa atividade chamava-se Episkiros. Quando os romanos dominaram a Grécia, também aderiram ao jogo Episkiros.

Então, foi na Inglaterra, por volta do século XVII que o futebol ganhou forma, regras e se desenvolveu. O campo deveria medir 120 por 180 metros e nas duas pontas deveria ser instalado os gols. A bola era de couro e enchida de ar. Sendo assim, com regras claras e estruturadas, o futebol começou a ganhar adeptos e se popularizou. Em 1885, o futebol se profissionalizou e passou a ser um esporte sério.

Destarte, com o desenvolvimento do esporte em outros países, em 1888, foi fundada a *Football League* com objetivo de organizar torneios e campeonatos internacionais.

No ano de 1904 foi criada a principal e mais importante federação de futebol do mundo que é a FIFA – Federação Internacional de Futebol Associação, a qual é responsável pela organização de diversos eventos, dentre eles a Copa do Mundo.

No Brasil o futebol foi desvendado por um paulistano do Brás chamado Charles Miller, o qual viajou para estudar na Inglaterra com nove anos de idade e quando retornou em 1894, trouxe consigo uma bola de futebol e todas as regras do futebol.

O primeiro jogo de futebol realizado no país foi em 15 de abril de 1895 e o primeiro time oficial foi o São Paulo Athletic, fundado em 13 de maio de 1888.(1)

2. A ECONOMIA AO REDOR DO FUTEBOL NO MUNDO

O futebol mundial possui atualmente um grupo de 20 clubes internacionais que atraem telespectadores por todo mundo e juntos somam uma receita que aumenta consideravelmente todo ano.

(1) Disponível em: <http://www.suapesquisa.com/futebol/>.

Estudos recentes da consultoria Deloitte indicam que essa elite do futebol mundial movimentou apenas na temporada passada, 7,4 bilhões de euros (cerca de R$ 25,4 bilhões), um volume inédito de dinheiro nesse esporte.

Entre 2015 e 2016, a alta foi de 12% e, em 20 anos, esse grupo multiplicou por 10 a sua renda. É uma receita maior, por exemplo, daquela que se projeta para a Copa do Mundo de 2018, na Rússia – 5,5 bilhões de euros (R$ 18,9 bilhões).

No ranking dos clubes mais ricos do mundo, o primeiro lugar fica com o clube Inglês Manchester United, o qual teve uma receita de 689 milhões de euros (R$ 2,37 bilhões), sendo superior à de Barcelona e Real Madrid.

Confira os 20 clubes mais ricos do mundo:

1º – Manchester United (R$ 2,370 bilhões)

2º – Barcelona (R$ 2,133 bilhões)

3º – Real Madrid (R$ 2,132 bilhões)

4º – Bayern de Munique (R$ 2,036 bilhões)

5º – Manchester City (R$ 1,805 bilhão)

6º – Paris Saint-Germain (R$ 1,791 bilhão)

7º – Arsenal (R$ 1,611 bilhão)

8º – Chelsea (R$ 1,539 bilhão)

9º – Liverpool (R$ 1,389 bilhão)

10º – Juventus (R$ 1,173 bilhão)

11º – Borussia Dortmund (R$ 976,6 milhões)

12º – Tottenham (R$ 962,1 milhões)

13º – Atlético de Madrid (R$ 786,3 milhões)

14º – Schalke 04 (R$ 772,2 milhões)

15º – Roma (R$ 750,6 milhões)

16º – Milan (R$ 738,54 milhões)

17º – Zenit St.Petersburg (R$ 675,9 milhões)

18º – West Ham (R$ 661,5 milhões)

19º – Internazionale (R$ 616,4 milhões)

20º – Leicester City (R$ 592 milhões)[(2)]

Conforme demonstrado, o futebol movimenta uma economia global, na qual movimenta muito dinheiro, sendo que dentre as principais fontes de renda dos clubes estão à venda de jogadores, dinheiro recebido por empresas de patrocínio, ingressos vendidos em partidas, produtos relacionados aos clubes, *marketing* desportivo, dentre outros.

3. ECONOMIA NO FUTEBOL DO BRASIL

O futebol brasileiro vem em crescente expansão quando o assunto é dinheiro, na temporada de 2015, a soma dos 20 clubes que disputaram o Campeonato Brasileiro registrou uma receita de R$ 3,6 bilhões. Comparado ao ano anterior (2014), o aumentou foi de 26%, ou seja, mesmo com a crise econômica que o país atravessa, o mercado do futebol continua em alta, movimentando cifras milionárias.

O motivo desse aumento de dinheiro dos clubes está ligado diretamente com três fatores: atletas, televisão e torcida. A venda de jogadores brasileiros para clubes estrangeiros, principalmente para o continente europeu e também para China, sendo que o mercado do futebol chinês tem se tornado um ramo promissor para transações de jogadores. Esse mercado de compra e venda de jogadores está em alta e não tem sido afetado pela crise financeira interna que assola o nosso país. Esse mercado rendeu R$ 643 milhões em 2015, 71% acima de 2014. Em relação à televisão, os direitos de imagem foram vendidos para rede TV Globo por R$ 1,3 bilhão, um aumento de 30%. Por fim, a receita com bilheteria e sócios torcedores renderam um aumento de 24%, o que resultou R$ 843 milhões.

Cabe ressaltar que esse último item (torcida) precisa ser mais bem explorado, tendo em vista que quando comparado com o faturamento alcançado por clubes da liga americana de futebol americano – NFL, durante o campeonato Super Bowl, o faturamento é pífio.[(3)]

4. AS 10 TRANSAÇÕES DOS JOGADORES DE FUTEBOL MAIS CARAS DO MUNDO

1 – Neymar – Paris Saint-Germain – R$ 821 milhões

2 – Pogba – Manchester United – R$ 350,1 milhões

3 – Gareth Bale – Real Madri – R$ 350,1 milhões

4 – C. Ronaldo – Real Madri – R$ 329,1 milhões

5 – Higuaín – Juventos – R$ 315,3 milhões

6 – Luis Soáres – Barcelona – R$ 286,1

7 – Di María – Manchester United – R$ 262,2 milhões

8 – J. Rodríguez – Real Madri – R$ 262,2

(2) Disponível em: <http://www.istoedinheiro.com.br/noticias/economia/20170119/levantamento-mostra-que-futebol-mundial-tambem-tem-seu--g-20-entre-clubes/451217>.

(3) Disponível em: <http://epoca.globo.com/vida/esporte/noticia/2016/05/futebol-brasileiro-volta-crescer-em-2015-e-primeira-divisao-fatura-r-35--bilhoes.html>.

9 – Zidane – Real Madri – R$ 257,3

10 – Ibrahimovic – Barcelona – R$ 241,5 milhões[4]

Diante do exposto, podemos observar transações milionárias envolvendo os jogadores de futebol, bem como a alta circulação de dinheiro envolvido nos clubes e o envolvimento de diversos países nessas transações financeiras, tendo em vista que os jogadores são de uma nacionalidade e os clubes de outra, o que faz o dinheiro circular países diferentes no momento do pagamento/recebimento. Destarte, esse ramo torna-se um campo fértil para lavagem de dinheiro de empresários e organizações criminosas, conforme iremos observar mais a frente.

5. LAVAGEM DE DINHEIRO – NOÇÕES BÁSICAS

5.1. Conceito

A lavagem de dinheiro é o ato ou sequência de atos praticados para esconder a natureza, origem, localização, disposição, movimentação ou propriedade de bens, valores e direitos obtidos de forma ilícita, para dar aparência de licitude. Ou seja, é o procedimento de transformar bens e direitos obtidos de forma ilícita com a prática de uma infração penal em patrimônio com aparência de lícito, com a intenção de evitar a fiscalização/confisco das autoridades em relação a esses bens e direitos obtidos de forma ilícita.

Nas palavras de Blanco Cordeiro é um "processo em virtude do qual os bens de origem delitiva se integram no sistema econômico legal com aparência de terem sido obtidos de forma lícita".[5]

A expressão "Lavagem de Dinheiro" começou a ser utilizada pelas autoridades norte-americanas nos anos 30 do século XX, devido ao fato das máfias americanas utilizarem lavanderias de roupa automática para justificarem a origem do dinheiro ilícito arrecadado com a prática de diversos crimes. Então, as máfias justificavam o faturamento obtido através de práticas ilícitas com a prestação de serviços de lavanderias, o que levou ao termo *money laundering*.

O Brasil dentre outros países como a Inglaterra, Alemanha e Argentina também adotaram a referida expressão lavagem de dinheiro, contudo alguns países optaram por utilizar outras expressões quando se refere a esse assunto, dentre eles a Itália que utiliza o termo "reciclagem" e a Espanha, Portugal e França que optaram por "branqueamento".

A lavagem de dinheiro passou a ser objeto de maior atenção da comunidade internacional ao final dos anos 80 do século XX, quando se percebeu a força e a capacidade de articulação de alguns setores do crime organizado, em especial daquele voltado para o tráfico de drogas.[6]

As autoridades públicas começaram a perceber que a ação policial prendia integrantes de organizações criminosas que eram posteriormente substituídos por outros indivíduos e o crime continuava sendo perpetrado. Mesmo com a prisão dos integrantes da organização, a cadeia de comando continuava e os atos ilícitos praticados por eles também. Com o tempo, percebe-se o nascimento de uma organização empresarial voltada para prática de delitos, com estrutura hierarquizada e organizada. Destarte, as autoridades públicas perceberam que a desarticulação desses grupos criminosos não exige simplesmente a prisão dos seus membros, mas sim, o bloqueio de bens e valores obtidos pela organização criminosa com a prática dos crimes.

O objetivo passa a ser confiscar os bens e valores da organização criminosa para atingir sua estrutura financeira e assim desestabilizar toda organização de forma definitiva.

Sendo assim, a lavagem de dinheiro passou a ser o foco principal da política criminal de combate às organizações criminosas no mundo. Tratados e convenções foram assinados, com diretrizes e estratégias para o combate e prevenção à lavagem de dinheiro, dentre eles os principais e os quais o Brasil faz parte são: Convenção de Viena (1988), de Palermo (2000) e Mérida (2003).

O Brasil teve seu primeiro diploma legal de criminalização ao crime de lavagem de dinheiro em 1998, conforme a Lei de Lavagem de Dinheiro n. 9.613/1998, oportunidade em que tipificou a conduta da lavagem de dinheiro, apresentou aspectos processuais sobre o tema e criou a unidade de inteligência financeira nacional, o COAF (Conselho de Controle de Atividades Financeiras)

No ano de 2012 houve uma alteração significativa no texto legal da Lei de Lavagem de Dinheiro pela Lei n. 12.683/2012, tendo em vista que abriu o rol dos crimes antecedentes para incidência no crime de lavagem de dinheiro, uma vez que antes da alteração legislativa a Lei de Lavagem de Dinheiro indiciava um rol estreito de delitos antecedentes, sendo eles: tráfico de drogas; terrorismo e seu financiamento; contrabando ou tráfico de

(4) Disponível em: <https://www.foxsports.com.br/photos/14801/all-top-10-as-transferencias-mais-caras-do-futebol-mundial>.

(5) CORDERO, Isidoro Blanco. *El delito de blanqueo de capitals*. 4. ed. p. 107.

(6) CORDERO, Isidoro Blanco. *El delito de blanqueo de capitals*. 3. ed. Cap. II, 1. MAIA, Rodolfo Tigre. *Lavagem de dinheiro*. p. 23.

armas; munições ou material destinado à sua produção; extorsão mediante sequestro; crimes contra a Administração Pública; contra o sistema financeiro nacional; e aqueles praticados por organização criminosa, ou por particular contra a administração pública estrangeira podiam gerar produtos puníveis pela prática da lavagem de dinheiro.

Entretanto, com a alteração legislativa, a nova redação prevê que todas as infrações penais (crime/contravenção) podem ser passíveis de lavagem de dinheiro. O legislador abdicou do rol taxativo para abranger a prática de qualquer infração penal para ser crime/contravenção antecedente no crime de lavagem de dinheiro.

O objeto material do crime de lavagem de dinheiro são bens, direitos e valores provenientes de infração penal.

5.2. Características e fases da lavagem de dinheiro

Conforme explicado anteriormente, a lavagem de dinheiro consiste na prática de uma infração penal antecedente, sendo que com a atual legislação pode ser qualquer crime ou contravenção penal e o dinheiro/bens/valores auferidos com a prática dessa infração penal, o criminoso reinsere na economia formal com aparência de lícita.

Então, podemos dividir a lavagem de dinheiro em três fases, sendo elas: ocultação, dissimulação e reinserção.

Na primeira delas, o criminoso objetiva afastar a origem criminosa do capital auferido com a prática delitiva. Destarte, são exemplos de ocultação o depósito de pequenos valores em espécie nas contas bancárias e na conta de terceiros (laranjas), a troca do dinheiro em moeda estrangeira com maior valor, envio de dinheiro para contas bancárias no estrangeiro, principalmente em paraísos fiscais, dentre outros.

A segunda fase consiste na dissimulação, também chamado de mascaramento do capital (*layering*) caracterizada por transações financeiras ou comerciais com intuito de afastar qualquer vínculo com a origem do capital ilícito. São exemplos da dissimulação o envio do dinheiro já convertido em moeda estrangeira para o exterior via cabo para contas de terceiros ou de empresa das quais o agente não seja beneficiário ostensivo.[7]

Por fim, a terceira e última fase se chama integração, sendo que esse é o momento final da lavagem do dinheiro. Na integração os criminosos têm como objetivo integrar o dinheiro obtido com a prática da infração penal na economia formal com aparência de lícita. Há diversas formas utilizadas pelos criminosos para realizar essa integração, dentre elas é através do mercado do futebol, diante dos altos valores envolvendo transações de compra/venda de jogadores. Além de que muitas dessas transações são internacionais, envolvendo mais de um país, como no caso, por exemplo, da venda de um jogador de um clube brasileiro para um time europeu.

Cabe ressaltar que nem sempre essas fases são identificadas de forma precisa pelas autoridades, uma vez que elas estão diretamente interligadas, dificultando a identificação do início de uma fase e a conclusão da outra, tendo como objetivo final enganar as autoridades públicas com a transformação de dinheiro/bens/valores obtidos de forma ilícita com a prática de infrações penais em patrimônio lícito por parte do criminoso.

Ademais, a lei brasileira não exige a prática das três fases para caracterizar a lavagem de dinheiro. Destarte, basta consumação de qualquer uma das três fases para caracterizar a tipicidade penal. Contudo, é necessário do elemento subjetivo em qualquer uma das fases para caracterizar o crime de lavagem de dinheiro, sendo esse elemento "a vontade de lavar o capital obtido de forma criminosa na economia formal com aparência de capital lícito".

5.3. Sistemas de Controle Financeiro – COAF

A política criminal de repressão empregada pelas autoridades públicas e pela força policial (Polícia Federal / Polícia Civil) passou a ser o combate a lavagem de dinheiro, tendo em vista que esse é o caminho para desmantelar as organizações criminosas, uma vez que através do confisco do capital ilícito arrecadado com a prática das infrações, a organização criminosa enfraquece consideravelmente.

Sendo assim, sugiram unidades de inteligência financeira voltadas para o combate da lavagem de dinheiro. Essas unidades têm capacidade de analisar dados e informações armazenadas que são consideradas suspeitas com objetivo de identificar o capital ilícito.

Destarte, foi criado no Brasil o COAF – Conselho de Controle de Atividades Financeiras que é uma unidade de inteligência financeira que tem como função monitorar dados, organizar informações e criar relatórios detalhados sobre práticas de dissimulação de capital ilícito, com intuito de localizar atos de lavagem de dinheiro.

(7) MOUGENOT, Edilson; BONFIM, Márcia M. Mougenot. *Lavagem de dinheiro*. p. 38.

O COAF é considerado uma unidade coercitiva que é exclusivamente administrativa, porém pode determinar medidas preventivas, como suspensão de transações, congelamento e sequestro de bens. Ademais, essas unidades administrativas têm atribuição exclusiva de sistematização de informações e produção de análises sobre possíveis operações ilegais ou atípicas. Não tem poder de determinar medidas de coerção ou de iniciar processos judiciais. Apenas colhem a informação e comunicam, provocam ou instruem os demais órgãos competentes para a persecução penal ou investigação, como o Ministério Público e a Polícia Federal e/ou Civil.[(8)]

A Polícia Civil do Estado de São Paulo possui o LAB-LD, que é uma unidade de inteligência financeira inserida dentro do Departamento de Inteligência da Policia Civil do Estado de São Paulo – DIPOL, que tem como escopo a análise e interpretação de cenários e massa de dados decorrentes das informações de movimentações suspeitas do COAF e do afastamento de sigilo bancário, fiscal e telefônico de considerada complexidade a fim de subsidiar a tomada de decisões acertadas aos atores responsáveis pela repressão e prevenção no combate à lavagem de dinheiro.[(9)]

5.4. Expansão da cooperação de entes privados no combate à lavagem de dinheiro

A atual alteração legislativa da Lei n. 12.683/2012, aumentou consideravelmente o número de entes e pessoas obrigadas a cooperar com as autoridades públicas na comunicação de transações financeiras com intuito de combater a lavagem de dinheiro.

O art. 9º da lei considerou setores que passaram à condição de sensíveis, como as juntas comerciais e os registros públicos, as pessoas físicas ou jurídicas que atuem na *promoção, intermediação, comercialização, agenciamento ou negociação de direitos de transferência de atletas*, artistas ou feiras, exposições ou eventos similares, as empresas de transporte e guarda de valores, as pessoas físicas ou jurídicas que comercializem bens de alto valor de origem rural ou animal ou intermedeiem a sua comercialização e as dependências no exterior das entidades mencionadas neste artigo, por meio de sua matriz no Brasil, relativamente a residentes no País. [(10)]

Conforme demonstrado com a atual alteração legislativa do art. 9º da Lei de Lavagem de Dinheiro, o legislador se preocupou com a promoção, intermediação, comercialização, agenciamento ou negociação de direitos de transferência de atletas, o que significa que as autoridades públicas começaram a fiscalizar e se preocupar mais com as transferências milionárias envolvendo principalmente o mercado do futebol brasileiro, tendo em vista o envolvimento de cifras milionárias nesse mercado, o qual pode estar sendo utilizado para lavagem de dinheiro de organizações criminosas que atuam no Brasil ou no ramo internacional.

6. LAVAGEM DE DINHEIRO NO FUTEBOL

O futebol é o maior esporte do mundo em diversos aspectos, é o mais praticado e o que movimenta mais dinheiro. O mundo do futebol é uma economia por si só, tendo em vista o dinheiro que movimenta ao redor do mundo, contudo toda essa engrenagem financeira também acaba sendo utilizada para prática de ilícitos penais, os quais as autoridades mundiais têm fechado os olhos para fiscalização.

O mercado do futebol pode ser usado de diversas maneiras para lavagem de dinheiro e fraude, como por exemplo, o clube pode "inflar" o número da bilheteria de uma partida de forma mentirosa e justificar o dinheiro conseguido de forma ilícita (ex. dinheiro recebido do tráfico de drogas) nessa bilheteria. Então, uma partida que teve onze mil pagantes (ingressos vendidos), o clube justifica que vendeu vinte e cinco mil ingressos, ou seja, quatorze mil ingressos foram declarados como vendidos a mais que a realidade, sendo esse valor utilizado para lavar o dinheiro sujo/ilícito.

Destarte, iremos verificar as fases da lavagem de dinheiro, primeiramente a ocultação, a utilização do dinheiro auferido com o crime sendo utilizado no clube de futebol; em seguida a dissimulação, também chamada de mascaramento de capital, que se caracteriza com a transação comercial com intuito de esconder a origem do capital obtido de forma ilícita; por fim a integração, justificada pelo clube de futebol na sua receita obtida pela venda do ingresso como capital lícito.

Outra forma muito comum e praticada pelos clubes para lavar dinheiro é inflar o preço de jogadores.

---

(8) CAVALCANTI, José Robalinho. *O sistema nacional antilavagem de dinheiro e seus autores*. p. 104.

(9) Disponível em: <http://www.policiacivil.sp.gov.br/portal/faces/pages_institucional/departamentosOrgaos/departamentosOrgaosDetalhes?titulo=DIPOL&collectionId=980175918762000617&_afrLoop=9485657156738&_afrWindowMode=0&_afrWindowId=null#!%40%40%3F_afrWindowId%3Dnull%26collectionId%3D980175918762000617%26_afrLoop%3D9485657156738%26titulo%3DDIPOL%26_afrWindowMode%3D0%26_adf.ctrl-state%3D15sdond35l_4>.

(10) BADARÓ, Gustavo Henrique; BOTTINI, Pierpaolo Cruz. *Lavagem de Dinheiro*. p. 74.

Assim o clube eleva o valor efetivamente pago pelo jogador e a diferença do valor real com o valor fictício, ou seja, declarado pelo clube, é utilizado para lavar o dinheiro recebido de forma ilícita com a prática do crime. Esse é um dos motivos que atualmente verificamos valores exorbitantes envolvendo transações de jogadores de futebol.

Ademais, muitas vezes essas transações são internacionais e também passam por empresas intermediárias, o que dificulta a fiscalização por parte das autoridades.

Sendo assim, alguns clubes acabam se tornando máquinas de lavagem de dinheiro. Recentemente, investigações na Europa e nos Estados Unidos da América apontaram organizações criminosas e cartéis de drogas que tem usado o futebol para mascarar o dinheiro obtido com o tráfico em renda legal, ou seja, lavam o dinheiro ilícito no mercado futebolístico.

No ano de 2011, a Justiça Colombiana revelou como US$ 1,5 bilhão do narcotráfico foi lavado por diversos clubes, dentre eles um dos principais times do país, o Santa Fé, de Bogotá.

O mesmo problema ocorreu no México, em fevereiro de 2014, o cartola Tirsco Martinez Sánchez foi preso pela Polícia Federal do México por tráfico de drogas, sendo que Sánchez também era responsável por organizar a lavagem do dinheiro e envio de milhares de dólares das drogas ao México. Ele usou três clubes do futebol mexicano para isso, sendo eles: Atlético Celaya, o Irapuato FC e o Querétaro, sendo esse último responsável pela contratação do jogador Ronaldinho Gaúcho.

Os casos de lavagem de dinheiro envolvendo clubes de futebol não ocorrem apenas na América. Em 2012, a polícia italiana desencadeou uma operação contra a Ndranheta, máfia que atua na Calábria, a qual utilizou de times das divisões inferiores para lavar o dinheiro ilícito obtido pela máfia. Os times utilizados foram da região de Salerno, no sul da Itália, tendo em vista que esses times chamam menos atenção das autoridades, o que facilita a lavagem de dinheiro por parte das organizações criminosas.[11]

A lavagem de dinheiro não está ligada apenas com os clubes de futebol, os dirigentes das federações internacionais também estão diretamente ligados à prática desse tipo de crime. Recentemente, no ano de 2015, foi deflagrada uma operação pelo *FBI – Federal Bureau of Investigation* (Polícia Federal Americana) contra a principal entidade do futebol do mundo, a FIFA – Federação Internacional de Futebol Associação.

A referida operação do FBI atingiu diretamente o futebol no mundo, foram desvendados casos de corrupção, má gestão e lavagem de dinheiro cometido por pessoas ligadas diretamente ao ex-presidente do órgão Joseph Blatter, o qual deixou a presidência após 17 anos.

No Brasil, em 2015, um dos nomes mais importantes da administração do futebol brasileiro e ex-presidente da Confederação Brasileira de Futebol – CBF, Ricardo Teixeira foi indiciado pela Polícia Federal pela prática de diversos crimes, sendo que dentre eles está o crime de lavagem de dinheiro. O relatório emitido pelo COAF apontou que Ricardo Teixeira movimentou em suas contas o valor de R$ 464,56 milhões no período em que comandou a organização da Copa do Mundo do Brasil, de 2009 a 2012. Neste ano, a justiça da Espanha emitiu mandando de prisão na Operação Jules Rimet em desfavor de Ricardo Teixeira pelo cometimento de crimes com o ex-presidente do Barcelona, Sandro Rosell.

7. LAVAGEM DE DINHEIRO NO FUTEBOL BRASILEIRO

O artigo "*Money Laundering in The Brazilian Football Sector: international transfers of football players and their vulnerabilities*", escrito por Mauro Salvo que é PhD em economia e análise do Banco Central Brasileiro, mostra o estudo realizado pela FATF/GAFI – Grupo de Ação Financeira Contra a Lavagem de Dinheiro e o Financiamento do Terrorismo, a qual é uma organização intergovernamental cujo propósito é desenvolver e promover políticas nacionais e internacionais de combate à lavagem de dinheiro e ao financiamento do terrorismo, sendo que cabe ao COAF responder o mencionado órgão sempre que solicitado.[12]

O estudo da referida organização foi baseado em informações obtidas através do Banco Central – Bacen e da Confederação Brasileira de Futebol – CBF. A FATF/GAFI aponta que em decorrência das transferências envolvendo altos valores de jogadores do futebol brasileiro para diversos países do mundo, o Brasil torna-se propenso para lavagem de dinheiro, uma vez que essas transações facilitam a prática desse crime. As técnicas utilizadas são variadas, desde as mais simples como a utilização de dinheiro vivo, até complexas, como as transferências internacionais com a utilização de paraísos fiscais, bem como de offshore, dentre outras.

(11) Disponível em: <http://www.wareporter.com.br/a-lavagem-de-dinheiro-e-os-clubes-de-futebol/>.

(12) Disponível em: <http://www.coaf.fazenda.gov.br/backup/atuacao-internacional/participacao-no-gafi>.

O futebol profissional no Brasil cresceu economicamente de forma considerável no início dos anos 1990, quando aumentou o investimento nos clubes em decorrência dos direitos de imagens pagos pela televisão e consequentemente com isso surgiram os patrocinadores que passaram a investir pesado nesse mercado.

Em decorrência disso, começou a surgir às transferências no mercado global do futebol, com a venda de diversos jogadores brasileiros para outros países do mundo. Destarte, as transferências passaram a ser internacionais, fazendo o dinheiro percorrer diversos países, dificultando assim sua fiscalização e abrindo oportunidade para lavagem de dinheiro. No mesmo período, investidores privados passaram a investir pesado nos clubes brasileiros, com esperança de receber o retorno desse investimento com direitos de imagem, venda de ingressos, transferência de jogadores e propaganda.

Sendo assim, o futebol passou de um esporte popular para uma indústria global com importante impacto econômico para o país.

Conforme a FATF/GAFI o mercado do futebol possui inúmeros fatores que transformam esse mercado atrativo para organizações criminosas utilizem para lavagem de dinheiro, sendo que o Brasil possui diversos desses fatores.

Um dos fatores apontados pelo estudo é "a entrada fácil no mercado", tendo em vista que o governo impõe poucas barreiras, ou quase nenhuma, bem como há pouca fiscalização, o que facilita o envolvimento de criminosos no mercado do futebol.

Outro fator é "o envolvimento de diversos setores no mercado do futebol", dentre eles os clubes e seus dirigentes, patrocinadores, investidores do setor privado, canais de televisão e empresas que são donas de jogadores. Então, com essa variedade de setores envolvidos e alta circulação de dinheiro em jogo, facilita esquemas de fraude e transações envolvendo dinheiro ilícito.

"O envolvimento de profissionais amadores e com falta de experiência" é outro fator que facilita a lavagem de dinheiro no mercado do futebol. Com exceção da liga profissional principal, a parte amadora do futebol é administrada por profissionais (dirigentes / técnicos) que não possuem preparo técnico. Ademais, a diversidade da parte jurídica que são regidos os clubes, também dificulta a fiscalização por parte das autoridades. Sem contar os casos de jovens jogadores que são mal orientados por seus empresários e acabam aceitando a parte obscura do mercado do futebol.

Outro ponto é "a situação financeira dos clubes brasileiros", sendo que a maioria sempre está em crise e lotado de dívidas. Destarte, caso apareça um investidor novo no clube, provavelmente o dirigente não irá realizar uma minuciosa pesquisa para saber a origem do dinheiro que está sendo investido. Então, a fragilidade financeira torna o clube de futebol um alvo fácil para o dinheiro ilícito. Ademais, diante de um mercado que paga salários estratosféricos para jogadores, dinheiro para o caixa do clube sempre é bem-vindo.

Esses e outros fatores tornam o futebol brasileiro atrativo para lavagem de dinheiro de organizações criminosas e dirigentes.

8. CONCLUSÃO

Diante de todo exposto, podemos verificar que a legislação de combate à lavagem de dinheiro no Brasil evoluiu muito com a edição da Lei n. 12.683/2012, tendo em vista que atualmente o Brasil passou a ter uma legislação de 3 gerações, uma vez que não há mais restrição quanto ao rol (antes taxativo) de crimes precedentes e necessários para caracterização da lavagem de dinheiro.

A nova legislação tirou completamente o rol de crimes antecedentes e alargou por completo, tendo em conta que o crime de lavagem poderá ocorrer diante da prática de qualquer infração penal, lembrando que infração penal é gênero, do qual são espécies o crime e a contravenção penal. Crimes são infrações às quais a lei comina pena de reclusão ou detenção, quer isoladamente, quer alternativa ou cumulativamente com pena de multa e contravenção são aqueles às quais a lei comina pena de prisão simples ou de multa, ou ambas, alternativa ou cumulativamente, conforme Decreto-Lei n. 3.688/1941. Cabe ressaltar, que infrações administrativas e ilícitos civis não são consideradas para efeitos de crime antecedente no crime de lavagem de dinheiro, ou seja, um bem auferido com a prática de improbidades administrativa não constitui objeto de lavagem de dinheiro, caso também não seja infração penal.

Assim, com o alargamento do rol de crimes antecedentes, o legislador verificou a importância de atingir o patrimônio da organização criminosa, uma vez que a prisão dos agentes criminosos não tem causado resultado efetivo no combate ao crime organizado, sendo necessário atingir o patrimônio auferido com a prática ilícita para desmantelar a organização.

Diversas organizações criminosas e até dirigentes de federações e clubes de futebol, conforme demonstrado, têm lavado dinheiro no mercado do futebol, através de transações de jogadores ou outros meios que envolvem o futebol, uma vez que referido mercado é pouco fiscalizado pelas autoridades públicas e possui alta rotatividade de dinheiro e transações internacionais, o que facilita a lavagem de dinheiro.

Destarte, importante também o teor do art. 9º, da Lei n. 12.683/2012, que considerou como sensível, as pessoas físicas ou jurídicas que atuem na *promoção, intermediação, comercialização, agenciamento ou negociação de direitos de transferência de atletas*. Isso demonstra a preocupação por parte do legislador e das autoridades na prática de lavagem de dinheiro com envolvimento das transações de jogadores de futebol ou de qualquer outro esporte. Então, o poder público com a edição dessa lei, visa um maior controle e fiscalização no mercado de atletas.

Ocorre que mesmo assim, os mecanismos de regulação e fiscalização do futebol são frágeis e insuficientes em praticamente todo mundo. A falta de transparência por parte dos dirigentes dos clubes e das federações nas contratações de atletas e na realização de investimentos dificulta ainda mais o trabalho das autoridades, motivo pelo qual recomendamos uma atenção especial das autoridades e do COAF no mercado do futebol brasileiro, inclusive com edição de regulamentos específicos direcionados para esse mercado e de todos os envolvidos.

O futebol é o principal esporte do mundo, movimenta a economia global, gerando emprego e renda para diversos países, possui o maior evento relacionado ao esporte do planeta que é a Copa do Mundo, a qual possui mais audiência do que o próprio Jogos Olímpicos. Outrossim, diante de tanta importância, é necessário criar leis e regulamentos para fiscalização do futebol visando evitar que o mesmo seja usado para benefício de organizações criminosas para lavagem de dinheiro.

Destarte, com transparência, regulamentação e fiscalização é possível usar o esporte do futebol apenas para beneficiar a sociedade, uma vez que além de ser uma paixão nacional do povo brasileiro, o futebol também ajuda no desenvolvimento e crescimento do país.

9. REFERÊNCIAS BIBLIOGRÁFICAS

BADARÓ, Gustavo Henrique; BOTTINI, Pierpaolo Cruz. *Lavagem de Dinheiro*. 3. ed. São Paulo: Revista dos Tribunais, 2017.

BONFIM, Edilson Mougenot; BONFIM, Marcia Monassi Mougenot. *Lavagem de dinheiro*. 2. ed. São Paulo: Malheiros, 2008.

CAVALCANTI, José Robalinho. O sistema nacional antilavagem de dinheiro e seus atores In: CARLI, Carla Veríssimo de (Org.). *Lavagem de dinheiro*. Porto Alegre: Verbo Jurídico, 2011.

COAF, FATF/GAFI. Disponível em: <http://www.sain.fazenda.gov.br/assuntos/politicas-institucionais-economico-financeiras-e-cooperacao-internacional/fatf-gafi> Acesso em: 24 jul. 2017.

COAF, "GAFI". Disponível em: <http://www.coaf.fazenda.gov.br/backup/atuacao-internacional/participacao-no-gafi>. Acesso em: 21 jun. 2017.

ÉPOCA. *O futebol brasileiro volta a crescer em 2015, e primeira divisão fatura R$3,6 bilhões*. Disponível em: <http://epoca.globo.com/vida/esporte/noticia/2016/05/futebol-brasileiro-volta-crescer-em-2015-e-primeira-divisao-fatura-r-35-bilhoes.html>. Acesso em: 10 jun. 2017.

FOX SPORT. *Transferências mais caras do futebol mundial*. Disponível em: <https://www.foxsports.com.br/photos/14801/all-top-10-as-transferencias-mais-caras-do-futebol-mundial>. Acesso em: 06 jul. 2017.

JOAQUIM, José. *A lavagem de dinheiro e os times de futebol...*. Disponível em: <http://www.wareporter.com.br/a-lavagem-de-dinheiro-e-os-clubes-de-futebol/>. Acesso em: 15 jul. 2017.

MASSON, Cleber. *Código Penal Comentado*. 5. ed. São Paulo: Método, 2017.

MENDRONI, Marcelo Batlouni. *Crime de lavagem de dinheiro*. 3. ed. São Paulo: Atlas, 2015.

PLANALTO DO GOVERNO. *Decreto-Lei n. 2.848*, de 7 de dezembro de 1940. Disponível em: <http://www.planalto.gov.br/ccivil_03/decreto-lei/Del2848compilado.htm> Acesso em: 18 jul. 2017.

PLANALTO DO GOVERNO. *Lei n. 9.613*, de 03 de março de 1998. Disponível em: <http://www.planalto.gov.br/ccivil_03/leis/L9613.htm>. Acesso em: 01 ago. 2017.

POLÍCIA CIVIL DO ESTADO DE SÃO PAULO. DIPOL. Disponível em: <http://www.policiacivil.sp.gov.br/portal/faces/pages_institucional/departamentosOrgaos/departamentosOrgaosDetalhes?titulo=DIPOL&collectionId=98017591876200061 7&_afrLoop=948565715 6738&_afrWindowMode=0&_afrWindowId=null#!%40%40%3F_afrWindowId%3Dnull%26collectionId%3D980175918762000617%26_afrLoop%3D9485657156738%26titulo%3DDIPOL%26_afrWindowMode%3D0%26_adf.ctrl-state%3D15sdond35l_4>. Acesso em: 04 jul. 2017.

SANCTIS, Fausto Martin. *Crime organizado e lavagem de dinheiro*. 2. ed. São Paulo: Saraiva, 2017.

SUA PESQUISA.COM. *História do futebol*. Disponível em: <http://www.suapesquisa.com/futebol/>. Acesso em: 10 jun. 2017.

TERRA, ISTO É DINHEIRO. *Levantamento mostra que futebol mundial também tem seu G-20 entre os clubes*. Disponível em: <http://www.istoedinheiro.com.br/noticias/economia/20170119/levantamento-mostra-que-futebol-mundial-tambem-tem-seu-g-20-entre-clubes/451217>. Acesso em: 19 jul. 2017.

ASPECTOS CRIMINOLÓGICOS NAS RELAÇÕES DAS TORCIDAS ORGANIZADAS NO BRASIL

Sandro T. C. P. Vergal
Delegado de Polícia Assistente
35º Distrito Policial - DECAP

"Pior do que o escuro em que nos debatemos é a mania de ser dono da luz"
(SUASSUNA, Adriano, 2005, p. 23)

1. INTRODUÇÃO

O presente estudo tem como objetivo traçar relação entre a realidade social e cultural das torcidas organizadas no Brasil com os ditames da "Teoria da Subcultura Delinquente" desenvolvida por Albert Cohen.

Buscar-se-á no transcurso deste texto a compreensão da delinquência crescente neste cenário, viabilizando reflexão sobre hipóteses possíveis para o controle deste tipo de delinquência.

Contudo, cabe, desde já, advertência de que o assunto é amplo e de importante complexidade, porquanto seria impossível realizar abordagem integral de todos aspectos que compõem esta problemática nestas poucas linhas, de modo que este texto tem a singela intenção de lançar um pequeno feixe de luz sobre o tema e, quem sabe, com isso fomentar em outros pesquisadores o desejo por maiores e mais profundas análises.

2. RUDIMENTOS DE CRIMINOLOGIA

A Criminologia é senda do saber humano que se ocupa do estudo do fenômeno criminal e todos os fatores que circundam seu entorno, buscando, assim, a compreensão e interpretação de suas causas, do comportamento delinquente e, também, da vítima, lançando vistas ao seu controle preventivo da criminalidade.

Em conceituação condensada, Afrânio Peixoto (1953, p. 11) determina que se trata da "ciência que estuda os crimes e os criminosos, isto é, a criminalidade". Nesta esteira, todavia trazendo maiores minúcias, Antonio Garcia-Pablos de Molina (1992, p. 20) a define como:

> É a ciência empírica e interdisciplinar que se ocupa do estudo do crime, da pessoa do infrator, da vítima e do controle social do comportamento delitivo, que trata de subministrar uma informação válida e contratada sobre a gênese, dinâmica e variáveis do crime, contemplando este como problema individual e social, buscando programas de prevenção eficazes e técnicas de intervenção positiva no homem delinquente conforme os diversos modelos ou sistemas de resposta ao delito.

O empirismo, ou seja, o conhecimento advindo da experimentação, habita o cerne essencial de qualquer ciência, de modo que não seria diferente na trilha criminológica, pois seus alicerces encontram-se calcados nas premissas básicas da observação e experiência, as quais conduzem a posteriores conclusões. Além disso, seu objeto de estudo é visível e palpável no mundo real, não no mundo abstrato dos valores.

Por sua vez, fala-se em interdisciplinaridade criminológica, tendo em vista a comunhão de diferentes saberes humanos proporcionando ao pesquisador ampla visão acerca do objeto de estudo, o que mostra-se fulcral neste caso, levando-se em conta a alta complexidade ínsita ao evento delitivo, o qual se revela demasiado intrincado, permeado de fatores e circunstâncias.

Essa é a lição que Ruth Maria Chittó Gauer (*apud* CARVALHO, 2015, p. 314) de que "toda e qualquer forma de crime pode ser considerado um fenômeno complexo, e portanto, impossível de ser explicado sob o olhar de uma só ciência". Nesta direção também caminham Eugênio Raul Zaffaroni e José Henrique Pierangeli

(2015, p. 138) ao registrarem a criminologia como sendo "a disciplina que estuda a questão criminal do ponto de vista biopsicossocial, ou seja, integra-se com as ciências da conduta aplicadas às condutas criminais".

Tem-se que a Criminologia, portanto, é ramo da ilustração humana que, servindo-se das conclusões conduzidas à ela por ciências e saberes outros, calcadas em pesquisas efetivamente empíricas, volta suas atenções às causas da criminalidade; à periculosidade do agente, a qual prescinde ao crime em si; aos efeitos do crime no meio social em que ele se encontra inserido; ao controle social do fenômeno criminal etc.

No entanto, a Criminologia não deve ser confundida com o Direito Penal ou mesmo com a Política Criminal, disciplinas que também se dedicam a análise dos fatores que orbitam o crime, mas que não se confundem entre si. Franz Von Liszt referiu-se a este conjunto de disciplinas que se debruçam sobre o evento delitivo como "Enciclopédia das Ciências Criminais" (*apud* ZAFFARONI, 2015, p. 172). Dentre tantos saberes científicos, sobressaem-se três ramos basilares, alicerces que compõem esta enciclopédia: a dogmática jurídico-penal, a política criminal e a criminologia.

Diferenciando estas três vertentes científicas fundamentais da Enciclopédia das Ciências Penais, Paulo de Souza Queiroz (2011, p. 24):

> O direito penal é (essencialmente) um saber normativo; a política criminal um saber estratégico; e a criminologia *é* um saber empírico. [...] A criminologia deve incumbir-se, assim, de fornecer o substrato empírico do sistema, seu fundamento científico; a política criminal, de transformar a experiência criminológica em opções e estratégias concretas de controle da criminalidade; por *último,* o direito penal deve encarregar-se de converter em proposições jurídicas, gerais e obrigatórias, o saber criminológico esgrimido pela política criminal, devendo o direito penal ser criminologicamente fundado e político-criminalmente orientado.

A transgressão comportamental sempre foi (e provavelmente sempre será) merecedora de grande atenção por parte da sociedade, haja vista o enorme sucesso literário e cinematográfico dos romances policiais, de suspense e terror que derramam sangue e pavor sobre os olhos atentos dos ávidos espectadores (VERGAL, 2015, p. 254).

Enquanto fenômeno social e humano, é natural que o engenho científico dedique-se sobre o tema, porém, em função da complexidade inerente ao tema, uma abordagem ampla e capaz de abarcar todas as suas facetas se mostra impossível. Desta forma, diferentes ramos da erudição humana partiram para a análise de uma especificidade dos episódios criminais. Contudo, não se pode perder de vista o primordial entrelaçamento destas diferentes disciplinas, como único modo de se chegar a uma compreensão desafogada do tema.

Assim, o Poder Público deve servir-se dos ensinamentos e descobertas das mais diferentes searas científico-sociais no momento da elaboração e aplicação das políticas públicas concretizadoras do Direito Fundamental Social à Segurança Pública, em um processo referido como "Criminologia Tridimensional" de modo a tornar eficiente a proteção estatal ao cidadão, cumprindo os mandamentos constitucionais, coadunando-se à substância que compõe o cerne existencial do Estado: a proteção da dignidade humana (VERGAL, 2015, p. 256).

Destarte, para que se alcance uma equilibrada produção normativo-penal é imperativo que o Estado consagre a tridimensionalidade do Direito, composta pela adjeção do fato, do valor e da norma, aos domínios das ciências penais. A este encadeamento chamamos de "Criminologia Tridimensional", ou seja, a subsunção entre a Teoria Tridimensional de Miguel Reale à Enciclopédia das Ciências Criminais(1).

Assim sendo, deve-se partir da análise factual das ameaças à segurança social e aos bens jurídicos mais caros ao convívio humano, este diagnóstico incumbirá ao estudo empírico criminológico, lastreado em experiências e observações, decompondo o crime sob os enfoques do autor, vítima e do controle social. Nesta primeira etapa, ressalta-se a já referida e imperiosa interdisciplinariedade da Criminologia, decorrente de sua própria consolidação histórica como ciência autônoma, sofrendo forte influência de diversas outras ciências.

Em um segundo momento, ocorre a operação axiológica da Política Criminal, conferindo valor relevante aos bens jurídicos mais caros ao convívio social. Na medida em que ocorre esta valorização do bem jurídico, opera-se eleição das condutas consideradas lesivas a estes bens, sendo, por isso, dignas de tipificação jurídico penal (crimes ou contravenções), bem como a seleção da quantidade, qualidade e sistema de cumprimento da sanção (pena ou medida de segurança) imposta aos transgressores.

(1) Para melhor compreensão do tema, sugere-se a leitura do livro "Criminologia tridimensional: Do direito à segurança pública eficiente", publicado pela editora Juruá, do mesmo autor deste artigo.

Por último, acontece a positivação em norma jurídica da tipologia penal, criando-se a infração penal e a respectiva sanção cominada à conduta, é neste momento em que esta parte do ordenamento jurídico (dogmática penal) "determina as características da ação delituosa e lhe impõe penas ou medidas de segurança", como se extrai das lições de Welzel (*apud* QUEIROZ, 2014, p. 29).

Concerne à criminologia a análise de fatos concretos acerca da criminalidade, daí a razão do emprego de ferramentas próprias das investigações científicas que buscam, através de estudos empíricos, a decomposição dos favores criminais. Assim, o objeto de enfoque da moderna criminologia, conforme alude Alessandro Baratta (2014, p. 27), encontra-se dividido em quatro vertentes: delito, delinquente, vítima e controle social.

O verdadeiro divisor de águas entre uma concepção tradicional da criminologia, na visão de Eduardo Cabette (2007, p. 25), se deu com o florescimento da chamada "Nova Criminologia" ou "Criminologia Crítica", foi essa guinada conceitual que constitui o cerne da evolução criminológica.

O posicionamento criminológico tradicional enfrentava a questão criminal como uma realidade em si, sendo considerado de forma ontológica. Sob este enfoque o criminoso era visto como um ser dessemelhante aos demais, um anormal ou até mesmo dotado de problemas patológicos. Todos os esforços concentravam-se nas investigações dos fatores que originavam a delinquência e os mecanismos competentes para a prevenção, repressão e correção de condutas desviadas.

Por conseguinte, a Criminologia Crítica renega estas concepções, desmistificando a crença no crime como um ente natural e ontológico, bem como o criminoso como um homem atavicamente anormal. Cosonante, Alessandro Baratta: "a consideração do crime como um comportamento definido pelo direito, e o repúdio do determinismo e da consideração do delinqüente como um indivíduo diferente, são aspectos essenciais da nova criminologia" (2014, p. 30).

A relevância desta mudança de paradigma foi capaz de propiciar estudos mais realistas, ou seja, conforme Francesco Carrara aponta: "o delito não *é* um ente de fato, mas um ente jurídico. O delito *é* um ente jurídico porque sua essência deve consistir, indeclinavelmente, na violação de um direito" (*apud* CABETTE, 2007, p. 30).

As características peculiares da moderna Criminologia surgem através de um novo enfoque das questões criminais, o crime passa a ser visto como um problema social, revelando, assim, sua face humana e dolorosa. Ao abarcar a vítima e o controle social como objetos de suas diligências, reforça o caráter prevencionista do saber criminológico, contrapondo-se à repressão explícita incutida nos modelos criminológicos convencionais.

Quando abandona a concepção do criminoso como homem naturalmente anômalo, concebe que o infrator não merece tratamento, pois não há patologia a ser clinicamente tratada (ou curada) de forma individualizada, mas sim uma intervenção social complexa, dinâmica e pluridimensional a ser feita, pois a criminalidade germina com um episódio problemático intrínseco à vida do homem em sociedade.

Lélio Braga Calhau (2013, p. 14-15) inclui entre as mudanças paradigmáticas impostas pela moderna criminologia a substituição da expressão "combate ao crime" por "controle da criminalidade", pois a expressão combate traz em si uma concepção maniqueísta de exclusão (eu contra você, nós contra eles). Por seu turno, o controle da criminalidade é uma expressão neutra, desprovida de preconceitos e mais adequada ao pensamento criminológico moderno.

Os ganhos obtidos através dos estudos empíricos acerca dos fatos criminosos devem orientar a atividade laborativa político-criminal. Conforme aponta Roberto Lyra (*apud* VERGAL, 2015, p. 260), a criminologia deve orientar tanto a atuação da Política Criminal, bem como a Política Social, pois a Política Criminal orienta-se pela prevenção especial e direta dos crimes socialmente relevantes e pela intervenção relativa às suas manifestações e aos seus efeitos graves para determinados indivíduos e famílias. Assim, a prevenção e a intervenção dirigidas implicam em objeto individualizado e comprovado. Por sua vez, a Política Social baseia-se na prevenção geral e indireta das ações e omissões que, embora não previstas como crimes, merecem a reprovação máxima; prevenção geral e indireta dos crimes socialmente relevantes, inclusive conjunto dos fatos análogos, e da respectiva periculosidade preparatória; e intervenção relativa às suas manifestações e seus efeitos sociais.

A transgressão delitiva é um episódio inerente ao convívio entre os homens em sociedade, acompanhando a existência humana desde seus primeiros agrupamentos coletivos. Sendo assim, não é possível conceber que medidas preventivas da criminalidade centralizem-se somente na via dogmático-penal. Para que se alcance a prevenção delitiva eficaz, capaz de devolver o sentimento de tranquilidade social ao cidadão, é preciso que o Estado organize-se de forma a elaborar um complexo de políticas públicas concomitantes atingindo diferentes esferas e aspectos da vida comunitária, tais como: educação, saúde pública, urbanismo, lazer, cultura etc.

Conforme alerta Salo de Carvalho (2015, p. 312), sempre existiu, "nos mais diferentes momentos da história da humanidade, determinado saber sobre as questões penais, ou seja, em relação às condutas desviantes, suas formas de controle e as respostas dadas pelos detentores das violências (i)legítimas", de modo que apontar a gênese da criminologia moderna é tarefa das mais difíceis.

3. TEORIA DA SUBCULTURA DELINQUENTE

A "Criminologia Sociológica" surge, capitaneada pelos postulados de Enrico Ferri, propondo uma revisão do positivismo da chamada "Criminologia Clínica" para a qual as causas endógenas da criminalidade deveriam ser ressaltadas em contrapartida às influências exógenas, ou seja, oriundas do meio social em que o criminoso encontra-se inserido. Assim, para os defensores da corrente sociológica a análise criminológica deve dar preponderância às pesquisas das causas ambientais da criminalidade e não das características físicas e fisiológicas do homem criminoso, como feito outrora.

Nas palavras de Vera Malaguti Batista (2012, p. 65):

> Se o positivismo hegemônico tinha por objeto o homem delinquente, ele agora é deslocado para a ruptura cultural que determina a violação à norma. Nesse momento, a questão criminal já aparece numa dimensão macrossociológica. O delito não seria patológico, mas normal e necessário, pois a reação social estabilizaria e manteria vivo o coletivo. O desviante questiona a efetividade das normas, regulando a vida social, deixando de ser anormal, estranho ou parasita. Trata-se de uma ruptura cultural que terá efeitos muito grandes na história da criminologia.

Émile Durkheim, fundador da sociologia, rompe com o positivismo, a partir de sua concepção de "reação social ao delito", instituindo que a ideia de "desvio", como um fenômeno que ocorre naturalmente na estrutura social, sendo que a "anomia" produziria um estado de desorganização. Além disso, Durkeim trabalha as concepções de divisão social do trabalho, adesão aos valores dominantes, consenso e consciência comum. Sendo assim, o desvio, que no limite produziria a anomia, estaria relacionado a uma não aceitação do papel social atribuído pela divisão do trabalho. A anomia produziria um mal-estar social pela natureza forçada por essa divisão social (BATISTA, 2012, p. 65-66).

Nesta senda, Edwin H. Sutherland, em seu estudo sobre os chamados "crimes de colarinho branco", produz, tendo a anomia como base teórica, a chamada "Teoria de Associação Diferencial", segundo a qual a criminalidade, a exemplo de qualquer outro modelo de comportamento humano, é aprendida conforme as convivências específicas às quais o sujeito se expõe em seu ambiente social e profissional, ou seja, "diferentes culturas desenvolvem diferentes aprendizados que produzirão sistemas de representações diferentes sobre o que é ou não desvio ou crime" (BATISTA, 2012, p. 69).

Esta linha de pensamento possibilitou a formulação da "Teoria das Subculturas Criminais ou Delinquentes", desenvolvida por Albert Cohen em sua obra "*Delinquent Boys: the culture of the gang*" de 1955, a qual apregoa que o indivíduo aprenderia o comportamento criminoso através de seu convívio em certos grupos sociais, adquirindo para si atributos próprios de determinados círculos.

Com vistas à delinquência juvenil, os estudos de Cohen ocorreram nos Estados Unidos pós-segunda guerra mundial, década de 1950, onde verificava-se uma considerável diferenciação social entre as classes no íntimo do sistema capitalista. Em vista disso, a necessidade de ascensão social dos jovens da camada trabalhadora fez com que estes passassem a associarem-se em grupos, cujos membros ocupavam posições sociais similares e identificavam-se por suas peculiaridades, pretensões, interesses e ideologias em comum.

De acordo com Alessandro Baratta (2014, p. 73), a subcultura destes bandos seria vista como "um sistema de crenças e de valores, cuja origem é extraída de um processo de interação entre rapazes que, no interior da estrutura social, ocupam posições semelhantes".

É importante destacar, porém, que Albert Cohen não foi pioneiro na tratativa desta temática da subcultura e da delinquência juvenil, mas sua obra ganha destaque na medida em que mostrou embasamentos científicos em sua análise. Conforme alerta Wilson Donizeti Liberati (*apud* SEVALLI, 2015), Thorsten Sellin, sociólogo e criminólogo da Universidade da Pensilvânia, em 1938, determinou que fatores sociais sustentavam as subculturas independentes. Todavia, foi Cohen que demonstrou a desproporção entre as estatísticas oficiais do comportamento delinquente juvenil de classe baixa, em especial em regiões economicamente degradadas, onde a ausência de normas e mecanismos de controle social da delinquência viabilizaria o surgimento de grupos dotados de valores e normas diversos dos que imperam no contexto geral.

Estas subculturas seriam constituídas, em maior parte, por jovens, do sexo masculino, integrantes das camadas trabalhadoras, os quais se reúnem em torno de valores e regras oriundas e próprias destes agrupamentos, em oposição à cultura predominante na sociedade. Assim, os atos desviantes seriam manifestações de objeção por parte dos integrantes destes grupos ao contexto cultural majoritário.

Nas palavras de José Figueiredo Dias (1997, p. 293), a teoria em questão:

> [...] focaliza o crime como resultado da identificação dos jovens do sexo masculino, da classe trabalhadora, com os valores e as regras de conduta emergentes da subcultura delinquente; ou seja, essa subcultura delinquente representa uma resposta coletiva às experiências de frustração das tentativas de aquisição de *status* no contexto da realidade respeitável e da sua cultura.

No contexto social que estavam inseridos, os jovens deparavam-se com incapacidade de galgar sucesso e obter posicionamento de destaque através dos meios convencionais de ascensão social, gerando uma situação que o levava ao cometimento de ilícitos.

Este fator era referido por Cohen (*apud* GARCIA-PABLOS, 1992, p. 230) como estado de frustração ("*status frustration*"), que ocasionava:

> Fortes sentimentos de humilhação, angústia e culpa, devido à interiorização da ética de sucesso, que tem, como componente decisiva, a tendência para confundir o sucesso com a própria virtude. Uma saída possível, para essa situação, seria repudiar-se o jogo e sair dele, recusando-se a reconhecer regras que, para eles, não tem qualquer aplicação e estabelecer novos jogos com as regras e critérios de *status*, regras segundo as quais eles possam realizar-se satisfatoriamente.

Para Cohen o sentimento de inferioridade, oriundo de sua condição social, acaba funcionando como matriz de comportamentos transgressores, um caminho a margem dos rumos legal e moralmente aceitos pela sociedade para auto afirmação e ascensão social. Portanto, Cohen (*apud* GARCIA-PABLOS, 1992, p. 232) considera óbvia a explicação da delinquência juvenil "o crime resulta da identificação dos jovens, do sexo masculino e das classes trabalhadoras com os valores e as regras de conduta emergentes da subcultura delinquente".

Logo, o cidadão visto socialmente como subalterno e inferior, quando deseja ascensão social, visando equiparar-se ao "status" ocupado pelos detentores da cultura dominante, não raras vezes optam por agrupar-se como forma de fortalecimento grupal e para alcançarem destaque, acabam, por vezes, a cometer delitos.

O termo "subcultura" remete à ideia de uma "cultura dentro da cultura", esta definição faz emergir uma problemática: afinal de contas, o que é cultura? Visando nortear e traçar uma linha condutora para a compreensão do termo através de uma perspectiva sociológica, recorre-se a Jorge Figueiredo Dias e Costa Andrade, os quais definem cultura como sendo "todos os modelos coletivos de ação, identificáveis nas palavras e na conduta dos membros de uma dada comunidade, dinamicamente transmitidos de geração para geração e dotados de uma certa durabilidade" (*apud* SHECAIRA, 2014, p. 215).

O próprio Albert Cohen refere-se à cultura como o conhecimento, crenças, valores, códigos, gostos e preconceitos que são tradicionais em grupos sociais e que são adquiridos pela participação nesses grupos (*apud* SHECAIRA, 2014, p. 217).

É importante que se estabeleça diferenciação entre "subcultura" e "contracultura". Assim, podemos inferir que os grupos subculturais são associações de pessoas que aceitam certos aspectos dos sistemas de valores predominantes na sociedade, mas também expressam sentimentos e crenças exclusivas de seu próprio grupo, enquanto a contracultura é uma subcultura que desafia a cultura e a sociedade dominantes (SHECAIRA, 2014, p. 218).

Portanto, os grupos subculturais distanciam-se da sociedade convencional, já os contraculturais a contestam e confrontam. São exemplos de grupos contraculturais os *hippies*, os *beatniks* e movimentos anarquistas; de outro lado os subculturais são as gangues, os *punks*, os *skinheads*, os *headbangers* (conhecidos no Brasil como "metaleiros") e as torcidas organizadas de futebol.

O meio social, eminentemente heterogêneo e conflitivo, impõe modelos de bem-estar, patamares culturais e de riqueza que para muitos são inatingíveis, pois não existe uma repartição equânime de oportunidades e acessibilidades entre os membros da sociedade à estes valores consagrados. Os indivíduos, cada qual trazendo consigo suas características que os desassemelham dos demais, seus traços étnicos, raciais, religiosos, sexuais e econômicos, são postos em franca competição pela obtenção de "status" e destaque social, sendo que estes não estão igualmente aptos a enfrentar as contrariedades da existência. Portanto, a instituição de subculturas criminais reflete a necessidade de algumas minorias desfavorecidas de impor-se na estrutura social, quando vários indivíduos, ocupantes de posições semelhantes na sociedade, cada qual servindo de referência aos demais, comungam um acordo entorno de um somado de princípios e critérios, os quais passam a ser aplicados entre si.

De acordo com Eduardo Cabette (2007, p. 27/28):

> [...] o processo de "associação diferencial" propicia ao sujeito, de conformidade com seu convívio, aprender e apreender as condutas desviantes respectivas. Dessa forma, tal teoria teria a vantagem de poder explicar a criminalidade das classes baixas tanto quanto a das classes altas. Nesse processo de convívio-aprendizado, os infratores menos privilegiados praticariam usualmente os mesmos crimes, vez que estariam conectados ao convívio de pessoas de seu nível social e só teriam oportunidade de aprender essas determinadas espécies de condutas delitivas, não lhes sendo possibilitado o acesso a conhecimentos e condicionamentos que os tornassem aptos a outras condutas mais sofisticadas. De outra banda, os mais abastados teriam acesso ao aprendizado de outras modalidades criminosas ligadas naturalmente ao seu meio social. Em razão disso, também dificilmente incidiram nas condutas afetas às classes mais baixas.

É certo que em qualquer agrupamento humano existe uma miríade de subgrupos, cada qual dotado de seu modo ínsito e peculiar de pensamento e de ação, porém, a subcultura delinquente pode ser resumida como "produto de problemas de adaptação à cultura dominante, de valores e comportamentos que afloram a partir da interação social" (BATISTA, 2012, p. 70), ou ainda como "um comportamento de transgressão que é determinado por um subsistema de conhecimento, crenças e atitudes que possibilitam, permitem ou determinam formas particulares de comportamento transgressor em situações específicas" (SHECAIRA, 2014, p. 223).

Deve-se ter em mente e destacar que a teoria das subculturas floresce de pesquisas empíricas relacionadas a grupos de infratores, buscando entender a interação entre agrupamentos culturais heterogêneos, ocupantes de diferentes postos na suposta hierarquia social e do processo de aprendizagem de comportamentos delitivos.

De acordo com Cohen (*apud* SHECAIRA, 2014, p. 226-228), a subcultura delinquencial caracteriza-se pela existência de três fatores: o não utilitarismo da ação, a malícia da conduta e o negativismo.

É natural pensar que as pessoas cometem crimes por razões justificáveis de modo racional, buscando um fim congruente e utilitário. Por exemplo, uma mãe carente que furta pães para alimentar seu filho, o faz com a finalidade específica de saciar a fome de sua cria. No entanto, o mesmo não se aplica a alguns crimes praticados por subgrupos, cujas atitudes transgressoras muitas das vezes não são dotadas de utilitarismo algum, não possuindo qualquer motivação, feitas por autossatisfação e para que a façanha criminosa assegure destaque, reconhecimento e aceitação entre os demais membros. Como ocorre nas gangues de pichadores, nas quais obtém-se vulto as pichações inseridas nos pontos de mais difícil acesso, seja pela periculosidade do local ou pela necessidade especial de habilidade para burlar a segurança ou até mesmo pela simbologia do local em que ela foi realizada.

No agir transgressor destes grupos existe prazer em atingir metas proibidas e inatingíveis, revelando prazer existente em desconcertar, aterrorizar, escarnecer e desafiar regras sociais, o que Cohen referia-se como sendo a malícia da conduta criminosa.

Por fim, as condutas aceitas e incentivadas pelos delinquentes são tidas como corretas para os padrões daquele grupo, exatamente por revelarem-se como contrárias às normas culturais gerais da sociedade. Os comportamentos padrões dos grupos transgressores representam o antagonismo dos padrões sociais aceitos pela convencionalidade social, ou seja, negativismo. Muitas condutas que gerariam vergonha, repulsa e desonra na vida cotidiana, prestam ao engrandecimento e elevação do prestígio de um membro de um grupo delinquente. Como a prisão, por exemplo, que para a maior parte das pessoas é tida como vexatória e humilhante, mas para facções criminosas, a depender de qual o crime praticado e nas condições em que ocorreu, é entendida como um marco a ser reverenciado.

4. AS TORCIDAS ORGANIZADAS DE FUTEBOL COMO EXEMPLO DE MOVIMENTOS SUBCULTURAIS NO BRASIL

Infere-se que o surgimento das torcidas organizadas no Brasil tenha ocorrido na década de 1940, quando o futebol já era consolidado como paixão das massas, entre os primeiros agrupamentos organizados de torcedores são citados a "Charanga do Flamengo" e a "Torcida Uniformizada do São Paulo". Entretanto, em muito diferiam-se das atuais torcidas organizadas, pois não contavam com uma estrutura hierarquizada e burocrática, o vínculo era unicamente com o clube e não com o próprio agrupamento, como ocorre hoje em dia, e, sobretudo, em função de quase total ausência de atos de violência (LOPES; CORDEIRO, 2010, p. 77-78).

Nos moldes atualmente vistos, as primeiras torcidas organizadas surgiram no final de 1960 e início da década de 1970, momento da história brasileira fortemente marcado pelo Regime Militar e pelo desenvolvimento urbano, quando milhares de jovens passaram a ocupar as arquibancadas, com suas vestimentas, modos de atuação e cânticos próprios (ARAÚJO; DALAPOLA, 2017).

Na primeira metade de década de 1990, o crescimento das torcidas organizadas é exponencial. Conforme aduz Carlos Alberto Máximo Pimenta, em sua obra "Violência entre torcidas organizadas de futebol" (2000, p. 130), de 1991 a 1995 as principais organizadas de São Paulo quadriplicam seu quadro associativo, em grande parte por jovens entre 12 a 18 anos:

a) Mancha Alviverde (Sociedade Esportiva Palmeiras): de 4.000 filiados para 18.000;
b) Independente (São Paulo Futebol Clube): de 7.000 filiados para 28.000;
c) Gaviões da Fiel (Sport Club Corinthians Paulista): de 12.000 filiados para 46.000.

Atualmente, segundo informações retiradas de seus sites oficiais, estas torcidas organizadas encontram-se, respectivamente, com cerca de 90.000, 70.000 e 100.000 torcedores filiados.

Luca Sevalli, em seu trabalho "Torcidas Organizadas e a Teoria da Delinquente de Albert Cohen", apresentado à Academia de Polícia Civil do Estado de São Paulo "Dr. Coriolano Nogueira Cobra", em julho de 2015, como requisito para conclusão do VI Curso de Especialização em Polícia Judiciária e Sistema de Justiça Criminal, aduz:

> Acontece, que para o membro da torcida organizada não é apenas "futebol", mas também, a hegemonia que determinada torcida, a rivalidade existente perante as demais, o respeito e temor que querem impor frente a outras agremiações, disputa por interesses espúrios e outros motivos (SEVALLI, 2015)

Para Clarke (*apud* CUNHA, [200-?]), a violência no futebol deve ser vista como a "intervenção social simbólica dos jovens na tentativa de desenvolverem a sua identidade diferencial, tal como o aparecimento de várias subculturas jovens a partir dos anos 1950 na Grã-Bretanha, como os 'Teddy Boys', 'Mods', 'Skinheads' etc.".

Diante das parcas esperanças de jovens oriundos das classes trabalhadoras de alcançarem satisfação de suas necessidades, nasce uma tensão cultural entre eles e a sociedade em geral. Submetidos à pressão consumista social, estes jovens constroem sua própria "subcultura" em torno de valores de rigidez, masculinidade e violência. Neste cenário, os atos transgressores, calcados nestes valores, funcionam como meios de afirmação do indivíduo perante o grupo e do próprio grupo perante a sociedade. Afinal de contas, um dos principais objetivos destas agremiações é ser respeitada.

Em matéria intitulada "Cães de Guerra" da revista Placar, de abril de 1995, são exibidos dados de um estudo realizado pelo 2º Batalhão de Choque da Polícia Militar do Estado de São Paulo, que cadastrou 75 mil torcedores organizados, dos quais sete mil já havia praticado algum crime em jogos futebolísticos. No entanto, firmou-se não ser possível traçar uma identidade social entre estes infratores, existindo desde pobres até componentes das classes mais abastadas.

Na reportagem "Amor e ódio: uma história das torcidas organizadas" dos jornalistas Peu Araújo e Kaique Dalapola do Portal R7 (2017), foram entrevistados alguns membros icônicos das principais organizadas de São Paulo, cujos trechos principais passa-se a destacar.

No bojo da entrevista concedida por Marcelo Lima, vulgo "Gordão, presidente de honra da "Torcida Uniformizada do Palmeiras", diz que atualmente ele estaria "mais como um lobo que tá cuidando dos filhos, do pessoal, pra gente poder passar experiência". A fala demonstra a existência de um sentimento de união no grupo e de mútuo auxílio, proteção fornecida pelos membros mais experientes aos mais novos, proporcionando a todos os membros a sensação de coesão, o que leva ao fortalecimento do grupo em si.

Em outro trecho, "Gordão" realiza metáfora entre a atuação das torcidas organizadas com a Organização das Nações Unidas: "Não tem a ONU que fala 'você vai lá, faz assim, não vai soltar bomba?'. Somos nós". Depreende-se que a voz do grupo acaba por coordenar os atos de seus membros, desaconselhando determinadas ações, recriminando aqueles que agirem a margem dos procedimentos estabelecidos e, também, premiando, destacando, incentivando e acolhendo os integrantes que agirem dentro dos preceitos estabelecidos pelo grupo.

Perguntado sobre a razão das brigas envolvendo as torcidas, respondeu:

> Eu também queria saber. Vou ser sincero com você. Quando eu entrei, eu já sabia que tinha que odiar corintiano e amassar, amassar, amassar. E o corintiano vice-versa. O são-paulino, espancar. A minha família me conduziu a isso. Existe, hoje, briga da Polícia Civil com a Polícia Militar, que se mataram em frente ao Palácio do Governo do Estado de São Paulo. A briga é uma situação onde duas pessoas não se entendem e acaba se pegando, você imagina ideias contras. Então, eu aprendi assim, depois de toda cagada que já fiz. Mas levo na minha consciência de ter formado um exército de periquitos homens, cara que saiu daqui com um entendimento de ser pai, como aquele garoto que falou pra mim

> que deixaria de vir no jogo porque tem que sustentar o filho dele. Então a minha consciência hoje está em pé, e a torcida, sim, tem como evitar, reeducando os filhos novamente, não cultuando o ódio que cultuaram em mim.

Os conflitos entre os seres humanos de ideias e concepções diferentes realmente sempre ocorreram e também é verdade que a defesa violenta de valores e pontos conduziu a humanidade a espetáculos de barbárie e selvageria. Percebe-se que a cultura do ódio, da aversão pelo o que é diferente ao grupo, permeia as atividades da facção, semeando nos novatos a centelha da discórdia e fomentando a fogueira da hostilidade nos mais experientes.

Realçando o não utilitarismo das ações dos grupos subculturais, o presidente da TUP afirma que "O que era um troféu, o que era uma exibição de força, era você ir e pegava a camisa do cara, não pegava a carteira, não pegava o relógio, pegava a camisa, e na época não virava nem de ponta cabeça". Portanto, a subtração da camiseta da agremiação adversária em confronto é vista como uma espécie "espólio de guerra", cujo responsável passa a ser visto com respeito e admiração pelos demais integrantes.

Por sua vez, "Racionais", conselheiro da torcida "Pavilhão Nove" do Sport Club Corinthians Paulista, perguntado sobre o que leva o jovem a associar-se a torcida, respondeu:

> Primeiramente, o jovem vai entrar para a torcida organizada pelo seu time de futebol. Quando eu entrei na torcida tinha 15 anos. Eu já vi muita molecada que a torcida organizada apresenta o mundo, é uma escola de vida para a molecada. Infelizmente, muita molecada não tem acesso, porque a maioria é da periferia, é pobre, não tem acesso a um turismo, a um lazer, à cultura. A torcida organizada proporciona tudo isso. O cara que vai acompanhar o time de futebol, vai para uma caravana lá no Sul, o cara acaba conhecendo outro estado, conhecendo outra cultura, com conversas, troca ideia com outras pessoas de outros estados, adquire cultura, conhecimento de outras culturas regionais e até de fora do país. [...] Cada um tem sua origem, pai e mãe, tem sua família. Faz uma coletividade mesmo, é um grupo, que as pessoas se encontram, mas não toma o lugar da família, é uma outra família que se forma.

Em resposta semelhante, André Azevedo, presidente da Associação Nacional das Torcidas Organizadas e presidente de honra da torcida "Dragões da Real" do São Paulo Futebol Clube, disse que "em grande parte da história, as organizadas foram lugar para excluídos socialmente. Eram pessoas que não tinham acesso a *shopping*, parque, dinheiro, e a torcida era a coisa mais barata para se fazer parte, muitas vezes de graça".

As falas reforçam o que foi anteriormente dito acerca do contexto social em que o jovem encontra-se inserido, onde este se depara com a incapacidade de destaque e obtenção do que almeja através dos meios convencionais de ascensão social, fazendo com que ele passe a desejar integrar um grupo que o habilitará conseguir relevância no meio social em que está inserido e proporcionará experiências que sozinho, provavelmente, ele seria incapaz de vivenciá-las.

Perguntado sobre a razão da violência praticada pelas torcidas de futebol, André Azevedo, aponta como sendo um reflexo da inerente violência da sociedade brasileira atual:

> Nós estamos num dos países mais violentos do mundo, muitas capitais, principalmente as do Nordeste, estão em altas colocações no *ranking* de violência. Aqui se mata mais do que na guerra da Síria, se mata mais do que o terrorismo. Nós temos uma guerra silenciosa que as pessoas não querem ver. A torcida faz parte deste contexto social. O Brasil não é a Suíça. As torcidas são um reflexo da sociedade do Brasil. Se a gente vivesse na Suíça, eu acho que esse seria um questionamento, mas as torcidas agem da mesma forma que o brasileiro. Elas podem trabalhar para minimizar a violência e contribuir na prevenção dela, mas erradicar ela não vai. Um bom exemplo é a greve da polícia no Espírito Santo. Ela fez com que pessoas tidas como "normais" cometessem crimes, saques, não eram torcedores organizados, eram cidadãos. Não existe violência no futebol, existe violência. Futebol é uma extensão dela, assim como o trânsito, a praia, a periferia.

Por fim, ainda de acordo com a mesma matéria, o Promotor de Justiça do Estado de São Paulo, Paulo Castilho, diz não considerar as torcidas organizadas como inimigas, mas alerta que

> A torcida organizada hoje se tornou um negócio financeiro, onde eles não estão respeitando ninguém, absolutamente ninguém. Querem intimidar jogador, intimidar dirigente de clube, intimidar a imprensa, afrontam a polícia. Esse modelo eu não posso, como promotor de justiça, fiscal da lei e defensor da sociedade, aprovar. Por isso que nós implementamos essa série de

medidas no transcorrer deste ano. Agora cabe a eles porem a mão na consciência e entenderem que a sociedade não os quer desse jeito. Não é porque eles têm o nome de torcida organizada que são torcida organizada, eles não se comportam como tal. Eu posso falar que sou padre e não rezar a missa.

A fala do membro do Ministério Público demonstra que os problemas gerados pelas torcidas organizadas transcendem a esfera das transgressões praticadas por seus membros no afã de serem aceitos e respeitados, passando a serem vistos como legítimo problema de segurança pública no Brasil, devendo serem tratados como tal.

5. CONCLUSÃO

A fundamental conclusão que se obtém a partir da análise teórica é que existem situações muito particulares e específicas em relação a esta espécie de transgressor, em especial em relação à sua motivação. Por esta razão, o enfrentamento desta criminalidade requer mecanismos sobrepostos aos tradicionais instrumentos de combate ao crime.

É preciso que através de estudos sérios e comprometidos, seja possível esquadrinhar o perfil do torcedor criminoso, suas causas, motivações, o que o leva a reincidir etc. Tendo em vista que estamos diante de modalidade criminosa que possui particularidades que são dessemelhantes de outras formas mais corriqueiras.

A simples repressão tem se mostrado insuficiente, demonstrando que melhor caminho seria a cooptação dos grupos, envolvendo-os com o mercado de trabalho e com o acesso à sociedade produtiva. Além disso, é necessária investigação pormenorizada, cujo foco precípuo estaria na inteligência policial, com delegacias especializadas para controle dessas manifestações criminais.

Contudo, para que qualquer estratégia legítima possa ser traçada, se faz necessário que esta seja calçada em estudos criminológicos, realizados a partir da análise factual das ameaças à segurança social e aos bens jurídicos geradas por este comportamento transgressor, através de experiências e observações. A partir destas conclusões, será possível ao poder público axiologicamente inferir pelo melhor processo de política criminal a ser adotado diante do cenário posto.

6. REFERÊNCIAS BIBLIOGRÁFICA

ARAÚJO, Peu; DALAPOLA, Kaique. *Amor e ódio: uma história das torcidas organizadas*. Disponível em: <http://www.r7.com/r7/media/2017/2017-torcida/index01.html>. Publicado em: 27 fev. 2017. Acesso em: 20 jul. 2017.

BARATTA, Alessandro. *Criminologia crítica e crítica do Direito Penal*: introdução à sociologia do direito Penal. Rio de Janeiro: Revan, 2014.

BATISTA, Vera Malaguti. *Introdução crítica à criminologia brasileira*. Rio de Janeiro: Revan, 2012.

BUFORD, Bill. *Entre os vândalos*: a multidão e a sedução da violência. Traducção de Júlio Fischer. São Paulo: Companhia das Letras, 1992.

CABETTE, Eduardo Luiz Santos. *Criminologia genética*: perspectivas e perigos. Curitiba: Juruá, 2007.

CALHAU, Lélio Braga. *Resumo de Criminologia*. 8. ed. Niterói-RJ: Impetus, 2013.

CARVALHO, Salo de. *Anti manual de criminologia*. São Paulo, 2015.

CUNHA, Fábio Aires da. *Origem, evolução e composição das torcidas*. Disponível em: <http://fcunha.com.br/origem-evolucao-e-composicao-das-torcidas/>. Acesso em: 23 jul. 2017.

DIAS, José Figueiredo; ANDRADE, Manuel da Costa. *Criminologia: o homem delinquente e a sociedade criminógena*. Coimbra, 1997.

GARCÍA-PABLOS DE MOLINA, Antônio. *Criminologia*: uma introdução a seus fundamentos teóricos. São Paulo: Revista dos Tribunais, 1992.

LOPES, Felipe Tavares Paes; CORDEIRO, Mariana Prioli. Torcidas organizadas do futebol brasileiro: singularidades e semelhanças com outros grupos de torcedores da América do Sul e da Europa. *Revista Espaço Acadêmico* n. 104, Ano IX, ISSN 1519-6186, janeiro de 2010.

PEIXOTO, Afrânio. *Criminologia*. São Paulo: Saraiva, 1953.

PIMENTA, C. A. M. *Violência entre torcidas organizadas de futebol*. São Paulo em perspectiva, v. 2, n. 2, 2000.

QUEIROZ, Paulo de Souza. *Direito penal – parte geral*. 7. ed. Rio de Janeiro: Lumen Juris, 2011.

SEGALLA, A. B; ABRUCIO Jr., M. *Cães de Guerra*. Placar, São Paulo: Abril, n. 1.107. p. 34-37, set. 1995.

SEVALLI, Luca C. Torcidas organizadas e a teoria da subcultura delinquente de Albert Cohen. São Paulo, 2015. Trabalho de conclusão de curso apresentado à Academia de Polícia "Dr. Coriolano Nogueira Cobra", em julho de 2015, como requisito para conclusão do VI Curso de Especialização em Polícia Judiciária e Sistema de Justiça Criminal.

SHECAIRA, Sérgio Salomão. *Criminologia*. São Paulo: Revista dos Tribunais, 2014.

SUASSUNA, Ariano. *O santo e a porca*. Rio de Janeiro: José Olympio, 2005.

VERGAL, Sandro. *Criminologia tridimensional*: Do direito à segurança pública eficiente. Curitiba: Juruá, 2015.

ZAFFARONI, Eugenio Raúl; PIERANGELI, José Henrique. Manual de direito penal brasileiro: parte geral. 11. ed. São Paulo: Revista dos Tribunais, 2015.

_____. *Em busca das penas perdidas*: a perda da legitimidade do sistema penal. Rio de Janeiro: Revan, 1991.

HOMOFOBIA NO FUTEBOL MASCULINO

Thaís Marafanti
Formada pela Universidade Presbiteriana Mackenzie
Especialista em Direito Público pelo Complexo Damásio de Jesus
Delegada da Polícia Civil do Estado de São Paulo
Professora da Academia de Polícia Civil do Estado de São Paulo

O futebol sem dúvida é considerado como paixão nacional e até mesmo mundial. A cada quatro anos o mundo se volta a um determinado país, para acompanhar a Copa do Mundo, que nada mais é do que trinta e duas seleções, compostas por jogadores homens, disputando o troféu de melhor futebol do mundo.

O ambiente do futebol é reconhecido como a "casa dos homens", ou seja, um lugar de homem para homem, onde eles mostram sua virilidade e competitividade, exercitam a sociabilidade e é usado para fortalecer o corpo. Diferente do *ballet* ou da ginástica, que é um esporte delicado, voltado para a mulher, modelar o corpo.

E nesse ambiente em que se necessita afirmar tanto a masculinidade, será que há espaço para os homossexuais?

É justamente sobre esse assunto que passaremos a tecer alguns comentários.

1. DIFERENÇAS ENTRE SEXO, ORIENTAÇÃO SEXUAL E IDENTIDADE DE GÊNERO

Inicialmente é necessário fazer, em apertada síntese, uma distinção entre as expressões sexo, sexualidade e gênero[1].

O sexo biológico é conjunto de informações cromossômicas, órgãos genitais, capacidade reprodutiva, que distinguem o macho da fêmea.

A identidade ou papel de gênero é um comportamento social, culturalmente e historicamente determinado que revela como a pessoa se identifica. Eles não nascem com a pessoa, mas são impostos pelos meios sociais e culturais que a pessoa é inserida. Assim, a sociedade padroniza o que é ser masculino e o que é ser feminino. E a pessoa pode concordar ou não com o gênero que lhe é atribuído. Para ficar mais claro, vamos exemplificar: a mulher é atribuída a cor rosa e brincadeiras com bonecas, casinhas, enfim voltadas para a "família", já ao homem é atribuído a cor azul, brincadeiras mais ágeis, como dirigir um carro e jogar futebol.

Já a sexualidade ou orientação sexual é atração, seja física e/ou emocionalmente, que a pessoa se manifesta em relação à outra para satisfação dos seus desejos. Há três tipos de orientação sexual, sendo o heterossexual, que é aquele que sente atração por pessoas dos sexo/gênero oposto; o homossexual que é a pessoa que tem atração por pessoas do mesmo sexo ou gênero e o bissexual, que é a pessoa que tem atração por pessoas de ambos os sexos. E por fim, há ainda a assexual, que são pessoas que não tem atração sexual por nenhum dos sexos ou gêneros.

Feita essa distinção, verificamos que o assunto em tela se relaciona tanto a questões da identidade ou papel de gênero, construída na sociedade, que sempre "pré-determinou" o futebol como um esporte de homem com gênero masculino, como no tocante a orientação sexual e o grande preconceito que há em relação à homossexualidade entre os jogadores e torcedores, principalmente de futebol e a sua rejeição pela torcida, trazendo atitudes homofóbicas graves.

(1) Cartilha da Diversidade Sexual e a Cidadania LGBT da Secretaria da Justiça e da Defesa e da Cidadania do Governo do Estado de São Paulo. 2014.

2. A HOMOSSEXUALIDADE

A história da homossexualidade é tão antiga quanto à humanidade. Nas civilizações antigas há registro de sua prática, nas figuras e esculturas. A depender dos valores culturais vigentes, ela passou a ser tolerada ou condenada pelos povos. Na Grécia Antiga, o amor entre homens era considerado como a mais alta forma de afeição, sendo que as relações entre homem-mulher tinham apenas a finalidade de reprodução. Em Esparta era comum os homens guerrear juntos, pois com essa afetividade e que se aumentava a capacidade de luta. Já em Portugal, por influência da Igreja Católica, na época da Inquisição, foi fortemente proibida e punida, por ser considerada "coisa do demônio".[(2)]

Durante toda a evolução de valores que ora classificavam como crime, ora como doença, permeava a angústia de buscar a causa da diversidade nas orientações sexuais.

2.1. Movimento homossexual

Os primeiros estudos do homossexualismo começaram no século XIX, quando o modelo biológico, superou o religioso, e os homossexuais passaram a ser considerados "doentes", portanto que precisavam ser curados. Assim foram usados tratamento para a "cura gay", como a aplicação de choque, esterilização, castração, aplicação de hormônios masculinos.

Nos Estados Unidos da América, na década de 1960, impulsionado pelo movimento negro que estava organizado e forte, trazendo a tona discussão sobre a igualdade do homem branco e negro, surgem os primeiro movimentos contra a homofobia e a liberdade sexual.

Só que o movimento dos homossexuais ainda era bem atrasado em relação aos negros. No ano de 1968, na cidade de Nova York, ainda era considerado crime "contra a natureza" e ensejava a prisão, a prática de relação sexual, entre pessoas do mesmo sexo. Nessa época, os homossexuais não tinham qualquer representação política e eram vítimas de assassinatos, sendo justificados como uma forma de "limpeza gay". Assim, a falta de apoio político, somada as leis homofóbicas, fez com que a população odiasse e perseguisse a população homossexual[(3)]. O único refúgio eram os bares gays.

Até que no ano 1969, teve o grande marco do movimento gay. A polícia nova iorquina, invadiu um bar chamado *Stonewall* frequentado pela população homossexual, dando voz de prisão a todos. Uma mulher se rebelou e foi espancada quase até a morte. Pessoas que passaram pela rua, vendo a ação policial e a gritaria, fecharam a entrada do bar, colocando barricadas. A polícia ficou acuada e a reação ganhou força. A batalha durou duas noites e pela primeira vez uma parcela da população se uniu aos gays, organizando uma passeata, onde os homens se vestiram de terno e gravata e as mulheres de vestido, com o intuito de mostrar que eles eram iguais a todas as pessoas. Após esse dia, a comunidade LGBT[(4)] ganhou força e notoriedade[(5)].

Alguns ano depois, em 1973, a homossexualidade deixou de ser uma doença pela Associação Americana de Psiquiatria[(6)].

Além disso, com o surgimento das democracias liberais nas décadas de 1980 e 1990, surgiram as condições socioeconômicas para o desenvolvimento de uma atividade política em torno da sexualidade.

No entanto, somente em 1993, a Organização Mundial de Saúde retirou o termo "homossexualismo"[(7)] da Classificação Internacional de Doenças. Em 1998, a Associação Americana de Psiquiatria se posicionou contra as terapias de cura, como eram chamadas, para tentar converter os homossexuais em heterossexuais.

2.2. A proteção legal da homossexualidade no direito internacional

O art. 2º da Declaração Universal dos Direitos Humanos prevê que:

> "Todos os seres humanos devem proclamar os direitos e a liberdade, sem distinção, nomeadamente de raça, de cor, de sexo, de língua, de religião, de opinião política ou outra, de origem nacional ou social, de fortuna, de nascimento ou de qualquer outra situação".

---

(2) ALFAIA, André João Belacorça. *Homofobia no futebol*. Lisboa: Instituto Universitário de Lisboa, 2013.

(3) GORISCH, Patricia. *O reconhecimento dos Direitos Humanos LGBT* – De Stonewall à ONU. 4. ed. Curitiba: Appris, 2014.

(4) No início a sigla era GLS (Gays, lésbicas e simpatizantes). Com o tempo foi incluído T, que se refere aos transgêneros. Atualmente a sigla mais completa é LGBTTIS (Lésbicas, gays, bissexuais, transgêneros, transexuais, intersexuais e simpatizantes).

(5) *Idem*.

(6) CARVALHO, Salo de; DUARTE, Evandro Piza. *Criminologia do preconceito*. São Paulo: Saraiva, 2017.

(7) O termo homossexualismo é errado, pois sufixo "ismo" significa doença. O correto é utilizar homossexualidade.

A proteção da diversidade sexual é um tema cada vez mais em pauta, pois as pessoas estão assumindo a sua sexualidade e lutando pelos direitos de receberem igual tratamento jurídico e social. De uma maneira geral, as normas vedam a discriminação por qualquer motivo e pregam a igualdade de todos. No entanto, quando o assunto é proteção à homossexualidade não há lei regulando, nem vedando, portanto, tem-se uma lacuna legislativa.

A Organização das Nações Unidas, no âmbito do seu Conselho de Direitos Humanos, tem elaborado resoluções voltadas a este grupo vulnerável, como por exemplo o texto feito na conferência realizada 2006, na Indonésia, na cidade de Yogyakarta, para discutir assuntos relacionados à orientação sexual e diversidade de gênero, sendo produzido ao final um documento que serve de orientação para os Estados, no tocante a legislação interna sobre o assunto. Ressalta que tal documento não foi produzido por força dos Estados, mas por humanistas e organizações preocupadas com os direitos da população LGBT.

Merecem destaques dois princípios: o segundo que tratou dos direitos à igualdade e a não discriminação, prevendo que é dever do Estado a implementação de todas as ações apropriadas, inclusive programas de educação e treinamento com a perspectiva de eliminar atitude ou comportamento preconceituosos ou discriminatórios relacionados à ideia de inferioridade ou superioridade de qualquer que seja a orientação sexual e o vigésimo sexto, o qual garante a todos o direito de participar livremente da vida cultural, devendo o Estado assegurar essa oportunidade, bem como de promover o diálogo e o respeito mútuo.

Como se vê esse documento serve apenas de orientação, não tendo força cogente, portanto não é lei em sentido estrito.

2.3. A proteção legal da homossexualidade no direito brasileiro

No âmbito constitucional brasileiro, um dos princípios da República Federativa do Brasil é a Dignidade da Pessoa Humana e entre os objetivos fundamentais está a promoção do bem de todos, sem preconceitos de origem, raça, sexo, cor, idade ou quaisquer forma de discriminação.

Dentre os direitos e garantias fundamentais, destaca-se o art. 5º, *caput*, da Constituição Federal, que estabelece que todos são iguais perante a lei, sem distinção de qualquer natureza, fundamentado constitucionalmente o princípio da igualdade, que veda toda e qualquer discriminação.

Além disso, o art. 5º, inciso II, da Carta Magna, prevê que ninguém será obrigado a fazer ou deixar de fazer alguma coisa, senão em virtude da lei. Essa restrição da liberdade, portanto somente pode se operar por meio de lei. A autonomia privada é algo amplo e consiste na capacidade de autodeterminação de comportamento, o que inclui a liberdade de fazer escolhas existenciais, como: com quem casar, onde viver, quem amar, entre outras, bem como escolhas patrimoniais.

Nessa expressão de liberdade encontra-se a ideia do pleno exercício da orientação sexual pelo cidadão ou a chamada doutrinariamente "liberdade sexual", assegurando a possibilidade de escolha de suas relações afetivas sem qualquer interferência ou limitação seja do Estado ou do particular.

As garantias sexuais constituem instrumento relevante para o respeito da diversidade humana, dentro da concepção do ideal de uma sociedade fraterna, plural e sem preconceito. Portanto, de uma leitura sistemática da Constituição Brasileira de 1988, aponta que a orientação sexual é um assunto privado, devendo permanecer fora de regulamentação jurídica, além da simples e pura permissão. Está no campo do direito à intimidade e privacidade.

No Brasil, não há leis tratando dos assuntos relacionados a homossexualismo, apenas um relatório produzido a partir da Primeira Conferência Nacional de Lésbicas, Gays, Travestis e Transexuais, realizado em junho de 2008. O tema da Conferência foi "Direitos Humanos e Políticas Públicas: O caminho para garantir a cidadania de Gays, Lésbicas, Bissexuais, Travestis e Transexuais". No ano seguinte, foi elaborado o Plano Nacional de Promoção da Cidadania e Direitos Humanos de Lésbicas, Gays, Bissexuais, Travestis e Transexuais.

Dentre as diretrizes consagradas estão o combate à discriminação por orientação sexual, identidade de gênero e raça no serviço público, promoção da denúncia de toda e qualquer atitude de discriminação à população LGBT e a garantia de acessibilidade do cidadão LGBT a todos os ambientes, inclusive os que prestam serviços públicos e privados.

Além disso, em 2011, o Supremo Tribunal Federal reconheceu unanimemente a validade da união homoafetiva equiparando a união estável. Esse julgamento representou um importante marco histórico de lutas dos homossexuais por direito de igualdade e tão logo foi finalizado, houve uma imediata comemoração e sentimentos de satisfação, tanto por grupos indenitários, quanto por defensores dos direitos sexuais(8).

(8) ADI n. 4.277/DF, Rel. Min. Ayres Brito, j. 05.05.2011.

Como se vê não há legislação específica tratando dos direitos dos homossexuais, apenas princípios de caráter genérico. O tema ainda é considerado um "tabu" e sem dúvida ensejará muitas discussões, até ser totalmente aceito e reconhecido. No entanto, uma questão é pacífica, todas as pessoas têm o direito de serem tratadas com respeito, dignidade e igualdade, independente da orientação sexual. E é obrigação de todos garantir esse tratamento.

3. HOMOFOBIA

A palavra homofobia foi criada no final da década de 1960, pelo psicólogo americano George Weinberg(9), que via uma natureza patológica no comportamento aversivo em relação a homossexuais.

A homofobia(10) pode ser conceituada como o temor irracional da homossexualidade, ou seja, a discriminação contra pessoas que mostram ou a quem se atribui alguma qualidade ou defeito atribuído ao gênero. É uma forma de desqualificação e violência contra pessoas homossexuais.

As manifestações da violência podem ser de três formas: simbólica (cultura homofóbica), violência institucional (homofobia de Estado)(11) e violência interpessoal (homofobia individual)(12).

No Brasil, há o projeto de Lei n. 122/2006, que se convencionou chamar como projeto de "criminalização da homofobia", prevendo condutas ilícitas as praticadas em virtude de discriminação ou preconceito de gênero, sexo, orientação sexual e identidade de gênero(13).

3.1. Homofobia e futebol

O futebol, como esporte, foi construído culturalmente como um ambiente do gênero masculino. Tanto o torcedor, como o atleta, tem que ser machos, viris, atletas e competitivos.

O ambiente de estádios de jogos de futebol é com predominância do público masculino e com cenas de violência e rivalidade entre torcidas e jogadores. Trata-se de um contexto cultural específico que institucionaliza práticas, ensina e produz e representa o que é ser masculino.

Aliás, no Brasil, os modos de construção das masculinidades, guardam íntima conexão com o futebol e essa construção, infelizmente, é machista e com uma homofobia simbólica ou cultural.

A masculinidade foi construída culturamente como um valor positivo dos jogadores de futebol. Além de ter habilidades nas jogadas, se exige dos atletas outros valores, como coragem, destemor, ousadias, força física, velocidade, potência, busca por limites e, sobretudo a masculinidade. E essa exigência da masculinidade do jogador, sai do campo, passando a ser exigida para os torcedores.

Na torcida os espectadores utilizam palavrões como forma de expressar sua emoção, tanto para demonstrar o afeto, como para agredir. Os palavrões e xingamentos são usados para ofender o time adversário, outros agentes que fazem parte do espetáculo, como o juiz e os policiais. Essa prática, também é sem dúvida, algo cultural, ou seja, algo necessário para ser aceito dentro daquele ambiente de torcida, é uma forma de socialização. E muito desses xingamentos são homofóbico.

Criou-se o hábito de chamar alguém de "veado" ou "bicha" e geralmente esse jogador é o craque do time adversário, quem decide a partida. Mas será que isso é necessariamente um preconceito?

Sem dúvida que é o fato de chamarem o adversário de "bicha" ou "veado" é algo pejorativo, corroborando para a visão homofóbica, quem em outros níveis mata e expulsa os homossexuais do ambiente do futebol. Aliás, esse não é problema somente brasileiro.

3.2. A Homofobia no futebol pelo mundo

A homofobia nos campos de futebol é algo mundial. Os europeus também têm esse preconceito. Em 2012, foi feito um manifesto que pedia ao clube Zenit, não contratar jogadores negros, nem homossexuais, já que estes "não faziam parte da identidade e da tradição do clube"(14). Na Europa já há movimentos contra a homofobia no futebol, liderado pro Showan Ebadi (15).

---

(9) George Weinberg foi um psicólogo americano na cidade de Nova York, que nasceu em 1935. Em 1972, lançou sua obra "Sociedade e a saúde homossexual" na qual criou o termo homofobia. Ele faleceu em 20 de março de 2017.

(10) *Homo* significa igual, fobia, que vem da palavra do grego *phobos*, significa medo em geral

(11) É a homofobia institucionalizada pelo Estado, por meio de normas impostas pelo Estado como a criminalização da homossexualidade em países do Oriente Médio e do Continente Africano.

(12) É a homofobia individual aquela contra a pessoa e violência sexual. É o ato concreto (físico) praticado por uma pessoa contra a outra.

(13) CARVALHO, Salo de; DUARTE, Evandro Piza. *Criminologia do Preconceito*. São Paulo: Saraiva, 2017.

(14) Disponível em: <http://médium.com/puntero-iziquiero/bicha-a-homofobia-no-futebol-como-legado-da-copa-9cbe4bc18df2>.

(15) Showan Ebadi é advogado, conhecido torcedor do time Malmo, da Suécia, e ativista do grupo "Torcedores contra a homofobia", e foi atacado por um grupo neozista em março de 2014, que culminou com seu espancamento e foi internado em estado grave, justamente por seu ativismo gay.

O primeiro marco da luta contra a homofobia no futebol ocorreu na década de 1990. Na época, o jogador inglês Justin Fashanu assumiu ser homossexual em periódico do país. A declaração rendeu a seguinte manchete: "Estrela do futebol de um milhão de libras: 'sou gay'." Essa revelação foi uma verdadeira "bomba" na carreira do promissor jogador. Alguns companheiros na época, afirmaram que o futebol, por ser um esporte coletivo, não tinha espaço para gay. Além disso, depois da revelação sua carreira decaiu rapidamente. Dali em diante, ele passou por nove equipes de baixa expressão, tanto em clubes europeus como da Oceania, sendo que sofreu perseguição em todas elas, encerrando sua carreira em 1997, em um time de segunda divisão dos Estados Unidos da América. No entanto, o pior ainda estaria por vir: o Justin, quando já estava aposentado, foi acusado de abuso sexual por um jovem de 17 anos. Mesmo sendo interrogado pela polícia, nada foi provado. Cansado da perseguição que sofreu, o ex-jogador se suicidou, deixando uma carta, na qual revelava que não abusou sexualmente do garoto, mas sim que eles mantiveram relação sexual e no final esse garoto exigiu dinheiro em troca do silêncio, o ameaçando "você espera para ver" e por fim afirmou que como já havia sido "condenado" e não queria ser mais vergonha para a família e amigos[(16)].

Depois dele, mais nenhum jogador europeu assumiu a homossexualidade enquanto estava na ativa. Quem mais perto chegou foi o jogador alemão Thomas Hitzlperger que assumiu ser gay em 2014, após a aposentadoria. Atualmente, é uma grande ativista da campanha "football vs Homophobia", promovida desde 2010.

Ainda na Europa, no ano de 2006, foi criada a "Queer Football Fan Clubs (QFF) [(17)]", uma das principais iniciativas na tentativa de erradicar a homofobia no futebol. Pelo próprio histórico nacional, a Associação Alemã de futebol é uma das federações mais preocupadas com a proliferação dos insultos racistas, machistas, homofóbicos e xenófobos nos estádios. Dentre as iniciativas, destaca-se a elaboração de uma cartilha produzida por ela mesma e distribuída entre os jogadores, treinadores e dirigentes dos clubes que visava dar o apoio necessário para que o indivíduo pudesse assumir sua orientação sexual publicamente e ensinava os demais a lidar com esta situação com naturalidade.

No entanto, o que seria uma ideia positiva não foi. O goleiro Manula Neuer, do titular do time Bayer de Munique e da seleção alemã, desde 2006, incentivou seus colegas a assumirem a sua orientação sexual, justificando que o mais importante é o rendimento em campo. Mas, outro jogador da mesma seleção e colega de time de Neuer, Phillip Lahm, declarou que se os jogadores assumissem a homossexualidade iriam expor todo o time a comentários depreciativos. E foi isso que aconteceu.

Tanto o Neuer como o Lahm passaram a ter questionada sua orientação sexual, como foram perseguidos e insultados por declarações homofóbicas. E a própria cartilha sofreu crítica, sendo considerada fria e pouco humana, não atingindo o objetivo esperado[(18)].

No entanto, na mesma Alemanha, surgiu uma "luz no fim do túnel". O simpático time St. Pauli, da cidade de Hamburgo e que costumeiramente está entre a segunda e a terceira divisão do campeonato alemão, foi o primeiro a eleger um presidente assumido homossexual, em 2002[(19)]. A equipe se destaca por promover diversas campanhas que combatem as manifestações preconceituosas no futebol. Além de sempre ter bexigas, faixas e cartazes, com os dizeres "futebol é tudo, até gay", o clube decidiu hastear de modo permanente uma bandeira do arco-íris no seu estádio, como uma luta contra a homofobia e disputou campeonatos com uniforme em alusão a causa. O time também é conhecido por ser o primeiro a expulsar todos os adeptos e simpatizantes à ideologia nazista e procura ser contra qualquer atitude discriminatória e racista.

Na Inglaterra os times rivais Arsenal e Chelsea também se uniram, ainda que fora de campo, para a criação de suas próprias torcida organizadas LGBT'S[(20)].

Assim, pouco a pouco os torcedores gays foram sendo reconhecidos pelo clube e já conseguiram até a autorização para a instalação de bandeira da torcida organizada, o que é prescindível de autorização prévia dos clubes. Aliás, na Inglaterra a punição é severa. Os jogadores que manifestarem ideias homofóbicas podem ser punidos com cartões e advertências mais severas,

(16) Disponível em: <http://médium.com/puntero-iziquiero/bicha-a-homofobia-no-futebol-como-legado-da-copa-9cbe4bc18df2>.

(17) *Queer* é usada para designar pessoas que não seguem o padrão da heterossexualidade ou do binarismo de gênero. O termo é usado para representar gays, lésbicas, bissexuais e, frequentemente, também as pessoas transgênero ou transexuais, de forma análoga à sigla LGBT.

(18) Disponível em: <http://médium.com/puntero-iziquiero/bicha-a-homofobia-no-futebol-como-legado-da-copa-9cbe4bc18df2>.

(19) Disponível em: <http://vermelho.org.br/noticia/291985-392>. Acesso em: 22 jul. 2017.

(20) O time do Chelsea criou em fevereiro de 2016 a Gay Football Supporters Nerwork o Arsenal criou a Gay Gooners, fundada pelo Stewart Selby.

enquanto que os torcedores podem ser banidos dos estádios ou até mesmo presos. Por esse motivo, não se ouve xingamentos com esses cunhos nos estádios ingleses.

Nos Estados Unidos da América, a Liga Norte-Americana apoia a causa "Yon Can Play" e incentiva todos os desportistas homossexuais a exporem sua orientação sexual[21].

No México, a torcida rival hostiliza o goleiro adversário a cada tiro de meta, com gritos homofóbicos, como "puto", que significa o nosso "bicha". Tal conduta, infelizmente foi copiada pela torcida brasileira, após a passagem da seleção mexicana pela Copa de 2014, disputada em território brasileiro. No entanto, a notícia boa, é que a federação mexicana sofreu uma punição no valor de US$ 75 mil, em razão dessa conotação homofóbica.

Após essa multa, a federação mexicana agiu, lançando uma campanha chamada "Abrazados por El futebol", composta por um vídeo, no qual jogadores da seleção mexicana falam a respeito das diferenças e incentivam o combate à discriminação[22].

3.3. A homofobia no futebol brasileiro

O primeiro time brasileiro a tentar criar uma torcida organizada para o público gay foi o Grêmio do estado do Rio Grande do Sul, na década de 1970, chamada Coligay fundada por um empresário dono de uma boate gay na época e que alegava que vários jogadores frequentavam o estabelecimento escondidos[23]. No auge da ditadura, os torcedores gremistas integrantes desta torcida, entravam nos estádios todos fantasiados e com faixas, levando energia e animação e sem se envolver em confusão. Caso se envolvesse em briga, eram imediatamente expulsos do Coligay. Os integrantes também praticavam caratê para se defenderem.

Até que em 2013, o jornalista Felipeh Campos teve a iniciativa de criar uma torcida gay para o Sport Clube Corinthians. A ideia surgiu depois que o fundador se revoltou, após ter o namorado agredido covardemente por ser homossexual, e trouxe à tona a discussão sobre a intolerância de homossexuais que existe no futebol, fundando a torcida "Gaivotas Fiéis". Outro fato que contribuiu para a criação dessa torcida foi à polêmica e forte reação pela torcida em uma foto publicada em que envolvia um jogador do time à época dando um beijo em um empresário[24]. Atualmente, torcida conta com mais de quinhentos mil adeptos, tornando-se a maior torcida organizada gay do mundo[25].

No entanto, a repercussão gerou mais violência e ameaça ao fundador que se viu obrigado a abandonar a torcida. Além disso, os dirigentes do clube não deram apoio, as outras torcidas não a reconhecem e a torcida "Gaviões da Fiel", ingressou com uma ação acusando de plágio pelo uso da marca de forma não autorizada.

---

(21) ALFAIA, André João Belacorça. *Homofobia no futebol*. Lisboa: Instituto Universitário de Lisboa, 2013.

(22) Comunicado da campanha mexicana: *"Buscando evitar que o futebol mexicano gere uma prática contrária ao respeito e à dignidade das pessoas por qualquer que seja a razão, assim como prevenir comportamento inadequados que caiam nos supostos da discriminação e do racismo e que tenham como consequência resultados lastimáveis que atrapalhem o desenvolvimento do espetáculo, e cumprir as disposições que regulam a matéria sendo referência continental de ações tomadas contra essas práticas, a Federação Mexicana de Futebol põe em marcha Abrazados por El fútbol.*

Abrazo por El fútbol é uma campanha permanente cujo objetivo é gerar uma comunhão ao redor do futebol, independente de afinidade a algum clube, gostos ou preferências.

O futebol está em constante transformação, e ainda que não perca a sua essência, cada vez mais se aderem e ele agentes externos enriquecem e fomentam a paixão; é um espaço ideal para dialogar e compartilhar entre pessoas de diferentes raças, gêneros, ideologias e razões.

Por ele, hoje nos abraçamos, e unidos por um mesmo objetivo nos aderimos ao Manifesto em prol da diversidade e da luta contra a discriminação.

Nos importa o futebol em todos os seus aspectos, por isso desejamos garantir um espetáculo intenso que se celebre no marco do respeito; somos livres para manifestar nossa paixão sempre que esta não se utilize para ofender ninguém.

Todos e cada um de nós que ama o futebol temos sido responsável pelo seu crescimento, por sua evolução e pela sua importância que tem hoje em dia a nível mundial; temos contagiado muitos com nossa paixão por nossas cores e temos nos convertido em um só com o grito "Goooool"!

Assim, está em nossas mãos que o nosso esporte não seja manchado por atos e condutas que vão contra a alegria e a emoção; vivamos intensamente cada minutos do jogo e mostremos ao mundo do que somos capazes, voltemos a ser um e permaneçamos juntos, Abraçados pelo futebol" – tradução livre. Disponível em: <http://médium.com/@gustavopg/fora-puto-méxico-brail-brasil-e-a-homofobia-no-futebol-ff1370ec432a>.

(23) Disponível em: <http://www.vice.com/pt_br/article/53m433/homofobia-np-futebol>. Acesso em: 30 jul. 2017.

(24) O jogador envolvido é o Emerson Sheik. Logo após uma partida em que o Corinthians venceu, o jogador publicou uma fotografia dando um beijo "selinho" em um empresário. Tal foto rendeu polêmica para o resto da temporada, uma vez que foi alvo de duras críticas pela torcida. O presidente de uma torcida organizada foi cobrar explicações do atleta e herói do título inédito do time, dizendo que lá "era lugar de homem", "não somos homofóbicos, mas a bitoquinha do Sheik violou nossa ética, nossa corintiologia" e "e o Corinthians era um time do povo e não de veado". Além disso, manifestantes disseram à época que não "queriam ser homofóbicos, mas tem de ter respeito com a camisa do Corinthians. Aqui não vai ficar beijando homem. Hoje são 5, amanhã são 50 e depois 500".

(25) Disponível em: <http://pt.wikipedia.org/wiki/gaivotas_fieis>.

Um ano antes, em 2012, também houve uma polêmica envolvendo a contratação do jogador Richarlysson[26] que embora tenha sempre se declarado heterossexual, foi "taxado" como homossexual. Na época um time paulista desistiu da sua contratação, após torcedores afixarem faixas na frente do clube com os seguintes dizeres: "a homofobia veste verde". No ano seguinte o vice-presidente desse clube declarou que se tratava de bom jogador, mas não seria admitido pela torcida[27]. Após esse incidente, o jogador foi contrato por um time mineiro, onde conquistou mais um título e depois foi jogar no exterior. No ano de 2016, voltou para jogar no time paulista do Guarani. Um pouco antes da sua apresentação como novo integrante da equipe, dois homens em uma motocicleta passaram na frente no estádio, jogando bombas. Nas redes sociais também manifestações negativas, como "o problema do Richarlysson em campo é que sempre o Guarani vai jogar com um homem a menos" ou "Richarlysson acertou com o Guarani. Agora vai desfilar seu futebol no "Brinco de ouro da princesa".[28]

Aliás, o questionamento quanto à sexualidade do Richarlysson é antiga. Em meados de 2007, o dirigente de um clube paulista, insinuou que o atleta seria homossexual. Essa opinião ensejou uma queixa-crime de injúria por parte do jogador. No entanto, a sentença judicial acabou surpreendendo a todos. O juiz fundamentou que "o futebol é jogo viril, varonil, não homossexual"; continuo que quem se recordasse da Copa do Mundo de 1970, jamais conceberia um ídolo ser homossexual. E finalizou: "O que não se mostra razoável é a aceitação de homossexuais no futebol brasileiro, porque prejudicariam a uniformidade de pensamento da equipe, o entrosamento, o equilíbrio ideal"[29]. Essa sentença ensejou punição com a pena de advertência ao juiz pelo Órgão Especial do Tribunal de Justiça do Estado de São Paulo, que entendeu que o magistrado agiu com improbidade absoluta da linguagem[30]. A questão que ficou foi: se o Richarlysson não fosse tão hostilizado e por vezes punido, sua carreira poderia ter ido além?[31]

Como se vê, no futebol brasileiro tem casos emblemáticos que demonstra a homofobia de forma clara e sem justificativa. Nem o talento ou os títulos de um jogador competente é mais importante e supera o preconceito.

4. MEDIDAS PARA COMBATER A HOMOFOBIA

A homofobia existe. Não há que se questionar. Então, que medidas devem ser tomadas para que prevaleça o respeito à diversidade, a autonomia da vontade, a liberdade e a dignidade da pessoa humana?

A discussão sobre a segurança dos torcedores nos estádios não é um assunto recente. Até mesmo porque a violência no esporte não é algo isolado e restrito aos locais em que ocorrem as partidas.

Há muito tempo, infelizmente, a violência está presente nos estádios, podendo ser citados diversos casos, em que acabaram com morte de torcedores.

E justamente por isso que uma série de fatalidades[32] que ganharam repercussão mundial, as organizações responsáveis pelos eventos desportivos, voltaram a atenção para a segurança dos torcedores. A violência é muito comum entre as torcidas, sobretudo em jogos de futebol.

E na questão da homofobia, quais as medidas legais têm sido adotadas:

4.1. Posição da FIFA

A FIFA (Federação Internacional de Futebol) costumeiramente conviveu com críticas por conta de seu caos de corrupção, falta de transparência, conservadorismo, declarações polêmicas e omissões em questões que exigiam um posicionamento. No entanto, a FIFA está mudando e se mostrando mais preocupada com a segurança e o bem-estar dos espectadores no estádio. Para isso lançou um documento que fala das diretrizes de segurança. Tal documento só é aplicado para as

(26) Ele conquistou 14 títulos ao longo de sua carreira, incluindo mundial interclube, Copa Libertadores da América e Campeonato Brasileiro. A implicância com a homossexualidade do jogador começou em 2005, quando torcedores ironizaram uma dança da "bundinha" que ele fez ao comemorar um gol.

(27) Ele conquistou 14 títulos ao longo de sua carreira, incluindo mundial interclube, Copa Libertadores da América e Campeonato Brasileiro. A implicância com a homossexualidade do jogador começou em 2005, quando torcedores ironizaram uma dança da "bundinha" que ele fez ao comemorar um gol.

(28) Disponível em: <htpps://esporte.uol.com.br.br>2017/5/11>. Acesso em: 24 jul. 2017.

(29) Decisão proferida nos autos do processo 936/2007, que tramitou na 9ª Vara Criminal de São Paulo, pelo juiz Manoel Maximiano Junqueira Filho, em 05.07.2007.

(30) Disponível em: <http://www.Direito-desportivo.jusbrasil.com.br/juizdocasoricharlyssonepunido>.

(31) Disponível em: <http://www.vice.com/pt_br/article/53m433/homofobia-np-futebol>. Acesso em: 30 jul. 2017.

(32) Tragédia de Heysel Park, na Bélgica, no ano de 1985, após a partida entre Juventus e Liverpool, morreram 38 torcedores em confronto.

competições organizadas pela FIFA e jogos olímpicos, mas serve de parâmetro de segurança para as outras competições[(33)].

No tocante a homofobia, no ano 2016, ela mesma resolveu punir seleções que tenham protagonizado comportamentos homofóbicos pela torcida[(34)]. A FIFA pretende eliminar a prática de chamar o adversário de "bicha" toda vez que for cobrar o tiro de meta, além de outros gritos de cunho homofóbicos.

Desde as eliminatórias para a Copa do Mundo da Rússia em 2018, a FIFA criou um "Sistema de Monitoramento Anti-Discriminação" e com isso vários países já foram punidos por entoar cantos homofóbicos. De acordo com o Código de Disciplina da FIFA, tal conduta é considerada como conduta imprópria dos torcedores.

Além das punições que vão desde multas até a proibição de escolha de estádio para disputar jogos e encerramento antecipado do jogo, a FIFA lançou o Guia da FIFA de Boas Práticas em Diversidade e Anti-Discriminação, criado para aumentar o conhecimento sobre práticas que são discriminatórias e estão naturalizadas dentro do futebol.

A pena de multa ainda é leve e não "pesa no bolso" das associações de futebol dos países, mas levanta a discussão.

4.2. Posição da Europa

A União das Federações Europeias de Futebol (UEFA) que é o organismo máximo pelo futebol europeu, sendo responsável em promover o esporte num espírito de união, solidariedade, paz, entendimento, sem qualquer discriminação, estabeleceu onze princípios a serem seguidos. O princípio n. 10 trata do respeito, com a seguinte afirmação:

> "O respeito é um valor chave do futebol. Respeito pelo jogo, integridade, diversidade, dignidade, saúde dos jogadores, regras, árbitros, adversário e adeptos. A nossa mensagem é clara: tolerância zero para com o racismo, violência e *doping*. O futebol une as pessoas e ultrapassa as diferenças existentes. A cor da pele é invisível sob a camisola e, para a UEFA, vai ser sempre assim. O racismo e qualquer outra forma de discriminação nunca serão tolerados. A UEFA não vai pactuar com a violência, seja no campo ou nas bancadas. O futebol tem que dar exemplo".

No ano de 2014, a UEFA puniu um time alemão, pois na sua torcida tinha uma bandeira chamando um jogador do time adversário de "gay" e um desenho ofensivo. A punição foi uma multa no valor de dez mil euros, além de ter a melhor parte da arquibancada fechada na partida seguinte[(35)].

4.3. Posição do Brasil

No Brasil, embora seja o país do futebol, não é diferente. Quando há um jogo em um estádio brasileiro, o Poder Público designa um número importante de policiais militares equipados, munidos de cassetetes, bombas de efeito moral bala de borrachas, cães e cavalos, parecendo que o confronto físico é algo comum e iminente. Forma-se um verdadeiro cenário de guerra, para evitar um conflito entre torcedores.

Nessa toada, foi aprovada a Lei n. 10.671/2003, conhecida com o Estatuto do Torcedor, que visa coibir a violência nos estádios. Em 2010, o Estatuto foi alterado pela Lei n. 12.299/2010, que demonstram uma especial preocupação com a questão, punindo com mais rigor todo aquele que praticar ou incitar a violência nas praças esportivas.

Esse raciocínio de proibição e segurança dos torcedores vem sendo produzido desde 1995, sendo iniciados com a proibição de apitos, baterias, bandeiras, faixas, cerveja, ambulantes, culminando com a própria proibição dos torcedores irem a estádios.

Por essa razão em 2003, foi instituído o Estatuto do Torcedor, cujo art. 1º-A já prevê:

> "A prevenção da violência nos esportes é de responsabilidade do poder público, das confederações, federações, ligas, clubes, associações ou entidades desportivas, entidades recreativas e associações de torcedores, inclusive de seus respectivos dirigentes,

(33) GOMES, Luis Flavio; CUNHA, Rogério Sanches; PINTO, Ronaldo Batista; OLIVEIRA, Gustavo Vieira. *Estatuto do Torcedor Comentado*. São Paulo: Revista dos Tribunais, 2011.

(34) Desde então, diversos países já foram punidos, como Brasil, Honduras, El Salvador, México, Canadá, Chile, Argentina, Paraguai, Peru, Itália e Albânia. A Confederação Brasileira de Futebol (CBF) foi punida com uma multa de cerca de R$ 110.000,00 (cento e dez mil reais) e uma advertência por conta de gritos homofóbicos da torcida brasileira em um jogo da seleção contra o Paraguai em 28 de março de 2017, pelas eliminatórias da Copa do Mundo. Além disso, o Brasil foi punido anteriormente por causa de gritos de "bicha" nas arquibancadas da Arena da Amazônia, disputado contra a Colômbia e na Arena das Dunas, contra a Bolívia.

(35) O time punido foi Bayer de Munique, pois em uma partida com o Arsenal, ofendeu o jogador Mesut Ozil.

> bem como daqueles que, de qualquer forma, promovem, organizam, coordenam ou participam dos eventos esportivos".

No mesmo Estatuto, o art. 13, diz: "O torcedor tem direito a segurança nos locais onde são realizados os eventos esportivos antes, durante e após a realização das partidas".

A violência é muito comum entre as torcidas, sobretudo em jogos de futebol por isso várias medidas vêm sendo adotadas especialmente com a finalidade de coibir a violência. Uma das medidas mais recentes foi adotada em abril de 2016, por decisão da Secretaria de Segurança Publica, após reunião com o Ministério Público e a Federação Paulista de Futebol, em que ficou estabelecido que só haja torcida da mandante em clássicos do futebol paulista. Tal medida é uma forma de "evitar" conflitos entre os torcedores, como as vésperas de grandes jogos, que acarreta diversos feridos e até mesmo morte.

O mesmo Estatuto ainda prevê uma série de condições de acesso e permanência do torcedor no recinto esportivo, sem prejuízo de outras condições, no art. 13-A, sobretudo nos incisos IV e V, que dispõe que são condições de acesso e permanência do torcedor no recinto esportivo, sem prejuízo de outras condições previstas em lei:

> IV – não portar ou ostentar cartazes, bandeiras, símbolos ou outros sinais com mensagens ofensivas, inclusive de caráter racista ou xenófobo;
>
> V – não entoar cânticos discriminatórios, racistas ou xenófobos;

O descumprimento dos incisos acima traz como consequência, o impedimento de ingresso do torcedor na praça esportiva, ou se nela já estiver a sua retirada do local. Tudo isso, sem prejuízo de responsabilidades civis e penais(36). No entanto, para ter a punição é preciso que os árbitros coloquem na súmula do jogo os gritos homofóbicos, para então o Superior Tribunal Justiça Desportiva apresentar uma punição. O que infelizmente não ocorre.

A CBF (Confederação Brasileira de Futebol) promove, desde abril de 2014, a campanha "Somos iguais contra todo o tipo de preconceito", sem se posicionar especificamente e apostando apenas em telões e caixas de som no estádio, falando poucos segundos de um assunto tão complexo. A campanha é genérica e o objetivo é a conscientização e o repúdio sobre qualquer ato de preconceito, seja racial, econômico, religioso, social, sexual entre outros(37).

5. CONCLUSÕES

O assunto da homossexualidade ainda demanda muitas discussões. Houve muitas lutas para aceitar o homossexualismo, que até a década de 1970, era tratado como doença. No Brasil, a união homoafetiva foi aceita recentemente, pelos Tribunais. Não há leis que tratem do assunto. Utiliza-se de preceitos genéricos de que como não é proibido, deve ser aceito, baseando no Princípio da Autonomia da Vontade, da Igualdade e da Não-Discriminação. Os legisladores têm medo de tratar do assunto, cabendo ao Poder Judiciário legislar no caso.

No futebol ainda é mais grave, pois a questão da homofobia não é somente no tocante a orientação sexual, ou seja, a não aceitação de homossexuais no futebol. Ela se confunde com a questão do gênero masculino. O que é ensinado e exigido como símbolo de ser "homem masculino". Portanto a questão da homofobia é muita mais profunda, porque vem da questão cultural e da educação com valores equivocados, ensinando que o futebol é só para meninos e homens.

A homofobia no futebol é um problema mundial. Algumas medidas, como multas, políticas de conscientização estão sendo adotadas para combater a homofobia nos estádios. Mas, são pequenas e com uma eficácia reduzida, talvez porque não tenha procurado a "raiz do problema", a educação e os valores que são passados para a criança.

Uma pessoa com orientação homossexual, não é aceito, nem como jogador nem como torcedor. A grande pergunta que fica é: "quando um grande clube de futebol ou as entidades dirigentes, sem medo, sem hesitar irão criar algo consistente para condenar claramente a homofobia?".

O futebol tem que ter diversão, rivalidade, mas com moderação. A homofobia deve ser fortemente combatida não somente no futebol, mas em todos os setores da sociedade e nada melhor que o esporte mais popular do Brasil para dar o exemplo. Porque o futebol não é para homem, mas sim para quem gosta de futebol.

6. REFERÊNCIAS BIBLIOGRÁFICAS

ALFAIA, André João Belacorça. *Homofobia no futebol*. Lisboa: Instituto Universitário de Lisboa, 2013.

(36) GOMES, Luis Flavio; CUNHA, Rogério Sanches; PINTO, Ronaldo Batista; OLIVEIRA, Gustavo Vieira. *Estatuto do torcedor comentado*. São Paulo: Revista dos Tribunais, 2011.

(37) Disponível em:<http://www.cbf.com.br>.

BANDEIRA, Gustavo Andrada; SEFFNER, Fernando. *Futebol, gênero, masculinidade e homofobia:* Um jogo dentro do jogo. Disponível em: <http://www.ludopedio.com.br/v2/content/uploads/0408422_10426-37425-1-PB.pdf>.

CARRARA, Sergio; SAGGESE, Gustavo. *Masculinadade, violência e homofobia.* Disponível: <http://books.scielo.org/id/6jhfr/pdgomes-978857541367-10.pdf>.

CARVALHO, Salo de; DUARTE, Evandro Piza. *Criminologia do preconceito.* São Paulo: Saraiva, 2017.

FERRAZ, Carolina Valença; LEITE, George Salomão; LEITE, Glauber Salomão; LEITE, Glauco Salomão. *Manual do direito homoafetivo.* São Paulo: Saraiva, 2013.

FRANÇA, Breno. *Bicha!* A homofobia no futebol como legado da copa. Disponível em: <htpps://médium.com/punteiro-iziquierdo/bicha-a-homofobia-no-futebol-como-legado-da-copa-9cbe4bc18df2>. Acesso em: 18 jul. 2017.

GOMES, Luis Flavio; CUNHA, Rogério Sanches; PINTO, Ronaldo Batista; OLIVEIRA, Gustavo Vieira. *Estatuto do torcedor comentado.* São Paulo: Revista dos Tribunais, 2011.

GORISH, Patrícia. *O reconhecimento dos direitos humanos LGBT de Stonewall à ONU.* Curitiba: Appris, 2014.

NAISA, Letícia; ARAÚJO, Peu. *Por que o futebol brasileiro ainda está trancado no armário?* Disponível em: <http://www.vice.com/pt_br/article/53m433/homofobia-np-futebol>. Acesso em: 30 jul. 2017.

Disponível em: <htpps://esporte.uol.com.br/2017/5/11>. Acesso em: 24 jul. 2017.

NARCIZO, Makchwell Coimbra. *Chegou a hora de falar de homofobia no futebol.* Disponível em: <https://www.pragmatismopolitico.com.br/2016/02/chegou-a-hora-de-falar-de-homofobia-no-futebol.html>.